全 世 界 无 产 者， 联 合 起 来！

列宁全集

第二版增订版

第三十二卷

1917年7—10月

中共中央 马克思 恩格斯 列宁 斯大林 著作编译局编译

人民出版社

《列宁全集》第二版是根据中国共产党中央委员会的决定，由中共中央马克思恩格斯列宁斯大林著作编译局编译的。

凡　例

1. 正文和附录中的文献分别按写作或发表时间编排。在个别情况下，为了保持一部著作或一组文献的完整性和有机联系，编排顺序则作变通处理。

2. 每篇文献标题下括号内的写作或发表日期是编者加的。文献本身在开头已注明日期的，标题下不另列日期。

3. 1918 年 2 月 14 日以前俄国通用俄历，这以后改用公历。两种历法所标日期，在 1900 年 2 月以前相差 12 天（如俄历为 1 日，公历为 13 日），从 1900 年 3 月起相差 13 天。编者加的日期，公历和俄历并用时，俄历在前，公历在后。

4. 目录中凡标有星花 * 的标题，都是编者加的。

5. 在引文中尖括号〈　〉内的文字和标点符号是列宁加的。

6. 未说明是编者加的脚注为列宁的原注。

7.《人名索引》、《文献索引》条目按汉语拼音字母顺序排列。在《人名索引》条头括号内用黑体字排的是真姓名；在《文献索引》中，带方括号[　]的作者名、篇名、日期、地点等等，是编者加的。

目　　录

前言 …………………………………………………………………… I—X

1917 年

政治形势(7 月 10 日〔23 日〕) ………………………………………… 1—5
论口号(7 月中旬)…………………………………………………… 6—13
感谢格·叶·李沃夫公爵(7 月 19 日〔8 月 1 日〕)……………… 14—16
论立宪幻想(7 月 5 日和 26 日〔7 月 18 日和 8 月 8 日〕之间) ……… 17—32
答复(7 月 26 日和 27 日〔8 月 8 日和 9 日〕) ………………………… 33—44
波拿巴主义的开始(7 月 29 日〔8 月 11 日〕)……………………… 45—49
革命的教训(7 月底) ……………………………………………… 50—65
论加米涅夫在中央执行委员会上关于斯德哥尔摩代表
　会议的发言(8 月 16 日〔29 日〕) ………………………………… 66—68
关于阴谋的谣言(8 月 18—19 日〔8 月 31 日—9 月 1 日〕)……… 69—74
只见树木不见森林(8 月 19 日〔9 月 1 日〕) ……………………… 75—81
*就印发《关于里加沦陷的传单》所写的一封信(8 月下旬) …… 82—85
政治讹诈(8 月 24 日〔9 月 6 日〕)………………………………… 86—89
纸上的决议(8 月 26 日〔9 月 8 日〕) ……………………………… 90—93
论斯德哥尔摩代表会议(8 月 26 日〔9 月 8 日〕) ……………… 94—103
政论家札记　农民和工人(8 月 29 日〔9 月 11 日〕) …………… 104—112

论诽谤者(8月30日〔9月12日〕) …… 113—114
给俄国社会民主工党中央委员会的信(8月30日〔9月12日〕) …… 115—118
政论家札记(9月1日〔14日〕) …… 119—129
1. 祸根 …… 119
2. 徭役制和社会主义 …… 127
论妥协(9月1日和3日〔14日和16日〕) …… 130—136
党纲问题(不晚于9月3日〔16日〕) …… 137—138
齐美尔瓦尔德问题(不晚于9月3日〔16日〕) …… 139—140
关于在群众组织中违反民主的现象(不晚于9月3日〔16日〕) …… 141
关于目前政治形势的决议草案(不晚于9月3日〔16日〕) …… 142—147
革命的任务(9月6日〔19日〕) …… 148—157
同资本家妥协的危害性 …… 150
政权归苏维埃 …… 151
给各国人民以和平 …… 151
土地归劳动者 …… 153
防止饥荒和消除经济破坏 …… 154
同地主和资本家的反革命势力作斗争 …… 155
革命的和平发展 …… 156
革命的一个根本问题(9月7日〔20日〕) …… 158—165
俄国革命和国内战争 有人用国内战争来吓唬人(9月8日和9日〔21日和22日〕) …… 166—180
大难临头,出路何在?(9月10—14日〔23—27日〕) …… 181—225

饥荒逼近 …… 181
政府不起任何作用 …… 185
监督办法是众所周知和轻而易举的 …… 187
银行国有化 …… 189
辛迪加国有化 …… 195
取消商业秘密 …… 198
强迫参加联合组织 …… 202
调节消费 …… 205
政府破坏民主组织的工作 …… 208
财政破产和挽救的办法 …… 212
害怕走向社会主义能不能前进？ …… 216
消除经济破坏和战争问题 …… 220
革命民主派和革命无产阶级 …… 223
怎样保证立宪会议的成功（关于出版自由）（9月12日〔25日〕以前） …… 226—231
布尔什维克应当夺取政权　给俄国社会民主工党（布）中央委员会、彼得格勒委员会、莫斯科委员会的信（9月12—14日〔25—27日〕） …… 232—234
马克思主义和起义　给俄国社会民主工党（布）中央委员会的信（9月13—14日〔26—27日〕） …… 235—241
论进行伪造的英雄和布尔什维克的错误（9月17日和23日〔9月30日和10月6日〕之间） …… 242—250
政论家札记　我们党的错误（9月22—24日〔10月5—7日〕） …… 251—257
*给芬兰陆军、海军和工人区域委员会主席伊·捷·斯米尔加的信（9月27日〔10月10日〕） …… 258—263

我党在国际中的任务(评齐美尔瓦尔德第三次代表会议)
(9月28日〔10月11日〕以后) …………………………… 264—266
危机成熟了(9月29日〔10月12日〕)…………………… 267—278
告工人、农民、士兵书(9月30日〔10月13日〕以后) ………… 279—281
布尔什维克能保持国家政权吗?(9月底—10月1日
〔14日〕)……………………………………………… 282—331
再版序言 ……………………………………………… 282
后记 …………………………………………………… 325
给中央委员会、莫斯科委员会、彼得堡委员会以及彼得
格勒、莫斯科苏维埃布尔什维克委员的信(10月1日
〔14日〕) ……………………………………………… 332—334
在彼得堡组织代表会议10月8日会议上的报告以及
决议草案和给党代表大会代表的委托书的提纲
(9月底—10月初) …………………………………… 335—339
关于党参加预备议会的问题 …………………………… 335
关于"全部政权归苏维埃"的口号 ……………………… 336
关于"政权归苏维埃"的决议草案的附注 ……………… 337
关于立宪会议代表候选人名单 ………………………… 338
《关于立宪会议代表候选人名单》这一提纲的附注 ………… 338
给彼得格勒市代表会议的信　供在秘密会议上宣读
(10月7日〔20日〕)……………………………………… 340—343
论修改党纲(10月6—8日〔19—21日〕) ……………… 344—372
局外人的意见(10月8日〔21日〕) …………………… 373—375
给参加北方区域苏维埃区域代表大会的布尔什维克
同志的信(10月8日〔21日〕) ………………………… 376—382

* 俄国社会民主工党(布)中央委员会 1917 年 10 月 10 日(23 日)会议文献 …… 383—385

1. 报告　记录 …… 383

2. 决议 …… 385

* 俄国社会民主工党(布)中央委员会 1917 年 10 月 16 日(29 日)会议文献 …… 386—389

1. 报告　记录 …… 386

2. 发言　记录 …… 388

给同志们的信(10 月 17 日〔30 日〕) …… 390—410

后记 …… 409

给布尔什维克党党员的信(10 月 18 日〔31 日〕) …… 411—414

* 给俄国社会民主工党(布)中央委员会的信(10 月 19 日〔11 月 1 日〕) …… 415—419

社会革命党对农民的又一次欺骗(10 月 20 日〔11 月 2 日〕) …… 420—425

“地主同立宪民主党人串通一气了”(10 月 20 日〔11 月 2 日〕以后) …… 426—428

* 给雅·米·斯维尔德洛夫的信(10 月 22 日或 23 日〔11 月 4 日或 5 日〕) …… 429

* 给中央委员的信(10 月 24 日〔11 月 6 日〕) …… 430—431

附　录

* 备忘记事(8 月 12 日〔25 日〕以后) …… 433—434

* 同意做立宪会议代表候选人的两份声明(10 月) …… 435—436

1. 声明(10 月 15 日〔28 日〕) …… 435

2. 声明(10 月 15 日〔28 日〕以后) …… 435
*关于传单附录的设想(10 月 20 日〔11 月 2 日〕) …… 437

注释 …… 439—492
人名索引 …… 493—536
文献索引 …… 537—565
年表 …… 566—580

插 图

弗·伊·列宁(1917 年) …… X—1
1917 年 7 月 10 日(23 日)列宁《政治形势》一文手稿第 1 页 …… 3
1917 年 8 月 30 日(9 月 12 日)列宁《给俄国社会民主工党中央委员会的信》手稿第 1 页 …… 116—117
1917 年 9 月列宁《大难临头,出路何在?》小册子手稿第 1 页 …… 183
1924 年《向导》周报第 90 期封面和该刊所载列宁《马克思主义和起义》一文的中译文 …… 236—237
1917 年 10 月 7 日(20 日)载有列宁《危机成熟了》一文的《工人之路报》第 30 号第 1 版 …… 269
列宁为 1917 年 10 月 10 日(23 日)俄国社会民主工党(布)中央委员会会议起草的决议的手稿第 1 页 …… 384—385

前　　言

本卷收载列宁在1917年7月10日(23日)至10月24日(11月6日)期间的著作。

在此期间,俄国的政治形势复杂多变,阶级斗争异常激烈。七月事变是形势急剧变化的转折点。资产阶级临时政府凶残地镇压7月4日(17日)在彼得格勒举行和平游行示威的工人和士兵,诽谤并迫害布尔什维克党,下令逮捕列宁。一句话,政权完全转到反革命资产阶级的手中,两个政权并存的局面至此终结了。

七月事变后,列宁按照党中央的安排,开始隐居离彼得格勒不远的拉兹利夫湖畔,不久移居芬兰。10月7日(20日)又秘密回到彼得格勒直接领导武装起义的准备工作。从本卷所收的文献中可以看出,列宁在这三个月秘密活动期间如何审时度势,运筹帷幄,及时为无产阶级制定适应不断变化的新形势的斗争方针和策略,指引布尔什维克党去夺取社会主义革命的胜利。

列宁在7月间写的《政治形势》、《论口号》、《波拿巴主义的开始》和《革命的教训》等文章中,回顾二月革命以来阶级斗争的特点和经验教训,深刻分析了七月事变以后的新形势,制定了布尔什维克的新策略。列宁在《政治形势》一文中指出:立宪民主党、军人集团和黑帮君主派这三股主要的反革命势力已经完全组织起来和巩固起来，并且实际上取得了国家政权；现在俄国的国家政权实际上是军事专政；社会革命党和孟什维克党的领袖们彻底出卖了革命事业，他们操纵的苏维埃变成了反革命的遮羞布；“全部政权归苏维埃”这个革命和平发展的口号已经不正确了，因为它没有考虑到目前发生的这种转变，没有考虑到社会革命党人和孟什维克对革命的彻底背叛。他认为，只有发扬工人阶级先锋队的坚韧不拔精神，准备力量举行武装起义才是出路。但目前武装起义还有困难，“要聚集力量，重新组织力量，并在危机的进程允许进行真正群众性的全民的武装起义的时候坚决地准备武装起义”（见本卷第5页）。现在也应当像在1912—1914年那样把合法活动和秘密活动结合起来。俄国社会民主工党（布）彼得堡委员会和中央委员会扩大会议讨论了《政治形势》一文，该文为布尔什维克党在新的政治形势下制定新的斗争策略提供了指导思想。列宁在《论口号》一文中指出：每一个口号都应当以一定政治形势的全部特点为依据，“全部政权归苏维埃”的口号在七月事变以前是正确的，因为那时的“苏维埃是由广大自由的即不受任何外力强制的、武装的工人和士兵的代表组成的。武器掌握在人民手中，没有外力强制人民，——这就是问题的**实质**。这就开辟并保障了整个革命和平向前发展的道路”（见本卷第6—7页）。现在革命的和平发展已经毫无可能，因此必须撤销这个口号，否则这个口号客观上就会欺骗人民，使人民对屈从于资产阶级的苏维埃产生错觉，似乎现在只要苏维埃愿意取得政权，它就可以取得政权。他同时指出，撤销“全部政权归苏维埃”的口号，并不等于放弃苏维埃这一新型的国家形式。在这新的革命中可能而且一定会出现苏维埃，但不是现在的苏维埃，不是同资产阶级妥协的机关，而是同资产阶级作斗争的机

关。“到那时候，我们也会主张按照苏维埃类型来组织整个国家，这是必然的。”（见本卷第 12 页）

本卷中的许多文献是为揭露资产阶级和小资产阶级政党，争取群众而写的。《感谢李沃夫公爵》、《答复》、《政治讹诈》、《论诽谤者》等文章驳斥了资产阶级对布尔什维克党的诋毁中伤，揭穿了他们卑劣的政治讹诈手段。《论立宪幻想》一文用政府一再拖延召开立宪会议和一手制造七月事变的事实，说明国家政权实际上已经转到反革命手中。列宁揭穿了社会革命党和孟什维克党散布的立宪幻想。他说：“如果俄国不发生一次新的革命，如果不推翻反革命资产阶级（首先是立宪民主党人）的政权，如果人民仍然信任社会革命党和孟什维克党这两个同资产阶级妥协的政党，立宪会议要么永远开不成，要么会变成‘法兰克福清谈馆’，变成软弱无力毫无用处的小资产者的会议。”（见本卷第 21 页）在《政论家札记（农民和工人）》和《社会革命党对农民的又一次欺骗》两篇文章中，列宁着重阐述了布尔什维克党的工农联盟政策，揭露了社会革命党人对农民的欺骗和背叛。

8 月 25 日发生了科尔尼洛夫叛乱。沙皇的将军、军队总司令科尔尼洛夫在立宪民主党的支持下，把“野蛮师”和哥萨克调往彼得格勒，企图发动反革命政变，公开建立军人专政，复辟君主制度。列宁在 8 月 30 日（9 月 12 日）《给俄国社会民主工党中央委员会的信》中指出：科尔尼洛夫叛乱是出乎意料的急剧转变，布尔什维克党必须审慎地修改和变更策略；我们同克伦斯基的军队一样，要同科尔尼洛夫作战，但是，我们不支持克伦斯基政府，决不放弃推翻克伦斯基的任务；现在要用另一种方法同他斗争，要揭露其软弱和动摇。列宁强调应当发动群众并带领群众去同科尔尼洛夫进行斗争，并指出："如果认为我们离开无产阶级夺取政权的任务**更远了**，那是不对的。不，我们是大大接近这个任务了，不过**不是正面**接近，而是从侧面接近。"（见本卷第117页）

布尔什维克党领导和组织工人农民和士兵平息科尔尼洛夫叛乱以后，国内阶级力量的对比发生了重大的变化，布尔什维克党在人民群众中的威信迅速提高，彼得格勒、莫斯科以及许多地方的苏维埃都先后转到布尔什维克方面来。此时又出现革命和平发展的可能性。于是，布尔什维克党再度提出了"全部政权归苏维埃"的口号。

列宁在9月上旬写的一些文章反复阐明了争取革命的和平发展的可能和必要。他在《论妥协》一文中提出了布尔什维克党可以向社会革命党和孟什维克在政治上作某些让步以达成协议的问题，并论述了马克思政党对待妥协的原则："真正革命的政党的职责不是宣布不可能绝对不妥协，而是要**通过各种妥协**（如果妥协不可避免）始终忠于自己的原则、自己的阶级、自己的革命任务，忠于准备革命和教育人民群众走向革命胜利的事业。"（见本卷第130页）他指出，只是由于形势发生了急剧的奇特的转变，只是为了争取革命的和平发展的可能（这种可能性在历史上是极其罕见的），我们才向这些小资产阶级民主派政党建议妥协，就当前来说，就是恢复七月事变前的口号"全部政权归苏维埃"，成立没有资产阶级参加的、对苏维埃负责的由社会革命党人和孟什维克组成的政府。布尔什维克不要求参加政府，不立刻要求政权转归无产阶级和贫苦农民，然而要有鼓动的充分自由，以便在苏维埃中扩大自己的影响。

在稍后一些日子写的《革命的一个根本问题》、《俄国革命和国内战争》、《革命的任务》等文章中，列宁继续论述争取革命的和平发展的问题。他指出，现在俄国没有一个阶级敢于掀起反对苏维埃的暴动，在这种特殊情况下，“如果苏维埃掌握全部政权，现在还能够（看来这是最后一次机会了）保证革命的和平发展，保证人民和平地选举自己的代表，保证各政党在苏维埃内部进行和平的斗争，保证通过实践来考验各政党的纲领，保证政权由一个政党和平地转到另一个政党手里。”（见本卷第157页）列宁认为，如果错过了这个机会，无产阶级和资产阶级之间必然发生国内战争，这次战争的结局一定是工人阶级在贫苦农民的支持下取得彻底的胜利。

社会革命党和孟什维克党的领袖们拒绝布尔什维克关于妥协的建议，他们在联合“国内一切活跃力量”的口号下，支持资产阶级组成以克伦斯基为首的所谓执政内阁，并准备草草召开民主会议，组成所谓预备议会。短暂出现的革命和平发展的机会消失了，武装起义势在必行。

9月中旬列宁在给党组织的两封信《布尔什维克应当夺取政权》和《马克思主义和起义》中，对国内形势作了全面剖析，指出当时布尔什维克在两个首都的工兵代表苏维埃中取得多数之后，可以而且应当夺取国家政权；布尔什维克不必等待“形式上的”大多数，“如果我们现在不夺取政权，历史是不会饶恕我们的”（见本卷第234页）。列宁还在《马克思主义和起义》一文中结合当时俄国的实际阐述了必须像对待艺术那样对待起义的马克思主义观点。他指出：“起义要获得胜利，就不应当依靠密谋，也不是靠一个党，而是靠先进的阶级”；“起义应当依靠**人民的革命高潮**”；“起义应当依靠革命发展进程中的**转折点**，即人民先进队伍中的积极性表现得最高，敌人队伍中以及**软弱的、三心二意的、不坚定的革命朋友**

队伍中的动摇表现得最厉害的时机”（见本卷第235—236页）。

列宁在《大难临头，出路何在？》一文中阐述了俄国无产阶级要建立的国家的基本政策、经济纲领。他详细论证了克服战争所造成的经济破坏的办法：工人对生产和分配实行监督、银行和辛迪加国有化、取消商业秘密、没收地主土地和全部土地国有化等。这些措施在资本主义制度下虽然没有改变资本主义生产关系，然而它们是走向社会主义的步骤。列宁还阐明了将资产阶级民主革命转变为社会主义革命的前景，他指出：帝国主义战争加速了垄断资本主义向国家垄断资本主义的转变，从而使人类异常迅速地接近了社会主义。“帝国主义战争是社会主义革命的前夜。这不仅因为战争带来的灾难促成了无产阶级的起义（如果社会主义在经济上尚未成熟，任何起义也创造不出社会主义来），而且因为国家垄断资本主义是社会主义的最充分的**物质**准备，是社会主义的**前阶**，是历史阶梯上的一级，在这一级和叫做社会主义的那一级之间，**没有任何中间级**。”（见本卷第218—219页）列宁认为，俄国的垄断资本主义也在转变为国家垄断资本主义，已经争得了共和制和民主制的俄国，不采取走向社会主义的步骤，就不能前进。

列宁在《布尔什维克能保持国家政权吗？》一文中驳斥了资产阶级和小资产阶级政党散布的所谓布尔什维克永远不敢单独夺取政权、即使夺取了政权也无法保持的论调。列宁论证了俄国具备社会主义革命的经济前提和政治前提，指出布尔什维克不仅准备夺取政权，而且能够依靠无产阶级和人民群众保持政权，组织新社会的建设。列宁根据马克思主义的国家学说指出：工人阶级必须摧毁地主资产阶级国家机构，建立起新型的无产阶级的国家机构——苏维埃；至于那些管理社会经济事务的机构，如银行、铁路、邮政、辛迪加等等，则不可能打碎，也用不着打碎，应当使它们摆脱资本主义的影响，成为更巨大、更民主的机构。列宁还强调指出，社会主义革命胜利后，必须最广泛地吸收劳动群众参加国家管理。

《论修改党纲》一文是针对修改党纲的不同草案和意见而写的。列宁详细分析了索柯里尼柯夫草案，着重批评了他在帝国主义问题表述上的理论错误，指出他没有对当前这场战争作出评价，他把危机和战争相提并论是错误的，危机和战争是两种不同性质的现象，有着不同的历史起源和不同的阶级意义。列宁还批评了布哈林和斯米尔诺夫提出的关于取消最低纲领这一貌似十分激进而其实完全错误的建议。他指出，我们现在还没有夺到政权，还没有实现社会主义，我们应当坚定地向这一目标前进，但我们现在还生活在资产阶级制度的框子里，我们还没有砸烂这个框子，向社会主义过渡的措施还没有实现，敌人还没有打垮，因此现在提出抛弃最低纲领是可笑的。"我们是勇敢地进行世界上最伟大的革命、同时冷静考虑事实的马克思主义者，我们没有权利抛弃最低纲领。"(见本卷第 366 页)

在本卷收载的《论进行伪造的英雄和布尔什维克的错误》、《政论家札记(我们党的错误)》、《在彼得堡组织代表会议 10 月 8 日会议上的报告以及决议草案和给党代表大会代表的委托书的提纲》等文章中，列宁批评了布尔什维克党参加民主会议的错误策略，指出在革命蓬勃发展的情况下参加旨在欺骗人民的民主会议和预备议会，就等于助长这种欺骗，增加革命准备工作的困难，分散人民的注意力和党的力量，忽视推翻临时政府的斗争这一迫切任务。他主张退出会议，把党的一切优秀力量都派到工厂和兵营去进行宣传、鼓动和组织工作。遵照列宁的指示，党中央纠正了加米涅夫等人关于应当参加预备议会的错误主张，于 10 月 5 日（18 日）通过了关于布尔什维克退出预备议会的决议。

在 9 月 29 日（10 月 12 日）写的《危机成熟了》一文和 10 月 1 日（14 日）《给中央委员会、莫斯科委员会、彼得格勒委员会以及彼得格勒、莫斯科苏维埃布尔什维克的信》中，列宁坚决反对党内有些人提出的等到第二次全俄苏维埃代表大会开幕时举行起义的建议。他强调指出："危机成熟了。俄国革命的整个前途已处在决定关头。布尔什维克党的全部荣誉正在受到考验。争取社会主义的国际工人革命的整个前途都在此一举。"（见本卷第 275 页）

列宁在 10 月 8 日（21 日）即回到彼得格勒的第二天写给参加北方区域苏维埃区域代表大会的布尔什维克同志的信中，再次呼吁迅速而坚决地组织起义，夺取政权。他反复强调：拖延等于自取灭亡。他在同一天写了《局外人的意见》一文，送交彼得格勒党组织。他在文中对武装起义作了具体部署，并具体介绍了马克思关于像对待艺术那样对待起义的论述，号召党的领导一定要牢记马克思的遗训组织好武装起义。

本卷还收入列宁在 1917 年 10 月 10 日（23 日）和 16 日（29 日）俄国社会民主工党（布）中央委员会会议上的报告、发言记录，以及他起草的关于武装起义的决议。列宁在会议上论证了武装起义的必要性和迫切性，断定大多数人都拥护布尔什维克，夺取政权的问题在政治上已经完全成熟。会议通过了列宁提出的号召工人和士兵全面加紧准备武装起义的决议。季诺维也夫和加米涅夫在中央委员会的这两次会议上坚持起义为时尚早、起义必然失败的错误观点，反对中央委员会关于武装起义的决定。列宁在 10 月 17 日《给同志们的信》中逐条驳斥了季诺维也夫和加米涅夫反对武装起义的理由，指出他们的“理由毫无力量，鲜明地反映出他们张皇失措、惊恐万状，布尔什维主义和革命无产阶级国际主义的一切基本思想在他们身上已丧失殆尽”（见本卷第 390 页）。

10 月 18 日（31 日）加米涅夫以自己的名义并代表季诺维也夫在半孟什维克的《新生活报》上发表题为《尤·加米涅夫谈“发起行动”》一文，不同意中央委员会关于武装起义的决定，泄露了党中央关于决定起义的秘密。列宁在 10 月 18 日《给布尔什维克党党员的信》和 10 月 19 日《给俄国社会民主工党（布）中央委员会的信》中对他们在非党报纸上抨击党中央没有公布的武装起义的决定极为愤慨，认为这是“前所未闻的**工贼行为**”、“卑鄙的叛变活动”，要求把他们开除出党。列宁在 10 月 22 日或 23 日给斯维尔德洛夫的信中仍在关注中央委员会对他们的处理意见。

编在本卷正文最末一篇的列宁 10 月 24 日（11 月 6 日）晚间写给中央委员的信是具有历史意义的文献，列宁在信中发出了立即举行起义、夺取政权的号令。他指出：现在正是千钧一发的关头，目前提上日程的问题绝不是会议或代表大会（即使是苏维埃代表大会）所能解决的，而只有各族人民，只有群众，只有武装起来的群众的斗争才能解决；无论如何必须在今天夜里逮捕政府成员，解除士官生的武装；历史不会饶恕那些拖延时日的革命者；拖延发动等于自取灭亡。当夜，列宁来到斯莫尔尼宫，亲自领导震撼世界的伟大的十月社会主义革命。

在《列宁全集》第 2 版中，本卷文献比第 1 版相应时期的文献增加 7 篇：《就印发〈关于里加沦陷的传单〉所写的一封信》、《“地主同立宪民主党人串通一气了”》、《给雅·米·斯维尔德洛夫的信》以及《附录》中的全部文献。在本卷收载的《在彼得堡组织代表会议 10 月 8 日会议上的报告以及决议草案和给党代表大会代表的委托书的提纲》中，增补了全集第 1 版未收入的《关于立宪会议代表候选人名单》及其《附注》。

弗·伊·列宁

（1917年）

政治形势[1]

(1917年7月10日〔23日〕)

1. 反革命组织起来了,巩固起来了,并且实际上已经掌握了国家政权。[2]

反革命已经完全组织起来和巩固起来,这表现在三种主要的反革命力量经过周密考虑已经实现了联合。这三种主要的反革命力量是:(1)立宪民主党[3],即组织起来的资产阶级的真正领袖,它退出内阁时,向内阁提出了最后通牒,为反革命推翻这个内阁扫清了道路。(2)军队的总参谋部和高级将领,他们在克伦斯基(现在连一些最著名的社会革命党人[4]都称他为卡芬雅克)有意识的或半有意识的帮助下,已经把实际的国家政权夺到手中,并且开始枪杀前线的革命部队,解除彼得格勒和莫斯科的革命军队和工人的武装,在下诺夫哥罗德进行镇压[5],不仅不经法庭判决,而且不经政府批准,就逮捕布尔什维克并封闭他们的报馆。现在俄国基本的国家政权实际上是军事专政,这个事实还被许多口头上革命而行动上软弱无力的机关掩盖着。但这是不容置疑的事实,而且是带根本性的事实,不了解它就完全不能了解政治形势。(3)黑帮君主派的和资产阶级的报刊,它们已经从疯狂地攻击布尔什维克转而攻击苏维埃,攻击"煽动者"切尔诺夫等等,这就再清楚不过地表明,现在掌握大权并受到立宪民主党人和君主派支持的军事专政的政策的真正实质，就是准备解散苏维埃。目前在苏维埃中占多数的社会革命党人和孟什维克的许多领袖，在最近几天已经承认并说出了这一点，但是，由于他们是真正的小资产者，他们又用最空洞的漂亮词句来掩饰这个可怕的现实。

2. 苏维埃以及社会革命党和孟什维克党的领袖们，以策列铁里和切尔诺夫为首，已经彻底出卖了革命事业，把革命事业交给反革命分子，使自己和自己的党以及苏维埃变成了反革命的遮羞布。

这个事实已经得到证明：社会革命党人和孟什维克出卖了布尔什维克，默许了捣毁布尔什维克报馆的行动，甚至不敢直接地公开地告诉人民，这是他们干的，以及为什么他们要这样干。他们使解除工人和革命部队武装的行为合法化，从而就使自己失去了一切实权。他们成了最无聊的空谈家，正在帮助反动势力“转移”人民的注意力，直到反动势力完成解散苏维埃的最后准备。不认识到社会革命党和孟什维克党以及目前的苏维埃多数派这种完全的彻底的破产，不认识到他们的“督政府”以及其他假面具的彻头彻尾的虚伪性，就根本不能了解目前的整个政治形势。

3. 俄国革命和平发展的一切希望都彻底破灭了。客观情况是：或者是军事专政取得最终胜利；或者是工人的武装起义取得胜利，而工人的武装起义，只有同经济破坏和战争延长所引起的反政府反资产阶级的群众运动的巨大高潮结合起来才有可能取得胜利。

全部政权归苏维埃的口号是革命和平发展的口号，在4月、5月、6月，直到7月5—9日以前，即实际权力转到军事独裁者手中以前，革命和平发展是可能的。现在这个口号已经不正确了，因为它没有考虑到目前发生的这种转变，没有考虑到社会革命党人和

~~Четыре~~ Политическое положеніе.
~~(Четыре тезиса)~~

Контр-революція организовалась, укрѣпилась и фактически взяла власть в государствѣ в свои руки.

Полная организація и укрѣпленіе контр-революціи состоит в превосходно обдуманном, проведенном уже в жизнь соединеніи трех главных сил контр-революціи: (1) партія к.-д., т.е. настоящій вождь организованной буржуазіи, уйдя из министерства, поставила ему ультиматум, расчищая поле для сверженія этого министерства контр-революціей; (2) генеральный штаб и командные верхи арміи с сознательной или полусознательной помощью Керенскаго, коего даже виднѣйшіе эсеры называли теперь Кавеньяком, захватили в руки фактическую государственную власть, перейдя к расстрѣлу революціонных частей войска на фронтѣ, к разоруженію революціонных войск и рабочих в Питерѣ и Москвѣ, к подавленію и усмиренію в Нижнем, к арестам большевиков и запрещенію их газет не только без суда, но и без постановленія правительства. Фактически основная государственная власть в Россіи теперь есть военная диктатура; этот факт затемняется еще рядом революціонных (на словах) учрежденій, но бессильных на дѣлѣ. Но это настолько очевидный факт и настолько коренной, что без пониманія его ничего понять в политическом положеніи нельзя. (3) черносотенно-монархическая и буржуазная пресса, перейдя от бѣшеной травли большевиков к травлѣ Совѣтов, „подстрекателя" Чернова и т.д., яснѣе яснаго показала, что настоящая суть политики военной диктатуры, царящей нынѣ и поддерживаемой кадетами и монархистами, состоит в подготовкѣ разгона Совѣтов. Многіе вожди эсеров и меньшевиков т.е. теперешняго большинства Совѣтов, уже признали и высказали

1917 年 7 月 10 日(23 日)列宁《政治形势》一文手稿第 1 页

(按原稿缩小)

孟什维克实际上对革命的彻底背叛。冒险，骚动，分散地对反动势力进行反抗，进行分散的没有希望的抵抗，——这些对事业都没有帮助；只有认清形势，发扬工人阶级先锋队坚韧不拔的精神，准备力量举行武装起义，才能对事业有所帮助。目前要使武装起义取得胜利是非常困难的，但是在上面所指出的事实和潮流相结合的情况下，仍然是可能的。不要对立宪和共和国抱任何幻想，不要再对和平道路抱任何幻想，不要进行任何分散的活动，**现在**不要接受黑帮和哥萨克的挑衅，而要聚集力量，重新组织力量，并在危机的进程允许进行真正群众性的全民的武装起义的时候坚决地准备武装起义。现在，不举行武装起义就不可能使土地转归农民，因为反革命在取得政权之后，已经完全同地主阶级联合起来了。

武装起义的目的只能是使政权转到受贫苦农民支持的无产阶级手中，以实现我们党的纲领。

4. 工人阶级的党决不放弃合法活动，但一分钟也不对合法活动抱过高的希望，应当像在1912—1914年那样把合法活动和秘密活动**结合起来**。

就是一小时的合法活动也不要放弃。但是也决不要相信立宪和"和平道路"的幻想。立即在各地建立秘密的组织或支部，来印发传单等等。立即沉着地坚定地在各方面重新部署。

要像在1912—1914年那样进行活动，当时我们就是既讲要通过革命和武装起义推翻沙皇制度，又不丢掉合法的基地，无论在国家杜马、保险基金会、工会或在其他方面，都没有丢掉合法的基地。

载于1917年7月20日(8月2日)
《无产阶级事业报》第6号

译自《列宁全集》俄文第5版
第34卷第1—5页

论 口 号

（1917年7月中旬）

在历史急剧转变的关头，往往连先进的政党也会在较长的一段时间内不能适应新的形势而重复旧的口号。这种口号在昨天是正确的，今天却已经失去任何意义，而且失去得如此“突然”，就像历史的急剧转变来得如此“突然”一样。

看来，全部国家政权归苏维埃的口号也会遇到某种类似的情况。在我国革命已经永远过去的一个时期里，比如在2月27日至7月4日，这个口号是正确的。现在，它显然已经不正确了。不懂得这一点，就根本不能理解当前的迫切问题。每一个口号都应当以一定政治形势的全部特点为依据。而当前，在7月4日以后，俄国的政治形势同2月27日至7月4日这段时期的形势是根本不同的。

那时候，即在过去的这一段革命时期，国内存在着所谓“两个政权并存的局面”，无论在物质上或形式上都表明，国家政权处于不稳定的过渡状态。我们不会忘记，政权问题是一切革命的根本问题。

那时候，政权处于动摇不定的状态。临时政府和苏维埃根据自愿达成的协议分掌政权。苏维埃是由广大自由的即不受任何外力强制的、武装的工人和士兵的代表组成的。武器掌握在人民手中，没有外力强制人民，——这就是问题的**实质**。这就开辟并保障了整个革命和平向前发展的道路。“全部政权归苏维埃”，是在这条和平发展的道路上最先迈出的、能够直接实现的一步的口号。这是革命和平发展的口号，在 2 月 27 日至 7 月 4 日这段时期内，革命的和平发展是可能的，当然也是最合乎愿望的，但是现在，革命的和平发展是绝对不可能了。

十分明显，不是所有拥护“全部政权归苏维埃”的口号的人都充分考虑到这是革命和平向前发展的口号。说革命有和平发展的可能，不仅仅是指当时（2 月 27 日至 7 月 4 日）没有一个人、没有一个阶级、没有一种较强的力量能够抗拒和阻碍政权归苏维埃。不仅仅是如此。说当时革命有和平发展的可能，甚至还指苏维埃**内部**各阶级间和各政党间的斗争在全部国家政权及时转归苏维埃的条件下，能够最和平痛苦最少地进行。

人们对于后面这一点也是注意不够的。苏维埃按其阶级成分来说，是工农运动的机关，是工农专政的现成形式。如果苏维埃掌握全部政权，那么小资产阶级各阶层的主要缺点、主要毛病，即对资本家的轻信态度，就会在实践中得到克服，就会通过试行他们自己的措施受到批判。在苏维埃独掌全部政权的基础上，执政阶级和执政党的更迭本来是有可能在苏维埃内部和平地进行的；苏维埃内部的一切政党同群众的联系还可能仍然是牢固的，而不会削弱。我们丝毫不能忽视，只有苏维埃内部的各个政党同群众的这种最密切的、可以自由地扩展和深入的联系，才有助于和平地消除小资产阶级同资产阶级妥协的幻想。政权归苏维埃，这本身不会改变而且也不可能改变各阶级间的对比关系，也丝毫不能改变农民的小资产阶级性。但是这会及时地有力地促使农民离开资产阶级,靠拢工人,进而同工人联合起来。

如果政权及时转归苏维埃,是可能出现这种情况的。这对人民来说是最轻松、最有利的。这是一条痛苦最少的道路,所以在当时是应该以最大的努力来争取这条道路的。但是现在,这个争取政权及时转归苏维埃的斗争已经结束。和平发展的道路已经不可能了。已经开始走上了非和平的、最痛苦的道路。

我们所以说 7 月 4 日是一个转折点,正是因为在这以后客观形势起了急剧的变化。政权动摇不定的状态结束了。政权在决定性的地方已经转到反革命手中。在小资产阶级政党社会革命党和孟什维克党同反革命的立宪民主党妥协的基础上,这两个小资产阶级政党的发展演变使它们实际上成了反革命屠杀的参与者和帮凶。小资产者不自觉地轻信资本家,因而在党派斗争的发展进程中堕落到自觉地去支持反革命分子的地步。各党派关系发展的一个周期已告结束。2 月 27 日,各阶级是一起反对君主制的。7 月 4 日以后,反革命资产阶级同君主派和黑帮勾结在一起,半拉半吓地把小资产阶级的社会革命党人和孟什维克拉了过去,把实际的国家政权交给了卡芬雅克分子,交给了在前线枪杀违抗命令者和在彼得格勒残杀布尔什维克的那帮军人。

政权归苏维埃的口号现在听起来好像是唐·吉诃德精神[6],或者是一种嘲笑。这个口号在客观上会欺骗人民,会使人民产生一种错觉,似乎**现在**也是只要苏维埃愿意取得政权或作出这种决定,它就可以取得政权,似乎在苏维埃内还有一些政党并没有因帮助刽子手而玷污了自己,似乎可以把已经发生的事情只当做没有发生。

如果以为革命的无产阶级会因为社会革命党人和孟什维克支持过残杀布尔什维克、支持过在前线进行枪杀和解除过工人的武装而要实行所谓“报复”，“拒绝”支持他们去反对反革命势力，那是极端错误的。这样提问题首先是把市侩的道德观念强加在无产阶级头上(**为了事业的利益**，无产阶级不仅一向支持动摇的小资产阶级，而且也支持大资产阶级)；其次(这是主要的)是像市侩那样企图用“道德说教”来模糊问题的政治实质。

问题的这一实质在于，用和平方法现在已经不可能取得政权了。现在能够取得政权的唯一方法，就是进行坚决的斗争，战胜目前实际的执政者，即依靠调到彼得格勒来的反动军队、依靠立宪民主党人和君主派的那帮军人卡芬雅克分子。

问题的实质在于，只有革命的人民群众才能够战胜这些新的执政者，而开展群众运动的条件是：不仅要由无产阶级来领导人民群众，而且要人民群众离弃已经背叛革命事业的社会革命党和孟什维克党。

谁把市侩的道德观念混杂在政治问题中，谁就会这样议论：就算社会革命党人和孟什维克支持过卡芬雅克分子解除无产阶级和革命部队的武装，犯了“错误”，但也应当给他们“改正”错误的机会；“不要阻难”他们改正“错误”；要使小资产阶级比较容易地倒向工人方面来。这种议论，如果不是对工人的又一次欺骗，也是一种幼稚的或简直是愚蠢的见解，因为小资产阶级群众倒向工人方面来，只是而且正是指他们离弃了社会革命党人和孟什维克。社会革命党和孟什维克党现在只有宣布策列铁里、切尔诺夫、唐恩和拉基特尼科夫是刽子手的帮凶，那才能算是改正“错误”。我们完全地无条件地赞成这样“改正错误”……

我们说过，革命的根本问题是政权问题。现在应当作一补充：正是在革命中，我们随时会遇到看不清真正的政权**在哪里**这种情况,会遇到形式上的政权和实际的政权相分离的情况。这也正是一切革命时期的主要特点之一。1917 年 3、4 月间,人们不知道实际的政权是在政府手中,还是在苏维埃手中。

现在特别重要的是要使觉悟的工人冷静地观察一下革命的根本问题:目前国家政权是在谁的手里。只要你想一想政权的物质表现是什么,而不把空话当做事实,那你就不难回答这个问题。

弗里德里希·恩格斯写道,国家首先就是武装队伍以及监狱之类的物质的附属物①。在目前,那就是士官生和特地调到彼得格勒来的反动的哥萨克,就是那些把加米涅夫等人关在监狱里的人,就是那些查封《真理报》[7]的人,就是那些解除工人和某一部分士兵武装的人,就是那些枪杀某一部分士兵的人,就是那些枪杀某一部分军队的人。正是这些刽子手掌握着实际的政权。策列铁里和切尔诺夫之流是没有实权的部长,是傀儡部长,是支持屠杀的那些政党的领袖。这是事实。策列铁里和切尔诺夫本人也许"不赞成"屠杀,他们的报纸战战兢兢地表白同屠杀没有瓜葛,那也改变不了这个事实,这种政治外表的变化改变不了问题的实质。

查封彼得格勒 15 万选民的报纸,士官生因工人沃伊诺夫从印刷厂拿出《〈真理报〉小报》[8]就把他杀害(7 月 6 日),这难道不是屠杀吗?这难道不是卡芬雅克分子干的勾当吗?有人会对我们说:无论是政府,还是苏维埃都"没有过错"。

我们回答说,这对政府和苏维埃来说就更糟糕,因为这说明它们等于零,它们是傀儡,并不掌握实际的政权。

人民首先应当十分清楚地知道事情的**真相**,应当知道实际上

① 参看《马克思恩格斯文集》第 4 卷第 190 页。——编者注

是谁掌握着国家政权。必须把全部真相告诉人民:政权掌握在那帮军人卡芬雅克分子(克伦斯基、某些将军和军官等)手里,而以立宪民主党为首的整个资产阶级以及通过所有黑帮报纸,通过《新时报》[9]、《现代言论报》[10]等等进行活动的一切君主派都支持他们。

必须推翻这个政权。否则一切关于同反革命势力作斗争的话都是空话,都是"欺骗自己,欺骗人民"。

策列铁里和切尔诺夫之流的部长们以及他们的政党现在都拥护这个政权,因此必须向人民说明他们充当着刽子手的角色,并且说明这些政党在 4 月 21 日、5 月 5 日、6 月 9 日和 7 月 4 日犯了"错误"[11]以后,在他们赞同进攻政策(这种政策预先就大体决定了卡芬雅克分子在 7 月的胜利)以后,是必然会有这种"结局"的。

必须改变对人民的全部鼓动工作,使鼓动工作考虑到当前革命的具体经验,特别是七月事变的具体经验,也就是说,应当清楚地指出人民的真正敌人是那帮军人,是立宪民主党人和黑帮分子,并且应当明确地揭露小资产阶级的政党社会革命党和孟什维克党一直起着刽子手帮凶的作用。

必须改变对人民的全部鼓动工作,必须说明,不推翻那帮军人的政权,不揭露社会革命党和孟什维克党,不使他们失去人民的信任,农民就绝对没有希望获得土地。在资本主义发展的"正常"条件下,要达到这一步将是一个漫长的极其困难的过程,但是战争和经济破坏会大大加速这一过程。这种"加速器"可以使一个月甚至一个星期相当于一年。

对于以上论述,大概会有两种反对意见:第一种反对意见是,现在谈坚决斗争就是鼓励分散地发动斗争,而这正好是帮助反革命势力;第二种反对意见是,推翻反革命势力,这意味着政权仍然转到苏维埃手里。

我们对第一种反对意见回答说，俄国工人已经有很高的觉悟，决不会在显然对自己不利的时刻受人挑拨。如果他们现在就起来斗争和反抗，那会对反革命有利，这一点是毋庸争辩的。只有在广大群众中重新出现新的革命高潮时才能进行坚决的斗争，这一点也是毋庸争辩的。但是只是一般地谈论革命高涨、革命高潮、西欧工人的援助等等是不够的，必须从我们的过去得出明确的结论，必须考虑我们自己的教训。经过这样考虑就一定会提出同夺得了政权的反革命势力进行坚决斗争的口号。

第二种反对意见归结起来也是用过于一般的议论来偷换具体的真理。除革命的无产阶级以外，没有任何力量能够推翻资产阶级反革命势力。正是革命的无产阶级，有了 1917 年 7 月的经验以后，应当独立地掌握国家政权，否则革命就**不可能**胜利。无产阶级掌握政权，贫苦农民即半无产者支持无产阶级，这是唯一的出路，而且我们已经回答过，哪些情况能够非常迅速地使这一点加快实现。

在这新的革命中可能而且一定会出现苏维埃，但是**不是**现在的苏维埃，不是同资产阶级妥协的机关，而是同资产阶级进行革命斗争的机关。到那时候，我们也会主张按照苏维埃类型来组织整个国家，这是必然的。这并不是一般苏维埃的问题，而是同**目前的**反革命势力，同**目前的**苏维埃的背叛行为作斗争的问题。

用抽象的东西来偷换具体的东西，这是革命中一个最主要最危险的错误。现在的苏维埃由于社会革命党和孟什维克党在其中占统治地位而垮台了，完全破产了。现在，这些苏维埃像是一群被牵去宰割、在屠刀下咩咩哀叫的绵羊。**现在**，苏维埃在节节胜利的反革命势力面前显得软弱无力，一筹莫展。政权归苏维埃的口号可能被理解为“只是”号召把政权交给现在的苏维埃，如果这样说，如果号召这样做，那在目前情况下就是欺骗人民。而欺骗是最危险的行为。

从2月27日至7月4日这个俄国阶级斗争和党派斗争的发展周期已告结束。新的周期开始了，在这个周期参加活动的不是旧的阶级、旧的政党、旧的苏维埃，而是在斗争烈火中更生的并在斗争中经过锻炼、训练和改造的新的阶级、新的政党、新的苏维埃。不要向后看，而要向前看。应当运用新的即七月事变以后的阶级和政党的范畴来思考问题，而不应当运用旧的范畴来思考问题。在新的周期开始时，必须以资产阶级反革命势力已经取得胜利这一事实作为出发点；反革命势力之所以能够取得胜利，是因为社会革命党人和孟什维克同它妥协，而只有革命的无产阶级才能战胜它。当然，在这个新的周期，无论是反革命势力获得彻底的胜利，无论是社会革命党人和孟什维克遭到彻底的失败(不进行斗争)，或是掀起新革命的新高潮，都还要经过许多不同的阶段。但是关于这一点，只能留待以后这些阶段分别出现时再谈了……

1917年由俄国社会民主工党(布)喀琅施塔得委员会印成单行本

译自《列宁全集》俄文第5版第34卷第10—17页

感谢格·叶·李沃夫公爵

(1917 年 7 月 19 日〔8 月 1 日〕)

临时政府前首脑格·叶·李沃夫公爵在同临时政府记者委员会代表们告别的谈话中,作了宝贵的自白,工人们一定会为此而感谢他的。

李沃夫说:"最近国内发生的事件大大加强了我的乐观精神。我相信,对于俄国说来,我们'纵深突破'列宁战线,比德国人突破我们的西南战线,意义要重大得多。"

工人们怎能不感谢公爵估量阶级斗争的这种冷静态度呢?工人们不仅要感谢李沃夫,而且还要向他学习。

所有的资产者、地主以及尾随他们的社会革命党人和孟什维克反对"内战"的言论是多么冠冕堂皇,多么虚伪!看一看李沃夫公爵的宝贵自白,你们就会明白,他正是从内战的角度十分冷静地估量俄国国内形势的。领导反革命力量的资产阶级纵深地突破了革命工人的战线,这就是公爵的自白中所包含的一点点真理。两个敌人、两个敌对的营垒,一个突破另一个的战线,这就是李沃夫公爵所总结的俄国国内形势。我们衷心感谢李沃夫公爵的坦率!要知道,他比社会革命党人和孟什维克这些伤感的市侩正确一千倍,因为他们认为,在革命时期必然极度激化的资产阶级和无产阶级之间的阶级斗争,会因他们的诅咒和恳求而消失!

两个敌人、两个敌对的营垒，一个突破另一个的战线，这就是李沃夫公爵的正确的历史哲学。他实际上没有把第三个营垒即小资产阶级社会革命党人和孟什维克算在里边，这是对的。这第三个营垒看来很大，事实上却不能独立解决任何事情；冷静地发表议论的公爵明白这一点，每一个了解小资产阶级经济地位的马克思主义者也明白这一点，并且每一个深入思考革命历史教训的人也明白这一点，因为革命历史教训始终表明，在资产阶级和无产阶级的斗争尖锐化的时候，小资产阶级政党总是软弱无力的。

甚至在战争时期，国内的阶级斗争也比同国外敌人的斗争重要得多，——大小资产阶级代表人物用种种粗野的语言谩骂布尔什维克，就是因为布尔什维克肯定这个真理！无数喜欢谈论“统一”、“革命民主”等等冠冕堂皇词句的人竭力摒弃的也就是这个真理！

但是到了严重的决定性的关头，李沃夫公爵立刻完全承认了这个真理，他公开宣称，“战胜”国内阶级敌人，比同国外敌人斗争的战线上的形势更重要。这是一个不容争辩的真理。这是一个大有教益的真理。工人们将十分感谢李沃夫公爵，感谢他承认、提示和传播了这个真理。为了感谢公爵，工人们将运用党的力量，使最广泛的被剥削劳动群众更好地了解和掌握这个真理。在工人阶级争取解放的斗争中，没有什么东西比这个真理更有用的了。

李沃夫公爵谈得如此扬扬得意的内战战线的“突破”是指什么呢？这个问题应该特别仔细地分析一下，使工人们能够好好地向李沃夫学习。

这一次内战“战线的突破”，首先是指资产阶级把无数谰言和诽谤加在它的阶级敌人布尔什维克身上，在诬蔑政敌这个最卑鄙最肮脏的勾当中空前地卖力。这可以说是“突破阶级斗争战线的”“思想准备”。

其次是物质的、关系事物实质的“突破”，指的是逮捕敌对政治派别的人员，宣布这些人不受法律保护，不经审判就在街上把他们的一部分人打死(7 月 6 日沃伊诺夫从《真理报》印刷厂拿报纸出来就被杀害了)，查封他们的报纸，解除工人和革命士兵的武装。

这就是“阶级敌人战线的突破”。愿工人们好好地考虑一下这种办法，到时候也能用它来对付资产阶级。

无产阶级永远不会采用诽谤手段。它查封资产阶级报纸的时候，会在法律和政府的命令中直率地宣布资本家及其辩护者是人民公敌。以我们的敌人即政府为代表的资产阶级，以苏维埃为代表的小资产阶级，根本不敢直率地公开地说出要查封《真理报》，说出查封它的原因。无产阶级采取行动，将不是靠诽谤，而是靠讲真话。无产阶级会向农民和全体人民如实说明资产阶级报纸的真相，说明必须把它们查封的原因。

与小资产阶级的空谈家社会革命党人和孟什维克不同，无产阶级一定会深刻地了解，阶级斗争“战线的突破”，制服敌人，制服剥削者，实际上是怎么一回事。李沃夫公爵帮助无产阶级认识了这个真理。我们感谢李沃夫公爵。

载于 1917 年 7 月 19 日(8 月 1 日)
《无产阶级事业报》第 5 号

译自《列宁全集》俄文第 5 版
第 34 卷第 18—20 页

论立宪幻想[12]

（1917 年 7 月 5 日和 26 日〔7 月 18 日和 8 月 8 日〕之间）

所谓立宪幻想，是指这样一种政治错误：尽管规范的、法定的、正规的、合法的，总之是“立宪的”制度实际上并不存在，人们却把它当做现行的制度。乍看起来，也许会认为在今天的俄国，在 1917 年 7 月，在宪法根本还没有制定的时候，谈不上产生立宪幻想。但是这种想法是极端错误的。实际上，俄国目前整个政治形势的关键就在于非常广大的人民群众充满了立宪幻想。不了解这一点，就根本不能了解俄国目前的政治形势。如果不把重点放在系统地和无情地揭穿立宪幻想上面，不揭露这些幻想的一切根源，重新指明正确的政治前途，那在正确提出当前俄国的策略任务方面就肯定寸步难行。

现在我们来看看目前抱有立宪幻想的人的三种最典型的意见，并比较仔细地加以分析。

第一种意见是，我国正处于立宪会议召开的前夕[13]，因此目前所发生的一切都是临时的、暂行的、不大重要的、非决定性的，不久就要由立宪会议重新审议并最后确定。第二种意见是，某些政党，例如社会革命党、孟什维克党或这两个党的联盟，在人民中或者在苏维埃这样“最有威信的”机关中拥有明显的无可怀疑的多数，因此在共和制的、民主的、革命的俄国，这些政党的意志，这些机关的意志，就和大多数人民的意志一样，不可能被忽视，尤其不可能违背。第三种意见是，**某种措施**，例如查封《真理报》，无论临时政府还是苏维埃都没有肯定它是合法的，因此只是一个插曲，一个偶然的现象，决不能认为它具有某种决定性的意义。

下面就来逐条分析这几种意见。

一

召开立宪会议还是第一届临时政府就许下的诺言。它认为把国家引导到召开立宪会议是自己的主要任务。第二届临时政府决定 9 月 30 日为召开立宪会议的日期。第三届临时政府在 7 月 4 日以后又极其郑重地肯定了这个日期。

但是，立宪会议有百分之九十九的可能不会如期召开。在第二次俄国革命取得胜利以前，即使如期召开，立宪会议有百分之九十九的可能还会像第一届杜马[14]那样软弱无力和毫无用处。只要稍微避开一下那些嘈杂的令人晕头转向的空谈、许愿和日常琐事，看一看社会生活中基本的、决定一切的东西即阶级斗争，就会深信这一点。

俄国资产阶级已经同地主极其紧密地结合在一起，这一点是很明显的。所有的报刊、所有的选举、立宪民主党和比它更右的各个政党的全部政策以及“有关”人士在各种“代表大会”上的全部发言都证明了这一点。资产阶级非常清楚地了解社会革命党人和“左派”孟什维克这些小资产阶级空谈家所不了解的东西，那就是：

如果不进行一次大规模的经济革命，不把银行置于全民的监督之下，不实行辛迪加国有化，不对资本采取一些最无情的革命措施，在俄国就**不可能**废除土地私有制，何况是无偿地废除。资产阶级非常清楚地了解这一点。同时他们也不能不知道，不能不看到和觉察到，现在俄国大多数农民不仅会主张没收地主土地，而且会表现得比切尔诺夫左得多。因为资产阶级比我们更清楚地知道，就在5月6日至7月2日这一段时期内，切尔诺夫在拖延和削减农民的各种要求的问题上向资产阶级作了多少局部的让步，**右派**社会革命党人（要知道，切尔诺夫在社会革命党人眼中是个“中派”！）在农民代表大会[15]和全俄农民代表苏维埃执行委员会上，曾经费了多少心血去“安抚”农民，用明天就办的空话哄骗他们。

资产阶级不同于小资产阶级的地方，就在于它从自己的经济和政治经验中了解到保存资本主义制度下的“秩序”（即对群众的奴役）所必需的条件。资产者是一些讲实际的人，是做大买卖的人，而且习惯于以严格的求实态度对待政治问题，不相信空话，善于抓住事情的关键。

在今天的俄国召开立宪会议，比社会革命党人左的农民就会占大多数。资产阶级是知道这一点的。它既然知道这一点，就不能不最坚决地反对早日召开立宪会议。**有了**立宪会议，要本着尼古拉二世所签订的秘密条约的精神进行帝国主义战争，要保护地主土地占有制或赎金，就不可能或者非常困难了。战争是不等人的。阶级斗争是不等人的。即使是2月28日至4月21日这样一段短短的时间，也很清楚地表明了这一点。

从革命一开始，对于立宪会议就有两种看法。完全沉溺在立宪幻想中的社会革命党人和孟什维克，用不愿了解阶级斗争的小资产者的轻信态度看待问题，说什么立宪会议已经宣布要召开啦，立宪会议就要召开啦，这就够了！除此之外，都是鬼话！但是，布尔什维克却说：只有巩固苏维埃的力量和权力，才能保证立宪会议的召开和会议的成功。孟什维克和社会革命党人把重心放在法律行为上：宣布、许诺、公告要召开立宪会议。布尔什维克则把重心放在阶级斗争上：如果苏维埃取得胜利，召开立宪会议就有保证，否则就没有保证。

事实也正是这样。资产阶级一直或明或暗地、坚持不懈地反对召开立宪会议。这表现在他们企图把立宪会议拖延到战争结束后再召开，表现在一再拖延确定召开会议的日期。在6月18日以后，在联合内阁成立一个多月以后，当召开立宪会议的日期终于确定下来的时候，莫斯科一家资产阶级报纸宣称，这是受了布尔什维克鼓动的影响。《真理报》曾一字不差地引用了这家报纸的这段话。

在7月4日以后，在社会革命党人和孟什维克的献媚和胆怯使反革命取得了“胜利”以后，《言语报》[16]就露出了一句简短而又妙不可言的话：召开立宪会议“过于急促”!! 7月16日，《人民意志报》[17]和《俄罗斯意志报》[18]发表短评，说立宪民主党人借口立宪会议“不可能”在这样“短促的”期间内召开，要求推迟开会日期，而且据这篇短评说，向反革命摇尾乞怜的孟什维克策列铁里已经同意延期到11月20日召开！

毫无疑问，这种短评得以发表，完全是违背资产阶级的意志的。这种“揭露”对资产阶级不利。但是口袋里藏不住锥子。7月4日以后变得放肆起来的反革命说走了嘴。反革命资产阶级在7

月 4 日后一夺得政权，紧接着的一步（而且是非常重要的一步）就是**反对**召开立宪会议。

这是事实。这个事实暴露了立宪幻想的虚无缥缈。如果俄国不发生一次新的革命，如果不推翻反革命资产阶级（首先是立宪民主党人）的政权，如果人民仍然信任社会革命党和孟什维克党这两个同资产阶级妥协的政党，立宪会议要么永远开不成，要么会变成"法兰克福清谈馆"[19]，变成软弱无力毫无用处的小资产者的会议，这种小资产者被战争和资产阶级"抵制政权"的前景吓得要死，无力地挣扎着，既想撇开资产阶级而由自己当权，又怕没有资产阶级不行。

立宪会议的问题**服从于**资产阶级和无产阶级之间阶级斗争的进程和结局问题。记得有一次《工人报》[20]曾经脱口说出立宪会议将成为国民公会[21]。这是我国反革命资产阶级的奴仆孟什维克的那种空洞、可怜、可鄙的豪言壮语的范例之一。为了使立宪会议不致成为"法兰克福清谈馆"或第一届杜马，而能成为国民公会，必须具有无情地打击反革命而不同他们妥协的勇气、本领和力量。为此，必须使现代最先进、最坚决、最革命的阶级掌握政权。为此，必须使全体城乡贫民（半无产者）拥护这个阶级。为此，必须无情地镇压反革命资产阶级，首先是立宪民主党人和军队中的高级将领。这就是召开国民公会的现实的、阶级的、物质的条件。只要明确地列举出这些条件，就可以了解《工人报》的豪言壮语是多么可笑，社会革命党人和孟什维克对今天俄国的立宪会议所抱的立宪幻想是多么愚蠢。

二

马克思在抨击1848年的小资产阶级“社会民主派”时，特别严厉地斥责他们喋喋不休地空谈“人民”和人民大多数。① 在分析第二种意见时，在分析“大多数”这一点上的立宪幻想时，不妨回忆一下这件事。

要使大多数真正能够决定国家大事，必须具备一定的现实条件。这就是：必须巩固地建立一种有可能按照大多数的意志决定问题并保证把这种可能性变成现实的国家制度、国家政权。这是一方面。另一方面，必须使这个大多数在阶级成分上，在其内部（和外部）各阶级的对比关系上，**能够**协力地有效地驾驭国家这辆马车。任何一个马克思主义者都清楚，在关于人民大多数以及按照这个大多数的意志处理国家事务的问题上，这两个现实条件起着决定性的作用。但是社会革命党人和孟什维克的全部政治书刊，特别是他们的全部政治行动，都暴露了他们根本不了解这两个条件。

如果国家政权掌握在同大多数的利益一致的阶级手中，那么就能够真正按照大多数的意志来管理国家。如果政权掌握在同大多数的利益不一致的阶级手中，那么任何按照大多数的意志进行的管理都不可避免地要变成对这个大多数的欺骗或压制。一切资产阶级共和国都向我们提供了千百个这样的例子。在俄国，资产

① 参看《马克思恩格斯文集》第2卷第461—578页。——编者注

阶级无论在经济上或政治上都占着统治地位。它的利益同大多数的利益极不一致，特别是在帝国主义战争时期更是如此。因此，如果根据唯物主义的、马克思主义的观点，而不是根据形式主义的、法律的观点来提出问题，那么问题的整个关键就在于揭露这种不一致，戳穿资产阶级对群众的欺骗。

相反，我国的社会革命党人和孟什维克却完全证明和表明他们实际上所起的作用就是充当资产阶级欺骗群众（“大多数”）的工具，充当进行这种欺骗的媒介和同谋。不管社会革命党人和孟什维克个人怎样真诚，只要他们还认为，没有无产阶级专政和社会主义的胜利，也能摆脱帝国主义战争，缔结“没有兼并和赔款的和约”，也能把土地无偿地交给人民并且对生产实行“监督”以维护人民的利益，那么他们的这些基本政治主张（当然还有经济主张）在客观上总是小资产阶级的自我欺骗，同样也是资产阶级对群众（“大多数”）的欺骗。

这就是我们对小资产阶级民主派，即对路易·勃朗式的社会主义者社会革命党人和孟什维克在大多数这个问题的提法上所作的第一个也是主要的“修正”。如果“大多数”本身只是一种形式，而在物质上、在实际上是一些政党拥有的大多数，这些政党又在实行资产阶级对这个大多数的欺骗，那么这个大多数实际上又有什么价值呢？

现在我们来谈第二个“修正”，来谈上面指出的第二种基本情况。当然，只有弄清这种欺骗的阶级根源和阶级意义，才能正确地理解这种欺骗。这不是个人的欺骗，不是“诈骗”（说得粗一些），这是因阶级的经济地位而产生的具有欺骗性的思想。小资产者所处的经济地位及其生活条件使他们不能不欺骗自己，他们不由自主地必然地时而倾向资产阶级，时而倾向无产阶级。他们**在经济上是不**可能有独立的“路线”的。

他们的过去使他们向往资产阶级，他们的未来使他们向往无产阶级。他们的理智使他们倾向后者，他们的偏见（根据马克思的名言）使他们倾向前者。① 为了使人民大多数能够成为管理国家的真正的大多数，成为大多数的利益的真正服务者，成为大多数的权利的真正维护者，等等，就必须具备一定的阶级条件。这个条件就是：至少在决定性的关头和决定性的地方，小资产阶级的大多数同革命无产阶级联合起来。

不具备这个条件，大多数就是一个空架子，虽然能够维持一些时候，炫耀一番，喧嚣一阵，显赫一时，但终究是绝对注定要破产的。社会革命党人和孟什维克拥有的大多数1917年7月在俄国革命中所遭到的破产就是这样。

其次，革命与国家的“通常”状态不同的地方，就在于国家生活中有争论的问题在革命时期是直接通过阶级斗争、群众斗争以至群众的武装斗争来解决的。既然群众是自由的而且是有武装的，也就不能不是这样。从这个基本事实中可以得出结论，在革命时期仅仅显示“大多数的意志”是不够的；不，应当在决定性的关头和决定性的地方**表现得更有力量**，应当**赢得胜利**。从中世纪德国“农民战争”起，经过历次大的革命运动和革命时期，直到1848年和1871年，直到1905年，我们看到无数这样的例子：组织得较好、觉悟较高、武装较好的少数迫使大多数服从自己的意志并且战胜了大多数。

① 参看《马克思恩格斯文集》第2卷第567页。——编者注

弗·恩格斯特别强调16世纪德国农民起义和1848年德国革命在一定程度上是共同的经验教训，这个教训就是：被压迫群众因其小资产阶级生活地位的限制而行动分散，缺乏集中性。[①] 从这方面来看问题，我们也可以得出同样的结论：单纯的小资产阶级群众大多数还没有解决也不可能解决任何问题，因为**只有**资产阶级或者无产阶级对他们的领导，才能使千百万分散的农村小业主的行动具有组织性，具有政治自觉性，具有取得胜利所必需的集中性。

大家知道，社会生活中的问题归根到底是通过阶级斗争的最激烈最尖锐的形式即内战的形式解决的。在这种战争中，也像在其他任何战争中一样，起决定作用的是经济，这也是大家都知道而且在原则上谁也不能反驳的事实。特别值得注意的是，不论是社会革命党人或是孟什维克，“在原则上”都不否认这一点，并且也很清楚地知道今天的俄国具有资本主义的性质，但是，他们不敢冷静地正视真理。他们害怕承认这样一个真理：任何资本主义国家，包括俄国在内，基本上分为三种根本的主要的力量，即资产阶级、小资产阶级和无产阶级。大家都谈论第一种力量和第三种力量，都承认这两种力量，但是对第二种力量却不愿意从经济上、政治上和军事上去冷静地估计，而这种力量在人数上恰恰是占**大多数**！

真理的光芒是刺眼的，社会革命党人和孟什维克害怕自我认识的原因就在这里。

① 参看《马克思恩格斯文集》第2卷第220—319页。——编者注

三

在开始写这篇文章的时候，查封《真理报》只是一件“偶然的”事情，还没有得到国家政权的认可。现在，在7月16日以后，这个政权已经正式把《真理报》查封了。

如果历史地即从事情的整体来看，从准备到实行这一措施的整个过程来看，这次查封非常清楚地说明了俄国“立宪的实质”和立宪幻想的危害。

大家知道，以米留可夫和《言语报》为首的立宪民主党，从4月起就要求对布尔什维克进行镇压。这种进行镇压的要求采取了各种不同的形式，从《言语报》发表“有全国意义的”文章起，到米留可夫屡次叫喊“逮捕”（列宁和其他布尔什维克）止，这种要求如果不是立宪民主党人在革命中的政治纲领的主要组成部分，也是主要组成部分之一。

在6、7月间阿列克辛斯基之流罗织罪名、无耻地诬告布尔什维克充当德国间谍或领取德国津贴之前，在不顾众所周知的事实和已公布的文件，诬告布尔什维克组织“武装暴动”或策动“叛乱”之前，立宪民主党早就一直不断地要求对布尔什维克进行镇压。现在既然这种要求已经实现了，那么，对于那些忘记或者假装忘记产生这种要求的真正阶级根源和党派根源的人的真诚和判断力，究竟应当怎样看待呢？既然现在社会革命党人和孟什维克竭力把事情说成是：他们相信镇压布尔什维克的“缘由”在于7月4日出现的某种“偶然的”或“个别的”情况，这能说不是肆无忌惮的伪造或政治上的极端愚钝吗？歪曲不容争辩的历史真相总该有个限度吧！

只要把4月20—21日的运动和7月3—4日的运动比较一下，就立刻会相信这两次运动具有共同的特点：群众的不满、焦急和愤怒自发地爆发出来；挑衅性的射击来自右边；死者是在涅瓦大街上被枪杀的；资产阶级特别是立宪民主党人大叫大嚷地诬蔑"列宁分子在涅瓦大街上开枪"；无产阶级群众和资产阶级之间的斗争极端残酷和尖锐；小资产阶级政党社会革命党和孟什维克党吓得完全手足无措，在政策上和整个国家政权问题上大幅度地来回摇摆。所有这些客观事实都说明了这两次运动的特点。而6月9—10日和18日则以另一种形式向我们展示出一幅与此完全相同的阶级图画。

事变的进程是非常清楚的：群众的不满、焦急和愤怒日益增长，无产阶级和资产阶级之间的斗争，特别是争夺小资产阶级群众的斗争日趋尖锐，而正是在这种情况下发生了两大历史事件，从而造成了社会革命党人和孟什维克对反革命立宪民主党人的依附。一个事件是5月6日联合内阁的组成，在这个内阁中，社会革命党人和孟什维克成了资产阶级的奴仆，他们同资产阶级勾结和妥协，百般地为资产阶级"效劳"，迟迟不采取最必要的革命措施，在这些方面愈陷愈深。另一个事件是前线的进攻。进攻必然意味着重新恢复帝国主义战争，使帝国主义资产阶级的影响、声望和作用大大加强，使沙文主义在群众中广为传播，最后(最后但不是最不重要)使权力，先是军权，然后是整个国家政权，转到军队中的反革命高级将领手中。

历史事变的进程就是如此，这一进程在4月20—21日到7月

3—4日期间加深和激化了阶级矛盾，使反革命资产阶级在7月4日以后得以实现早在4月20—21日就已经十分清晰地显露出来的他们的纲领和策略、他们的最近目标以及用来达到这一目标的“纯洁的”手段。

市侩们抱怨7月4日事变（顺便说一下，尔·马尔托夫也在这样抱怨），说布尔什维克“弄巧成拙”，给自己带来了失败，是“冒险主义”招致了他们的失败，如此等等。从历史观点来看，这种抱怨毫无意思，在理论上非常可怜，在实践上非常可笑。所有这些抱怨，所有这些说“本来不该”参与的论调（不该参与使群众完全正当的不满和愤怒具有“和平的和有组织的”性质这件事！！），如果来自布尔什维克内部，那就是背叛行为，要不然就是小资产者常有的惊慌失措和思想混乱的表现。事实上，7月3—4日的运动是由4月20—21日以及以后的运动发展起来的，这像春去夏来一样是不可避免的。无产阶级政党的义不容辞的责任就是和群众在一起，竭力使群众发起的正当的行动具有最和平最有组织的性质，而不是躲在一边，像彼拉多[22]那样表明与自己无关，学究般地举出理由，说什么群众还没有一个不剩地组织起来，说什么群众运动常有过火行为（似乎4月20—21日没有过火行为！似乎历史上真有过——哪怕只有一次——未曾发生过火行为的大的群众运动！）。

布尔什维克在7月4日以后受到的挫折是过去整个事变进程的历史必然结果，原因就在于：小资产阶级群众及其领袖社会革命党人和孟什维克在4月20—21日还没有被进攻捆住手脚，还没有因为同资产阶级勾结而束缚在“联合内阁”内，到了7月4日，他们已经把自己束缚起来，以致不能不堕落到同反革命立宪民主党人合作（一起进行镇压、诽谤和屠杀）的地步。社会革命党人和孟什维克之所以在7月4日完全掉进反革命的污水潭，是因为他们在5、6月间就一个劲儿地往这个污水潭滚，参加联合内阁并赞同他们的进攻政策。

表面看来，我们有些离开本题，离开了查封《真理报》的问题而去谈7月4日事变的历史评价问题了。但这只是表面如此而已，因为不谈后一个问题就不能了解前一个问题。如果考察一下问题的实质以及历次事件之间的联系，我们就可以看到，查封《真理报》、逮捕布尔什维克以及用其他办法迫害布尔什维克，都不过是在执行反革命特别是立宪民主党人的早就存在的纲领罢了。

现在来看一下究竟是**谁**用什么办法贯彻了这个纲领，是大有教益的。

让我们来看事实。7月2日和3日，运动已一触即发，群情鼎沸，他们对政府不起作用、物价高涨、经济破坏和前线进攻义愤填膺。立宪民主党人退出政府，玩弄“以退为进”的把戏，并且向社会革命党人和孟什维克提出最后通牒，让他们这些束缚在权位上而无实权的人对失败和群众的愤怒负责。

布尔什维克在7月2日和3日曾经设法制止发起行动。**甚至连**《人民事业报》[23]的一个目击者也承认这一点，他叙述了7月2日在精选团里发生的事情[24]。3日晚上，运动终于爆发，于是布尔什维克草拟了一篇号召书，说明必须使运动具有“和平的和有组织的”性质。7月4日，由于来自右边的挑衅性射击，双方开枪打死的人数增加了。必须强调指出，执行委员会答应对事件进行调查，答应每天发表两次公报云云，都不过是空洞的诺言！社会革命党人和孟什维克根本什么也没有做，**甚至连**双方死亡者的全部名单都没有公布！！

4 日夜里，布尔什维克草拟了关于停止行动的号召书，当夜就刊印在《真理报》上。但是就在那天夜里，第一，反革命的军队开始进驻彼得格勒(看来，这是社会革命党人和孟什维克及其苏维埃召来的，或者是得到他们同意的，不过他们对于这“微妙的”一点当然始终绝口不谈，虽然这已经丝毫没有保守秘密的必要!)。第二，就在那天夜里，士官生和其他部队显然奉司令官波洛夫采夫和总参谋部的命令，开始对布尔什维克大肆行凶。4 日深夜《真理报》被捣毁，5 日和 6 日《真理报》的劳动印刷所被捣毁，工人沃伊诺夫从印刷厂拿着《〈真理报〉小报》出来就在光天化日之下被杀害，布尔什维克被搜查被逮捕，革命部队被解除武装。

这一切是谁开始干的呢？不是政府，也不是苏维埃，而是那帮反革命军人，这帮人以总参谋部为中心，借“反间谍机关”的名义进行活动，散布佩列韦尔泽夫和阿列克辛斯基的诽谤言论以“激怒”军队，如此等等。

政府不见了。苏维埃也不见了；苏维埃正在为自己的命运胆战心惊，它们得到许多消息，说哥萨克要来消灭它们。攻击布尔什维克的黑帮报刊和立宪民主党报刊开始攻击苏维埃了。

社会革命党人和孟什维克的手脚被自己的全部政策束缚住了。这些手脚被束缚住的人，请求调(或者说容忍调)反革命军队到彼得格勒来。可是这把他们束缚得更紧了。他们滚到了可憎的反革命泥潭的深底。他们胆怯地解散了自己成立的侦查布尔什维克“案件”的委员会。他们卑鄙地把布尔什维克出卖给反革命。他们低声下气地参加了为被打死的哥萨克送葬的游行，用这种方式来吻反革命分子的手。

他们是一些手脚被束缚住的人。他们陷入了泥潭的深底。

他们四处奔走，把部长职位奉献给克伦斯基，到卡诺萨去[25]求见立宪民主党，在莫斯科张罗“国民代表会议”或者说为反革命政府“加冕”[26]。克伦斯基撤换了波洛夫采夫。

但是他们的奔走完全徒劳无益，丝毫没有改变**问题的实质**。克伦斯基虽然撤换了波洛夫采夫，却通过正式手续肯定了波洛夫采夫的**措施**和政策，使其合法化，他查封了《真理报》，对士兵实行死刑，禁止在前线召开群众大会，继续按照阿列克辛斯基的计划逮捕布尔什维克(连柯伦泰也在被捕之列!)。

俄国“立宪的实质”已经非常明显：在前线实行的进攻和在后方同立宪民主党人的联合使社会革命党人和孟什维克滚进了反革命的泥潭。**实际上**，国家政权已经转到反革命手中，转到一帮军人手中了。克伦斯基以及策列铁里和切尔诺夫的政府**只不过是反革命的挡箭牌**，他们不得不**事后**使反革命的措施、步骤和政策合法化。

克伦斯基、策列铁里和切尔诺夫同立宪民主党人的交易只有次要的意义，甚至没有什么意义。在这次交易中，立宪民主党人是否能占便宜，策列铁里和切尔诺夫是否还能“单独”维持下去，这都不能改变问题的实质；社会革命党人和孟什维克转向反革命(这个转变是由他们5月6日以来的全部政策造成的)始终是基本的、主要的、有决定意义的事实。

各政党发展的一个周期已告结束。社会革命党人和孟什维克是一级一级地往下滚的，从2月28日对克伦斯基表示“信任”，到5月6日同反革命拴在一起，到7月5日滚到了反革命泥潭的深底。

新的时期开始了。反革命的得势使群众对社会革命党和孟什维克党感到失望，同时也为群众转而采取拥护革命无产阶级的政策开辟了道路。

载于1917年8月4日和5日
《工人和士兵报》第11号和第
12号

译自《列宁全集》俄文第5版
第34卷第33—47页

答　　复[27]

（1917年7月26日和27日〔8月8日和9日〕）

一

7月22日的报纸登载了"由彼得格勒高等法院检察官发出的"关于审理7月3—5日事件并以叛国和组织武装暴动的罪名传讯我和其他几位布尔什维克出庭受审的通告。

政府被迫公布这个通告，是因为这桩卑鄙无耻的案子，这桩显然（在任何一个有知识的人看来显然）是为了实现反革命立宪民主党的宿愿和要求而在诽谤者阿列克辛斯基参与下假造出来的案子，闹得太不像样了。

但是，策列铁里之流的政府公布这个通告必然使自己加倍出丑，因为造假案的拙劣手法现在看得尤其清楚了。

我因病在6月29日（星期四）离开彼得格勒，7月4日（星期二）早晨才回来。[28]当然，对于我党中央以及全党所采取的一切步骤和措施，我承担全部的绝对的责任。我所以必须指出我曾离开过彼得格勒，是为了说明我并不了解某些细节，说明我为什么主要是援引报上发表的文件。

显然，正是这类文件，尤其是登在敌视布尔什维克的报纸上的文件，检察官首先应当仔细收集，汇总起来加以分析。但是执行“社会党人”部长策列铁里的政策的“共和派”检察官恰恰不愿意履行他这个最基本的职责！

7月4日以后不久，部长的报纸《人民事业报》承认下列事实：7月2日布尔什维克在精选团发表演说宣传**反对**发起行动。

试问检察官有没有权利不提这个文件呢？试问他有没有理由撇开这种证人的证词呢？

这篇证词确认了一件头等重要的事实：运动是自发地展开的，布尔什维克不是竭力加速而是竭力延缓这一行动。

其次，该报还刊载了一个更加重要的文件，即我党中央签署的在7月3日夜里拟定的号召书。这篇号召书是在运动已经越出界限**以后**（虽然我们竭力制止这次运动，或更确切些说，竭力调节这次运动），是在行动已经成为事实以后拟定和付印的。

策列铁里的检察官的极端卑鄙和绝无信义就在于他**回避**这一问题：行动究竟是在什么时候**开始**的，是在哪一天，几点钟，在布尔什维克的号召书发表以前还是以后。

就是这篇号召书谈到必须使运动具有**和平的**和**有组织的**性质！

在3日夜里，即在有决定性意义的那一天前夜，我们的组织发表了主张采取“和平的和有组织的行动”的号召书[29]。指控这样的组织“组织武装暴动”，难道能够设想还有比这更可笑的吗？还有一个问题：“社会党人”部长策列铁里的那位“共和派”检察官绝口不提这篇号召书，他同德雷福斯案件或贝利斯案件[30]的检察官又有什么区别呢？

其次，我们党中央在4日夜里拟定了停止示威游行的号召书，并在《真理报》刊载了这个号召书(就在那天夜里《真理报》报馆被一支反革命部队捣毁了)[31],检察官对于这件事情也一字不提。

还有,托洛茨基和季诺维也夫向7月4日到塔夫利达宫来的工人和士兵们发表**几次**讲话,号召他们**解散**,因为他们已经表明了自己的意志,检察官对于这件事情也一字不提。

成千上万的人听了这些讲话。请每一个不愿使自己的国家因有人制造“贝利斯案件”而受到耻辱的正直的公民,都来设法让听到这些讲话的人,不管他属于哪个政党,向检察官提出书面声明(自己留下副本),说明托洛茨基和季诺维也夫在讲话中有没有号召解散。一个正派的检察官本来自己会吁请人民这样做的。但是,在克伦斯基、叶弗列莫夫、策列铁里之流的内阁里怎么可能有正派的检察官呢?现在不是应该由俄国公民自己来设法防止“贝利斯案件”在本国发生吗?

顺便再谈一点。我本人因病仅仅7月4日在克舍辛斯卡娅公馆的阳台上讲过一次话。检察官提到了这次讲话,并试图叙述它的内容,但是,他不仅没有指出证人,而且也一字不提报刊上所提供的证词!虽然我根本不可能有各报整套的报纸,我还是在报上看到了两篇证词:(1)在布尔什维克的《无产阶级事业报》[32](喀琅施塔得)上;(2)在孟什维克部长的《工人报》上。为什么不用这些文件和公开的调查来核实我那次讲话的内容呢?

那次讲话的内容如下:(1)表示歉意,因我有病只能讲几句话;(2)代表彼得格勒工人向革命的喀琅施塔得人致敬;(3)深信我们“全部政权归苏维埃”的口号应该胜利而且必定胜利,不管历史道路多么曲折;(4)号召大家要“坚定,沉着,保持警惕”。

我谈这些细节,为的是不把这微末的然而是真正确实的材料忽略过去,而检察官却是如此草率、如此漫不经心地提到(勉强提到)这一材料。

当然,主要的不是细节,而是 7 月 4 日的总的情况和总的意义。关于这个问题,检察官连思考一下的能力也根本没有。

首先,报上有一篇关于这个问题的极宝贵的证词,是由布尔什维主义的凶恶敌人、部长的《工人报》的一名破口大骂和恶毒诅咒我们的记者提供的。这位记者在 7 月 4 日以后不久发表了他亲身的见闻。他确切查明的事实归结起来,就是他的见闻和经历分为截然不同的两部分,他把前后两部分作了对比,说后来事情发生了对他“有利的转变”。

作者经历的前一部分是说他试图在愤怒的人群中为部长们辩解。他受到了侮辱和暴力的袭击,最后还被扣留起来。他听到一些激动到极点的呼声和口号,其中他记得特别清楚的是:“揍死克伦斯基”(因为他发动了进攻,“让 4 万人送了命”等等)。

作者经历的后一部分,也就是对他来说事情发生了所谓“有利的”转变的那部分,是从愤怒的人群把他带到克舍辛斯卡娅公馆“受审”开始的。在那里人们立即把他释放了。

作者没完没了地谩骂布尔什维克,其借口无非就是这些事实。一个政敌谩骂我们是很自然的事情,况且这个政敌是孟什维克,他感觉到受资本和帝国主义战争压迫的群众已经不同他站在一起,而是在反对他了。但是,谩骂改变不了事实,这些事实即使照布尔什维克最疯狂的敌人所叙述的那样,也说明和证明激动的群众甚至提出了“揍死克伦斯基”的口号,而布尔什维克组织却只是一般地向运动提出“全部政权归苏维埃”的口号,证明只有布尔什维克的组织在群众中享有道义上的威信,才能劝导群众放弃使用暴力。

事实就是这样。让自觉的和不自觉的资产阶级奴仆们因这些事实而叫嚣和谩骂，指责布尔什维克“放纵自发势力”等等吧！作为革命无产阶级政党的代表，我们要说，在被压迫群众因物价高涨，因“社会党人”部长们的无所作为和叛变行为，因帝国主义战争及战争的拖延而表示万分正当和合理的愤怒时，我们党无论过去或将来都始终同他们站在一起。我们党履行了自己义不容辞的义务，在7月4日那天和义愤填膺的群众走在一起，竭力使他们的运动，使他们的行动具有和平的和有组织的性质。因为在7月4日**还有**可能使政权和平地转归苏维埃，**还有**可能使俄国革命和平地向前发展。

谁也不否认，7月4日出现在彼得格勒街头的武装士兵和水兵大多数是站在我们党方面的。由此可以看出检察官所说的“组织武装暴动”的神话愚蠢到什么程度了。当时我们党完全有可能着手撤换和逮捕几百个官员，占领几十座国家和政府的大厦和机关等等。但是这类事情并没有发生。只有那些糊涂到不断重复反革命立宪民主党人所散布的种种神话的人才看不出，一口咬定7月3日或4日有人“组织武装暴动”，是多么荒唐可笑。

如果侦查还有一点像侦查的话，那首先应当提出的问题是谁先开枪，其次还要提出的问题是双方究竟死伤多少人，每一起死伤事件发生的情况如何。如果侦查还有一点像侦查的话（而不像唐恩、阿列克辛斯基之流的机关刊物上发表的闹意气的文章），那么侦查人员的责任就是就这些问题公开传讯证人，并且立即公布传讯记录。

当英国还是一个自由国家的时候，英国的侦查委员会总是这样做的。苏维埃执行委员会在最初，即还没有因害怕立宪民主党人而完全不问自己良心的时候，也觉得这样做或大致这样做是自己的义务。大家知道，那时候执行委员会曾在报刊上答应每天两次发布它的侦查委员会的工作通报。大家也知道，执行委员会（即社会革命党人和孟什维克）欺骗了人民，许下这个诺言却并**没有**履行。但是这个诺言已留在历史上，它表明我们的敌人也承认每一个稍微正直一点的侦查人员应当怎样做。

在切齿痛恨布尔什维主义的**资产阶级**报纸中，7 月 4 日的《交易所小报》[33]晚刊是最先报道当天枪杀消息的报纸之一，指出这一点无论如何是有好处的。从这家报纸的报道中正可以看出：并**不是**示威游行者先开枪，最初开的枪是**对着**示威游行者的！！自然，“社会党人”内阁的“共和派”检察官认为还是不提《交易所小报》的这篇证词为好！！但是这家无疑是敌视布尔什维主义的《交易所小报》的证词，同我们党对事件总情况的看法完全一致。如果这次事件是武装暴动，那么暴动者当然不会向举行反示威的人开枪，而会去包围某些兵营、某些建筑，歼灭某些军队，等等。相反，如果这次事件只是反政府的示威游行和保政府的反示威游行，那么反革命分子首先开枪是十分自然的事情，这一方面是因为他们痛恨广大的示威群众，另一方面是因为他们抱着挑衅的目的，而示威游行者开枪还击也就很自然了。

死亡者名单虽然难免有遗漏，但终究在几家报纸上（记得是在《言语报》和《人民事业报》上）刊登出来了。侦查的直接的和首要的任务就是核对、补充和正式公布这些名单。不这样做，就等于**隐瞒**反革命分子首先开枪的证据。

实际上，只要粗略看一下已经登出来的名单，就可以知道，两个主要的十分明显的集团即哥萨克和水兵的死亡人数几乎相等。

假如1万名武装水兵7月4日到彼得格勒同工人和士兵,特别是同拥有很多机枪的机枪手们汇合,目的是武装暴动,那么试问,情况会不会这样呢?

显然,假如是那样,哥萨克和其他反对暴动者方面的死亡人数就会多十来倍,因为谁也不否认,7月4日在彼得格勒街头的武装者中布尔什维克占很大的优势。关于这一点,报上刊登了许多由反对我们党的人提供的证词,稍微公正一点的侦查无疑会收集和公布所有这些证词的。

既然双方死亡的人数几乎相等,这就表明正是反革命分子对示威游行者首先开枪的,而示威游行者只是还击而已。否则,死亡的人数是不可能相等的。

最后,在已发表的消息中有一点极为重要:枪杀哥萨克的事发生在7月4日,即示威游行者和反示威游行者公开互相射击的时候。这种互相射击的事情即使不在革命时期,当人民相当激动的时候也时常发生,例如在罗曼语系各国(特别是在南方)这类事情就并不罕见。而布尔什维克被枪杀的事情在7月4日以后还在发生,那时根本**不**存在激动的示威游行者和反示威游行者的接触,因此那时武装的人枪杀手无寸铁的人简直就是屠杀。7月6日布尔什维克沃伊诺夫在什帕列尔街上就是这样被杀害的。

如果连报上已经发表的关于双方死亡的人数、关于每一起死亡事件的时间和情况的材料也不全部收集,那又叫什么侦查呢?这不是侦查,而是对侦查的嘲弄。

显然,不能期望这种性质的"侦查"会历史地评价7月4日的事件。但是每一个愿意用审慎的态度看待政治问题的人都必须对此作出评价。

谁想历史地评价7月3日和4日的事件，谁就不能闭眼不看这次运动与4月20日和21日的运动完全相同的地方。

在这两次运动中，群众的愤怒都是自发地爆发出来的。

在这两次运动中，都是武装的群众走上街头。

在这两次运动中，都发生了示威游行者和反示威游行者的互相射击，双方都有一定数量的(几乎相等的)伤亡。

在这两次运动中，革命群众同反革命分子即资产阶级之间的斗争都达到了白热化的程度，有妥协倾向的中间分子暂时退出战场。

在这两次运动中，特殊形式(特殊性如上所述)的反政府示威游行都是同深刻而长久的政权危机有关的。

两次运动的差别在于后来的一次比前一次剧烈得多，在于4月20—21日社会革命党和孟什维克党还保持中立，从此以后就陷入依附反革命立宪民主党人的境地(通过联合内阁和进攻政策)，因此在7月3日和4日就站在反革命方面了。

反革命的立宪民主党在4月20—21日以后还在无耻地撒谎，叫嚷“列宁分子在涅瓦大街开枪了”，并且装模作样地要求侦查。立宪民主党人及其同伙当时在政府中占多数，因此侦查工作也就完全操纵在他们手里。他们开始了这个工作，但是又扔下了，什么也没有公布。

为什么？显然因为事实怎么也证明不了立宪民主党人想证明的东西。换句话说，事实“扑灭了”4月20—21日事件的侦查，因为事实证明首先开枪的是反革命分子，是立宪民主党人及其同伙。这是很明显的。

7月3—4日的事件看来也是这样，因此检察官先生的捏造才这样粗糙和拙劣，他为了讨好策列铁里之流，竟嘲弄稍微公正的侦查所应遵循的一切规则。

7月3日和4日的运动是用游行的方式促使苏维埃掌握政权的最后一次尝试。从那时起，苏维埃，也就是在苏维埃中占统治地位的社会革命党人和孟什维克，实际上把政权交给了反革命，他们把反革命军队调到彼得格勒来，解除革命部队和工人的武装，解散革命部队和工人组织，赞许和容忍对布尔什维克专横跋扈和使用暴力，以及在前线实行死刑等等。

现在军权以及国家政权，实际上已经落到以立宪民主党人为代表并得到社会革命党人和孟什维克支持的反革命手里。现在俄国革命的和平发展已经不可能了，历史这样提出了问题：或者是反革命完全胜利，或者是发动一次新的革命。

二

指控我们进行间谍活动，私通德国，这已经是地道的贝利斯案件的重演。这一点只需要很简短地谈一谈。在这里，“侦查”只不过是重复臭名昭彰的诽谤者阿列克辛斯基的诽谤言论，非常拙劣地捏造一些事实。

说1914年我和季诺维也夫在奥地利被捕，这不对。被捕的只有我一个人。

说我因为是俄国臣民才被捕的，这不对。我被捕的原因是当地的宪兵把我笔记本上的土地统计图表当做了“平面图”而怀疑我有间谍活动！显然，这位奥地利宪兵完全够得上阿列克辛斯基和

"统一派"[34]的水平。看来,我在国际主义遭受迫害方面毕竟打破了纪录,因为**两个**交战国联盟都把我当做间谍来加以迫害,在奥地利是宪兵,在俄国是立宪民主党人和阿列克辛斯基之流。

说我在奥地利获释出狱,是加涅茨基起了作用,这不对。起作用的是谴责奥地利当局的维克多·阿德勒。起作用的是波兰人,他们因在波兰国土上发生逮捕俄国革命者这种卑鄙行为而感到羞耻。

说我同帕尔乌斯有交往,到过俘虏营等等,这都是无耻的谎言。根本没有而且也不可能有这样的事情。帕尔乌斯的《钟声》杂志[35]刚出版几期,我们的《社会民主党人报》[36]就把帕尔乌斯称做叛徒,称做德国的普列汉诺夫。① 帕尔乌斯是站在德国方面的社会沙文主义者,正像普列汉诺夫是站在俄国方面的社会沙文主义者一样。我们这些革命的国际主义者,无论同德国的、俄国的或乌克兰的社会沙文主义者("乌克兰解放协会"[37])都没有而且也不可能有任何共同之处。

施泰因贝格是斯德哥尔摩俄侨委员会的委员。我第一次见到他是在斯德哥尔摩。施泰因贝格是在 4 月 20 日左右或者更晚一些来到彼得格勒的,我记得,他是来为俄侨协会请求津贴的。检察官只要愿意查对,是很容易查清这件事的。

检察官竟玩弄花样,说帕尔乌斯同加涅茨基有联系,而加涅茨基则同列宁有联系!这简直是骗子的手法,因为大家都知道,加涅茨基和帕尔乌斯之间有钱财关系,而我和加涅茨基之间却没有任何关系。

---

① 参看本版全集第 27 卷《堕落到了极点》。——编者注

加涅茨基是一个商人，曾在帕尔乌斯那里供职，或者是同他合伙经商的。但是有许多名字见过报的俄国侨民都曾在帕尔乌斯的企业和机构里供职。

检察官竟玩弄花样，说商业上的通信往来可以掩盖间谍性质的关系。有趣的是，按照这个绝妙的公式，不知该有多少立宪民主党人、孟什维克和社会革命党人会因为商业上的通信往来而受到控告啊！

既然检察官手头有加涅茨基给苏缅松的一些电报（这些电报已经发表），既然检察官知道苏缅松什么时候在哪一家银行里存有多少钱（检察官公布了这方面的一些数字），那么检察官为什么不吸收两三个银行办事员或商业职员参加侦查呢？他们不是在两天之内就可以从商业账本和银行账本中摘抄出**全部**数字给他吗？

检察官只举出了一些不完全的数字，说苏缅松在半年内从她的往来账户提取了75万卢布，还剩下18万卢布，恐怕没有再比这种做法更明显地暴露出“贝利斯案件”的性质的了！！既然公布数字，为什么不全部公布出来：苏缅松“在半年内”得到的钱究竟是在什么时候得到的，是从谁那里得到的，又付给了谁？几批货究竟是在什么时候得到的，是哪些货物？

收集这类完整的数字，岂不是最容易的事吗？这只要两三天时间就可以办到而且一定会办到！这样做就可以弄清加涅茨基和苏缅松的全部商业活动范围！这样做就可以使检察官玩弄的含沙射影的伎俩没有施展的余地！

策列铁里之流的内阁的官吏们不过是用“公文”笔法抄录阿列克辛斯基那些最卑鄙龌龊的诽谤，——社会革命党人和孟什维克竟堕落到了这样下流的地步！

三

如果把策列铁里、克伦斯基之流的内阁针对布尔什维克的"诉讼"看做真正的诉讼，那自然是太天真了。那将是一种完全不可饶恕的立宪幻想。

社会革命党人和孟什维克在 5 月 6 日同反革命的立宪民主党人结成了联盟，并采取了进攻政策即恢复和延长帝国主义战争的政策，这样他们就必然成为立宪民主党的俘虏。

既然做了俘虏，也就不得不参与立宪民主党人最卑鄙的活动和最无耻的诽谤勾当。

切尔诺夫"案件"[38]很快就使落后的人们也开始醒悟，这也就证明我们上述的看法是正确的。《言语报》在攻击切尔诺夫之后，现在又在攻击策列铁里了，说他是"伪君子"和"齐美尔瓦尔德派"。

现在就连瞎子也会看见，石头也会说话了。

反革命势力团结起来了。立宪民主党人就是反革命的骨干。司令部、军事首脑和克伦斯基都掌握在他们手里，黑帮的报纸在为他们效劳，——这些就是资产阶级反革命势力的同盟者。

对政敌的无耻诽谤有助于无产阶级更快地看清反革命在什么地方，并且为了自由与和平，为了给饥饿者以面包、给农民以土地而去**消灭**反革命。

载于 1917 年 7 月 26 日和 27 日
《工人和士兵报》第 3 号和第 4 号

译自《列宁全集》俄文第 5 版
第 34 卷第 21—32 页

波拿巴主义的开始

（1917年7月29日〔8月11日〕）

现在，当克伦斯基、涅克拉索夫、阿夫克森齐耶夫之流的内阁[39]组成以后，马克思主义者可能犯的最大的最致命的错误就是把空谈当做事实，把虚假的表面现象当做实质或某种重要的东西。

让孟什维克和社会革命党人去干这种事情吧，他们真的已经在扮演波拿巴主义者克伦斯基身旁的小丑了。克伦斯基显然是在立宪民主党人的授意下，同涅克拉索夫、捷列先科和萨文柯夫组成了某种类似秘密督政府的东西，只字不提立宪会议和7月8日宣言[40]，在告人民书中宣扬各阶级的神圣统一，根据谁也不知道的条件同最蛮横地提出最后通牒的科尔尼洛夫缔结协定，继续实行丑恶的令人痛恨的逮捕政策；而切尔诺夫、阿夫克森齐耶夫和策列铁里之流却在高谈阔论，装腔作势，——难道这不是小丑行为吗？

切尔诺夫在这种时候来传唤米留可夫去仲裁法庭；阿夫克森齐耶夫宣扬狭隘的阶级观点不适用；策列铁里和唐恩在苏维埃中央执行委员会通过一些毫无内容通篇空话的决议，令人想起立宪民主党人的第一届杜马在沙皇政府面前软弱无力的悲惨时刻，——难道这不是小丑行为吗？

立宪民主党人在1906年玷污了俄国第一届国民代表会议，使它在日益加强的沙皇反革命面前变成了可怜的清谈馆，社会革命党人和孟什维克也是一样，在 1917 年玷污了苏维埃，使它在日益加强的波拿巴主义反革命面前变成了可怜的清谈馆。

克伦斯基内阁无疑是波拿巴主义已迈出头几步的内阁。

在我们面前呈现出波拿巴主义的基本历史特征，那就是：以军阀（军队中的坏分子）为后盾的国家政权在大致势均力敌的两个敌对阶级和敌对力量之间看风使舵。

资产阶级和无产阶级之间的阶级斗争已经尖锐到了极点：无论是在 4 月 20—21 日还是在 7 月 3—5 日，内战都有一触即发之势。难道这种社会经济条件不是产生波拿巴主义的典型土壤吗？要知道，除了这个条件外，还有同这个条件十分相近的其他条件：资产阶级对苏维埃火冒三丈，但是**还**没有力量立刻解散苏维埃，而被策列铁里先生、切尔诺夫先生之流玷污了的苏维埃**已经**没有力量对资产阶级进行有力的抵抗了。

地主和农民也处在内战的前夜：农民要求土地和自由，只有善于向各阶级许下最无耻的诺言而一个也不予兑现的波拿巴主义政府才能够——如果能够的话——制止他们。

除此以外，再加上冒险进攻引起军事失败，而拯救祖国的言论（用来掩饰拯救资产阶级的帝国主义纲领的愿望）又特别流行，这样，你们就会看到产生波拿巴主义的社会政治环境的一幅最完整的图画。

我们不会被空谈所欺骗。我们不会因为看到波拿巴主义才迈出头几步而掉以轻心。正是对头几步就应该善于及时识破，使自己不致陷入愚蠢庸人的可笑境地：尽管是他自己帮助波拿巴主义迈出了第一步，却对它的第二步表示惊诧。

现在如果还抱着立宪幻想，譬如说，认为现在的内阁也许比以前各届内阁都左(见《消息报》[41]),或者认为苏维埃的善意批评能够纠正政府的错误,或者认为任意捕人和查封报纸只是个别事件,应该相信这种事件不会再发生,或者认为扎鲁德内是一位正直的人,在共和制的民主的俄国会出现公正的法庭,任何人都应该出庭,等等,——这一切都不过是愚蠢的庸人之见罢了。

这种庸人的立宪幻想是很愚蠢的,这太明显了,不值得专门加以驳斥。

但是,同资产阶级反革命进行斗争要求我们冷静,要求我们善于看出和说出真实情况。

波拿巴主义在俄国出现不是偶然的,它是一个资本主义比较发达、革命无产阶级已经诞生的小资产阶级国家中阶级斗争发展的自然产物。4月20—21日、5月6日、6月9—10日、6月18—19日、7月3—5日这些历史阶段,都是清楚表明波拿巴主义如何形成的标志。认为民主环境可以排除波拿巴主义,那是极端错误的。正好相反,波拿巴主义正是在这种环境中(法国的历史两次证实了这一点)、在一定的阶级关系和阶级斗争关系下生长起来的。

但是承认波拿巴主义不可避免,绝不等于忘记了它的必然破产。

如果我们**只是**说俄国的反革命取得了暂时的胜利,那是敷衍塞责。

如果我们仔细分析波拿巴主义如何产生,大胆正视现实,告诉工人阶级和全体人民,波拿巴主义开始抬头已经成为事实,那我们就是在广泛的政治范围内开始进行一场严肃而顽强的打倒波拿巴主义的斗争,一场以深刻的阶级利益为依据的斗争。

1917年的俄国波拿巴主义同1799年和1849年法国波拿巴主义开始的情况比起来，有很多条件是不同的，例如，我国革命的根本任务一个都没有得到解决。为解决土地问题和民族问题而进行的斗争，现在才开始激烈起来。

克伦斯基和把他当做小卒任意摆布的反革命立宪民主党人，无论是如期召开立宪会议，或者推迟会期，都不能不使革命更加深入。拖延帝国主义战争而造成的大灾难，正以较前大为迅速猛烈之势继续向我们逼近。

俄国无产阶级先进队伍能够应付我国6月和7月事变而避免大规模的流血牺牲。无产阶级政党完全有可能选择一种策略、一种或多种组织形式，使波拿巴主义者的突然的（似乎是突然的）迫害在任何情况下都不能终止无产阶级政党的存在，都不能制止它继续不断地向人民说出自己要说的话。

党要明确地大声地向人民说出全部真相：我们正处在波拿巴主义开始抬头的时刻；克伦斯基、阿夫克森齐耶夫之流的“新”政府只是用来掩饰反革命立宪民主党人和掌握政权的军人集团的幌子；不彻底消灭反革命势力，人民就得不到和平，农民就得不到土地，工人就得不到八小时工作制，挨饿的人就得不到面包。党要把这些都说出来，而局势发展的每一步都会证实党是正确的。

俄国非常迅速地度过了大多数人民轻信社会革命党和孟什维克这些小资产阶级政党的整个时代。现在，大多数劳动群众已经由于这种轻信而开始受到残酷的惩罚。

一切迹象都表明，局势正以最快的速度继续发展，全国正在接近另一个时代，即大多数劳动者不得不把自己的命运托付给革命无产阶级的时代。革命无产阶级将夺取政权，开始社会主义革命，不顾一切困难和发展中可能出现的曲折，把一切先进国家的无产者引向社会主义革命，战胜战争和资本主义。

载于1917年7月29日(8月11日)《工人和士兵报》第6号

译自《列宁全集》俄文第5版第34卷第48—52页

革命的教训

（1917 年 7 月底）

一切革命都是广大人民群众生活中的急剧转变。这种转变如果没有成熟，便不能发生真正的革命。每一个人生活上的任何转变，都会使他学到许多东西，使他体验和感受许多东西，革命也是一样，它能使全体人民在很短的时间内得到最有内容最宝贵的教训。

在革命时期千百万人民一个星期内学到的东西，比他们平常在一年糊涂生活中所学到的还要多。因为当全体人民的生活发生急剧转变时，可以特别清楚地看出在人民中间什么阶级抱有什么目的，他们拥有多大的力量，他们采用什么手段进行活动。

每一个觉悟的工人、士兵和农民都应当仔细考虑俄国革命的教训，特别是现在 7 月底，在已经清楚地看出我国革命的第一阶段以失败而告终的时候，更应当如此。

一

我们看一看，工农群众进行革命究竟是要得到什么？他们期待于革命的是什么？大家知道，他们期待的是自由、和平、面包和土地。

现在我们看到的情况又怎么样呢?

不是给人们自由,而是开始恢复从前的专横。对前线士兵实行死刑[42],把擅自夺取地主土地的农民送交法庭审判。捣毁工人报纸的印刷所。非法查封工人报纸。常常甚至没有提出任何罪名,或提出显然是诬告的罪名,就逮捕布尔什维克。

也许有人会反驳说,惩办布尔什维克并不是破坏自由,因为这只是根据一定的罪名惩办一定的人。这种反驳显然是故意胡说,即使个别人犯了罪,即使这种罪名已经由法庭证明和认定,那也不能因此而捣毁印刷所和查封报纸。如果政府公布一条法律,确认整个布尔什维克党以及它的方针和观点都是违法的,那就另当别论了。但是谁都知道,自由俄国的政府根本不能这样做,也没有这样做。

地主和资本家的报纸因布尔什维克进行反对战争、反对地主、反对资本家的斗争而疯狂地谩骂布尔什维克,甚至在还没有找到一条指控任何一个布尔什维克的罪名时,就公开要求逮捕和惩办布尔什维克,这是揭穿对布尔什维克的指控纯属诬陷的主要证据。

人民要求和平。而自由俄国的革命政府,却依然根据从前沙皇尼古拉二世为了让俄国资本家掠夺别国人民而同英法资本家签订的秘密条约,又重新恢复了侵略战争。这些秘密条约一直没有公布。自由俄国的政府借词推托,始终没有向各国人民提议缔结公正的和约。

粮食没有了。饥荒又要来了。大家都看到,资本家和富人靠军事订货丧心病狂地盗窃国库(现在战争每天要耗费人民 5 000

万卢布),靠抬高物价榨取空前多的利润,但是,在让工人认真地计算产品的生产和分配方面,简直什么也没有做。资本家愈来愈猖狂,把工人赶出大门,而且正是在人民苦于商品匮乏的时候。

大多数农民在许多次代表大会上响亮而明确地发表声明,宣布地主占有土地是不合理的,是一种抢劫。但是自称为革命的和民主的政府却一连好几个月都在愚弄农民,用诺言和拖延手段欺骗农民。资本家一连好几个月不让切尔诺夫部长颁布关于禁止土地买卖的法律。而在这个法律终于公布出来之后,资本家又对切尔诺夫进行无耻的诽谤性攻击,并且直到现在还在攻击。政府在保护地主方面是这样的卑鄙无耻,竟开始把“擅自”夺取土地的农民送交法庭审判。

愚弄农民,劝他们等待立宪会议。资本家则一再拖延,推迟召开这个会议。现在,在布尔什维克的要求下,这个会议已定于 9 月 30 日召开,可是资本家又公开叫嚷,说这个期限“过于”短促,要求延期召开立宪会议…… 资本家和地主的政党“立宪民主”党即“人民自由”党的一些最有势力的党员,如帕宁娜,就公然鼓吹把立宪会议召开的日期推迟到战争结束之后。

解决土地问题要等到立宪会议召开。召开立宪会议要等到战争结束。结束战争要等到完全胜利。结果就是这样。在政府中占多数的资本家和地主简直是在嘲弄农民。

二

在推翻了沙皇政权的自由国家里,怎么会发生这样的事情呢?

在不自由的国家里，管理人民的是未经任何人选举的沙皇和一小撮地主、资本家与官吏。

在自由的国家里，管理人民的只是人民自己选举出来的人。在选举时，人民分属于不同的政党，一般都是每一个阶级分别组成自己的政党，例如，地主、资本家、农民和工人都各自组成自己的政党。因此，在自由的国家里，管理人民是通过政党的公开斗争以及它们之间的自由协议来进行的。

1917 年 2 月 27 日推翻沙皇政权以后，在将近 4 个月中，俄国作为一个自由的国家，是通过各个自由组成的政党的公开斗争以及它们之间的自由协议来进行管理的。因此，要了解俄国革命的发展，首先必须研究主要政党的情况，这些政党维护哪些阶级的利益，所有这些政党的相互关系怎样。

三

在推翻沙皇政权以后，国家政权转到第一届临时政府[43]手中。这个政府是由资产阶级的代表即资本家所组成，而同他们连成一气的还有地主。资本家的主要政党“立宪民主”党占最重要的地位，它是资产阶级的执政党或者说政府党。

政权落到这个政党手中并不是偶然的，虽然当时同沙皇军队斗争、为争取自由而流血的根本不是资本家，而是工人和农民，水兵和士兵。政权之所以落到资本家政党手中，是因为这个阶级拥有财富、组织和知识这些力量。在 1905 年以后，特别是在大战期间，俄国的资本家阶级以及同它勾结在一起的地主阶级在本身的组织方面取得的成绩最大。

立宪民主党一直是君主派政党,1905 年是这样,从 1905 年到 1917 年还是这样。在人民战胜沙皇暴政以后,这个党就宣布自己是共和派政党了。历史经验表明,当人民战胜了君主制的时候,资本家的政党总是愿意成为共和派政党的,只要能够保住资本家的特权和它对人民的绝对统治。

立宪民主党在口头上拥护“人民自由”,实际上它拥护的是资本家,于是所有的地主、君主派和黑帮分子马上就站到它那边去了。报刊和选举都证明了这一点。在革命以后,所有资产阶级的报纸和所有黑帮的刊物都同立宪民主党人唱起了一个调子。一切君主派政党还不敢公开活动,于是在选举中,例如在彼得格勒的选举中,就支持立宪民主党。

立宪民主党人在取得政府权力以后,便想方设法继续进行掠夺性的侵略战争,这个战争是同英法资本家签订掠夺性秘密条约的沙皇尼古拉二世开始进行的。根据这些条约,俄国资本家在战争胜利后可以占领君士坦丁堡、加利西亚和亚美尼亚等地。对于人民,立宪民主党政府则用种种空洞的托词和诺言支吾搪塞,把对工农来说至关重要的一切问题都推给立宪会议去解决,但是又不确定召开立宪会议的日期。

人民利用获得的自由,自动地开始组织起来。占俄国人口压倒多数的工人和农民的主要组织是工兵农代表苏维埃。这些苏维埃在二月革命时已开始形成,二月革命以后过了几个星期,在俄国多数大城市和许多县城中,工人阶级和农民中间的一切有觉悟的先进分子就通过苏维埃联合起来了。

苏维埃的选举是完全自由的。苏维埃是真正的人民群众的组织即工农的组织。苏维埃是真正的大多数人民的组织。工人和穿着军服的农民已经武装起来了。

不言而喻,苏维埃能够而且应当把全部国家政权掌握到自己手里。在立宪会议召开以前,除了苏维埃以外,国家不应该有任何其他的政权存在。只有这样,我国革命才能成为真正人民的、真正民主的革命。只有这样,真正争取和平、真正厌恶侵略战争的劳动群众,才能够开始坚定不移地实行结束侵略战争和实现和平的政策。只有这样,工人和农民才能制裁那些大发"战争"横财而使国家遭到经济破坏和饥荒的资本家。但是,在苏维埃中,只有少数代表拥护革命工人的政党,即拥护要求全部国家政权归苏维埃的布尔什维克社会民主党人。多数代表则拥护反对政权归苏维埃的孟什维克社会民主党人和社会革命党人。这两个政党不但不主张推翻资产阶级政府并用苏维埃政府来代替,反而主张支持资产阶级政府并同它妥协,同它组织共同的政府。获得多数人民信任的社会革命党和孟什维克党的这种同资产阶级妥协的政策,就是革命从开始以来整整 5 个月内全部发展进程的主要内容。

四

我们首先看一看社会革命党人和孟什维克是怎样同资产阶级妥协的,然后再来探讨多数人民信任他们的原因。

五

在俄国革命的各个时期，孟什维克和社会革命党人总是以这种或那种形式同资本家妥协。

在1917年2月底，当人民刚取得胜利，沙皇政权刚被推翻的时候，资本家的临时政府就把克伦斯基当做“社会党人”拉到政府中去了。其实克伦斯基从来都不是社会党人，他不过是个劳动派分子[44]，直到1917年3月才成为“社会革命党人”，因为这在当时已经没有危险了，而且还有好处。克伦斯基当时是彼得格勒苏维埃的副主席，资本家的临时政府马上就通过他来尽量拉拢和软化苏维埃。而苏维埃，也就是在苏维埃中占多数的社会革命党人和孟什维克，果然给软化了，他们在资本家的临时政府成立后马上就同意“支持它”，“只要”它履行自己的诺言。

苏维埃认为自己是检查和监督临时政府行动的机关。苏维埃的领袖们成立了所谓“联络委员会”[45]，也就是同政府联络、接洽的委员会。在这个联络委员会中，苏维埃的社会革命党人和孟什维克领袖经常同资本家政府进行谈判，实际上他们已经成了不管部部长或非正式的部长。

整个3月间和几乎整个4月间的情况就是这样的。资本家一再拖延，支吾搪塞，竭力争取时间。在这个时期中，资本家政府没有为发展革命采取过任何一项比较认真的措施，连召开立宪会议这个由它直接承担的任务，政府也没有采取任何措施去完成，没有向各地提出这个问题，甚至还没有成立中央的筹备委员会。政府所关心的只有一件事情，就是暗中恢复由沙皇同英法资本家签订的掠夺性国际条约，尽量小心谨慎、不露形迹地阻挠革命，什么都答应，什么都不执行。社会革命党人和孟什维克在“联络委员会”里当了傻瓜，他们被动听的词句、诺言和“明天就办”的空话喂饱了。社会革命党人和孟什维克就像一篇著名寓言中的乌鸦[46]一样，经不起阿谀奉承，高兴地听信资本家所作的保证，说什么他们高度尊重苏维埃，未经苏维埃同意决不采取任何措施。

实际上，时间一天天过去，资本家政府并没有为革命做任何事情。但是为了反对革命，它在这个时期恢复了掠夺性的秘密条约，更确切些说，就是确认了这些条约，并且还同样秘密地同英法帝国主义的外交官进行谈判，使这些条约“起死回生”。为了反对革命，它在这个时期为作战部队的将军和军官建立反革命组织（至少使他们互相接近）奠定了基础。为了反对革命，它在这个时期开始把工业家、厂主组织起来，这些人在工人的压力下不得不一再让步，但同时又开始暗中破坏生产，准备一到适当的时机就停止生产。

但是，把先进的工人和农民组织到苏维埃中去的工作在不断地向前发展。被压迫阶级的优秀分子已经感觉到，尽管政府同彼得格勒苏维埃达成了协议，尽管克伦斯基吹得天花乱坠，尽管有了“联络委员会”，这个政府仍然是人民的敌人，革命的敌人。群众已经感觉到，如果不粉碎资本家的反抗，和平、自由、革命的事业就必然遭到失败。群众已经愈来愈愤怒了，愈来愈不能忍耐了。

六

群众的这种情绪在4月20—21日爆发了。运动是自发产生的，谁也没有作过准备。这个运动非常猛烈地反对政府，有一个团甚至全副武装出动，到玛丽亚宫去逮捕各部部长。大家都非常清楚，政府已经维持不下去了。苏维埃本来可以（而且应当）把政权拿到手，不会遇到任何方面的任何反抗。可是，社会革命党人和孟什维克不但没有这样做，反而支持摇摇欲坠的资本家政府，由于同政府妥协而更加束缚了自己，采取了更加危险的断送革命的步骤。

革命迅速地深刻地教育了各个阶级，这种速度和深刻程度在平时，在平静时期是不曾有过的。组织得最好、在阶级斗争和政治方面经验最多的资本家学得最快。他们看到政府已经无法维持，于是就采取了其他国家资本家在1848年以后的几十年中用来愚弄、分裂和削弱工人的手段。这种手段就是组织所谓"联合内阁"，即由资产阶级和背叛社会主义的倒戈分子联合组成共同的内阁。

在自由、民主和革命工人运动同时并存最长久的国家，如英国和法国，资本家曾多次利用这种手段，而且收到很大的效果。"社会党人"领袖们加入资产阶级内阁后，必然成为资本家的傀儡、玩物和挡箭牌，成为欺骗工人的工具。俄国"民主共和派"资本家所运用的正是这种手段。社会革命党人和孟什维克马上就上了钩，于是切尔诺夫和策列铁里之流参加的"联合"内阁也就在5月6日成了事实。

社会革命党和孟什维克党的傻瓜们欢天喜地，沐浴在领袖入阁的荣耀的光辉中扬扬自得。资本家也高兴得手舞足蹈，因为他们得到了“苏维埃领袖”这些反人民的帮手，得到了这些人支持“在前线发动进攻”即恢复已经中断的帝国主义掠夺战争的承诺。资本家知道这些领袖外强中干，知道资产阶级关于监督生产以至组织生产、关于实行和平政策等等诺言是永远不会兑现的。

结果正是这样。在革命发展的第二阶段，即从5月6日到6月9日或18日，完全证实资本家的算盘打对了，他们的确毫不费力就愚弄了社会革命党人和孟什维克。

当彼舍霍诺夫和斯柯别列夫宣称要把资本家的利润100％拿过来，说资本家的“反抗已经被粉碎了”等等，用这些花言巧语欺骗自己又欺骗人民的时候，资本家却在不断地巩固自己的力量。实际上在这段时间内根本没有采取任何措施去制裁资本家。那些背叛了社会主义的部长已经成了转移被压迫阶级视线的留声机，而整个国家管理机关实际上仍然操在官僚（官吏）和资产阶级手中。臭名昭著的工业部副部长帕尔钦斯基就是这类机关的典型人物，他对任何反对资本家的措施都加以阻挠。部长们专事空谈，一切仍然照旧。

策列铁里部长更是资产阶级用来反对革命的工具。当喀琅施塔得的革命者大胆地起来撤换政府任命的委员时，策列铁里就被派到那里去做“安抚”工作。资产阶级在自己的报纸上对喀琅施塔得大肆进行恶毒的疯狂的造谣、诽谤和攻击，给它加上企图“脱离俄国”的罪名，并且用各种各样的调子重复这种无稽之谈，来吓唬小资产阶级和庸人。而策列铁里就是被吓坏了的愚蠢庸人中最典型的一个，他比谁都“老实地”落入了资产阶级攻击的圈套，比谁都卖力地“抨击和安抚了”喀琅施塔得，可是就不明白自己是当了反革命资产阶级的奴仆。结果他成了同革命的喀琅施塔得成立如下一项“协议”的工具：喀琅施塔得的委员不能简单地由政府任命，而是由地方选举，政府**批准**。背离社会主义而投靠资产阶级的部长们就是把时间花在进行这类可耻的妥协上面。

凡是资产者部长不能出面替政府讲话的地方，如在革命工人面前或在苏维埃中，“社会党人”部长斯柯别列夫、策列铁里和切尔诺夫等便出面讲话(确切些说，是资产阶级派去的)，他们忠实地执行资产阶级的任务，拼命替内阁辩护，粉饰资本家，一次又一次地用诺言欺骗人民，劝大家等待，等待，再等待。

切尔诺夫部长尤其忙于同自己的资产阶级同僚做交易，直到7月间，直到在7月3—4日的运动后新的“政权危机”发生，直到立宪民主党人退出内阁，切尔诺夫部长一直忙于办一件有益的、有趣的、深孚众望的事情，即“开导”自己的资产阶级同僚，劝他们至少要同意禁止土地买卖。禁止土地买卖的诺言是在彼得格勒全俄农民代表大会(苏维埃)上极其庄重地向农民宣布的。但是诺言仍旧是诺言。切尔诺夫无论在5月或6月都没有能履行这个诺言，直到7月3—4日，由于革命的浪潮自发地起来了，恰好立宪民主党人又退出内阁，这样他才有可能实行这项措施。但是就在当时，这也是一项孤立的措施，不能使农民夺取地主土地的斗争真正得到改善。

人民痛恨的古契柯夫未能完成的帝国主义反革命的任务，即恢复帝国主义掠夺战争的任务，这时由社会革命党新党员“革命民主派”克伦斯基在前线顺利地出色地执行了。克伦斯基在欣赏自己的口才，而那些把他当做小卒任意摆布的帝国主义者则恭维他，奉承他，崇拜他，因为他死心塌地为资本家服务，劝导“革命军队”

同意恢复战争，以履行沙皇尼古拉二世同英法资本家签订的条约，使俄国资本家能得到君士坦丁堡和利沃夫，得到埃尔泽鲁姆和特拉布宗[47]。

俄国革命的第二阶段即5月6日到6月9日这个阶段，就这样过去了。反革命资产阶级在“社会党人”部长的掩护和保卫下，加强和巩固了自己的力量，准备好了进攻，既要对外部敌人发动攻势，又要向内部敌人即革命工人进攻。

七

6月9日，革命工人的党，布尔什维克党，准备在彼得格勒举行示威，使群众中日益增长的不可抑制的不满和愤怒有组织地表现出来。社会革命党和孟什维克党的领袖被自己同资产阶级达成的协议所牵制，被帝国主义的进攻政策所束缚，感到自己在群众中失去了威信而非常恐慌。到处都发出反对游行示威的狂吠，而且这一次是反革命立宪民主党人同社会革命党人和孟什维克沆瀣一气。由于社会革命党人和孟什维克实行同资本家妥协的政策，在他们的领导下，小资产阶级群众转向同反革命资产阶级联盟的形势就完全确定了，并且非常明显。6月9日危机的历史意义和阶级意义就在这里。

布尔什维克取消了这次示威，他们决不愿意在这个时候引导工人去同联合起来的立宪民主党人、社会革命党人和孟什维克作殊死的斗争。可是社会革命党人和孟什维克为了多少保持一点群众的信任，不得不定于6月18日举行总示威。资产阶级怒不可遏，理所当然地认为，这是小资产阶级民主派倒向无产阶级方面的表现，于是决定在前线发动攻势来麻痹民主派的行动。

果然，6 月 18 日使革命无产阶级的口号即布尔什维主义的口号在彼得堡的群众中取得了辉煌的胜利，而 6 月 19 日资产阶级和波拿巴主义者①克伦斯基庄严宣布，就在 6 月 18 日前线发起了进攻。

这次进攻实际上是为了资本家的利益、违背大多数劳动人民的意志而恢复掠夺战争。因此，进攻一方面必然使沙文主义大大加强，使军权（因而也使政权）转到波拿巴主义者这一帮军人手中，另一方面必然对群众采取暴力，迫害国际主义者，取消鼓动自由，逮捕和枪杀反对战争的人。

如果说 5 月 6 日是用绳索把社会革命党人和孟什维克绑在资产阶级胜利的战车上，那么 6 月 19 日则是用锁链把他们当做资本家的奴仆锁住了。

八

由于重新挑起掠夺战争，群众的愤怒自然更加迅速更加激烈地增长起来。7 月 3—4 日，群众的愤怒爆发了，布尔什维克试图制止这种爆发，而且理所当然应该设法使它采取最有组织的形式。

社会革命党人和孟什维克这些被主人锁住了的资产阶级奴隶

① 所谓波拿巴主义（因法国两个名叫波拿巴的皇帝而得名），是指这样一种政府，这种政府利用资本家政党和工人政党之间的极端尖锐的斗争，竭力装做超越党派。实际上这种政府是替资本家服务的，它最善于用诺言和小恩小惠欺骗工人。

同意一切照办：同意把反动军队调进彼得格勒，同意恢复死刑，同意解除工人和革命军队的武装，同意非法逮捕、缉拿人犯和查封报纸。于是资产阶级在政府中不能完全掌握的而苏维埃又不愿意掌握的政权，就落到波拿巴主义者这一帮军人手中，当然，立宪民主党人和黑帮分子、地主和资本家是完全支持他们的。

一级一级滚下去了。社会革命党人和孟什维克既然躺在同资产阶级妥协的斜坡上，就不能不往下滚，一直滚到底。2 月 28 日，他们在彼得格勒苏维埃答应有条件地支持资产阶级政府。5 月 6 日，他们拯救了要垮台的资产阶级政府，甘愿做它的奴仆和卫士，并且同意实行进攻。6 月 9 日，他们同反革命资产阶级一起对革命无产阶级大肆进行恶毒的攻击、造谣和诽谤。6 月 19 日，他们赞同重新挑起掠夺战争。7 月 3 日，他们同意把反动军队调来，这是向波拿巴主义者彻底交权的开端。一级一级地滚下去了。

社会革命党和孟什维克党落得这样可耻的下场绝不是偶然的，这是小业主即小资产阶级的经济地位造成的结果，欧洲的经验已经多次证明了这一点。

九

当然，谁都看见过小业主怎样拼命挣扎，想"出人头地"，想做真正的业主，想上升到"大"老板的地位，即资产阶级的地位。在资本主义统治下，小业主或者是自己成为资本家(在 100 个小业主中，至多有 1 个能达到这个目的)，或者是破产，成为半无产者，最后成为无产者，别的出路是没有的。在政治上也是一样：小资产阶级民主派，特别是它的领袖们，总是想跟着资产阶级跑。小资产阶级民主派的领袖们总是用诺言和保证来安慰自己的群众，说同大资本家达成协议是可能的，可是，他们顶多能在极短的时间内使资本家对劳动群众中的少数上层分子作些小小的让步，而在一切有决定意义的问题上，在一切重要问题上，小资产阶级民主派总是做资产阶级的尾巴，成为资产阶级的软弱无力的附属品，成为金融大王手中的顺从的工具。这是英国和法国的经验多次证明了的。

俄国革命的事态特别是在帝国主义战争以及它所造成的极深刻的危机的影响下发展得非常迅速，俄国革命的经验即 1917 年 2 月到 7 月的经验，非常明显地证实了马克思主义关于小资产阶级地位不稳定这一条老真理。

俄国革命的教训是：劳动群众要挣脱战争、饥荒和地主资本家奴役的铁钳，就只有同社会革命党和孟什维克党完全决裂，认清他们的叛徒嘴脸，拒绝同资产阶级实行任何妥协，坚决站到革命工人这边来。只有革命工人（如果贫苦农民支持他们的话）才能粉碎资本家的反抗，引导人民无偿地夺取土地，获得完全的自由，战胜饥荒，消除战争，达到公正的持久的和平。

后　　记

从文章内容可以看出，这篇文章是在 7 月底写的。

8 月间革命的进程完全证实了本文的论点。后来在 8 月底发生了科尔尼洛夫叛乱[48]，造成了革命的新转变，从而向全体人民清楚地表明，立宪民主党人勾结反革命将军是想解散苏维埃，恢复君主制。革命的这一新转变的势头究竟有多大,它能不能结束同资产阶级妥协的有害政策,不久即可见分晓……

尼·列宁

1917年9月6日

正文载于1917年8月30日和31日(9月12日和13日)《工人日报》第8号和第9号

后记载于1917年波涛出版社出版的尼·列宁《革命的教训》一书

译自《列宁全集》俄文第5版第34卷第53—69页

论加米涅夫在中央执行委员会上关于斯德哥尔摩代表会议的发言[49]

（1917年8月16日〔29日〕）

8月6日加米涅夫同志在中央执行委员会上关于斯德哥尔摩代表会议的发言，不能不引起忠于自己的党、自己的原则的布尔什维克的反击。

加米涅夫同志在发言一开始就作了正式的声明，从而使他的发言具有骇人听闻的性质。他声明发言只代表个人，“我们的党团没有讨论过这个问题”。

第一，从什么时候起，在一个有组织的政党内个别党员能够“代表个人”对重要问题发表意见？既然党团没有讨论过这个问题，加米涅夫同志就没有权利发言。这是从他的发言中得出的第一个结论。

第二，加米涅夫同志有什么权利忘记党中央关于反对参加斯德哥尔摩代表会议的决定？这个决定如果没有被代表大会或中央新的决定所取消，它就仍然是党的法律。如果这个决定取消了，那么加米涅夫同志就不能不提到这件事，就不能这样说：“我们布尔什维克以前一直对斯德哥尔摩代表会议抱否定态度。”

结论还是一样：加米涅夫不仅没有权利发言，而且他还公然违反党的决定，公然发言反对党，破坏党的意志，因为他只字不提他必须遵守的中央的决定。而这个决定当时在《真理报》上登载过，甚至还补充说，如果齐美尔瓦尔德代表会议主张参加斯德哥尔摩代表会议，我党代表就要退出齐美尔瓦尔德代表会议。①

加米涅夫没有正确地说明布尔什维克“以前”对参加斯德哥尔摩代表会议抱否定态度的理由。他没有提到：社会帝国主义者将参加这次会议；对革命的社会民主党人来说，同这种人交往是可耻的。

不管多么令人痛心，也必须承认：经常弄错事情的斯塔罗斯京表述革命的社会民主党的观点，要比加米涅夫高明一千倍，正确一千倍，恰当一千倍。同社会帝国主义者、部长们、俄国屠杀政策的帮凶们一起开会，——这是耻辱和背叛。根本谈不上什么国际主义。

加米涅夫提出的论据实质上是要“改变”我们对斯德哥尔摩代表会议看法，但这些论据无力到了可笑的地步。

加米涅夫说：“我们明白了，从现在〈??〉起斯德哥尔摩代表会议不再〈??〉是帝国主义国家手中的盲目工具了。”

这是谎话。没有一点事实根据，加米涅夫也举不出什么重要的事实。英法社会帝国主义者不参加斯德哥尔摩代表会议，而德国社会帝国主义者参加了，难道这是根本的变化吗?? 从国际主义者的观点看来，难道这算是一个变化吗？莫非加米涅夫已经“忘记了”我们党的代表会议（4 月 29 日）就丹麦社会帝国主义者的邀请这件完全相同的事情所作的决定？②

---

① 参看本版全集第 30 卷第 66 页。——编者注

② 参看《苏联共产党代表大会、代表会议和中央全会决议汇编》1964 年人民出版社版第 1 分册第 442—444 页。——编者注

据报纸报道，加米涅夫还说："在斯德哥尔摩的上空开始飘扬革命的大旗，在这面旗帜下全世界无产阶级的力量正在动员起来。"

这是充满了切尔诺夫和策列铁里精神的最空洞的豪言壮语。这是弥天大谎。不是革命的旗帜，而是勾结、妥协的旗帜，是赦免社会帝国主义者、让银行家谈判瓜分兼并的土地的旗帜，——事实上正是这样的旗帜在斯德哥尔摩上空开始飘扬。

对全世界负有革命的国际主义义务的国际主义者政党，决不能去迎合俄国的和德国的社会帝国主义者的阴谋勾当，去迎合资产阶级帝国主义政府中的部长们——切尔诺夫、斯柯别列夫之流的阴谋勾当而败坏自己的名誉。

我们已决定建立第三国际。我们应该不顾一切困难来实现它。决不后退一步，决不迎合社会帝国主义者和社会主义倒戈分子的勾结行为！

载于1917年8月16日（29日）
《无产者报》第3号

译自《列宁全集》俄文第5版
第34卷第70—72页

关于阴谋的谣言

(1917年8月18—19日〔8月31日—9月1日〕)

8月17日《新生活报》[50]第103号用这个标题发表的一则简讯，值得严重注意，而且应当[再一次]加以研究，虽然其中那些貌似严肃的东西实际上是一点也不严肃的。

这篇简讯的内容是：8月14日在莫斯科流传一种谣言，说有几支哥萨克部队正从前线开到莫斯科来，同时“某些军人集团在莫斯科的一些社会集团的赞许下”正在组织“决定性的反革命行动”。其次，说军事当局已经把这个情况通知莫斯科兵工代表苏维埃，并“在中央执行委员会代表的参加下”(即在孟什维克和社会革命党人的参加下)设法使士兵认识保卫城市的必要性等等。简讯最后说：“这些准备工作还吸收在许多部队中享有威信的莫斯科布尔什维克的代表参加，这一次给布尔什维克接近这些部队开辟了道路。”

最后这句话是故意写得含糊不清、模棱两可，既然布尔什维克在许多部队中享有威信(这一点是不容争辩的，也是尽人皆知的)，那么用什么方式、有什么人**能够**给布尔什维克“接近”这些部队“开辟道路”呢？这分明是无稽之谈。如果“这一次”真的给布尔什维克“接近”**任何一支**部队“开辟了道路”(是谁开辟的呢？显然是孟什维克和社会革命党人！)，这就是说，布尔什维克和护国派之间，在“抵御反革命”这种事情上有某种**同盟**、联盟或协定。

这种情况就使这篇不严肃的简讯有了严肃的意义，就要求所有觉悟的工人以最审慎的态度来对待上述事实。

护国派即孟什维克和社会革命党人所散布的谣言显然是荒诞无稽的，散布这些谣言的卑鄙龌龊的政治目的也十分明显。真正反革命的恰好就是护国派想保卫的那个临时政府。真正把哥萨克军队从前线调到两个首都来的（如7月3日调来彼得格勒）正是临时政府和“社会党人”部长们，这一点哥萨克将军卡列金在莫斯科反革命帝国主义者会议上也已正式确认。这是事实。

正是这个事实揭穿了孟什维克和社会革命党人，证明他们已经背叛革命，**他们**已经同反革命分子**结成联盟**，同卡列金分子**结成联盟**。孟什维克和社会革命党人想借助“谣言”来抹杀和掩盖这个事实，要人们忘记这个事实，相信哥萨克进驻莫斯科与克伦斯基、策列铁里、斯柯别列夫和阿夫克森齐耶夫无关，相信孟什维克和社会革命党人“正在捍卫革命”，等等。孟什维克和护国派叛徒们的政治目的是最明显不过的：他们想欺骗工人，冒充革命者，探听布尔什维克的一些情况（当然是为了报告反间谍机关），挽回自己的声誉！他们用心之卑鄙真是昭然若揭！他们自以为，只要付出低廉的代价，只要制造一些愚蠢的“谣言”，就会得到“接近”布尔什维克派部队的机会，就会增强大家对临时政府的信任，就会使天真幼稚的人相信，似乎哥萨克想打倒这个政府，似乎政府**并没有**同哥萨克结成联盟，似乎它“正在捍卫革命”，如此等等。

用心是明显的。谣言是荒唐的，捏造的。但是，他们自以为既能真正使人民信任临时政府，顺便又能把布尔什维克拉过来同自己结成“联盟”！

很难令人相信在布尔什维克中间能找到现在愿意同护国派结成联盟的傻瓜和坏蛋。这令人难以置信，首先是因为俄国社会民主工党第六次代表大会作出了明确的决议[51]，决议中说（见《无产者报》[52]第4号）：“孟什维克已经完全投到无产阶级的敌人的营垒中去了。”没有人会同完全投到敌人营垒中去的人协商，同他们结成联盟。这项决议接着又说：“革命社会民主党的首要任务”是“使他们〈孟什维克护国派〉在一切稍有革命意识的工人中完全孤立起来”。显然，孟什维克和社会革命党人散布荒诞无稽的谣言就是要避免孤立。显然，在莫斯科以及在彼得格勒，工人愈来愈清楚地看到孟什维克和社会革命党人的反革命叛变政策，愈来愈避开他们，护国派为了“挽回局面”就只好“不择手段”了。

既然代表大会有这样的决议，如果还有哪个布尔什维克同护国派结成联盟去“开辟道路”或对临时政府（它似乎是在受到保护以免遭哥萨克的袭击）间接表示信任，那当然会被立即清除出党，这是咎由自取。

根据其他理由也很难相信，在莫斯科或其他任何地方有哪个布尔什维克会同护国派结成联盟、成立某种共同的即使是临时的机关、达成某种协定等等。尽管如此，我们姑且为这种不大会有的布尔什维克作一个最好的假定：假定他们由于天真幼稚真的相信了孟什维克和社会革命党人告诉他们的谣言，甚至假定孟什维克和社会革命党人为了博得信任还告诉了他们一些同样是捏造的“事实”。很明显，在这种情况下，任何一个正直的或还没有完全丧失理智的布尔什维克也不会去同护国派结成任何联盟，也不会去达成任何“开辟道路”的协定，如此等等。即使在这种情况下，布尔什维克也会说：如果反革命军队现在开始向临时政府进攻，那么我们的工人、我们的士兵就一定要同他们作战，这**不是**为了保护这个在7月3日召来卡列金之流的政府，而是为了独立地保卫革命，追求自己的目的，即追求工人的胜利、穷人的胜利、和平事业的胜利，而不是追求帝国主义者克伦斯基、阿夫克森齐耶夫、策列铁里、斯柯别列夫之流的胜利。即使在我们所假定的这种绝无仅有的情况下，布尔什维克也会对孟什维克说：当然，我们要作战，但我们决不同你们结成任何政治联盟，我们决不对你们表示一点信任，完全和1917年2月一样，那时社会民主党人和立宪民主党人一起为反对沙皇制度而战，但社会民主党人不同立宪民主党人结成任何联盟，一秒钟也不相信立宪民主党人。现在如果对孟什维克表示一点信任，那就和1905—1917年对立宪民主党人表示信任一样，都是背叛革命。

布尔什维克会对工人和士兵说：让我们作战吧，但是，你们如果不愿意让人夺走胜利的果实，那就丝毫不要信任孟什维克。

散布谣言和推测，对孟什维克极为有利，可以使人误认为他们所拥护的政府在拯救革命，但事实上这个政府**已经**同卡列金分子结成了**联盟**，**已经**成了反革命的政府，**已经**采取了许多步骤而且每天还在采取新的步骤来履行同卡列金分子联盟的各项条件。

相信这些谣言，直接或间接地支持这些谣言，对布尔什维克来说就是背叛革命事业。现在革命胜利的主要保证是：让群众认清孟什维克和社会革命党人的背叛行为，同他们完全断绝关系，让一切革命的无产者无条件地抵制他们，就像取得1905年的经验之后无条件地抵制立宪民主党人那样。

（（请把这篇文章打印几份寄给党的几种报纸和杂志发表，同

时以我的名义提交中央委员会，并附上下面的话：

我请求把这篇文章看做是我给中央委员会的报告，同时我还建议：决定由中央委员会进行正式调查（吸收非中央委员的莫斯科布尔什维克参加），查明布尔什维克和护国派是否在这个基础上成立过共同的机关，是否有过联盟或协定，内容是什么，等等。必须正式调查事实及其详细情形，弄清一切细节。如果查明联盟是事实，那就必须停止有关中央委员或莫斯科委员会委员的职务，并把下届代表大会之前正式停止他们职务的问题提交最近一次中央全会。因为**现在**，在莫斯科会议以后，在罢工以后，在7月3—5日的事变以后，莫斯科具有或者可能具有**中心**的意义。在这个比彼得格勒还大的无产阶级的巨大中心，完全有可能产生7月3—5日那样的运动。当时在彼得格勒的任务是使运动具有和平的有组织的性质。**当时**这个口号**是**正确的。现在在莫斯科却**摆着**一个完全不同的任务；旧口号已经极不正确了。现在的任务是自己**夺取政权**，宣布自己为政府，以便获得和平，把土地转交农民，按照同各地农民商定的期限召开立宪会议，等等。由于失业、饥荒、铁路员工罢工和经济破坏等等，极有可能在莫斯科爆发类似的运动。特别重要的是莫斯科的"掌舵"人不能向右摆，不能同孟什维克结成联盟，在运动展开时要能了解**新**任务，了解夺取政权的**新**口号以及**新**方法和**新**手段。因此，"审查"联盟事件，斥责进行联盟活动的布尔什维克（如果有这样的人的话），停止他们的职务，这都是必要的。这不仅是为了严肃纪律，不仅是为了纠正已经干出的蠢事，也是为了维护**未来**运动最根本的利益。莫斯科8月12日的罢工证明，尽管社会革命党人在杜马选举中获得了多数，**积极的**无产阶级还是跟着布尔什维克走的。这很像1917年7月3—5日以前彼得格勒的情况。不过还是有很大的区别：当时彼得格勒从物质力量来看也还不能夺取政权；即使靠物质力量夺得了政权，在政治上也是不能支持的，因为当时策列铁里之流还没有堕落到支持屠杀的地步。正因为如此，**那时候**，即 1917 年 7 月 3—5 日，夺取政权的口号在彼得格勒是**不正确**的。那时候连布尔什维克也没有而且不可能明确地断定策列铁里之流是反革命分子。那时候不论士兵或工人都不可能有 7 月所提供的经验。

现在就完全不同了。现在莫斯科如果爆发自发的运动，口号就应当是夺取政权。因此，在莫斯科由**完全**理解这个口号并对这个口号周密思考过的适当的人来领导运动是极其重要、百倍重要的。这就是必须再次坚持加以审查和停止犯错误者职务的原因。））

载于 1928 年《列宁文集》俄文版第 7 卷　　　　译自《列宁全集》俄文第 5 版第 34 卷第 73—78 页

只见树木不见森林

(1917 年 8 月 19 日〔9 月 1 日〕)

尔·马尔托夫在 8 月 4 日苏维埃中央执行委员会会议上说："策列铁里的批评太温和"，"政府没有对军界的反革命活动进行还击"，"我们的目的不是要推翻现政府，或者破坏对它的信任……"马尔托夫接着又说："根据现实的力量对比，现在没有理由要求政权转归苏维埃。只有在国内战争过程中才会出现这种情况，而现在进行国内战争是不能容许的。"最后他说："我们并不打算推翻政府，但是，我们应该向它指出，国内除了立宪民主党和军人以外，还有另外的力量。那就是革命民主派的力量，临时政府应该依靠这个力量。"(摘自《新生活报》报道)

马尔托夫的这些话很精彩，值得十分仔细地加以研究。这些话所以精彩，是因为这些话非常有特色地再现了小资产阶级群众那些最流行、最有害、最危险的政治错误和最典型的偏见。马尔托夫这位政论家大概是所有小资产阶级代表人物中最"左"、最革命、最觉悟和最老练的代表人物之一。正因为如此，分析他的这些话要比剖析卖弄空话的切尔诺夫或笨伯策列铁里之流要有益些。我们分析马尔托夫的话，也就是分析现在小资产阶级思想中最有意义的东西。

最突出的首先是马尔托夫在政权转归苏维埃的问题上所表现

的摇摆。在7月4日以前，马尔托夫**反对**这个口号，7月4日以后又**拥护**这个口号，8月初他又反对。请注意，从马克思主义的观点来看，他的论据是多么不合逻辑，多么滑稽可笑！他反对这个口号是因为“根据现实的力量对比，现在没有理由要求政权转归苏维埃。只有在国内战争过程中才会出现这种情况，而现在进行国内战争是不能容许的”。

糊涂就糊涂在这里。照这么说来，7月4日以前可以**不经过**国内战争而使政权转归苏维埃(这是千真万确的！)，但正是在这个时候，马尔托夫反对政权转归苏维埃……　其次，照这么说来，在7月4日以后(当时马尔托夫又赞成政权转归苏维埃)，似乎还可以不经过国内战争而使政权转归苏维埃。这显然是一种不能容忍的对事实的歪曲，因为正是在7月4日夜里波拿巴主义者在立宪民主党人的支持下和切尔诺夫、策列铁里之流的伺候下，把反革命军队调到了彼得格勒。在这种情况下，用和平方式取得政权是绝对不可能的。

最后，照马尔托夫说来，不但马克思主义者，甚至就是革命民主派，也有理由放弃这个正确反映人民利益和革命利益的口号，因为它“只有在国内战争过程中”才能实现……　但是这显然是胡说八道，显然是放弃一切阶级斗争，放弃一切革命。因为谁都知道，世界上各次革命的历史都向我们表明，阶级斗争变为国内战争不是偶然的，而是必然的。谁都知道，正好**在**7月4日**以后**，我们看到反革命资产阶级在俄国已经开始了国内战争，也就是解除军队武装，枪杀前线士兵，杀害布尔什维克。请看，正当事变的发展进程必然导致反革命资产阶级挑起国内战争的时候，却说革命民主派进行国内战争“是不能容许的”。

马尔托夫的糊涂是最难以想象、最滑稽可笑、最不可救药的。

要澄清他所引起的糊涂观念，就应该说明：

正是在7月4日以前，全部政权转归当时的苏维埃的口号是唯一正确的口号。当时是可以不经过国内战争和平地办到这一点的，因为当时还没有像7月4日以后那样对群众、对人民施行系统的暴力。当时政权转归苏维埃可以保证整个革命和平地向前发展，而且也可能使苏维埃**内部的**阶级斗争和党派斗争和平地得到解决。

7月4日以后，不经过国内战争就不可能使政权转归苏维埃，因为从7月4—5日起，政权已经落到立宪民主党人和黑帮分子所支持的波拿巴主义军人集团手里。由此得出结论，一切马克思主义者，一切拥护革命无产阶级的人，一切正直的革命民主派，现在都**应该**向工人和农民说明：局势发生了根本变化，这就决定政权转归无产者和半无产者必须通过另一条道路。

马尔托夫没有提出论据替他的"现在"不能容许进行国内战争的"思想"辩护，替他的目的"不是要推翻现政府"的声明辩护。既然没有说明理由，他的意见，特别是他在护国会议上发表的这种意见，必然会与护国派的论据不谋而合：外敌当前，决不能容许进行国内战争。

我们不知道马尔托夫敢不敢公开提出这种论据。这是在小资产阶级群众中最流行的一种论据。这种论据当然是最庸俗的。无论在1870年9月的法国，或是在1917年2月的俄国，资产阶级都不怕在外敌当前的时候进行革命和国内战争。资产阶级并不怕在外敌当前的时候用国内战争的代价来夺取政权。所以革命无产阶级也不用多考虑资产阶级的骗子和奴仆的这种"论据"。

*　　*　　*

马尔托夫犯下的一个最令人不能容忍的理论错误，也是整个小资产阶级政治思想界最典型的理论错误，就是把拥护沙皇制度和一般君主制度的反革命同资产阶级的反革命混为一谈。这正是小资产阶级民主派特有的狭隘和愚蠢，因为他们在经济上、政治上和思想上不能摆脱对资产阶级的依赖，他们把优先权奉送给资产阶级，把资产阶级看成是一种"理想"，相信资产阶级叫喊的"来自右边的反革命"的危险。

马尔托夫反映了这种思想，更正确些说，反映了小资产阶级的困惑不解，他在发言中说："我们应该用反压力来对抗右边对它〈对政府〉的压力。"

这正是庸人们的轻信和忘记阶级斗争的典型例子。政府似乎是超阶级和超党派的，右边对它"施加"的压力过大时，就应该从左边对它施加更大的压力。啊！多么聪明，真可以同路易·勃朗、切尔诺夫、策列铁里以及所有这类可鄙的家伙媲美。而这种庸人的聪明又多么有利于波拿巴主义者，波拿巴主义者多么想在"愚蠢的农夫"面前把事情说成这样：现在这个政府正在同极端行为作斗争，不管来自右边还是左边，以实现真正的国家制度，贯彻真正的民主制。实际上，这个波拿巴主义的政府却正是反革命资产阶级的政府。

欺骗人民，把事情描绘成资产阶级似乎代表"整个革命，而反革命的威胁来自右边即来自沙皇"，这对资产阶级是有利的（对长久稳固资产阶级的统治也是必要的）。整个"革命民主派"的这种由小资产阶级生活条件养成的观念，只能靠唐恩和策列铁里之流无限的愚蠢以及切尔诺夫和阿夫克森齐耶夫之流无限的自我欣赏来维持。

但是,无论哪一个人,只要他学过一点历史或者马克思主义学说,他就一定会承认,进行政治分析首先应该提出**阶级**问题:是哪个阶级的革命?是哪个阶级的反革命?

法国的历史向我们表明,波拿巴主义反革命派是18世纪末(第二次是在1848—1852年之前)在反革命资产阶级的基础上成长起来的,它又为正统君主制的复辟铺平了道路。波拿巴主义是一种治理形式,是在民主改革和民主革命的环境里由于资产阶级的反革命性而产生的。

只有故意闭上眼睛,才看不见波拿巴主义正在俄国这种极其相似的条件下就在我们眼前滋长起来。拥护沙皇制度的反革命现在已经极其微弱,已经没有任何政治意义,也不起任何政治作用。骗子们故意抬出和渲染拥护沙皇制度的反革命这具稻草人,是要吓唬傻瓜,用政治奇闻款待庸人,转移人民对真正严重的反革命势力的注意。任何人看了那个叫做扎鲁德内的人的议论都不免要发笑,他全神贯注地在估量次要的同盟者"神圣的俄罗斯"的反革命作用,而"不注意"叫做立宪民主党的全俄资产阶级联盟的反革命作用。

立宪民主党是俄国资产阶级反革命的主要政治力量。这个力量在选举中,更重要的是在军政管理机构中以及在先后对布尔什维克即革命的无产阶级政党和苏维埃大肆诬蔑、中伤、攻击的报刊宣传中,把一切黑帮分子牢固地团结在自己周围。

现在的政府逐步地然而坚决地执行的政策,正是立宪民主党1917年3月以来有步骤地鼓吹和策划的政策。恢复和拖延帝国主义战争,不再"谈论"和平,授权各个部长封闭报馆,禁止举行代表大会，实行逮捕和流放，恢复死刑，枪杀前线士兵，解除工人和革命部队的武装，让反革命军队充斥首都，开始逮捕和迫害自己起来“夺取”土地的农民，关闭工厂和实行同盟歇业等等，这类措施还远没有列举全，但已经最清楚不过地勾画出了波拿巴主义的资产阶级反革命的情景。

立宪会议延期召开，莫斯科“国民代表会议”为波拿巴主义的政策“加冕”，——这不是把立宪会议拖到战争结束后召开的过渡步骤吗？这难道不是波拿巴主义的政策的法宝吗？而马尔托夫却看不到资产阶级反革命的参谋总部在哪里…… 真是只见树木不见森林。

* * *

苏维埃中央执行委员会，即在其中居统治地位的社会革命党人和孟什维克在延期召开立宪会议的事情上，扮演了一个多么卑鄙的奴仆角色啊！立宪民主党人定出调子，主张延期召开立宪会议，在报刊上大肆宣传，抬出要求延期召开立宪会议的**哥萨克代表大会**。（哥萨克代表大会！李伯尔、阿夫克森齐耶夫、切尔诺夫、策列铁里之流怎么会不讨好呢！）孟什维克和社会革命党人立即尾随着立宪民主党人，正像狗在主人皮鞭的威胁下应着主人的口哨走过来一样。

中央执行委员会常务委员会不仅不向人民提供简单的实际材料，指明3月以来立宪民主党人怎样蛮横（怎样无耻地拖延和阻挠立宪会议的召开，不仅不揭露立宪会议不可能按期召开的骗人遁词和断言，反而很快地撇开了甚至是唐恩，甚至是唐恩！）提出的“疑虑”，从奴仆式的常务委员会中派出两名奴仆勃拉姆桑和布龙佐夫去向临时政府报告“立宪会议的选举必须延期到10月28—

29日……” 这是莫斯科国民代表会议给波拿巴主义者加冕的隆重序幕。不论是谁，只要他还没有堕落到极端卑鄙的地步，就应该团结在革命的无产阶级政党周围。没有无产阶级的胜利，人民就**得不到**和平，农民就**得不到**土地，工人和全体劳动者就**得不到**面包。

载于1917年8月19日(9月1日)
《无产者报》第6号

译自《列宁全集》俄文第5版
第34卷第79—85页

就印发《关于里加沦陷的传单》所写的一封信[53]

（1917年8月下旬）

这份传单当然不能公开印发，但是必须设法秘密印发。如果我们想让我们的合法报纸去冒遭到查封的风险（这些合法报纸本来就很难保存，但对我们又极其重要），而不能像在1912—1914年间那样善于利用合法机会，那是极其愚蠢的。这篇文章（传单）既不应该公开刊印，也不应该为了适合公开发表而把它改坏。

合法言论的自由明显地已被政府缩小，而且在一天天缩小，如果我们还**仅限于**合法言论，那就不但是愚蠢的，而且是卑鄙的。

我知道，我们一些布尔什维克非常因循守旧，我知道，要费很大的气力才能印发秘密传单。但是，我将不断坚持，因为这是现实生活的要求，运动的要求。

应该秘密地印发自由的即可以明言直说、讲话不打折扣的各种传单。传单上的署名应该是："一批受迫害的布尔什维克"。可以只用这个署名，也可以用小号字在下面加一说明："一批受迫害的布尔什维克都是受政府迫害而被迫从事秘密工作的布尔什维克。"或者还可以这样写："一批受迫害的布尔什维克都是受政府迫害并被剥夺出版自由而迫不得已秘密印发自由传单、在合法的布尔什维克党范围以外进行活动的布尔什维克。"

关于里加沦陷的传单

工人、士兵和全体劳动者!

敌军占领了里加。我们又一次遭到惨重的失败。战争给人民带来的灾难,空前的灾难,还在加剧,还在延续。

战争拖延下去是为了什么呢?还不是为了资本家强盗之间的分赃,即德国资本家强盗能否保住比利时、塞尔维亚、波兰、里加和其他地方,英国资本家强盗能否保住巴格达和他们所掠夺的德国殖民地,俄国资本家强盗能否保住亚美尼亚,等等。克伦斯基政府在孟什维克和社会革命党人的参加和支持下厚颜无耻地欺骗人民,用他们希望和平这样一些空洞的、不负任何责任的话麻痹人民,而实际上却在拖延掠夺战争,不公布沙皇为了使俄国资本家发财而与英法资本家缔结的秘密条约,俄国资本家已经得到了获得君士坦丁堡、加利西亚、亚美尼亚的许诺。

俄国人民虽然有了共和国,但还在为履行秘密条约,履行资本家之间的掠夺性条约而流血。

"共和派"克伦斯基、斯柯别列夫、切尔诺夫之流不是解除掠夺性的秘密条约,不是向所有交战国的人民提出明确的、公正的媾和条件,而是一月又一月地欺骗俄国的工人和农民。

克伦斯基和孟什维克以及社会革命党人欺骗了人民。只有工人政府能拯救国家,能使国家免遭战争的损害,免遭趁火打劫的资本家的掠夺。

由于里加的失败,资产阶级已经在得意地打算对士兵、工人和农民实施新的苦役法和苦役措施。农民的粮食已经开始被夺走,资本家获得的暴利却不予触动,他们的神圣的"商业秘密"得到保护,使银行家和百万富翁免遭揭露,而不许工人监督。

而孟什维克和社会革命党人在资产阶级面前无耻地卑躬屈膝,继续支持他们,并且叫嚷必须"停止""一切党派纠纷",也就是让资本家继续拥有无上权力,让资本家照旧掠夺国家,让他们保持拖延战争的"自由"……

数以万计的人由于克伦斯基、孟什维克和社会革命党人的政府在6月发动的进攻而丧命。只要人民容忍这样的政府，还会有数以万计的人由于战争的拖延而丧命。

只有工人政府能拯救国家。只有工人政府不会欺骗人民，而会立即向所有的国家提出明确的、公正的媾和条件。

资产阶级吓唬人民，力图制造惊慌，使愚昧无知的人们确信，现在不能马上提出媾和，否则就等于“失去里加”等等。这是欺骗人民。

即使进行和谈的那些政府维护资本家对其抢来的财富和别国土地（兼并的土地）的神圣权利，提出媾和也不意味着放弃里加。里加是德国资本家强盗抢得的赃物。亚美尼亚是俄国资本家强盗抢得的赃物。当强盗们进行和谈的时候，他们或是保留各自的赃物，或是互换部分赃物。只要政权在资本家手里，所有的战争都会这样结束，过去如此，将来也会如此。

但是，我们所说的是**工人**政府，只有这个政府才能立即提出公正的媾和条件，关于这一点，全俄的工人和农民在无数的委托书和决议中讲了几百次。这些条件就是缔结没有兼并的和约，即不掠夺别国土地的和约。这就是说：无论是德国人还是俄国人，不得到波兰人自愿同意，都不能强行并吞波兰或拉脱维亚边疆区；无论是土耳其人还是俄国人，都不能夺取亚美尼亚，如此等等。

工人政府会立刻把这些公正的媾和条件毫无例外地向所有交战国提出。只要这一点没有做到，只要明确的、正式的媾和建议没有提出，只要还保留秘密的掠夺性条约，只要那些靠军事订货发几亿横财的资本家的无上权力没有被摧毁，他们的掠夺没有被制止，所有关于和平的漂亮话都只能是对人民的欺骗，彻头彻尾的无耻欺骗。

所有的资本家政府包括克伦斯基、社会革命党人和孟什维克的政府都对人民进行这种欺骗。它们满嘴都是空洞的、不负任何责任的关于和平的漂亮话，没有哪一个提出明确的媾和条件，没有哪一个撕毁秘密条约，事实上，它们为了资本家的利润而在继续拖延危害人民的、罪恶的掠夺战争。

打倒战争！打倒欺骗人民、拖延战争、保护资本家掠夺利益、将立宪会议选举一拖再拖的克伦斯基、孟什维克和社会革命党人的政府！

只有得到贫苦农民支持的工人政府才能提议媾和，终止资本家的掠夺，给劳动者面包和自由。每一个工人和士兵都要去向人民解释推翻克伦斯基政府和建立工人政府的必要性。

译自《列宁全集》俄文第5版
第34卷第86—89页

政治讹诈

（1917年8月24日〔9月6日〕）

揭发某些事实或某些捏造的“轶事”，使被揭露者感到头痛，或者给他制造某些其他的麻烦，用这种威胁手法勒索钱财，这叫做讹诈。

以揭露相威胁，或者揭发一些真实的、但更经常的是捏造的“轶事”，在政治上损害、诬陷政敌，使之无法进行或很难进行政治活动，这就是政治讹诈。

我们的共和派的（请原谅我用了这个词）甚至民主派的资产者和小资产者，就是进行政治讹诈的英雄，他们掀起诬蔑诽谤、造谣中伤的“运动”，打击他们不喜欢的政党和政治家。过去沙皇政府进行粗暴、野蛮、残酷的迫害。现在共和派资产阶级进行**卑鄙龌龊的**迫害，拼命用诽谤诬蔑、造谣中伤、流言蜚语等等来污辱他们所仇视的无产阶级革命者和国际主义者。

特别是布尔什维克有幸领教了共和派帝国主义者这种种迫害的办法。布尔什维克完全可以拿一位诗人的名句用在自己身上：

> 他听到的赞许声
> 不是在娓娓动听的赞词里，
> 而是在粗野疯狂的叫嚣中。**54**

俄国革命**刚一**开始，所有资产阶级的报刊和几乎所有小资产阶级的报刊都向布尔什维克粗野地疯狂地叫嚣起来。布尔什维克、国际主义者、无产阶级革命的拥护者理应在这种粗野疯狂的叫嚣中“听到”赞许的声音，因为资产阶级的疯狂的仇恨，往往是被诽谤、被陷害、被迫害的人正确而忠诚地为无产阶级服务的最好证明。

资产阶级诽谤手法的讹诈性质，我们举一个与我党**无**关的例子，即社会革命党人切尔诺夫的例子，就可以特别清楚地加以说明。人所共知的诽谤者立宪民主党人，以米留可夫和盖森为首，想要恐吓或赶走切尔诺夫，于是就攻击切尔诺夫在国外写过“失败主义的”文章、同接受德帝国主义代理人津贴的人有牵连等等。攻击激烈起来了。所有的资产阶级报刊都随声附和。

但是立宪民主党人和社会革命党人在内阁组成问题上“取得了和解”。于是——啊，真是怪事！——切尔诺夫“案件”烟消云散了！！不过几天，没有经过审判，没有经过审理，没有公布文件，没有传讯证人，没有鉴定人的鉴定书，“案件”就烟消云散了。当立宪民主党人不满意切尔诺夫的时候，诽谤性的“案件”就发生了。当立宪民主党人同切尔诺夫在政治上和解了，即便是暂时的和解，“案件”就烟消云散了。

这种政治讹诈是一目了然的。在报上进行个人攻击、造谣中伤，正是资产阶级以及米留可夫、盖森、扎斯拉夫斯基、唐恩等这些无赖进行政治斗争和政治报复的工具。政治目的一旦达到，攻击某某或某某的“案件”顿时“烟消云散”，这也就证明了“案件”制造者的卑劣本质、下流无耻和讹诈成性。

因为很清楚，如果**不是**讹诈者，如果他进行揭露的动机是纯正的，那么，无论政治上有什么变化，他都不会停止揭露；如果**不是**讹诈者，那么就无论如何要揭露到底，直到法庭宣判，公众完全弄清真相，**所有的**文件都汇集公布为止，或者直到公开坦率地承认自己的错误或误解为止。

切尔诺夫这个非布尔什维克的例子，清楚地向我们表明了资产阶级报刊和小资产阶级报刊对布尔什维克进行讹诈性攻击的真正本质。一旦资本的这些骑士和走狗认为自己的政治目的已经达到，布尔什维克已被逮捕，报纸已被查封，这些讹诈者就会**一声不响了**！米留可夫、盖森、扎斯拉夫斯基、唐恩之流这些向布尔什维克进攻的好汉们，拥有一切可以用来揭露真相的手段：报刊、金钱、外国资产阶级的帮助、俄国整个资产阶级"舆论"的协助、世界大国之一的国家政权的友善支持等等，但是，他们**一声不响**。

米留可夫、盖森、扎斯拉夫斯基、唐恩之流是一些**政治讹诈者**，有觉悟的工人一下子就看清楚了，因为整个生活训练他们能很快识破资产阶级的手法；现在任何一个正直的人也愈来愈清楚了。这种认识应该巩固下来，向群众说清楚，天天登报，把这方面的材料汇集起来编成小册子，抵制讹诈者，如此等等。这才是无产阶级对付诽谤和讹诈应当采取的方法！

我们的加米涅夫同志也是最近受到讹诈之害的一个。他在案件审理以前就"丢开了社会活动"。依我们看来，这样做是错误的。讹诈者正需要我们这样做。审理案件他们是不愿意的。加米涅夫可以不理这些无赖，相信**自己的**党就行了，让《言语报》、《交易所小报》、《日报》[55]、《工人报》等等下流报纸的恶狗们以后去狂吠吧！

要是我们党一听到资产阶级诽谤我们党的领袖就同意他们丢开社会活动，那就要吃大亏，就会使无产阶级受到损失，使无产阶级的敌人拍手称快。因为资产阶级的报纸很多，资产阶级雇来进行讹诈的文人(像扎斯拉夫斯基之流)更多,资产阶级要使我们党的工作人员“丢开”社会活动,那太容易了！至于审理案件、弄清真相,他们连想都不想。

不,同志们！我们决不向资产阶级报刊的叫嚣屈服！我们决不让米留可夫、盖森、扎斯拉夫斯基之流这些进行讹诈的无赖们拍手称快。我们相信无产者、觉悟工人和由24万国际主义者组成的我们党的审判。我们不会忘记,在全世界,资产阶级正同护国派勾结起来,用造谣、诽谤、讹诈的手法迫害国际主义者。

我们要坚决痛斥讹诈者。我们要坚定不移地让觉悟的工人、自己的党来审判,弄清每一个最细微的疑点。我们相信党,我们把党看做我们时代的智慧、荣誉和良心。我们把革命国际主义者的国际联盟看做工人阶级解放运动的唯一保证。

对于那些同立宪民主党人待在一个内阁里的人,对于那些同米留可夫、唐恩、扎斯拉夫斯基之流握手言欢的人,我们决不受他们“舆论”的任何影响！

打倒政治讹诈者！蔑视他们,抵制他们！不断向工人群众揭露他们的丑恶面貌！我们要坚定地走自己的路,保卫自己党的工作能力,保卫党的领袖,而且使他们不要因为那些坏人和坏人们的无耻诽谤而浪费时间。

载于1917年8月24日(9月6日)
《无产者报》第10号

译自《列宁全集》俄文第5版
第34卷第90—93页

纸上的决议

（1917年8月26日〔9月8日〕）

策列铁里先生是一个最饶舌的“社会党人”部长和庸人的领袖。他那些数不清的演讲，那些言之无物、不负责任、毫无重要意义、真所谓是“部长式的”演讲是那样空洞庸俗，实在令人难以卒读。他那种登峰造极的妄自尊大使这些娓娓动听的“发言”（正因为这些发言空洞，策列铁里才成了资产阶级的宠儿）特别令人不能容忍。因此，很难断定这些圆滑动听的甜言蜜语掩盖下的究竟是超乎寻常的愚蠢呢，还是恬不知耻的政治上的实用主义。

策列铁里的演讲愈空洞，就愈应该特别强调指出他8月18日在彼得格勒苏维埃全体会议上所做的那件简直令人难以置信的不平常的事情。[56]虽然令人难以置信，但这是事实，策列铁里竟吐露了一句简单、明了、贴切、正确的话。这句话真实地反映了一个深刻而重要的政治真理，这个真理不是只有偶然的意义，而是表明了当前整个政局重大的根本的特征和这种局势的根源。

根据《言语报》的报道，策列铁里说（读者当然记得，策列铁里是反对废除死刑的决议的）：

“……你们的任何决议都无济于事。这里需要的不是纸上的决议，而是实际的行动……”

真话总是真话。聪明的话听起来也入耳……

当然，策列铁里的这句真话首先是狠狠地击中了他自己。因为正是他，这位苏维埃最著名的领袖促使这个机关名誉扫地，使它沦为一种自由派会议的可怜角色，给世界留下了一份记载典型的毫无作用的善良愿望的档案。策列铁里通过被社会革命党人和孟什维克阉割了的苏维埃，作过几百个“纸上的决议”。现在，当通过一项狠狠打击他本人的决议的时候，正是他最没有权利叫喊什么“纸上的决议”。策列铁里使自己陷入了一个特别可笑的议员的境地：最热衷于“议会的”决议，最爱把决议的作用说得天花乱坠，最爱为了决议劳碌奔走，而一碰到**反对自己**的决议，就拼命叫喊“葡萄是酸的”[57]，说句老实话，决议本来就是纸上的。

真话毕竟是真话，哪怕它是出自伪君子之口，哪怕它是用虚伪的口吻讲出来的。

决议之所以是纸上的，并不是因为那位认为为了保卫革命(这可不是说着玩的!)必须采用死刑的前任部长策列铁里宣布它是纸上的。决议之所以是纸上的，是因为决议又在重复从1917年3月起就背得烂熟的、毫无意义地再三重复的死板公式：“苏维埃要求临时政府如何如何”。人们已习惯于“要求”，照例不断地重复，但是没有看到情况已经变了，力量已经消失了，没有实力作后盾，“要求”是可笑的。

不仅如此，死板地重复“要求”，会给群众造成一种错觉，以为情况并没有改变，苏维埃还有实力，只要它说一声“要求”，事情就能办到，就可以躺下来大做其尽了自己职责的“革命”(请原谅……)“民主派”的美梦。

也许有的读者要问：难道主张要有清醒的政治头脑、要估计实力、反对说空话的布尔什维克，不应当投票赞成这一决议吗？

不，应当投票赞成，因为决议里有一节(第3节)包含着一个很好很正确的思想(基本的、主要的、有决定意义的思想)：死刑是对付**群众**的手段(如果是对付地主和资本家的手段，那就又当别论了)。虽然社会革命党这班庸人改坏了马尔托夫原案的文字，不提“违背人民利益的帝国主义”目的，而添上“保卫祖国和革命”这种纯粹是虚伪的、欺骗人民的、掩饰掠夺性战争的词句，但是我们还是应当投票赞成。

应当投票赞成，但要预先说明我们有个别地方不同意，并且声明：工人们！你们别以为今天的苏维埃还能够向临时政府要求什么东西。不要抱幻想。要知道苏维埃**已经**没有力量要求了，**今天的**政府完全成了反革命资产阶级的俘虏。好好地想一想这个令人痛苦的现实吧！只要苏维埃委员们用某种方式作了如上的保留，谁也不会阻止他们投**赞成**票。

只有这样，决议才会不再是“纸上的”东西。

只有这样，我们才可以避开策列铁里如下的挑拨性的问题：苏维埃的委员们是不是想“推翻”临时政府。这跟卡特柯夫在亚历山大三世时问自由派是不是想“推翻”专制制度一模一样，一字不差。我们倒想回答前任部长说：亲爱的公民，你们刚刚颁布了苦役法来对付那些“图谋”或者仅仅是想要“推翻”政府(地主、资本家同小资产阶级民主派的叛徒们协商组成的政府)的人。我们完全懂得，如果你们再“拉”几个布尔什维克来受这个令人满意的(对你们来说)法律的制裁，所有的资产者会更加夸奖你们。可是，如果我们不来帮助你们找到运用这个“令人满意的”法律的机会，那也请你们不要感到奇怪。

* * *

就像一滴水珠反映出整个太阳那样，8 月 18 日的事件反映出俄国的整个政治制度。波拿巴主义的政府，死刑，苦役法，以及用路易-拿破仑到处宣扬的平等、博爱、自由、祖国的光荣和尊严、大革命的传统、镇压无政府主义等等词句来给这些“令人满意的”（对挑拨者来说）东西裹上一层糖衣。

甜蜜蜜的、甜得腻人的小资产阶级部长和前任部长们捶着胸脯说，他们是有良心的，他们规定和采用死刑来对付群众是在毁灭自己的良心，他们是流着泪这样做的。这正是上一世纪 60 年代一位“教师”的更好的翻版。这位教师不是按老规矩平平常常地把平民百姓的子弟鞭打一顿了事，而是遵照皮罗戈夫的遗训，挥着仁慈的眼泪，“合法地”、“公正地”鞭挞他们。

农民们受了自己的小资产阶级领袖的欺骗，还相信社会革命党人和孟什维克的联盟同资产阶级成婚后会生出……土地私有制的无偿废除。

工人呢……工人想的是什么，在“人道的”策列铁里还没有废除新的苦役法以前，对此我们暂且保持沉默。

载于 1917 年 8 月 26 日（9 月 8 日）
《工人日报》第 2 号

译自《列宁全集》俄文第 5 版
第 34 卷第 94—97 页

论斯德哥尔摩代表会议

（1917年8月26日〔9月8日〕）

现在有许多人又对斯德哥尔摩代表会议发生兴趣了。报纸上热烈地讨论了会议的意义问题。这个问题同评价当代整个社会主义运动的基本原则，特别是它在对待帝国主义战争方面的基本原则，有不可分割的联系。因此，我们必须较详细地来谈一谈斯德哥尔摩代表会议。

革命的社会民主党人即布尔什维克，一开始就表示反对参加这次代表会议。而他们这样做是以原则性的理由为出发点的。谁都知道，世界各国的社会党人，不管他们是交战国的或中立国的，在对战争的态度问题上已经分裂成两大主要部分。一部分人站在本国政府、本国资产阶级方面。我们把他们叫做社会沙文主义者，即口头上的社会主义者，实际上的沙文主义者。凡是用“保卫祖国”这个概念来掩盖保卫“本国”统治阶级的掠夺利益的人，都叫做沙文主义者。在这场战争中，两大交战国联盟的资产阶级都在追求掠夺的目的：德国资产阶级为了掠夺比利时、塞尔维亚等等而战；英国和法国的资产阶级为了掠夺德国的殖民地等等而战；俄国资产阶级为了掠夺奥地利（利沃夫）、土耳其（亚美尼亚、君士坦丁堡）而战。

因此，凡是在这场战争中站在本国资产阶级立场上的社会党人，就不再是社会党人了；他们背叛了工人阶级，实际上已经转到资产阶级营垒里去了。他们成了无产阶级的阶级敌人。欧美社会主义运动的历史，特别是第二国际时代即1889—1914年的历史向我们表明，一部分社会党人，特别是大多数领袖和议员转到资产阶级方面去并不是偶然的。在一切国家中，正是社会主义运动中的机会主义派提供了社会沙文主义者的骨干。如果我们对社会沙文主义科学地进行考察，即不是抽出个别的人，而是从这整个国际思潮的发展及其社会联系的总和来考察，那么社会沙文主义就是达到了逻辑终端的机会主义。

各地的无产阶级群众在不同程度上清楚而敏锐地意识到社会沙文主义者背叛了社会主义，都痛恨和蔑视最著名的社会沙文主义者，如俄国的普列汉诺夫，德国的谢德曼，法国的盖得和列诺得尔之流，英国的海德门，等等。

在战争期间，尽管资产阶级进行疯狂的迫害，堵住人们的嘴巴，可是在所有的国家里革命的国际主义派还是形成了。这一派始终忠于社会主义。他们没有向沙文主义屈服，也不容许用保卫祖国的谎言来掩盖沙文主义，而是彻底揭露这些言论的虚伪，揭露两大联盟的资产阶级为了掠夺的目的而进行的这场战争的全部罪恶。属于这一派的有：英国的马克林，他因为反对掠夺成性的英国资产阶级而被判处服一年半苦役；德国的卡尔·李卜克内西，他被德国帝国主义强盗判处服苦役，“罪名”是在德国号召革命，揭露战争从德国方面来说是掠夺战争。属于这一派的还有俄国的布尔什维克，他们因为有和马克林、卡尔·李卜克内西同样的“罪名”而受到俄国共和派和民主派帝国主义者的代理人的迫害。

这一派是唯一忠于社会主义的派别。只有这一派没有背叛在

1912年11月世界各国社会党人一致签字的巴塞尔宣言[58]中表示自己信念的庄严声明,庄严诺言。这个宣言所说的恰恰不是一般战争(战争有各种各样),而正是1912年大家都清楚地看到的正在准备并在1914年爆发的战争,也就是德英两国及各自的盟国之间为争夺世界霸权而爆发的战争。面对这样的战争,巴塞尔宣言一个字也没有提到社会党人有"保卫祖国"(也就是为自己参加战争辩护)的义务和权利,而是极其肯定地指出,这样的战争一定会导致"无产阶级革命"。各国社会沙文主义者对社会主义的背叛从以下事实看得特别明显:现在他们所有的人都胆怯地躲开巴塞尔宣言中谈到目前这次战争同无产阶级革命的联系的地方,就像小偷躲开他偷过东西的地方一样。

显然,始终忠于巴塞尔宣言、用宣传和准备无产阶级革命的行动来"回答"战争的社会党人和那些用支持"本国"资产阶级的行动来回答战争的社会沙文主义者之间,存在着一条不可逾越的鸿沟。显然,想"调和"或"统一"这两派的尝试是多么软弱无力,多么幼稚和虚伪。

世界社会主义运动中的第三个派别即所谓的"中派"或"考茨基派"(因"中派"最著名的代表卡尔·考茨基而得名)正是在进行这种非常可怜的尝试。在整整三年战争期间这个派别在各国都暴露出自己毫无思想性和软弱无力。例如在德国,事态的发展迫使考茨基派同德国的普列汉诺夫之流分裂而另外建立所谓"独立社会民主党"[59],但是这个党还是不敢作出必要的结论,还是鼓吹在国际范围内同社会沙文主义者"统一",继续欺骗工人群众,要他们寄希望于在德国恢复这种统一,并且阻挠唯一正确的无产阶级策略的贯彻,即阻挠同"本国"政府进行革命斗争,这种斗争在战时也要进行，斗争形式可以而且应当改变，但斗争决不能延缓推迟。

这就是国际社会主义运动的情况。对于这种情况没有明确的估计，对于国际社会主义运动的各个派别没有原则性的看法，那就无法着手讨论像斯德哥尔摩代表会议这样的实际问题。然而**只有**布尔什维克党在1917年4月24—29日代表会议通过的、8月经我党第六次代表大会批准的详尽决议中，对国际社会主义运动的**各个**派别作了原则性的评价。忘记这种原则性的评价，回避这种评价来谈斯德哥尔摩代表会议，那就是站在毫无原则的立场上。

这种无原则性盛行于一切小资产阶级民主派即社会革命党人和孟什维克中间。8月10日《新生活报》上的一篇文章可算是这种无原则性的典范。这篇文章之所以值得注意，是因为它在这家小资产阶级民主派极左翼的报纸上集中了关于斯德哥尔摩代表会议的最流行的错误、偏见和无思想性。

《新生活报》的社论写道："人们可以根据某些理由对斯德哥尔摩代表会议抱否定态度，也可以在原则上非难'护国主义多数派'的妥协尝试。但是为什么要否定一目了然的事情呢？要知道，在英国工人通过了一项引起国内政治危机、使大不列颠的'举国一致'出现第一道深刻裂痕的著名决议以后，代表会议就具有了以前所没有的意义。"

这种议论是无原则性的典范。事实上，怎么能从斯德哥尔摩代表会议问题给英国的"举国一致"造成深刻裂痕这一无可争辩的事实中得出结论说，我们应该弥合而不应该加深这个裂痕呢？原则性的问题是而且只能是：同护国派（社会沙文主义者）决裂还是同他们妥协。斯德哥尔摩代表会议是多次妥协尝试中的一次。会议没有开成。它之所以没有开成，是因为英法帝国主义者不同意

现在进行和平谈判，而德帝国主义者则同意。英国工人较清楚地感觉到英国帝国主义资产阶级是在欺骗他们。

试问，应当怎样来利用这一点呢？我们是革命的国际主义者，我们说：应当利用这一点来加深无产阶级群众同本国社会沙文主义者的分裂，以便达到彻底的决裂，排除在群众反对本国政府、本国资产阶级的革命斗争发展中的一切障碍。我们这样做了，我们就能而且也只有我们才能加深裂痕，导致完全决裂。

而那些到斯德哥尔摩去的人，或者确切些说，向群众鼓吹有必要到那里去的人，在实际生活已经“摒弃了”他们这种打算的今天，实际上究竟要干什么呢？不过是要弥合裂痕，因为众所周知，召集和支持斯德哥尔摩代表会议的是拥护**本国**政府的人们，即内阁派切尔诺夫和策列铁里之流，斯陶宁格、布兰亭和特鲁尔斯特拉之流，更不必说谢德曼之流了。

这就是“一目了然”的事情，这就是《新生活报》的机会主义者忘掉的或有意掩盖的事情，他们完全无原则地发表议论，对社会沙文主义这种思潮却不作总的评价。斯德哥尔摩代表会议是帝国主义者政府的部长们的座谈会。这一事实不管《新生活报》怎样竭力回避，也是回避不了的。号召工人参加斯德哥尔摩代表会议，号召他们等待斯德哥尔摩代表会议，号召他们把一切希望都寄托在斯德哥尔摩代表会议上，这就等于向群众说：你们能够而且应当从小资产阶级政党和帝国主义者政府内拥护这种政府的部长们的妥协中期待美好的东西。

《新生活报》正是在进行这种极端无原则的极端有害的宣传，但它自己竟毫无觉察。

《新生活报》看到英法两国的社会沙文主义者和他们的政府发

生冲突，就忘记了切尔诺夫、斯柯别列夫、策列铁里、阿夫克森齐耶夫、布兰亭、斯陶宁格、谢德曼之流也都同样是拥护本国政府的社会沙文主义者。这难道不是无原则性吗？

《新生活报》不是向工人说：你们看，英法帝国主义者甚至不允许本国的社会沙文主义者去同德国的社会沙文主义者谈判，——这就是说，从英法方面来说战争**也是**掠夺性的战争；这就是说，除了同**一切**政府、**一切**社会沙文主义者彻底决裂以外没有别的出路——《新生活报》不是向工人这样说，而是用幻想来安慰工人。

该报写道："人们准备在斯德哥尔摩达成和平协定，并一起制定共同的**斗争**计划：拒绝表决军事拨款，抛弃'举国一致'，召回政府中的部长，等等。"

唯一可以证明这段完全骗人的话真实可信的是，"斗争"二字用了黑体。不用说，这是一个多么好的证明！

经过三年战争以后，还在用最空洞的诺言来哄骗工人："人们准备在斯德哥尔摩"抛弃举国一致……

谁准备这样做呢？是谢德曼、切尔诺夫、斯柯别列夫、阿夫克森齐耶夫、策列铁里、斯陶宁格、布兰亭之流，也就是那些几年来或几个月来一直推行举国一致政策的人（和政党）。不管《新生活报》怎样真诚地相信这种奇迹，不管它怎样诚心诚意地相信这种事情是可能的，我们还必须说，《新生活报》是在工人中散布弥天大谎。

《新生活报》是在欺骗工人，要工人信任社会沙文主义者。照它说来，虽然社会沙文主义者一向参加内阁并推行举国一致的政策，但是他们不久就要在斯德哥尔摩进行磋商，取得谅解，达成协议而不会再这样做了。他们将开始为和平而斗争，他们将拒绝表决军事拨款，等等，等等……

这一切都是彻头彻尾的欺骗。这一切都是对工人的反动的宽慰和安抚，都是想使工人信任社会沙文主义者。但是那些“为和平而斗争”不是停留在口头上，不是为了欺骗自己，也不是为了欺骗工人的社会党人，并没有等待任何国际会议，早就开始了这种斗争，而且正像英国的马克林、德国的卡尔·李卜克内西、俄国的布尔什维克那样，是从抛弃举国一致做起的。

《新生活报》写道：“我们完全理解布尔什维克对于列诺得尔之流和谢德曼之流的合理的和正当的怀疑，但是《工人和士兵报》的政论家们却教条主义地只愿见树木而不愿见森林，他们没有注意到列诺得尔和谢德曼所依靠的群众的情绪在转变。”先生们，问题不在于怀疑，——掩盖无原则性、又表现无原则性的知识分子的怀疑情绪倒是你们的主导情绪。我们对于列诺得尔和谢德曼之流并不怀疑，我们是他们的敌人。这是“两种大不相同的情况”。我们已经同他们决裂，并且号召群众同他们决裂。正是我们而且只有我们既“注意到”群众情绪的转变，又“注意到”比情绪及其转变更重要得多、深刻得多的东西，即群众的基本利益，以及这种利益同列诺得尔和谢德曼之流所代表的社会沙文主义政策不可调和。《新生活报》的先生们和俄国帝国主义者政府的部长们一道在斯德哥尔摩恰恰会碰到谢德曼分子和列诺得尔分子（因为斯陶宁格和特鲁尔斯特拉同列诺得尔分子并没有什么重大的区别，至于阿夫克森齐耶夫和斯柯别列夫，那更不必说了）。我们不去看这场由几方社会沙文主义者在社会沙文主义者圈子里演出的斯德哥尔摩滑稽剧，正是为了使**群众**睁开眼睛，为了表达他们的利益，为了号召他们革命，为了利用他们情绪上的转变去进行原则性的斗争，同社会沙文主义完全决裂，而不是无原则地迁就这种情绪。

《新生活报》写道："……布尔什维克喜欢挖苦那些到斯德哥尔摩去的国际主义者，说他们同谢德曼分子和韩德逊分子妥协，他们'没有觉察到'自己对代表会议的态度——当然由于根本不同的原因——却是同普列汉诺夫之流、盖得之流和海德门之流一致的。"

说我们对代表会议的态度同普列汉诺夫之流一致，这话不对！这显然是无稽之谈。我们不愿意同一部分社会沙文主义者一道去参加不彻底的代表会议，这一点我们同普列汉诺夫之流是一致的。但是我们对代表会议的**态度**无论在原则上或在实践上都和普列汉诺夫之流完全不同。而你们这些自命为国际主义者的人，才真正同谢德曼、斯陶宁格和布兰亭分子一道去参加代表会议，你们才真正去同他们妥协。这是事实。你们把**团结社会沙文主义者**这一渺小的、可怜的、带有极大阴谋性的、依赖两大联盟之一的帝国主义者的事业叫做"团结国际无产阶级的伟大事业"。这是事实。

你们这些假国际主义者要是不说一大堆谎话，散播一些幻想，把社会沙文主义者打扮一番，使群众产生一种希望，似乎斯陶宁格和布兰亭之流、斯柯别列夫和阿夫克森齐耶夫之流真能抛弃"举国一致"，那你们就无法向群众鼓吹参加斯德哥尔摩代表会议（很有可能，就是鼓吹一番，事情到此为止，因为代表会议是开不成的，但是这种鼓吹的思想意义还会存在）。

然而，我们布尔什维克在反对斯德哥尔摩代表会议的宣传中却向群众说明全部真相，继续揭穿社会沙文主义者，揭穿同社会沙文主义者妥协的政策，并引导群众同他们完全决裂。如果事情是这样：德帝国主义认为目前参加斯德哥尔摩代表会议对自己有利，因而派它的代理人谢德曼之流到那里去，而英帝国主义认为目前这个时机对自己不利，甚至不愿意现在谈和平，那么我们就揭露英帝国主义，并利用英帝国主义和英国无产阶级群众之间的冲突来提高英国无产阶级群众的觉悟，加强国际主义的宣传，向他们说明必须同社会沙文主义完全决裂。

《新生活报》的假国际主义者的所作所为正像知识分子气十足的印象主义者，即毫无主见，容易受一时情绪的影响而忘记国际主义的基本原则。《新生活报》的那些人是这样来推论的：既然英帝国主义**反对**斯德哥尔摩代表会议，那就是说我们必须**赞成**。也就是说，代表会议已经具有了以前所没有的意义。

这样来推论，实际上就是陷入无原则的泥坑，因为德帝国主义者现在**赞成**斯德哥尔摩代表会议是为了自己的贪得无厌的帝国主义的掠夺利益。既然这些“国际主义者”不敢直率地承认这一无可争辩的显而易见的事实，既然他们不得不回避这一事实，那么他们的“国际主义”究竟有什么价值呢？先生们，假如你们和谢德曼、斯陶宁格之流一道去参加斯德哥尔摩代表会议，那么你们究竟有什么保证能使自己在实际上不变成德帝国主义秘密外交家手中的玩物和工具呢？你们不可能有这种保证。这种保证是不存在的。如果斯德哥尔摩代表会议毕竟开成了（这种可能性很小），那也不过是德帝国主义者的一种试探，看能不能以某种方式交换兼并的土地。这就是谢德曼和斯柯别列夫之流的娓娓动听的演说的真正的现实意义。如果这次会议开不成，那么你们对群众的鼓吹也有现实意义，它会使群众对社会沙文主义者，对他们不久大概可能“改邪归正”抱幻想。

在这两种情况下，你们尽管想做一个国际主义者，但实际上却成了某一联盟或两个联盟的社会沙文主义者的帮凶。

而我们却估计到政治的一切变化和细节，我们始终是彻底的国际主义者，我们宣扬工人的兄弟般的联合，宣扬同社会沙文主义者决裂，宣扬为无产阶级革命而工作。

载于1917年8月26日(9月8日)
《工人日报》第2号

译自《列宁全集》俄文第5版
第34卷第98—107页

政论家札记

（1917 年 8 月 29 日〔9 月 11 日〕）

农民和工人

8 月 19 日《全俄农民代表苏维埃消息报》[60]第 88 号登载了一篇非常值得注意的文章，这篇文章应该成为每个同农民有接触的党的宣传员和鼓动员以及每个派往农村工作或者同农村有联系的觉悟工人手头必备的基本文件之一。

这篇文章就是《根据 1917 年彼得格勒第一次全俄农民代表大会的各地代表带来的 242 份委托书拟定的示范委托书》。

万分希望农民代表苏维埃把有关所有这些委托书的尽可能详细的材料公布出来（如果根本不可能把这些委托书全部刊印的话；如能全部刊印，当然最好）。例如，特别需要把提出委托书的省、县、乡全部开列出来，注明每个地方提出了多少份委托书，委托书是在什么时候起草或提出的，至少应对各项基本要求作一分析，以便看出各地区在某些条文上差别大不大。譬如说，各农户占有土地的地区和村社占有土地的地区、大俄罗斯人地区和其他民族地区、中部地区和边疆地区、没有农奴制的地区等等，在取消一切**农民**土地所有权、定期重分土地、禁止使用雇佣劳动、没收地主的农具和牲畜等等问题的提法上，有什么差别。如果没有这些详细的资料，就不可能对农民委托书中非常宝贵的材料进行科学的研究。而我们马克思主义者就应该竭尽全力对种种事实进行科学的研究，因为事实是我们政策的基础。

在**综合委托书**（我们将这样称呼"示范委托书"）中，现在还没有发现什么事实上的错误。由于没有更好的材料，它仍然是这方面的唯一材料。我们再说一遍，它应当是我们党的每个党员手头必备的材料。

综合委托书的第一部分是讲一般的政治原则，即政治民主的要求；第二部分是讲土地问题。（我们希望全俄农民代表苏维埃或其他人能综合一下农民关于战争问题的委托书和决议。）对于第一部分，我们现在不作详细论述，只指出两点。第 6 条要求全体公职人员由选举产生；第 11 条要求战争结束后废除常备军。这两点使农民的政治纲领**最接近**于布尔什维克党的纲领。根据这两点，我们应该在自己的全部宣传鼓动中指出并证明，孟什维克和社会革命党的领袖不仅是社会主义的叛徒，而且是民主主义的叛徒，因为他们违背民意，违背民主原则，为了讨好资本家而坚持委员人选必须经政府**批准**，即不是完全由选举决定，例如在喀琅施塔得就是这样。社会革命党和孟什维克的领袖在彼得格勒的区杜马和其他地方自治机关里，违背民主原则，反对布尔什维克提出的立即建立工人民兵，进而建立全民民兵的要求。

根据综合委托书，农民的土地要求首先在于无偿地废除一切形式的土地私有制，直到农民的土地私有制；把经营水平高的农场交给国家或村社；被没收的土地上的全部耕畜和农具也一起没收（土地少的农民除外），交给国家或村社；禁止使用雇佣劳动；劳动者平分土地，并定期重分，等等。在立宪会议召开以前，农民要求**立即**颁布禁止土地买卖的法律，废止关于退出村社、关于独立田庄土地等等的法律，颁布关于保护森林、渔业和其他副业，以及关于取消长期租约和修改短期租约等等的法律，作为过渡时期的措施。

只要稍微考虑一下这些要求就可以看到，如果不同资本家完全决裂，不同资本家阶级作最坚决最无情的斗争，不推翻其统治，而同资本家建立**联盟**，那么这些要求是完全不可能实现的。

社会革命党人对自己和对农民的欺骗，就在于他们设想并且宣传这种设想，以为资本家的统治不推翻，全部国家政权不转归无产阶级，无产阶级国家政权对资本家采取的最坚决最革命的措施没有贫苦农民的支持，也可以实现这种改革，也可以实现**类似的**改革。"社会革命党"分化出左翼的意义，也正在于它证明这个党的内部已经逐渐意识到这种欺骗。

实际上，没收全部私有土地就意味着没收亿万的银行资本，因为大部分土地是抵押给银行的。如果革命阶级不采取革命措施去打垮资本家的反抗，这种措施难道是可以设想的吗？况且这里所谈的是最集中的银行资本，它同我国这样一个大国的资本主义经济的一切最重要中心有千丝万缕的联系，只有同样集中的城市无产阶级的力量，才能战胜这种资本。

其次，把经营水平高的农场交给国家。能够把这些农场接受过来并且真正为劳动者的利益而不为官吏和资本家的利益去经营的"国家"，只能是革命的无产阶级国家，这难道还不明显吗？

没收养马场等等，进而没收一切耕畜和农具，这不仅是对生产资料私有制的一连串的巨大打击，而且是走向社会主义的步骤，因为**耕畜和农具**“只给国家或村社使用”就必须建立社会主义的大农业，或者至少要对联合的小农户实行社会主义的监督，对它们的经营实行社会主义的调节。

而“禁止”使用雇佣劳动呢？这是一句空话，是受压制的小业主不自觉的无用的幼稚愿望。他们没有看到，没有农村的雇佣劳动后备军，整个资本主义工业就会停顿；城市里允许使用雇佣劳动，在农村就不可能“禁止”使用雇佣劳动；“禁止”使用雇佣劳动正是走向社会主义的一个步骤。

说到这里，我们就涉及工人对农民的态度这一根本问题。

群众性的社会民主主义的工人运动在俄国已经有20多年的历史了（如果从1896年的大罢工算起）。在这个很长的时期内，有一个问题像一根红线贯穿着两次伟大的革命，贯穿着俄国的全部政治史，这个问题就是：由工人阶级带领农民前进，走向社会主义，还是让自由派资产者拖着农民后退，容忍资本主义？

社会民主党的机会主义派总是按照下面这个聪明绝顶的公式来推断：**因为**社会革命党人是小资产者，所以“我们”摒弃他们的小市民空想的社会主义观点，**为的是**像资产阶级那样否定社会主义。这样，马克思主义就被巧妙地偷换成了司徒卢威主义[61]，孟什维克就堕落为立宪民主党奴仆的角色，叫农民“容忍”资产阶级的统治。策列铁里、斯柯别列夫同切尔诺夫和阿夫克森齐耶夫一起，忙于以“革命民主派”的名义签署立宪民主党的反动地主的法令。这就是这种角色最近最明显的表现。

革命的社会民主党从来没有放弃对社会革命党人的小资产阶级幻想进行批评，除非为了**反对**立宪民主党人，**从来没有**同他们**结成联盟**；革命的社会民主党总是争取使农民**摆脱**立宪民主党人的影响，不是以自由派那种对资本主义的容忍，而是以革命无产阶级的社会主义道路来对抗小市民空想的社会主义观点。

现在，战争异乎寻常地加快了事态的发展，令人难以置信地加深了资本主义的危机，要求各族人民立即作出选择：是死亡，还是马上采取走向社会主义的坚决步骤。现在，半自由派的孟什维主义和革命无产阶级的布尔什维主义之间的全部深刻分歧，在实践中清楚地表现为数千万农民如何行动的问题。

容忍资本的统治吧，**因为**“我们”还没有成熟到可以实行社会主义，——孟什维克就是这样对农民说的，顺便用一般“社会主义”的抽象问题偷换了下面这个具体问题：如果不采取走向社会主义的坚决步骤，能不能医治战争的创伤？

容忍资本主义吧，**因为**社会革命党人是小资产阶级的空想家，——孟什维克就是这样对农民说的，并且同社会革命党人一起去支持立宪民主党的政府……

社会革命党人则拍着自己的胸脯要农民相信，他们根本反对同资本家和好，他们从来不认为俄国的革命是资产阶级革命，——**因此**他们**就去**同社会民主党人中的机会主义者建立联盟，就去支持资产阶级政府……　社会革命党人可以赞同任何最革命的农民纲领，为的是把它们束之高阁而不付诸实施，为的是用最空洞的诺言来欺骗农民，实际上几个月来他们一直在联合内阁中同立宪民主党人搞“妥协”。

社会革命党人这样明目张胆地、实际地、直接地、明显地背叛农民的利益，使形势大为改变。应该估计到这种改变，不能完全按老套套，完全像我们在1902—1903年和1905—1907年那样来进行反对社会革命党人的鼓动工作。不能只限于在理论上揭穿“土地社会化”、“平均使用土地”、“禁止使用雇佣劳动”等等小资产阶级的幻想。

那时还是资产阶级革命的前夜，或者说资产阶级革命尚未完成，所以全部任务首先在于把革命推进到推翻君主制。

现在君主制已经推翻了。俄国已经成了一个由立宪民主党人、孟什维克和社会革命党人组成政府的民主共和国，就这一点来说，资产阶级革命已经完成了。但三年来的战争把我们向前推进了三十来年，它在欧洲造成了普遍劳动义务制和企业的强迫辛迪加化，它使最先进的国家濒于饥荒和空前破坏的境地，迫使人们采取走向社会主义的步骤。

只有无产阶级和农民才能推翻君主制，——这是当时对我们的阶级政策的基本规定。这样规定是正确的。1917 年 2 月和 3 月再次证实了这一点。

只有领导着贫苦农民(即我们党纲所说的半无产者)的无产阶级才能以民主的和约结束战争，医好战争创伤，开始实行那些已成为绝对必要的**刻不容缓的**走向社会主义的步骤，——这是现在对我们的阶级政策的规定。

由此可以得出结论：反对社会革命党人的宣传鼓动的重心应该移到说明社会革命党人背叛农民这一点上。他们代表的不是贫苦农民群众，而是少数富裕的业主。他们引导农民不是同工人结成联盟，而是同资本家结成联盟，也就是要他们服从资本家。他们为了取得部长职位，为了同孟什维克和立宪民主党人结成联盟而出卖被剥削劳动群众的利益。

因战争而加速发展的历史，已经大大向前推进，因而旧提法增添了新内容。“禁止使用雇佣劳动”这在以前**不过是**小资产阶级知识分子的一句空话，但在现时的实际生活中却有了另一种意义：千百万贫苦农民在242份委托书中表示，他们愿意废除雇佣劳动，但是他们不知道应当怎样做。而我们却知道应当怎样做。我们知道，只有同工人结成联盟，在工人的领导下反对资本家，而不是同资本家"妥协"，才能做到这一点。

我们进行反对社会革命党人的宣传鼓动的基本方针，即我们对农民讲话的基本方针，现在应该作这样的改变。

农民同志们，社会革命党背叛了你们。它背叛了茅舍而投靠宫廷，即使不是君主的宫廷，也是革命的死敌、特别是农民革命的死敌立宪民主党人同切尔诺夫、彼舍霍诺夫、阿夫克森齐耶夫之流组成的政府在那里开会的宫廷。

只有革命的无产阶级，只有把无产阶级联合起来的先锋队布尔什维克党，才能**实际**执行242份委托书中提出的贫苦农民的纲领。因为革命的无产阶级不是用不许或"禁止"雇用工人的办法，而是通过推翻资本这一唯一正确的道路**真正**达到废除雇佣劳动的目的。革命的无产阶级是要真正达到没收土地、耕畜、农具和技术农业企业的目的，给予农民想要而社会革命党人**不能**给予的东西。

工人对农民讲话的基本方针现在应该作这样的改变。你们贫苦农民想要的、正在寻找的、但常常不知道在什么地方寻找和怎样寻找的东西，我们工人能够而且一定会给你们。我们工人**反对资本家**，维护自己的利益，同时也维护绝大多数农民的利益，而社会革命党人却同资本家建立联盟，背叛这种利益。

* * *

提醒读者注意一下恩格斯在逝世前不久关于农民问题所说的话。恩格斯强调指出，社会主义者并不想剥夺小农，只有**通过示范**

的力量，小农才会明白使用机器的社会主义农业的优越性。①

现在，战争在实践中向俄国提出的正是这样的问题。农具很少。要没收农具，但“不能分掉”经营水平高的农场。

农民开始懂得这一点了。贫困迫使他们懂得了。战争也迫使他们懂得了，因为没有地方可以得到农具。必须爱护农具。大经济就意味着借助农具以及其他许多东西来节省劳动。

农民希望保留自己的小经济，希望平均分配，定期重分…… 让他们这样希望吧。没有一个明智的社会主义者会因此而同贫苦农民分手。既然没收土地**意味着**摧毁银行的统治，没收农具**意味着**摧毁资本的统治，那么，**只要无产阶级取得了中央的统治**，政权转到了无产阶级手里，其他一切**自然而然**就会得到解决，就会因“示范的力量”而产生，就会由实践本身来提示。

政权转归无产阶级，——这就是问题的实质。到那个时候，242份委托书的纲领中所包含的一切重大的、主要的、根本的东西**就可以实现**。实际生活也会表明，这些东西在实现时将有哪些变更。但这无关紧要。我们不是学理主义者。我们的学说不是教条，而是行动的指南。

我们并不苛求马克思或马克思主义者知道走向社会主义的道路上的一切具体情况。这是痴想。我们只知道这条道路的方向，我们只知道引导走这条道路的是什么样的阶级力量；至于在实践中具体如何走，那只能在千百万人开始行动以后由**千百万人的经验**来表明。

农民同志们，相信工人吧！抛弃同资本家的联盟吧！只有同

① 参看《马克思恩格斯文集》第4卷第524—528页。——编者注

工人紧密地结成联盟，你们**才能**真正开始实现242份委托书的纲领。如果同资本家结成联盟，受社会革命党人的领导，你们将永远等不到**一个**符合这个纲领精神的果断的坚定不移的步骤。

如果你们同城市工人结成联盟，同资本作无情的斗争，在这种情况下**开始**实现242份委托书的纲领，那么全世界将帮助你们和我们，那时这个纲领（不是指纲领现在这样的措辞，而是指它的实质）就有实现的保证。那时资本统治和雇佣奴隶制的末日就会到来。那时就会开创社会主义的天下，和平的天下，劳动者的天下。

载于1917年8月29日（9月11日）
《工人日报》第6号

译自《列宁全集》俄文第5版
第34卷第108—116页

论诽谤者

(1917年8月30日〔9月12日〕)

8月20日的《言语报》和《俄罗斯意志报》(它显然是用来路不明的钱办的,而且曾向选民宣传说:如果你们有"社会主义的情绪",那就应该投"统一派"和"人民社会党人"[62]的票)又一次刊登了诽谤我的消息。

据这两家报纸报道,这些消息来自"陆军部",《言语报》**甚至断言**,这些消息是"根据文件材料和大量的个人证词"核实过的。

禁止报刊进行诽谤的法律在俄国事实上已经不起作用了。诽谤者先生们特别是在资产阶级报刊上享有充分的自由:任意在报刊上匿名发表议论,造谣诽谤,用一些没有任何官方人士署名的但似乎又是官方的消息来掩盖自己的行为,等等,——不管怎样做,都可以逍遥法外!以米留可夫先生之流为首的卑鄙的诽谤者正在享受这种豁免的特权。

诽谤者断言,我同"乌克兰解放协会"有某些关系。米留可夫的报纸写道:"德国政府曾委托列宁鼓吹和平。""在柏林社会党人开过两次会,列宁和约尔图霍夫斯基都参加了。"《俄罗斯意志报》还对后一句话作了补充,说"列宁曾在约尔图霍夫斯基那里住过"。

既然米留可夫先生以及诸如此类的坏蛋、进行无耻诽谤的骑士们,可以逍遥法外,那我只有一个办法:再次重申,这是诽谤;再次举出群众知道的一个证人，来驳斥借证人的态度进行讹诈的骑士们。

“乌克兰解放协会”有一个活动家叫巴索克，我是在1906年认识的，当时他是一个孟什维克，同我一起参加过斯德哥尔摩代表大会[63]。1914年秋或1915年初（当时我住在伯尔尼），一个高加索著名的孟什维克特里亚从君士坦丁堡来，顺便到我住处来看我。他把巴索克参加“乌克兰解放协会”和这个协会同德国政府的关系都告诉了我，同时向我转交了巴索克给我的信。在信里，巴索克对我表示同情，希望彼此的观点能够接近。我当时非常气愤，当着特里亚的面，马上就写了一封回信，托他转交巴索克，因为特里亚打算再次去君士坦丁堡。

我在给巴索克的信中声明，既然他同一个帝国主义分子有往来，那我们就完全是背道而驰的，我们之间就没有任何共同之点。

我同“乌克兰解放协会”的全部“关系”不过如此而已。

载于1917年8月30日（9月12日）《工人日报》第8号

译自《列宁全集》俄文第5版第34卷第117—118页

给俄国社会民主工党中央委员会的信

(1917年8月30日〔9月12日〕)

事态迅速地发展着,有时简直是瞬息万变,所以这封信可能已经过时了。这封信我是在星期三,8月30日写的,你们最早要到星期五,9月2日才能收到。但我还是存着侥幸心理,我认为我有义务写这封信。

科尔尼洛夫叛乱是事态完全出人意料的(在这个时候、以这种形式,是出人意料的)、简直难以置信的急剧转变。

和任何一次急剧的转变一样,这次转变也要求修改和变更策略。而且和任何一次修改策略一样,这次修改也必须极其慎重,以免陷入无原则性的泥坑。

我深信,那些滚到护国主义立场上去的人(像沃洛达尔斯基)或堕落到同社会革命党人**结盟**、**支持**临时政府的人(像另外一些布尔什维克),都陷入了无原则性的泥坑。这是非常错误的,这是毫无原则的。**只有**政权转归无产阶级**以后**,媾和**以后**,撕毁秘密条约和割断同银行的联系**以后**,——**只有在**这**以后**,我们才能成为护国派。无论是占领里加,**或是占领彼得格勒**,都不能使我们成为护国派。(极盼将这封信交沃洛达尔斯基一阅。)在这以前,我们主张无产阶级革命,我们反对战争,我们**不是**护国派。

就是现在我们也不应该支持克伦斯基政府。支持这个政府就是无原则性。有人问：难道不打科尔尼洛夫了吗？当然要打！但这不是一回事；这里有一个界限；有些布尔什维克越出了这个界限，因而陷入了“妥协”的泥坑，**卷入**事变的急流而不能自拔。

我们**跟**克伦斯基的**军队一样**，要同而且正在同科尔尼洛夫作战，但是我们不支持克伦斯基，**而**要揭露他的软弱性。这是差别。这个差别相当微妙，但是非常重要，决不能把它忘记。

科尔尼洛夫叛乱以后我们策略上的改变究竟表现在哪里呢？

表现在我们改变了同克伦斯基斗争的**方式**。我们丝毫没有减弱对克伦斯基的敌视，我们决不收回我们说过的任何一句反对他的话，我们决不放弃推翻克伦斯基的任务，但我们说：应该**考虑**时机，现在我们不打算推翻克伦斯基，现在要**用别的方法**来同他斗争，这个方法就是向人民（同科尔尼洛夫斗争的人民）说明克伦斯基的**软弱**和**动摇**。我们过去**也是**这样做的，不过现在这一点已是**主要**的了，改变就在这里。

其次，改变还表现在：现在的**主要**任务是加强向克伦斯基提出一种“局部要求”的鼓动，即要求逮捕米留可夫，武装彼得格勒工人，调喀琅施塔得、维堡、赫尔辛福斯的军队到彼得格勒来，解散国家杜马，逮捕罗将柯，用法律规定地主土地转交农民，实行工人对粮食和工厂的监督，等等。这些要求我们不只是应该**向**克伦斯基提出，**与其说**应该向克伦斯基提出，还不如说应该向**投入**反科尔尼洛夫斗争的工兵农提出来。我们要**带领**工兵农向前进，鼓励他们去痛打那些拥护科尔尼洛夫的将军和军官，竭力促使**他们**立刻提出把土地转交给农民的要求，让**他们**认识到必须逮捕罗将柯和米留可夫，解散国家杜马，查封《言语报》和其他资

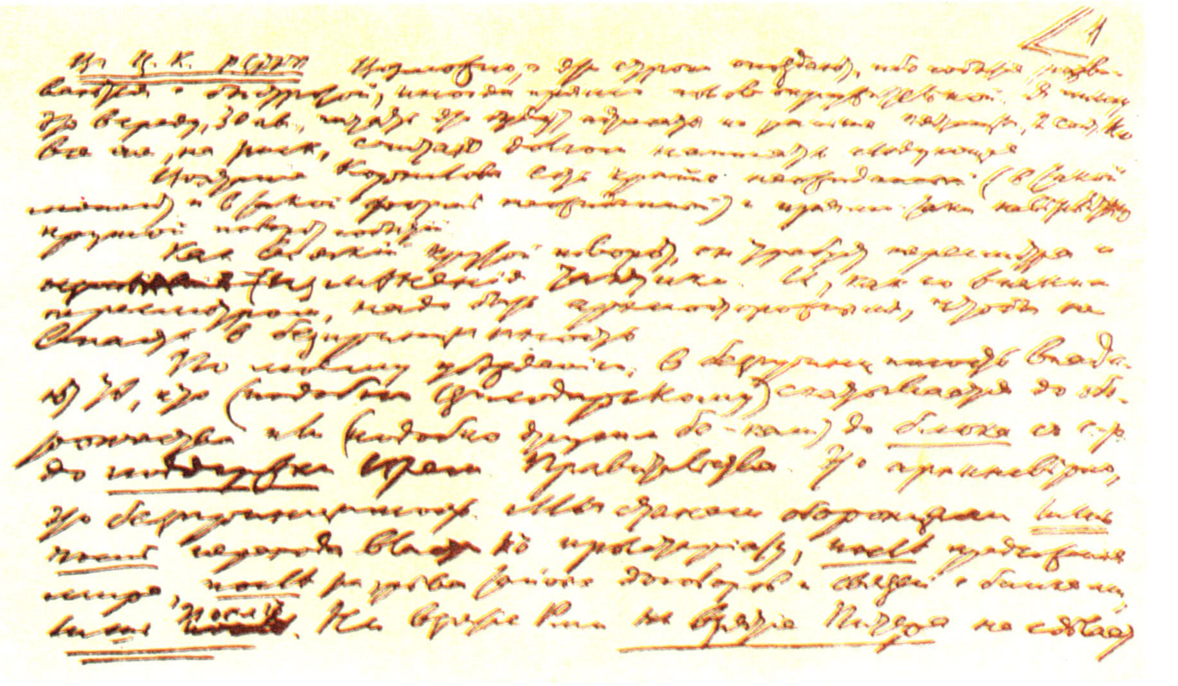

1917年8月30日(9月12日)列宁《给俄国社会民主工党中央委员会的信》手稿第1页

产阶级报纸，并对之进行侦查。特别应该推动“左派”社会革命党人向这方面走。

如果认为我们离开无产阶级夺取政权的任务**更远了**，那是不对的。不，我们是大大接近这个任务了，不过**不是正面**接近，而是从侧面接近。**此刻**与其说应该鼓动直接反对克伦斯基，不如说应该鼓动**间接**反对他，还是反对他，不过是间接反对，所谓间接，就是要求对科尔尼洛夫进行一场积极而又积极的、真正革命的战争。只有这个战争的发展才能使**我们**掌握政权，但鼓动时应该少**说**这些话（牢牢记住，明天事变就可能使我们掌握政权，那时我们决不放弃政权）。我认为应该在给鼓动员的信中（不是在报刊上）向全体鼓动员、宣传员以及一般党员说明这一点。应该无情地反对所谓保卫国家、组成革命民主派的统一战线、支持临时政府等等空话，对**空话**就是应当如此。现在是**行动**的时候了，——这种空话早被你们这些社会革命党人和孟什维克先生说烂了。现在正是**行动**的时候了，应该以革命的方式进行反科尔尼洛夫的战争，应该带领群众，唤起群众，激发群众（克伦斯基却**害怕**群众，**害怕**人民）。在对德国人的战争中现在所需要的正是**行动**：**立刻无条件地提议**在**明确的**条件下**媾和**。如果做到了这一点，就**可以**或者迅速地获得和平，或者把战争变为革命战争，不然，所有的孟什维克和社会革命党人仍将是帝国主义的奴仆。

附言：写完这封信**之后**，看了6份《工人日报》[64]，应该说，我们的意见是完全一致的。我衷心欢迎这几篇写得出色的社论、报刊评论以及弗·米—亭和沃洛—基的文章。至于沃洛达尔斯基的演说，我看到了他给编辑部的信[65]，这封信也“消除了”我对他的责

难。再一次衷心地致敬和问好！

列　宁

载于1920年11月7日《真理报》
第250号

译自《列宁全集》俄文第5版
第34卷第119—121页

政论家札记

(1917 年 9 月 1 日〔14 日〕)

1. 祸　根

提起《新生活报》的作家尼・苏汉诺夫，可能大家都会同意说，他不是一个很坏的而是一个很优秀的小资产阶级民主派的代表人物。他真诚地倾心于国际主义，这在最艰苦的时期，在沙皇反动势力和沙文主义猖獗的年代已得到证实。他很有学问，很想独立地研究一些重大的问题，他从社会革命党的思想转向革命的马克思主义的长期过程，就证明了这一点。

但尤其值得注意的是，在革命最紧要的关头，在革命的一些根本问题上，甚至这样的人也会用下面这种十分轻率的见解来款待读者：

……“不管最近几个星期我们失掉了多少革命成果，但有一个成果，也许是最重要的成果，却仍然在发挥作用，那就是政府及其政策只有靠苏维埃大多数的意志才能支持下去。革命民主派的一切权力是自愿让出去的；民主机关要收回它还是十分容易的；只要对当前形势的要求有应有的了解，就不难把临时政府的政策引上正轨。”(8 月 20 日《新生活报》第 106 号)

这些话包含着关于革命最重要的一个问题的最轻率最惊人的谎言，正是这种谎言在各国的小资产阶级民主派当中最流行，革命多半是被它断送了的。

如果你思索一下上面那段话里所包含的那一套小资产阶级的幻想，那就一定会想到：《新生活报》的公民们决非偶然地同部长们，同那些入阁的社会党人，同策列铁里、斯柯别列夫之流，同政府成员即克伦斯基、科尔尼洛夫之流的同事坐在一起开“统一”代表大会[66]。这绝不是偶然的。他们的确有一个共同的思想基础，那就是不加批判地从庸人那里学来的对善良愿望采取荒唐的小市民式的轻信态度。原来苏汉诺夫的全部议论同那些真心诚意的孟什维克护国派的全部活动一样，都充满了这种轻信。而这种小资产阶级的轻信正是我国革命的祸根。

马克思主义要求，任何郑重的政策必须以经得起严格的客观检验的**事实**作为根据。苏汉诺夫大概会举双手赞成这个要求。现在我们就从这个要求来看看苏汉诺夫的上述论断。

这个论断是以什么事实作根据的呢？苏汉诺夫凭什么说政府“只有靠”苏维埃的“意志才能支持下去”，苏维埃可以“十分容易地”“收回它的一切权力”，不“难”改变临时政府的政策呢？

第一，苏汉诺夫所根据的可能是自己的一般印象，是苏维埃的“十分明显”的力量，克伦斯基出席苏维埃，这个或那个部长彬彬有礼的言词，等等。这当然是十分糟糕的证据，更正确些说，这等于供认完全没有证据，完全缺乏客观事实。

第二，苏汉诺夫所根据的可能是工人、士兵和农民的绝大多数决议都坚决拥护和支持苏维埃这样一个客观事实。他说，这些决议表明了大多数人民的意志。

这种论断也和前一种一样，在庸人当中常常可以听到，但是毫无根据。

在历次革命中，大多数工人和农民的意志，无疑也就是大多数人民的意志，是拥护民主的。但是大多数的革命还是以民主的失败而告终。

马克思考虑到大多数革命特别是 1848 年革命（同我国现在的革命最相似）的这个经验，无情地嘲笑了那些想用决议、想抬出大多数人民的意志来取得胜利的小资产阶级民主派。

我们的亲身经验更加清楚地证实了这一点。1906 年春天，工人和农民的大多数决议无疑是拥护第一届杜马的。大多数人民无疑是拥护它的。但是，它还是被沙皇解散了，因为革命阶级奋起斗争（1906 年春天的工人罢工和农民风潮）的力量不足以掀起一次新的革命。

好好考虑一下当前革命的经验吧！1917 年 3、4 月间和 7、8 月间，大多数决议都是拥护苏维埃的，大多数人民都是拥护苏维埃的。但是，大家都看到、知道并且感觉到，革命在 3、4 月间前进了，而在 7、8 月间却后退了。这就是说，抬出大多数人民的意志解决不了革命的任何具体问题。

光抬出人民大多数来作证明，正是小资产阶级幻想的典型，正是不愿意承认在革命中应该**战胜**敌对阶级，应该**推翻**维护它们的国家政权，而要做到这一点，光靠“大多数人民的意志”是不够的，还必须使愿意战斗并能够战斗的革命阶级具有**力量**，而且这种力量能够在决定性的关头和决定性的地方**摧毁**敌对的力量。

地主和资产阶级这些统治阶级力量虽小，但组织和武装都很好，而且很集中，他们能够把组织和武装都很差而且很分散的“大多数人民”的力量一一击破，这种事情在革命中真不知有过多少次！

当革命使阶级斗争变得特别尖锐的时候，不研究阶级斗争的具体问题，只“泛泛地”谈论“人民的意志”，这只有最愚蠢的小资产者才做得出来。

第三，苏汉诺夫在上面那段话里还提出了一个“论据”，这个论据在庸人当中也是常常可以听到的。他说，“革命民主派的一切权力是自愿让出去的”。似乎由此可以得出结论说，“自愿”让出的东西就容易收回来……

这种论断一文不值。首先，收回自愿让出去的东西的前提是接受让步的人“自愿同意”。可见，要人家自愿同意才行。可是谁接受了“**让步**”呢？谁得到了“革命民主派”让出的“权力”呢？

最值得注意的是，这个对于任何一个还有头脑的政治家说来都是基本的问题，却被苏汉诺夫完全回避了…… “革命的〈请原谅我这样讲〉民主派”“自愿让出去”的东西**实际上**落到了谁的手里呢？这才是关键的所在，这才是问题的实质。

苏汉诺夫同所有的孟什维克、社会革命党人以及所有的小资产阶级民主派一样，回避的正是问题的这个实质。

其次，在儿童室里，“自愿让出去的东西”也许很容易收回。例如，卡佳自愿地把小皮球让给了玛莎，那么收回它也许是“十分容易的”。但是把这些概念搬到政治和阶级斗争上来，除了俄国的知识分子，没有几个人敢于这样做。

在政治上，自愿让出“权力”，这证明出让者非常软弱无力，非常萎靡不振，非常没有气节，非常懦弱无能。因此，一般说来，只能“得出”一个结论：谁自愿让出权力，谁就不仅“应该”被剥夺权力，而且“应该”被剥夺生存的权利。换句话说，自愿让出权力这件事本身就只能“证明”，接受这种自愿让出的权力的人，必然会连出让者的权利也加以剥夺。

既然“革命民主派”自愿把权力让出去，那它就不是革命的民主派，而是像小市民那样卑鄙的、胆怯的、没有摆脱奴才气的民主派；正是在作了这种让步之后，敌人就会把它驱散，或者干脆把它消灭，叫它“自愿”死亡，就像它“自愿”让出权力一样。

把政党的行动看成**一时的冲动**，就是根本拒绝**研究**政治。这两个大党，而且从有关选举的各种消息、报道和客观材料来看在人民中拥有多数的两个大党，竟“自愿地让出权力”，为什么有这样的行动，这应当加以**说明**。这样的行动不可能是偶然的，它不能不同人民中某个大阶级的一定的经济地位有关。这样的行动不能不同这两个党的发展历史有关。

在成千上万种类似的庸俗论调中，苏汉诺夫的论断之所以十分典型，就是因为他的论断实际上是以善良意志（“自愿”）这个概念为根据，而忽略了我们所提到的这两个政党的**历史**。苏汉诺夫根本不研究它们的历史，忘记了自愿让出权力其实是从 2 月 28 日开始的，当时苏维埃表示信任克伦斯基，赞同与临时政府达成“协议”。而 5 月 6 日的事件简直是大规模地让出权力了。总起来看，我们面前出现了一幕十分清楚的情景：社会革命党和孟什维克党一下子就登上了斜坡，愈来愈快地滚了下去。7 月 3—5 日以后，他们完全滚到泥坑里去了。

现在说什么让步是自愿的，可以“十分容易地”使两大政党来一个一百八十度的大转弯，“不难”促使它们采取同他们多年以来（革命好几个月以来）的方针相反的方针，“十分容易地”从泥坑里爬出来，沿着斜坡爬上去，——这些说法难道不是轻率到了极点吗？

最后，第四，苏汉诺夫为了替自己的意见辩护，可能会说，对苏维埃表示信任的工人和士兵有武装，所以“十分容易”收回自己的一切权力。但正是在这个也许是最重要的一点上,《新生活报》作者的庸俗论调显得特别糟糕。

为了尽可能说得更具体一些,现在把 4 月 20—21 日的事件同 7 月 3—5 日的事件比较一下。

4 月 20 日,群众对政府的愤怒迸发出来了。武装的团队走上彼得格勒街头,要去逮捕政府成员。逮捕虽然没有进行,但政府清楚地看到它已经没有人可以依靠了。没有军队**拥护它**了。推翻**这样的**政府的确是"十分容易"的,因此政府向苏维埃提出最后通牒:或者是我走,或者是你们支持我。

7 月 4 日,同样爆发了群众的愤怒。所有的政党都想抑制住群众的愤怒,但是这种愤怒仍然冲破了**种种**抑制迸发出来了。同样举行了反政府的武装示威,但是有很大的差别:头脑混乱的、脱离人民的社会革命党和孟什维克的领袖们**在 7 月 3 日就已经**同意资产阶级调**卡列金的**军队到彼得格勒来。这就是关键所在!

卡列金在莫斯科会议上以军人的坦率直言不讳地说:不是你们这些社会党人部长自己在 7 月 3 日叫"我们"来援助的吗!……没有一个人敢在莫斯科会议上反驳卡列金,因为他说的是实话。卡列金奚落了孟什维克和社会革命党人,他们只好默不作声。哥萨克将军吐了他们一脸的口水,他们擦了擦说:"这是圣水!"

资产阶级的报纸都登出了卡列金的这些话,然而孟什维克的《工人报》和社会革命党的《人民事业报》却把莫斯科会议上的这个最重要的政治声明**隐瞒起来**,不让读者知道。

结果是:政府第一次专门调来了卡列金的军队,而坚决的真正革命的军队和工人却被解除了武装。这个根本的事实虽然被苏汉诺夫"十分容易地"回避和忘却了,但它终归是事实。对于现阶段革命，对于**第一次**革命来说，这是一件有决定意义的事实。

在前线有决定意义的地方，以及后来在军队里，权力落到了**卡列金之流**的手里。这是事实。最积极反对他们的部队被解除了武装。卡列金之流虽然没有马上利用这种权力来建立完全的专政，但这决不能驳倒权力操在他们手里这件事实。难道 1905 年 12 月以后沙皇没有权力吗？难道当时的情况不是迫使他不得不小心翼翼地使用这个权力，在没有攫取**全部权力**即没有实行政变[67]以前召开了两届杜马吗？

判定权力属于谁，要根据行动，而不能根据言论。政府 7 月 5 日以来的行动，就证明权力操在卡列金之流手里，他们慢慢地然而**不停地**向前推进，每天都接受“大大小小的让步”：今天让捣毁《真理报》、杀害真理派的人员、任意逮捕人的士官生逍遥法外，明天下令封闭报社，解散各种集会和代表大会，不加审判就把人驱逐出境，把侮辱“亲善使节”的送进监狱，把危害政府的送去服苦役，在前线实行死刑，等等，**等等**。

卡列金之流并不是傻瓜。他们既然**每天**都能得到一些他们所需要的东西，那又何必非要去硬碰硬闯，冒失败的危险呢？斯柯别列夫和策列铁里、切尔诺夫和阿夫克森齐耶夫、唐恩和李伯尔之流才是傻瓜，他们每当卡列金之流前进一步就叫喊：“民主的凯旋！胜利！”他们认为，卡列金、科尔尼洛夫和克伦斯基之流没有一下子吞掉他们，这就是“胜利”！！

祸根就在于小资产阶级群众的经济地位本身使他们养成了一种惊人的轻信和缺乏觉悟，他们还在半睡半醒中说着梦话：收回自愿让出的东西是“十分容易的”！那就请去收回吧，从卡列金和科尔尼洛夫之流那里随意收回吧！

祸根就在于“民主的”政论界支持这种梦境中的、庸俗的、愚蠢的奴才幻想，而不去同它作斗争。

如果我们用一般政治史学家特别是马克思主义者应有的观点来考察事物，即把事件联系起来加以考察，那就十分清楚，决定性的转变现在不仅不“容易”，而且相反，**没有新的革命**是绝对不可能的。

我在这里并不涉及这样的革命是否需要的问题，我也并不是分析这样的革命能不能和平地合法地进行（一般地讲，历史上有过和平的和合法的革命的先例）。我仅仅是断定，没有新的革命，决定性的转变从历史上来看是不可能的，因为政权**已经**落到别人手里，已经不在“革命民主派”手里了，政权**已经**被夺走并且得到了巩固。社会革命党和孟什维克党的所作所为绝不是偶然的，它是小资产阶级经济地位的产物，是2月28日到5月6日、5月6日到6月9日、6月9日到6月18日和19日（进攻）等等一连串政治事件的结果。这里的所谓转变，就是要求政权的整个情况、政权的整个成分、两大党的全部活动条件以及扶植这两个党的阶级的“意图”，都来一个转变。而这样一些转变，从历史上来看，**没有新的革命**是不可思议的。

苏汉诺夫和许多小资产阶级民主派分子不是向人民解释新的革命的一切主要历史条件，它的经济前提和政治前提，它的政治任务，以及同它有关的阶级对比关系等等，而是搞些“无聊的把戏”，说一些自我安慰的话，什么我们“可以不难收回一切”，“十分容易地”收回一切，什么“最重要的”革命成果“仍然在发生作用”，以及诸如此类轻率的、无知的、简直等于犯罪的胡说，用这些来**麻痹**人民。

现在，深刻的社会变革的征兆已经出现。这些征兆清楚地指出了工作的方向。在无产阶级中社会革命党人和孟什维克的威信显著降低，而布尔什维克的威信显著提高。尽管“卡列金的军队调到彼得格勒”来了，可是就在彼得格勒，8 月 20 日的选举同 6 月的区杜马选举相比，布尔什维克得票的比例仍然**增加了**[68]。

在不能不动摇于资产阶级和无产阶级之间的小资产阶级民主派中间，马尔托夫等孟什维克以及斯皮里多诺娃、卡姆柯夫等社会革命党人，这些革命的国际主义派的加强、壮大和发展，是转变的客观标志。不用说，日益逼近的饥荒、经济破坏、军事失败，一定能大大加速这个转变的到来，使政权转到贫苦农民所支持的无产阶级手中。

---

2. 徭役制和社会主义

社会主义的特别凶恶的敌人所表现的那种愚蠢的“揭露”狂，有时候却帮了社会主义的忙。他们所攻击的正是值得大家赞同和仿效的事情。他们攻击的性质本身就使人民擦亮了眼睛，认清了资产阶级的卑鄙无耻。

在最下流的资产阶级报纸之一《俄罗斯意志报》上就发生了这种事情，它在 8 月 20 日登载了一篇标题为《徭役制》的叶卡捷琳堡通讯。这篇通讯报道说：

“……工兵代表苏维埃在我市实行一种劳役制，规定凡有马匹的公民必须轮流把马牵来供苏维埃委员们每天因公外出使用。

同时还制定了专门的值日表；每个‘有马的公民’应该在什么时候、在几点钟以前把马牵到什么地方来值班，都有详细的书面通知。

为了更加明白起见，在‘命令’里还加了一句：‘如果不执行这个要求，苏维埃雇用马车的费用(不超过 25 个卢布)要由您负担’……”

资本家的辩护人当然要生气了。大多数人民终生受苦受难，不仅要服“徭役”，而且被雇到工厂、矿山或其他地方去做苦工，经常还失业挨饿，资本家对于这些却安之若素。

但是，当工人和士兵要资本家哪怕是尽一点点社会义务时，这些剥削者老爷们便大喊大叫，说这是“徭役制”!!

请问一问任何一个工人和农民，如果工兵代表苏维埃成了唯一的国家政权机关，在各地规定富人必须尽社会义务，例如必须带着马、汽车、自行车来值班，必须每天做点书写工作，来统计产品数量和贫民的人数，等等，等等，这样做不好吗?

大概除富农之外，任何一个工人和农民都会说，能这样就好了。

这是实话。这还不是社会主义，而只是走向社会主义的最初步骤之一，但这正是贫苦人民迫切需要的。没有这样的措施，就不能使人民免于饥饿和死亡。

为什么叶卡捷琳堡苏维埃的这种做法还十分少见呢? 为什么这类措施在全国没有更早实行，没有形成一套完整的制度呢?

在规定富人提供马匹的社会义务之后，为什么没有随即规定他们还有另外一些同样是对社会的义务，即呈报有关金融业务，特别是有关国家订货的完整报表，接受苏维埃的监督，并且同样发出“详细的书面通知”，规定在什么时候到什么地点呈报，在什么时候到什么地点纳多少税呢?

这是因为大多数苏维埃都是由社会革命党和孟什维克的领袖们领导的，他们实际上跑到资产阶级那边去了，加入了资产阶级政府，答应支持它，他们不仅背叛了社会主义，而且背叛了民主。这些领袖同资产阶级实行“妥协”，而资产阶级不仅不容许在彼得格勒这样的地方规定富人尽社会义务，而且对一些很小的改革几个月来也一直加以阻挠。

这些领袖推说“俄国还没有成熟到可以实施社会主义”，以此来欺骗自己的良心和欺骗人民。

为什么说这是欺骗呢？

因为根据这种说法，事情就被歪曲成这样：似乎现在说的是要进行一场空前复杂和困难的改革，而这种改革势必打破千百万人民习惯的生活。事情被歪曲成这样：似乎有人想用一道命令在俄国“实施”社会主义，既不管技术水平，也不管存在着大量的小企业，不管大多数居民的习惯和意志。

这完全是谎话。谁也没有要这样做。任何一个党，任何一个人，都没有打算用命令来“实施社会主义”。这里所谈的只不过是类似叶卡捷琳堡规定富人的社会义务这样一些得到贫苦大众即人民大多数衷心拥护的措施。这类措施从技术方面和文化方面来看，已经完全可以采取，并且立刻能使贫苦人民日子好过一些，减轻战争的负担，让大家比较平均地来分担。

革命以来，差不多有半年之久了，而社会革命党和孟什维克的领袖们仍在阻挠所有这类措施的实现，出卖人民的利益，谋求同资产阶级“妥协”。

只要工人和农民还没有认识到这些领袖就是叛徒，应该把他们赶走，撤销他们的一切职务，那么劳动者就必然会继续受资产阶级的奴役。

载于 1917 年 9 月 1 日（14 日）
《工人日报》第 10 号

译自《列宁全集》俄文第 5 版
第 34 卷第 122—132 页

论 妥 协

（1917 年 9 月 1 日和 3 日〔14 日和 16 日〕）

为了同别的政党达成协议而在某些要求上让步，放弃一部分自己的要求，这在政治上叫做妥协。

庸人们常有的一种看法认为，布尔什维克任何时候都不愿意对任何人作任何妥协，这种看法得到诽谤布尔什维克的报刊的支持。

这种看法对我们革命无产阶级的政党倒是一种颂扬，因为它证明，连敌人也不得不承认我们忠于社会主义和革命的根本原则。但还是应该说实话，这种看法不符合真实情况。恩格斯对布朗基派共产主义者的宣言（1873 年）批评得很对，说他们声明"决不妥协！"是可笑的①。他说这是空话，因为各种情况往往不可避免地迫使进行斗争的政党采取妥协手段，绝对拒绝"分期偿付的债款"②是荒谬的。真正革命的政党的职责不是宣布不可能绝对不妥协，而是要**通过各种妥协**（如果妥协不可避免）始终忠于自己的原则、自己的阶级、自己的革命任务，忠于准备革命和教育人民群众走向革命胜利的事业。

举一个例子来说。参加第三届和第四届杜马是妥协，是暂时

---

① 参看《马克思恩格斯文集》第 3 卷第 357—365 页。——编者注

② 见《马克思恩格斯文集》第 4 卷第 470 页。——编者注

放弃革命要求。但这完全是被迫的妥协，因为当时力量的对比决定我们在一个时期内不可能发动群众性的革命斗争；为了做好这种斗争的长期准备，还**必须**善于在这种“牲畜栏”**内部**工作。布尔什维克党这样提问题是完全正确的，这一点已由历史证明了。

现在摆在日程上的不是被迫妥协的问题，而是自愿妥协的问题。

我们党和其他任何政党一样，力图**为自己**争得政治上的统治。我们的目的是革命无产阶级专政。半年的革命非常鲜明地、有力地、令人信服地证明，正是为了**当前**革命的利益，提出这种要求是正确的、必然的，因为不这样人民就不能得到民主的和平，就不能把土地转交农民，就不能得到完全的自由（完全民主的共和国）。我国革命半年来的事变进程，各阶级间和各党派间的斗争，4 月 20—21 日、6 月 9—10 日、6 月 18—19 日、7 月 3—5 日、8 月 27—31 日这几次危机的发展，都表明并且证实了这一点。

现在俄国革命发生了一个十分急剧、十分奇特的转变，使我们能够以政党的资格建议实行自愿的妥协，当然，这不是向资产阶级，不是向我们直接的主要的阶级敌人建议，而是向我们最接近的政敌，向“居领导地位的”小资产阶级民主派政党即社会革命党和孟什维克建议。

只是作为一种例外，只是由于情况特殊（显然，这种情况只能持续极短的时间），我们才能向这些政党建议妥协，而且我认为这是我们应该做到的。

从我们方面来说，妥协就是回到 7 月前的要求：全部政权归苏维埃，成立一个对苏维埃负责的由社会革命党人和孟什维克组成的政府。

现在，只是在现在，也许**只有在几天**或一两个星期的**时间内**，这样的政府可以完全和平地成立并得到巩固。它可以保证（这种可能性极大）俄国整个革命和平地**向前**推进，保证全世界争取和平和争取社会主义胜利的运动有极大的可能性大踏步前进。

我认为，只是为了革命的这种和平发展（这种可能性在历史上是**非常**罕见，**非常**可贵的，是极其罕见的），只是为了这种可能性，主张世界革命、主张采取革命方法的布尔什维克，才可以而且应当谋求这种妥协。

妥协的内容就是：布尔什维克不要求参加政府（不真正实现无产阶级和贫苦农民专政的条件，国际主义者参加政府是不可能的），不立刻要求政权转归无产阶级和贫苦农民，不采取革命方法来实现这个要求。条件是不言而喻的，对社会革命党人和孟什维克来说也并不新奇，那就是要有鼓动的充分自由，不再推迟召开立宪会议的日期，甚至要在更短的时期内召开立宪会议。

联合执政的孟什维克和社会革命党应同意（假定妥协实现），在地方上的全部政权也转归苏维埃的基础上，成立完全对苏维埃负责而且仅仅对苏维埃负责的政府。这是“新的”条件。我想布尔什维克不会再提出其他任何条件，因为他们相信，只要真正有鼓动的充分自由，只要在苏维埃的组成（改选苏维埃）和苏维埃的职能方面立即贯彻新的民主制，自然就能保证革命和平地向前推进，**和平地解决**苏维埃内部的党派斗争。

也许这**已经**不可能了？也许是这样。但是假如还有百分之一的希望，那还是值得试一试把这种可能性变成现实。

“协议”双方，即以布尔什维克为一方，以社会革命党人和孟什维克的联盟为另一方，从这个“妥协”中能得到什么好处呢？假如

双方得不到什么好处，那就应当承认妥协是不可能的，那也就不必谈它了。不管现在(在7、8两月以后，在这等于“平静”时期即沉睡时期20年的两个月以后)实行这个妥协怎样困难，但我认为还是有实行的一线希望，因为社会革命党人和孟什维克已决定不同立宪民主党人一起参加政府了。

布尔什维克从这个妥协中会得到的好处，就是他们能够充分自由地宣传自己的见解，能够在真正充分民主的条件下扩大自己在苏维埃中的影响。现在“大家”口头上都承认布尔什维克有这种自由。事实上，在资产阶级政府或有资产阶级参加的政府的统治下，即在非苏维埃的政府的统治下，这种自由是**不可能**有的。在苏维埃政府的统治下，这种自由才有**可能**得到(不是说绝对有保证，但毕竟有可能)。由于有这种可能，在这样困难的时候就应该同现时苏维埃中的多数派妥协。在真正民主的条件下，**我们**没有什么可怕的，因为实际生活对我们有利，甚至敌视我们的社会革命党和孟什维克党内部派别发展的进程，也证实我们是正确的。

孟什维克和社会革命党人会得到的好处，就是他们能够依靠人民中显然的大多数，能够“和平地”利用自己在苏维埃中的多数，从而立刻有充分的可能来实现**他们的**联盟的纲领。

这个联盟不是清一色的，一方面正因为它是联盟，另一方面因为小资产阶级民主派**总是**比资产阶级或无产阶级复杂，很可能从这个联盟中会发出两种声音。

一种声音会说：我们决不同布尔什维克、同革命的无产阶级一起走。革命无产阶级总要提出过分的要求，总要诱惑贫苦农民。他们会要求和平，要求与盟国决裂。这是不可能的。对我们来说，还是资产阶级较为亲近、较为可靠，要知道，我们并没有同资产阶级绝交，只是为了科尔尼洛夫事件同他们暂时**吵了嘴**。吵过嘴还可以言归于好。况且布尔什维克根本没有对我们作出什么“让步”，因为他们搞暴动的做法和1871年的巴黎公社一样，反正是注定要失败的。

另外一种声音会说：拿巴黎公社作例证，是非常肤浅的，甚至是愚蠢的。因为第一，布尔什维克从1871年以来多多少少学到了一些东西，他们不会不把银行掌握在自己手中，他们不会放弃向凡尔赛进攻；巴黎公社要是这样做了，也能够取得胜利。此外，巴黎公社当时不能立刻向人民提供的东西，布尔什维克一旦掌握政权就能提供，这就是：把土地转交农民，立刻建议媾和，真正监督生产，同乌克兰人和芬兰人真诚和好，等等。用俗话说，布尔什维克手中的“王牌”要比巴黎公社多十倍。第二，不管怎样，公社意味着苦难的内战，意味着内战后文化和平发展的长期停滞，意味着给一切麦克马洪分子和科尔尼洛夫分子采取军事行动和进行各种勾当打开方便之门，而这种行动是威胁我们整个资产阶级社会的。因此，让公社建立起来是否明智呢？

如果我们不取得政权，如果情况还像5月6日—8月31日这段时期那样严重，那么公社在俄国是不可避免的。每一个革命的工人和士兵都必然会想到公社，相信公社，必然会试图建立公社。他们会说：人们在死亡，战争在继续，饥荒和经济破坏愈来愈严重，只有公社能够挽救我们。我们大家宁可牺牲，宁可去死，也要把公社建立起来。工人必然会有这种想法，而且现在要战胜公社已不像在1871年那么容易了。俄国公社在全世界的同盟者将比1871年强大百倍…… 我们让公社建立起来是否明智呢？我也不能同意这样一种说法：认为布尔什维克的妥协实质上不会给我们什么东西。一切文明国家的文明部长们在战争期间都非常重视同无产阶级达成的任何协议，即使是小小的协议。他们是非常重视的。要知道，他们是讲实际的人，是真正的部长。不管怎样镇压，不管布尔什维克的报刊力量怎样薄弱，布尔什维克还是很快地强大起来了…… 我们让公社建立起来是否明智呢？

我们确保有大多数人拥护（贫苦农民觉醒还不会那么快），而且够我们受用一辈子。我不相信在一个农民国家里大多数人会跟极端派走。在真正民主的共和国里，反对明显的大多数的暴动是不可能的。第二种声音会这样说。

也许还可以从马尔托夫、斯皮里多诺娃的某些信徒中间找到第三种声音，这种声音说道："同志们"，你们两个在议论公社及其可能性时毫不犹豫地站到了公社反对者一边，这使我很气愤。你们两个以不同的形式都站在镇压公社的人一边。我不想为公社鼓动，我不能像所有布尔什维克那样预先答应参加公社的队伍去作战，但我还是应当说：**如果不管**我怎样努力，公社还是突然出现了，那我宁愿帮助公社的保卫者，而不愿帮助公社的反对者……

"联盟"内部意见分歧很大，而且不可避免，因为在小资产阶级民主派中有许多小派别，从完全够部长资格的十足资产者起，到还没有完全转到无产者立场上来的半赤贫者止。这种意见分歧在当前每一时刻会产生什么样的结果，谁也不知道。

* * *

上文是在星期五（9 月 1 日）写的。由于偶然的原因（历史将告诉人们，在克伦斯基执政时不是所有布尔什维克都有选择住地的自由），没有在当天送到编辑部。看了星期六和今天星期日的报纸以后，我心想：也许建议妥协已经晚了。也许革命**还有**和平发展的可能的那几天**也**已经过去了。[69]真的，从种种迹象看来，那种日子已经过去了。克伦斯基一定会这样或那样地**离弃**社会革命党和社会革命党人，一定会在资产者的帮助下巩固起来，而**撇开**社会革命党人，因为他们毫无作为…… 真的，从种种迹象看来，和平发展的道路偶然成为可能的那几天**已经**过去了。只好把这篇短文送到编辑部去，并请求加上一个《过时的想法》的标题……有时候知道一下过时的想法也许不是没有意思的吧。

1917年9月3日

载于1917年9月6日（19日）
《工人之路报》第3号

译自《列宁全集》俄文第5版
第34卷第133—139页

党纲问题[70]

（不晚于 1917 年 9 月 3 日〔16 日〕）

布哈林同志在《斯巴达克》[71]上发表的关于召开“小型”代表大会来通过党纲的消息，表明这个问题已经成熟。

问题确实是刻不容缓的。

我们党走在其他国际主义的政党的前面，这是当前的事实。

因此，我们党应当带头，应当提出能**回答**有关帝国主义的各种问题的纲领。

如果我们做不到这一点，那是一种丑闻和耻辱。

建议中央委员会决定：

每个党组织立即成立一个或几个纲领起草委员会，**责成**它们以及一切理论家、著作家等等**摆脱一切**来着手进行这项工作，在**3**天到**7**天之内提出自己的草案，或者对别人的草案提出修改意见。

只要坚持不懈地工作，这是完全可以办到的。

要在两三星期之内把这些草案加以综合并刊印出来，或打字后分送各主要组织。

然后，**马上**宣布在**一个月以后**召开**小型**代表大会（每 4 000 个或 5 000 个党员中产生 1 个代表）来通过纲领。

我们党应当提出纲领，只有**这样**，才不是在口头上而是在行动上**推动**第三国际的创立。

其他都不过是空话、约许、无限期的拖延。我们带了头，就能从各方面加快工作，也只有这样才能草拟出第三国际的纲领。

载于1928年《列宁文集》俄文版第7卷

译自《列宁全集》俄文第5版第34卷第140—141页

齐美尔瓦尔德问题[72]

（不晚于1917年9月3日〔16日〕）

现在十分清楚，我们**没有**退出齐美尔瓦尔德是错误的。

有人正在欺骗大家，要大家寄希望于斯德哥尔摩。可是斯德哥尔摩代表会议在一月一月地“延期”。

齐美尔瓦尔德却在“**等待**”斯德哥尔摩！考茨基分子加上意大利人，即齐美尔瓦尔德的多数派在“等待”斯德哥尔摩。

我们也参加了这出滑稽剧，在工人面前要对这出滑稽剧**负责**。

这是耻辱。

应该**立即**退出齐美尔瓦尔德。

要是我们留在那里只是为了了解情况，我们不会失掉什么，而且可以**不对**这出“等待”斯德哥尔摩代表会议的滑稽剧**负责**。

我们在退出腐朽的齐美尔瓦尔德时，应该马上在1917年9月3日的全会上决定：**召开左派代表会议**，把这项工作委托给斯德哥尔摩会议的代表。

而结果是：我们党做了蠢事，没有退出齐美尔瓦尔德，我们这样一个拥有17种报纸及其他机构的世界上唯一的国际主义者政党，竟同德国和意大利的马尔托夫分子和策列铁里分子**玩弄妥协的把戏**，正像马尔托夫同策列铁里、策列铁里同社会革命党人、社会革命党人同资产阶级……实行妥协一样。

而这也算是“拥护”第三国际！！！

载于1928年《列宁文集》俄文版第7卷

译自《列宁全集》俄文第5版第34卷第142页

关于在群众组织中违反民主的现象

（不晚于1917年9月3日〔16日〕）

应该通过一项决议，谴责**士兵**代表苏维埃的做法（士兵每500人产生1个代表，工人每1 000人产生1个代表）[73]和总工会的做法（小的工会每**a**个会员产生1个代表，大的工会每**a—b**个会员产生1个代表）是**伪造**民主①，是尼古拉二世的那种伪造民主。

如果我们默默地容忍这种**伪造**，那么我们还算什么**民主主义者**呢？

那么，“赐予”农民和地主的代表权同样**不平等**的尼古拉二世还有什么不好呢？？

我们容忍这种事情，就是糟蹋民主。

应该通过一项决议，要求**平等的**选举权（在苏维埃里和在工会代表大会上），谴责任何**一点**违反平等原则的做法都是**伪造**（就是要用这个词）民主，都是**尼古拉二世的手法**。应该把中央全会的这个决议写得通俗易懂，印成传单，散发给工人群众。

既然称为“民主主义者”，就决不能容忍**伪造**民主的行为。要是容忍这种事情，我们就不是民主主义者，而是一些没有原则的人！！

载于1928年《列宁文集》俄文版第7卷

译自《列宁全集》俄文第5版第34卷第143页

---

① “任何地方的1个代表都由**同等**数量的选民选出”，这是最起码的民主。否则就是**伪造**民主。

关于目前政治形势的决议草案[74]

（不晚于1917年9月3日〔16日〕）

俄国社会民主工党中央委员会，根据俄国社会民主工党（布尔什维克）第六次代表大会通过的关于政治形势的决议，结合目前形势，在全体会议上确认：

1. 由于革命空前迅速的发展，在7月3日到9月3日两个月内，阶级斗争的进程和政治事态的发展把全国大大地向前推进了，这在没有革命和没有战争的平静时期是许多年内也做不到的。

2. 7月3—5日的事件是整个革命的转折点，这一点愈来愈明显了。对这些事件没有正确的估计，就不可能正确估计无产阶级的任务，也不可能正确估计不以我们意志为转移的革命事态发展的速度。

3. 资产阶级竭力散布的对布尔什维克的诽谤，他们通过对资本主义报纸和出版社的大量投资向人民群众广为散布的诽谤，正在日益迅速、日益广泛地被揭穿。首先是首都和大城市的工人群众，然后是农民，愈来愈清楚地看到，地主和资本家对布尔什维克的诽谤，是他们同捍卫工人和贫苦农民利益的布尔什维克斗争的主要武器之一。

4. 资产阶级企图用诽谤布尔什维克的老办法来公然掩饰科尔尼洛夫叛乱，即得到以立宪民主党（"人民自由"党）为首的地主资本家支持的将军和军官的叛乱，从而使极其广大的人民群众看透了资产阶级诽谤真正保护穷人的布尔什维克工党的真正用意。

5. 如果我们党不支持 7 月 3—4 日这次不顾我们劝阻而自发掀起的群众运动，那就是直接地完全地背叛无产阶级，因为群众已经行动起来了，他们反对拖延帝国主义战争，即侵略的、掠夺的、为资本家利益而进行的战争，不满意政府和苏维埃对加剧经济破坏和粮荒的资产阶级采取不闻不问的态度，他们的愤慨是合理的，是正当的。

6. 尽管资产阶级和政府用尽一切办法，逮捕几百个布尔什维克，没收他们的各种文件，搜查编辑部，等等，他们还是没有证明而且永远也不能证明这样的诽谤，即我们党除了举行"和平的有组织的"示威游行并提出全部国家政权转归工兵农代表苏维埃的口号以外，对 7 月 3—4 日的运动还抱有其他的什么目的。

7. 如果布尔什维克在 7 月 3—4 日把取得政权作为自己的任务，那就错了，因为不仅大多数人民，而且大多数工人当时还没有实际体会到军队里的将军、农村里的地主和城市里的资本家所实行的反革命政策，这种政策是社会革命党人和孟什维克同资产阶级的妥协造成的，7 月 5 日以后群众才把它认清了。无论我们党的中央机关或地方机关都不仅没有书面或口头提出过在 7 月 3—4 日夺取政权的口号，而且也没有把这个问题提出来讨论过。

8. 现在的事态表明，我们党在 7 月 3—4 日这两天所犯的真正错误，就在于党对全体人民的革命情绪估计**不足**，党认为政治改革**还**可以通过苏维埃的改变政策而和平发展，但事实上，当时孟什维克和社会革命党人已经陷入同资产阶级的妥协而不能自拔，被束缚住了手脚，而资产阶级已经完全成了反革命，因此根本谈不上什么和平发展。这种错误观点的唯一依据就是希望事态不要发展得太快;党只有带着“全部政权归苏维埃”的口号、带着使运动具有和平的和有组织的性质的任务参加7月3—4日的人民运动,才能克服这种错误观点。

9.科尔尼洛夫叛乱的历史意义,在于它异常有效地使人民群众看清楚了过去和现在一直被社会革命党人和孟什维克用妥协词句掩盖起来的真相:以立宪民主党为首的地主资本家以及站在他们一边的将军和军官已经组织起来了,他们准备进行并且已经在进行罪恶滔天的活动,把里加(然后把彼得格勒)拱手让给德国人,向他们开放战线,让拥护布尔什维克的团队遭到枪击,发动叛乱,把以“野蛮师”[75]为首的军队调到首都,等等。这一切都是为了让资产阶级掌握全部政权,为了使地主在农村的统治得到巩固,为了让工农的鲜血洒遍全国。

科尔尼洛夫叛乱向俄国证明了整个历史向各国证明了的事实:资产阶级只要能保住自己对人民的统治和自己的收入,就会出卖祖国和干出一切罪恶的勾当。

10.俄国的工人和农民只有进行最坚决的斗争,战胜地主和资产阶级,战胜立宪民主党,战胜同情立宪民主党的将军和军官,此外绝对没有别的出路。而能够带领人民即全体劳动者进行这一斗争并且取得胜利的,只有城市工人阶级,只有掌握了全部国家政权并得到贫苦农民支持的城市工人阶级。

11.特别是在5月6日以后,俄国革命的事态犹如风云突变,发展非常迅速,在7月3日以后,发展得尤其迅速,因此,党的任务决不是加速事态的发展,相反地,应该尽一切努力赶上事态的发展,并及时向工人和劳动者做力所能及的解释工作,说明形势的变化和阶级斗争进程的变化。目前党的主要任务,就是要向群众说明:形势非常危急,任何行动结果都可能变成爆发,因此,过早的起义会带来极大的危害。然而,这种危急的形势又不可避免地、而且可能会极其迅速地迫使工人阶级不得不(由于事态发生了不取决于工人阶级的转变)同反革命资产阶级进行决战并且夺取政权。

12.科尔尼洛夫叛乱充分揭示了全军**憎恨大本营**这个事实。这一点连几个月来竭力证明自己憎恨布尔什维克、拥护工农同地主和资产阶级妥协的政策的孟什维克和社会革命党人也不得不承认。军队对大本营的憎恨有增无减,因为克伦斯基政府只是用阿列克谢耶夫替换了科尔尼洛夫,而克列姆博夫斯基以及科尔尼洛夫的其他将领仍保留原职,在军队民主化和清除反革命指挥官方面,根本没有采取任何重大措施。苏维埃容忍和支持克伦斯基的这种软弱无力、动摇不定、毫无原则的政策,在平定科尔尼洛夫叛乱时,又放过了一次和平取得全部政权的时机,苏维埃的过错已不仅是一般的妥协,而且是罪恶的妥协。

军队憎恨大本营,他们看到了战争的侵略性而不愿意进行战争,这样的军队注定是会遭到新的惨败的。

13.只有工人阶级才能在夺取政权以后,在行动上而不是口头上执行和平政策;它决不会像孟什维克和社会革命党人那样,口头上执行和平政策而行动上支持资产阶级及其所缔结的秘密条约。这就是说,无论在什么军事形势下,即使在科尔尼洛夫的将军们已经让出里加并且又要让出彼得格勒的情况下,工人阶级还是会立即向**各国**人民提出公开的、明确的、**公正的**媾和条件。工人阶级能够代表全体人民做到这一点,因为俄国绝大多数工人和农民都反对目前的侵略战争,主张在公正的条件下,即在没有兼并(没有侵占)没有赔款的条件下缔结和约。

社会革命党人和孟什维克几个月以来也在谈论这种和约，那是在欺骗他们自己，欺骗人民。工人阶级一旦夺取了政权，就会立即向各国人民提出这种和约。

各国资本家要制止到处都在发展的反对战争的工人革命已十分吃力，如果俄国革命从无力地可怜地乞求和平转到直接提议媾和，并且公布和撕毁秘密条约，等等，那么有百分之九十九的把握，和平会很快到来，资本家再也无法阻挠了。

如果发生一种很少有可能发生的情况：资本家违背本国人民的意志，拒绝俄国工人政府提出的媾和条件，那么欧洲的革命就会以百倍的速度迫近，我们的工农军队就会挑选出他们所尊敬的而不是他们所憎恨的长官和司令官，在提议媾和、撕毁秘密条约、结束同地主和资产阶级的联盟、把全部土地转交农民以后，军队就会确信战争是正义的。只有到了那个时候，从俄国方面来讲，战争才是正义的战争；只有这样的战争，工人和农民才不是被迫进行的，而是自愿进行的；这样的战争才会使先进国家的必然到来的工人革命更加迫近。

14. 只有工人阶级才能在夺取政权以后，保证迅速地把地主的全部土地无偿地交给农民。这件事是决不能拖延的。立宪会议将使这件事法律化，但是，立宪会议一再延期，这怪不得农民。农民日益确信，同地主资本家妥协是不能得到土地的。贫苦农民只有同工人结成真诚的兄弟般的联盟，才能得到土地。

几个月来，切尔诺夫试图对地主立宪民主党人实行大大小小的让步来捍卫农民的利益，但是这些尝试都遭到了破产，于是切尔诺夫退出了政府，这就特别明显地暴露了妥协政策是靠不住的。各地农民都已经看到、知道、感受到和觉察到，7 月 5 日以后，地主在农村中更加肆无忌惮了，必须制服他们，不许他们为非作歹。

15. 只有工人阶级才能在夺取政权以后,结束经济破坏,消灭日益逼近的粮荒。政府从 5 月 6 日起就一再答应实行监督,但是它什么也没有做,也不可能做,因为资本家和地主破坏了全部工作。失业日益严重,粮荒日渐逼近,货币不断贬值,彼舍霍诺夫在固定价格增加了一倍之后退出政府,又进一步加深了危机,并且再一次证明了政府的软弱无力。只有工人对生产和分配实行监督,才能摆脱这种状况。只有工人政府才能制服资本家,才能使全体劳动者英勇地支持**政权**的种种努力,才能建立秩序以及粮食和产品的正常交换。

16. 由于资产阶级的诽谤,由于对妥协政策抱着幻想,贫苦农民对城市工人阶级的信任曾一度受到破坏,但是后来,特别是在 7 月 5 日以后,在农村中捕人,对劳动者进行种种迫害,再加上科尔尼洛夫叛乱,人民的眼睛擦亮了,这种信任又重新恢复了。人民不再相信同资本家的妥协,其标志之一就是:在实行并彻底贯彻这种妥协政策的社会革命党和孟什维克这两大政党内,特别是在 7 月 5 日以后,对妥协不满和反对妥协的人愈来愈多了,在最近召开的社会革命党"党务会议"和孟什维克党代表大会上,反对派几乎占了$^2/_5$(40%)。

17. 整个事变进程、一切经济政治条件以及军队里的一切事件,愈来愈快地在为工人阶级夺取政权的成功作好准备,而工人阶级一旦成功,就会给予和平、面包和自由,就会加速其他各国无产阶级革命的胜利。

载于 1925 年《列宁文集》俄文版
第 4 卷

译自《列宁全集》俄文第 5 版
第 34 卷第 144—150 页

革命的任务

（1917 年 9 月 6 日〔19 日〕）

俄国是个小资产阶级国家。大多数居民都属于这个阶级。这个阶级必然动摇于资产阶级和无产阶级之间。只有当它同无产阶级联合起来的时候，才能保证革命的事业，和平、自由以及劳动群众争取土地的事业顺利、和平、迅速、稳妥地获得胜利。

我国革命的进程在实践中使我们看到了这些动摇。我们决不要对社会革命党和孟什维克党抱幻想，我们要坚定地走我们的无产阶级的道路。贫苦农民的穷困，战争和饥荒的惨状，这一切愈来愈明显地向群众表明：无产阶级的道路是正确的，必须支持无产阶级的革命。

小资产阶级希望同资产阶级"联合"、同资产阶级妥协，希望能够"平静地"等待"即将"召开的立宪会议，等等。他们这些"和平的"希望都被革命的进程残酷无情地打破了。科尔尼洛夫叛乱是最近的一个惨痛的教训，是在各地的资本家和地主欺骗工农、军官欺骗士兵等等的千万个小教训上又添上的一个大教训。

在军队、农民和工人中间，不满、愤慨和怨恨的情绪日益增长。社会革命党人和孟什维克同资产阶级的"联合"什么都答应而又不兑现，这激起了群众的愤怒，擦亮了他们的眼睛，推动他们走上起义的道路。

社会革命党人中间的左派反对派(斯皮里多诺娃等)和孟什维克中间的左派反对派(马尔托夫等)的人数增加了,他们在这两个党的"党务会议"和"代表大会"中已经占40%。而**在下层**,在无产阶级和农民特别是贫苦农民中间,社会革命党人和孟什维克**大多数**都是"**左派**"。

科尔尼洛夫叛乱教育了群众,使群众学到了好多东西。

我们还无法知道,现在苏维埃能不能走到社会革命党人和孟什维克的领袖们前面去,从而保证革命的和平发展;或者苏维埃仍旧在原地踏步,从而使无产阶级起义必不可免。

这一点现在还无法知道。

我们的任务是帮助人们尽一切可能不放过革命和平发展的"最后"一个机会,帮助的办法就是解释我们的纲领,说明它的全民性质,说明它是绝对符合大多数居民的利益和要求的。

以下各节就是我们解释这个纲领的一次尝试。

我们要尽量把这个纲领带到"下层"去,带到群众中去,带给职员、工人和农民,不仅要带给受我们影响的群众,而且特别要带给受社会革命党人影响的群众,带给没有党派倾向的和无知的群众。我们要尽量提高他们的认识,使他们能独立判断问题,作出自己的决定并向民主会议[76]、苏维埃、政府派遣**自己的**代表团。这样一来,**不管**民主会议的结果**如何**,我们的工作总不会徒劳无益。无论对于民主会议,无论对于立宪会议的选举或者一切政治活动,我们的工作都是有用处的。

生活教导群众认识了布尔什维克的纲领和策略的正确性。从4月20日到科尔尼洛夫叛乱,"时间虽十分短促,而经历却非常丰富"。

群众的经验，**被压迫**阶级的经验，使他们自己在这段时期内学会了很多东西，而社会革命党人和孟什维克的领袖们完全离开了群众。只要能让群众来讨论极其具体的纲领，这一点一定会在这种纲领中如实反映出来。

同资本家妥协的危害性

1. 如果照旧让资产阶级的代表（即使人数不多）掌握政权，让阿列克谢耶夫、克列姆博夫斯基、巴格拉季昂、加加林这样一些显然是科尔尼洛夫分子的将军掌握政权，或者让那些在资产阶级面前完全软弱无力但却善于效法波拿巴的克伦斯基之流掌握政权，那就是对饥荒敞开大门，对资本家蓄意加速、加深的必不可免的经济崩溃敞开大门，另一方面，也就是对军事崩溃敞开大门，因为军队痛恨大本营，他们决不会热心参加帝国主义战争。此外，如果照旧让科尔尼洛夫的将军和军官掌握政权，他们一定会像在加利西亚和里加干过的那样，**故意给德国人开放战线**。只有根据下面的新原则建立新政府，才能防止这一点。在有了 4 月 20 日以来的全部经验以后，要是社会革命党人和孟什维克照旧同资产阶级妥协，不管是怎样的妥协，那就不仅是犯错误，而且是公然背叛人民、背叛革命。

政权归苏维埃

2. 全部国家政权应当根据一定的纲领并且在政府完全对苏维埃负责的条件下整个转归工兵农代表苏维埃的代表。各地苏维埃应当立刻改选，这既是为了吸收人民在内容极其丰富的最近几个星期来的革命中所取得的全部经验，也是为了消除有些地方一直没有纠正的极不公正的现象（如选举时不按比例、不平等，等等）。

在还没有民主选举的机关的地方和在军队中，全部政权应当完全转归地方苏维埃和它们选出的委员，或者转归必须由选举产生的其他机关。

在国家的全力支持下，应当把工人和革命军队，即经实际证明能够镇压科尔尼洛夫分子的军队，无条件地和普遍地武装起来。

给各国人民以和平

3. 苏维埃政府应当**立即**向**一切**交战国的人民（即同时向各交战国的政府和工农群众）提出马上根据民主条件缔结全面和约，马上签订停战协定（哪怕停战 3 个月也好）。

民主和约的主要条件是放弃兼并（侵占），这并不是说各个强国收回自己失去的东西，这样的理解是不正确的；唯一正确的理解是：无论在欧洲或者殖民地，**每一个**民族毫无例外地都有自己决定成立**单独的**国家或者加入任何别的国家的自由和可能。

苏维埃政府既然提出媾和条件，自己就应当立刻履行这些条件，就是应当公布并且废除我们至今受之约束的秘密条约，即沙皇签订的准许俄国资本家掠夺土耳其和奥地利等国的秘密条约。其次，我们有义务立即满足乌克兰人和芬兰人的要求，保证他们以及俄国境内的一切非俄罗斯民族有充分的自由，直到分离的自由；对于**整个**亚美尼亚也要采取同样的原则，我们必须撤离亚美尼亚和我们所占据的土耳其领土，等等。

这样的媾和条件是不会受到资本家欢迎的，但一定会得到各国人民热烈的赞同，一定会激起他们的具有巨大世界历史意义的热情高涨和对拖延掠夺战争的一致愤恨，这样，很可能会立即停战并同意开始和谈。因为，工人反对战争的革命正在各地不可遏止地发展着，而要推进这个革命，决不能空谈和平（**一切**帝国主义政府早就用空谈在欺骗工人和农民，我们的克伦斯基政府也不例外），只有同资本家决裂并提议媾和才能做到。

如果任何一个交战国连停战都不同意（这种可能性很小），那么，从我们这方面来说，战争就成为真正被迫进行的战争，成为真正的正义战争和防御战争。单是无产阶级和贫苦农民对这一点的认识，就会使俄国在军事方面强大好多倍，特别是在同掠夺人民的资本家完全决裂以后；更不用说，到那时候我们方面进行的战争将不是口头上而是实际上成为同一切国家被压迫阶级联合起来、同全世界被压迫民族联合起来进行的战争了。

在这里必须特别提醒人民，不要相信资本家的话。他们说：要是我们同英国及其他国家的资本家结成的目前这种掠夺性的同盟一旦破裂，这些国家的资本家就会使俄国革命受到严重的损害。一些胆子最小的人和小市民有时就信以为真。其实这完全是谎话，因为“盟国的财政援助”是让银行家发财，它对俄国工人和农民的“援助”不过是绳索对被吊的人的援助①。俄国有足够的粮食、煤炭、石油和钢铁，不过要做到正确地分配这些产品，必须摆脱掠夺人民的地主和资本家。至于说到俄国人民可能受到来自目前的盟国方面的军事威胁，有人推测，法国人和意大利人会把他们的军队同德国军队联合起来进攻提出公正和约的俄国，这种推测显然是荒谬的；至于英国、美国和日本，即使它们向俄国宣战（这是它们万难做到的，因为这样的战争极不得人心，因为这些国家的资本家由于瓜分亚洲，特别是由于掠夺中国而发生了物质利益的冲突），也不会使俄国受到它在同德国、奥地利、土耳其作战时所受到的损失、所遭到的灾难的百分之一。

土地归劳动者

4. 苏维埃政府应当立即宣布无偿地废除地主土地私有制，在立宪会议解决这个问题以前，把这些土地交给农民委员会管理。地主的耕畜和农具也应当交给这些农民委员会支配，以便无条件地首先交给贫苦农民无偿地使用。

绝大多数农民在历次农民代表大会的决议和来自各地的数以百计的委托书中（在《农民代表苏维埃消息报》所载的根据 242 份委托书写成的综合委托书中也可以看到）早就要求采取的这些措施，是绝对迫切需要的。农民在“联合”内阁时期已经尝够了拖延

① 双关语，俄文“поддерживать”一词，既有“援助”的意思，也有“吊住”的意思。——编者注

的苦头，再不能容许丝毫拖延了。

凡是拖延实行这些措施的政府，应当被看做**反人民的**政府，理应被工人和农民的起义推翻打垮。相反地，只有实行这些措施的政府，才是全民的政府。

防止饥荒和消除经济破坏

5. 苏维埃政府应当立即在全国范围内对生产和消费实行工人监督。5月6日以来的经验已经证明，不采取这项措施，一切改良的诺言和尝试都无能为力，而饥荒和空前未有的灾难则一星期比一星期迫近，威胁着全国。

必须立刻把银行、保险事业以及各个最重要的工业部门（石油、煤炭、冶金、制糖等）收归国有，同时必须无条件地取消商业秘密，并且规定由工人和农民严格地监督一小撮资本家，因为他们一向靠国家订货发财，而又拒绝公布报表，逃避合理的利润税和财产税。

这些措施对于平均分担战争重负说来是绝对公平合理的，对于防止饥荒说来是刻不容缓的，这些措施并不剥夺中农、哥萨克和小手工业者一个戈比的私有财产。只有制止资本家的掠夺行为，禁止他们故意停止生产，才能提高劳动生产率，实行普遍劳动义务制，实行粮食同工业品的正常交换，并且把富人隐藏起来的数十亿纸币收回国库。

不实行这些措施，就不能无偿地废除地主土地所有制，因为地主的土地大部分都抵押给银行了，地主和资本家的利益是不可分割地交织在一起的。

在工兵代表苏维埃全俄中央执行委员会经济部最近通过的决议中(《工人报》第 152 号),不仅承认政府的措施(如提高粮价使地主富农发财)“**极端有害**”,不仅承认“政府所设的调节经济生活的各中央机关**不起任何作用**的事实”,甚至还承认这个政府“**违犯法律**”。执政的社会革命党和孟什维克党的这一自供,再一次表明同资产阶级妥协的政策是十分罪恶的政策。

同地主和资本家的反革命势力作斗争

6. 科尔尼洛夫和卡列金的叛乱得到了以立宪民主党(“人民自由党”)为首的整个地主和资本家阶级的支持。这已经由《中央执行委员会消息报》公布的事实完全证实了。

可是,在彻底镇压这种反革命方面,甚至在清查反革命方面,并没有采取任何措施,如果不把政权交给苏维埃,也绝不可能在这些方面采取任何认真的措施。不管是什么委员会,不掌握国家政权,就不能彻底查清和逮捕罪犯,等等。只有苏维埃政府能够而且应当做到这一点。只有苏维埃政府能够逮捕科尔尼洛夫的将军和资产阶级的反革命头子(古契柯夫、米留可夫、里亚布申斯基、马克拉柯夫等),取缔反革命组织(国家杜马和军官联合会等),把这些组织的成员交给地方苏维埃监视,解散反革命军队,使“科尔尼洛夫式的”叛乱不致在俄国必然重演。

只有苏维埃政府能够成立一个委员会来彻底地公开地调查科

尔尼洛夫分子的案件和其他一切案件，哪怕是资产阶级起诉的案件；只有这样的委员会，布尔什维克党才会号召工人完全服从它和协助它。

资本家利用从人民身上搜刮来的数百万金钱，霸占最大的印刷厂和大部分报纸，只有苏维埃政府能够有效地消除这种极不合理的现象。必须查封资产阶级的反革命报纸（《言语报》、《俄罗斯言论报》[77]等），没收它们的印刷厂，宣布由国家垄断报纸的私人广告业务，即由苏维埃发行的、向农民讲真话的政府报纸登载私人广告。只有这样才能够而且一定能够从资产阶级手中夺走这个用来任意造谣诬蔑、欺骗人民、把农民引入迷途、筹划反革命活动的有力工具。

革命的和平发展

7. 目前在俄国民主派面前，在苏维埃面前，在社会革命党和孟什维克党面前，出现了革命史上极为罕见的机会，也就是保证立宪会议如期召开而不再拖延、保证国家不致遭到军事上和经济上的崩溃、保证革命和平发展的机会。

如果苏维埃现在把国家政权完完全全掌握在自己手中，以执行上述纲领，那么，苏维埃就不仅会得到俄国十分之九的居民即工人阶级和绝大多数农民的支持，而且会激起军队和大多数人民的极大的革命热情，没有这种热情就不能战胜饥荒和战争。

现在如果苏维埃本身不动摇，就根本谈不到对苏维埃的任何抗拒。没有一个阶级敢于掀起反对苏维埃的暴动，地主和资本家在科尔尼洛夫叛乱中已经受到教训，面对苏维埃最后通牒式的要求，他们会和平地交出政权。只要工人和农民起来监视剥削者，对抗拒者采取没收全部财产和短期拘留的惩治办法，就足以制止资本家抗拒苏维埃纲领的行动。

如果苏维埃掌握全部政权，现在还能够（看来这是最后一次机会了）保证革命的和平发展，保证人民和平地选举自己的代表，保证各政党在苏维埃内部进行和平的斗争，保证通过实践来考验各政党的纲领，保证政权由一个政党和平地转到另一个政党手里。

如果错过这个机会，那么从 4 月 20 日运动到科尔尼洛夫叛乱这段时间革命发展的全部进程表明，在资产阶级和无产阶级之间必然发生最尖锐的国内战争。不可避免的崩溃将使这一战争日益迫近。人们的理智能够考虑到的事实和理由都说明，这次战争的结局一定是工人阶级在贫苦农民的支持下取得彻底的胜利，使上述纲领得以实现；然而这可能是一场非常残酷的流血战争，会使好几万地主、资本家和同情他们的军官丧命。无产阶级将不惜任何牺牲以挽救革命，而不实行上述纲领就不能挽救革命。但是如果苏维埃抓住革命和平发展的最后一个机会，那么无产阶级一定会全力支持苏维埃。

载于 1917 年 9 月 26 日和 27 日（10 月 9 日和 10 日）《工人之路报》第 20 号和第 21 号

译自《列宁全集》俄文第 5 版第 34 卷第 229—238 页

革命的一个根本问题

（1917 年 9 月 7 日〔20 日〕）

毫无疑问，任何革命的最主要的问题都是国家政权问题。政权在哪一个阶级手里，这一点决定一切。俄国主要执政党的报纸《人民事业报》最近（第 147 号）埋怨大家争论政权问题而忘了立宪会议问题和粮食问题，我们要回答社会革命党人说：你们还是埋怨自己吧。要知道，“更换阁员的把戏”连续不断，召开立宪会议的日期无限期地拖延下去，资本家对已经通过和拟定的关于粮食垄断和保证国家粮食供应的措施进行破坏，这一切主要应归咎于**你们**党的动摇和犹豫。

政权问题既不能回避，也不能撇开不管，因为这是一个根本问题，它决定着革命发展中和革命对内对外政策中的**一切问题**。我国的革命在政权结构问题上摇摆不定，“白费了”半年的时间，这是无可争辩的事实，这个事实是由社会革命党人和孟什维克的动摇政策所决定的。而这两个党的政策，归根到底又是由小资产阶级的阶级地位，小资产阶级在资本同劳动的斗争中经济上的不稳定性所决定的。

现在全部问题就在于：小资产阶级民主派在这内容异常丰富的伟大的半年里有没有学到一点东西。如果没有，那革命就完了，只有无产阶级举行胜利的起义，才能挽救革命。如果学到了一点东西，就首先应当立即建立稳固的不动摇的政权。在大多数工农群众已被革命唤醒的人民革命时期，只有毫不犹豫地无条件地依靠**大多数**居民的政权，才能成为稳固的政权。直到今天，俄国的国家政权**实际上**还是在**资产阶级**手里，资产阶级只不过是迫不得已才作些个别的让步（想第二天就收回），才到处许下诺言（并不打算履行），才千方百计地掩饰自己的统治（用“真诚联合”作幌子来欺骗人民），如此等等。口头上是人民的、民主的、革命的政府，而行动上是反人民、反民主、反革命的资产阶级政府，这就是至今还存在的矛盾，这就是政权极不稳固和摇摆不定的根源，这就是社会革命党人和孟什维克先生们如此可悲地（对人民来说）热衷于玩弄那套“更换阁员的把戏”的根源。

要么是解散苏维埃，让它无声无息地死去；要么是全部政权归苏维埃。这是 1917 年 6 月初我在全俄苏维埃代表大会上讲的[78]，7 月和 8 月的历史十分令人信服地证明这些话是正确的。不管资产阶级的奴才波特列索夫、普列汉诺夫等人怎样撒谎，把政权实际上落到人民中占极少数的资产阶级剥削者手中说成政权“基础的扩大”，只有苏维埃政权才能成为真正依靠大多数人民的稳固的政权。

只有苏维埃政权才能是稳固的政权，才是在最猛烈的革命风暴中也不会被推翻的政权，只有这个政权才能保证革命不断地广泛地发展，保证苏维埃内部和平地进行党派斗争。不建立这个政权，就必然会产生犹豫、动荡和摇摆，不断发生“政权危机”和更换阁员的滑稽剧，忽而从左面、忽而从右面爆发。

但是，“政权归苏维埃”的口号如果不是在多数场合那也是经常被误解为“由苏维埃的多数派政党组成内阁”。关于这种十分错误的见解，我们想谈得详细一点。

“由苏维埃的多数派政党组成内阁”，就是只更换部长的人选，而整个旧的政府权力机关——这个完全是官吏的、没有一点民主气息的、连社会革命党人和孟什维克的纲领中写明的那些重大改革也不能实行的机关——却原封不动地保存下来了。

“政权归苏维埃”，就是对整个旧的国家机构，对这种阻挠一切民主措施的官吏机构，来一个根本的改造，取消这种机构，代之以新的、人民的机构，真正民主的苏维埃机构，即有组织的、武装起来的大多数人民——工人、士兵、农民的机构，使大多数人民不但在选举代表方面，而且在管理国家、实现改革和改造方面，能够发挥创造性和主动性。

为了把这种差别说得更清楚更明白，我们可以提一下执政党社会革命党的报纸《人民事业报》不久以前的一个宝贵的自供。这家报纸写道：**即使**在交给社会党人部长管的那些部里（这是在孟什维克和社会革命党人当上部长，臭名昭著地同立宪民主党人搞联合时写的），整个管理机构也还是旧的，它阻挠着整个工作的进行。

这也是不难理解的。资产阶级议会制的国家的全部历史表明，资产阶级立宪国家的历史也在相当大的程度上表明，更换部长意义极小，因为实际的管理工作掌握在一支庞大的官吏队伍手中。这支官吏队伍浸透了反民主的意识，同地主和资产阶级有千丝万缕的联系，在各方面都依附他们。这支队伍被资产阶级关系的气氛所笼罩，他们呼吸的就是这种空气，他们凝固了，变硬了，僵化了，摆脱不了这种空气，他们的思想、感情、行为不能不是老样子的。对上司毕恭毕敬的习气和某些“公”务特权把他们拴住了，通过股票和银行，这支队伍的上层分子完全成了金融资本的奴才，在某种程度上也是它的代理人，它的利益的代表者和影响的传播者。

企图通过**这种**国家机构来实行改革，即无偿地废除地主土地所有制或实行粮食垄断制等等，这完全是幻想，是十足的自欺欺人之谈。这种机构**能够**为共和派资产阶级服务，建立起像法兰西第三共和国那样的共和国，即“没有君主的君主国”，但是，要实行改革，这种国家机构是绝对做不到的，不要说消灭资本的权利、“神圣的私有”权，连认真加以削减或限制，也绝对做不到。因此，结果总是这样：无论在哪一种有“社会党人”参加的“联合”内阁里，哪怕其中个别的人的确是十分真诚的，这些社会党人实际上都是资产阶级政府的摆设和屏风，是这个政府躲避人民愤怒的避雷针，是这个政府欺骗群众的工具。1848年的路易·勃朗是这样，后来英国和法国的社会党人几十次参加内阁也是这样，1917年切尔诺夫和策列铁里之流也是这样。只要资产阶级制度存在，只要旧的、资产阶级的、官吏的国家机构原封不动地保留下来，过去是这样，将来还是这样。

工兵农代表苏维埃之所以特别可贵，就是因为它是新的、高得多、民主得多的国家机构**类型**。社会革命党人和孟什维克千方百计把苏维埃（特别是彼得格勒苏维埃和全俄苏维埃即中央执行委员会）变成一个清谈馆，在“监督”的名义下通过一些软弱无力的决议和建议，而政府却谦恭有礼、笑容可掬地把它们束之高阁。但是，只要吹来一阵科尔尼洛夫叛乱的“清风”，预示大风暴即将来临，苏维埃里的一切沉闷空气就会暂时吹散，革命群众的创造性就会开始表现为一种雄伟、壮观、不可战胜的力量。

让所有信念不坚定的人学习这个历史实例吧！让那些说“我们没有机构来代替这个必然倾向于维护资产阶级的旧机构”的人

感到羞耻吧！因为这种机构**有**，这就是苏维埃。不要害怕群众的创造性和主动性，要相信群众的革命组织，那你们就一定会**在**国家生活的**各个**方面看到工人和农民联合起来奋勇平定科尔尼洛夫叛乱时所表现的那种力量和那种伟大而不可战胜的精神。

不是全心全意从各方面去支持群众，而是不相信群众，怕他们发挥创造性，怕他们发挥主动性，在他们的革命毅力面前发抖，这就是社会革命党人和孟什维克的领袖们最严重的罪过。他们动摇犹豫，永无休止永无成效地试图在旧的官僚国家机构这个旧皮囊里装新酒，其最深刻的根源之一也就在这里。

拿 1917 年俄国革命中军队民主化、切尔诺夫出任部长、帕尔钦斯基"当权"、彼舍霍诺夫去职等情况来看，处处都最清楚不过地证实了上面的话。不充分信任选举产生的士兵组织，不彻底实行士兵选举长官的原则，结果就是科尔尼洛夫之流、卡列金之流和反革命军官指挥军队。这是事实。只要不是故意闭起眼睛，就不会看不见：**在**科尔尼洛夫叛乱**以后**，克伦斯基政府还是一切**照旧，实际上是要让科尔尼洛夫叛乱再起**。任命阿列克谢耶夫，同克列姆博夫斯基、加加林、巴格拉季昂之流以及其他科尔尼洛夫分子"和解"，对待科尔尼洛夫和卡列金本人的态度宽容，这一切最清楚不过地表明克伦斯基实际上是要让科尔尼洛夫叛乱再起。

中间道路是没有的。经验也证明中间道路是不存在的。要么是全部政权归苏维埃，军队彻底民主化，要么是发生科尔尼洛夫叛乱。

切尔诺夫出任部长这件事又说明什么呢？这难道不是证明为真正满足农民需要而采取的任何一个稍微认真的步骤，任何一个足以证明相信农民、相信农民自己的群众组织和行动的步骤，都激起了全体农民的满腔热情吗？可是切尔诺夫在将近4个月内却不得不去“讨价还价”，同立宪民主党人和官吏们“讨价还价”，而这些人无限期地拖延，进行种种陷害，逼得切尔诺夫只好下台，什么事也没干成。地主和资本家“赢得了”这4个月的时间，在这4个月里他们保住了地主土地占有制，拖延了立宪会议的召开，甚至对土地委员会开始了一连串的迫害。

中间道路是没有的，经验也证明中间道路是不存在的。要么是中央和地方的全部政权归苏维埃，全部土地在立宪会议作出决定之前**立即**交给农民；要么是让地主资本家阻挠一切，恢复地主权力，激怒农民，导致无比暴烈的农民起义。

对生产稍微认真的监督遭到了资本家的破坏（在帕尔钦斯基的帮助下），粮食垄断和彼舍霍诺夫对粮食和食物的分配刚**开始**进行的民主调整遭到了商人的破坏，——这些情况也都证明了这一点。

俄国今天的问题，绝不是发明什么“新的改革”，搞什么“包罗万象的”改造“计划”。根本不是这样。只有那些高喊反对“实施社会主义”，反对“无产阶级专政”的资本家、波特列索夫之流、普列汉诺夫之流，才会把问题说成这样，才会这样明目张胆地撒谎。实际上，俄国的情况是：战争带来的空前的负担和灾难，史无前例的极其严重的经济破坏和饥荒，这一切本身就暗示了出路，指出了出路，不仅指出，而且已经提出了一些刻不容缓的改革和改造措施，即实行粮食垄断，监督生产和分配，限制纸币的发行，实行粮食和商品的正常交换，等等。

这一类措施，这方面的措施，大家都公认是非实行不可的，而且许多地方已经从各方面开始实行了。**措施已经开始实行**，但是到处遭到地主和资本家抗拒阻挠而无法贯彻下去，这种抗拒既是通过克伦斯基政府（**实际上**完全是资产阶级的、波拿巴分子的政府），通过旧国家的官吏机构进行的，也是通过俄国和“盟国”的金融资本直接和间接的压力进行的。

不久以前，И.普里列扎耶夫在《人民事业报》（第147号）上写了一篇文章，为彼舍霍诺夫的去职，为固定价格的破产和粮食垄断的破产而痛惜：

> “勇气和决心，这就是我们历届政府所缺乏的东西……　革命民主派不应当等待，而应当表现出主动的精神，有计划地干预经济混乱的现象……　如果问哪里需要坚定的方针和坚决的政权，那就正是这里。”

真话总是真话。真是金玉良言。只是作者没有想一想，坚定的方针、勇气和决心不是个人的问题，而是能够表现出勇气和决心的那个**阶级**的问题。这样的阶级只有一个，就是无产阶级。政权的勇气和决心、政权的坚定方针，不是别的，正是无产阶级和贫苦农民的专政。И.普里列扎耶夫不知不觉地在向往**这个专政**了。

这种专政实际上是什么呢？不是别的，就是粉碎科尔尼洛夫分子的反抗，恢复和完成军队的彻底民主化。这种专政建立两天以后就会得到军队中百分之九十九的人的热烈拥护。这个专政会把土地交给农民，把全部权力交给当地的农民委员会。如果不是发疯，怎么会对农民支持这个专政发生怀疑呢？彼舍霍诺夫只是**许愿**要办的事（“粉碎资本家的反抗”——这是彼舍霍诺夫在苏维埃代表大会上的那篇著名演说的原话），这个专政将付诸实施，使之变成现实，对于已经开始建立的管理粮食和进行监督等等的民主机构，不但决不取消，而且要加以支持，促进其发展，消除其工作中的一切障碍。

只有无产者和贫苦农民的专政才能粉碎资本家的反抗，才能表现出一个政权的真正伟大的勇气和决心，才能保证自己在军队和农民中得到群众热烈的、奋不顾身的和真正英勇的支持。

只有政权归苏维埃才能使今后的发展成为循序渐进的、和平的、平稳的发展，使之同大多数人民群众的认识、决心和他们的亲身经验完全适应。政权归苏维埃，就是把管理国家和监督国家经济的事情完全交给工人和农民，**谁也**不敢反抗他们，他们**很快就会**从经验中，从自己亲身的实践中，**学会**正确地分配土地、产品和粮食。

载于1917年9月14日(27日)
《工人之路报》第10号

译自《列宁全集》俄文第5版
第34卷第200—207页

俄国革命和国内战争

有人用国内战争来吓唬人

(1917年9月8日和9日〔21日和22日〕)

孟什维克和社会革命党人拒绝同立宪民主党人联合，民主派也许会出色地组成一个没有立宪民主党人参加的政府并且违反立宪民主党人的意愿来管理俄国，对此，资产阶级非常害怕，于是竭尽全力吓唬民主派。

尽最大的努力来进行恐吓，这就是所有资产阶级报刊的口号。尽一切力量来进行恐吓！造谣，诽谤，只要能吓唬人就行！

《交易所小报》捏造布尔什维克将发起行动的消息来吓唬人。有人放出空气来吓唬人，说阿列克谢耶夫要辞职，彼得格勒有被德国人突破的危险。似乎事实还没有证明，正是科尔尼洛夫的将军们(阿列克谢耶夫无疑也属于他们之列)才会对德国人开放加利西亚的和里加城下的战线，甚至彼得格勒城下的战线，正是科尔尼洛夫的将军们引起军队对大本营的切齿痛恨。

有人举出“国内战争”的危险性，借此尽量使这种恐吓民主派的说法显得最“确实”可信。在各种各样的恐吓中，用国内战争来恐吓也许是最流行的一种。人民自由党顿河畔罗斯托夫委员会在9月1日的决议中，把这种流行的即在庸人当中不胫而走的思想表述如下(《言语报》第210号)：

"……委员会深信，国内战争会毁掉革命的全部成果，会血流成河，吞没我们幼嫩的、尚未巩固的自由，因此委员会认为，为了拯救革命的成果，必须竭力反对在不切实际的社会主义空想驱使之下把革命引向深入……"

这段话用最明确、最缜密和最详尽的方式表述了在《言语报》社论、普列汉诺夫和波特列索夫的文章、孟什维克报纸的社论及其他文章中出现过无数次的一个基本思想。所以，较详细地谈谈这种思想不是没有好处的。

我们想根据我国革命半年来的已有经验，尽可能具体地分析一下国内战争问题。

这种经验同18世纪末开始的所有欧洲革命的经验是完全一致的，它告诉我们：国内战争是阶级斗争最尖锐的形式；一系列经济的和政治的冲突和搏斗经过不断的重复、积累、扩大和激化，最后就变成一个阶级拿起武器反对另一个阶级的斗争。在一些稍微自由和先进的国家里，最常见的（甚至可以说几乎无一例外的）是这样两个阶级之间的国内战争，它们之间的对立是由资本主义的整个经济发展和全世界现代社会的全部历史造成和加深的，这两个阶级就是资产阶级和无产阶级。

同样，在我国革命以来的半年内，我们经历了4月20—21日和7月3—4日这两次异常猛烈的自发的爆发，这种爆发已非常接近于无产阶级发动的国内战争的开端。而科尔尼洛夫叛乱则是以立宪民主党为首的地主和资本家所支持的军事阴谋，这种军事阴谋事实上已经是资产阶级发动的国内战争的开端。

事实就是这样。我们自己革命的历史就是这样。而这段历史首先应当好好地加以学习，应当好好地考虑这段历史的进程和它的阶级意义。

对于无产阶级所发动的和资产阶级所发动的俄国国内战争的开端，我们试从下列几点来加以比较：(1)运动的自发性，(2)运动的目的，(3)参加运动的群众的觉悟性，(4)运动的力量，(5)运动的顽强性。我们认为，如果现在所有那些不加分析地"乱用""国内战争"一词的政党都能这样提出问题，并试着实际研究一下国内战争的开端，那么整个俄国革命的觉悟性一定会大大提高。

先谈运动的自发性。关于 7 月 3—4 日事件，我们有孟什维克的《工人报》和社会革命党人的《人民事业报》这两个见证人的证词，他们都承认运动是自发兴起的**事实**。这些证词，我在《无产阶级事业报》上的一篇文章①中曾经引证过，这篇文章还以《答复诽谤者》为题印成了单页传单。但是，孟什维克和社会革命党人由于十分明显的原因，为了替自己辩护，为了替自己参与迫害布尔什维克的行为辩护，还在郑重其事地继续否认 7 月 3—4 日事件是自发爆发的。

我们暂且抛开有争议的事实，就谈没有争议的事实。任何人也不否认 4 月 20—21 日运动的自发性。布尔什维克党是在"全部政权归苏维埃"的口号下参加这个自发的运动的。已故的林杰当时把 3 万名准备要去逮捕政府成员的武装士兵带上街头，他参加运动与我党毫无关系。(顺便指出，对于带出士兵这个事实还没作过调查研究。但是，如果深入地思考一下这个事实，把 4 月 20 日事件同事态发展历史地联系起来，即把它当做从 2 月 28 日到 8 月 29 日整个事态发展链条上的一个环节，那就可以清楚看出：布尔什维克的过错在于他们的策略**不够**革命，而绝不像庸人们所指

① 见本卷第 33—44 页。——编者注

责的那样，在于他们的策略过分革命。）

总之，这个接近于无产阶级所发动的国内战争的开端的运动具有自发性，这是毫无疑问的。而科尔尼洛夫叛乱连一点近似自发的迹象都没有，它完全是那些指望靠欺骗和命令来胁迫一部分军队的将军们策划的阴谋。

运动的自发性是运动深入群众、运动根深蒂固、运动不可避免的标志，这是不容怀疑的。从运动的自发性来看，事实表明，无产阶级革命有根基，资产阶级反革命没有根基。

现在来看看运动的目的。4 月 20—21 日事件最接近布尔什维克的口号，7 月 3—4 日事件则是直接与这些口号有关，是在这些口号影响和指导下发展起来的。无产阶级进行国内战争的主要**目的**是实行无产阶级和贫苦农民专政、实现和平和立即提出缔结和约、没收地主土地，关于这一切布尔什维克党在自己的报纸上和口头鼓动中都是完全公开、肯定、明确、毫不隐讳地说出来的。

至于科尔尼洛夫叛乱的目的，我们大家都知道，民主派中谁也不否认，那就是实行地主和资产阶级专政、驱散苏维埃、准备恢复君主制。立宪民主党是主要的科尔尼洛夫式的政党（顺便讲一下，今后应当称它为科尔尼洛夫党），它拥有的报刊和鼓动人员比布尔什维克多，但是它从来不敢把实行资产阶级专政、驱散苏维埃以及科尔尼洛夫的全部目的公开告诉人民！

从运动的目的来看，事实表明，无产阶级进行的国内战争可以公开向人民说明自己的最终目的，以此赢得劳动人民的同情，而资产阶级进行的国内战争只有掩盖自己的目的才能设法抓住一部分群众；可见，在群众的觉悟性问题上存在很大差别。

在这个问题上的客观材料，大概全是同党派倾向和选举有关的。其他足以确切判断群众觉悟性的事实似乎没有。无产阶级的革命运动是由布尔什维克党领导的，而资产阶级的反革命运动则是由立宪民主党领导的，这是很清楚的，在有了半年的革命经验之后，未必还会引起争议。在这个问题上可以根据事实作三个比较。把彼得格勒的区杜马的 5 月选举和中央杜马的 8 月选举作一比较，可以看出立宪民主党人的票数减少了，而布尔什维克的票数大大增加了。立宪民主党人的报刊承认，哪里聚集着工人或士兵群众，哪里照例总会显示出布尔什维主义的力量。

其次，**群众**关心党的这种觉悟性，在有关党员人数变动以及出席会议人数等等的统计材料都没有的条件下，只能根据事实，根据已经公布的为党捐款的资料来判断。这些资料表明，拥护布尔什维克的工人在为《真理报》和其他被查封的报纸捐款方面表现了极大的群众性的英勇精神。捐款报表向来是公布的。我们没看到立宪民主党人有任何类似的做法，他们的党的工作显然是靠富人出钱来"维持"的。根本没有一点群众积极支援的影子。

最后，把 4 月 20—21 日的运动、7 月 3—4 日的运动跟科尔尼洛夫叛乱作一比较，我们就会看出，布尔什维克总是向群众直接指出他们在国内战争中的敌人是资产阶级，是地主和资本家。而科尔尼洛夫叛乱已经表明，跟着科尔尼洛夫走的军队是**完全受骗**了，当"野蛮师"和科尔尼洛夫的部队同彼得格勒人一接触，这一骗局就被揭穿了。

下面来谈谈关于无产阶级和资产阶级在国内战争中的**力量**的材料。布尔什维克的力量完全在于无产者的人数和觉悟性，在于社会革命党人的和孟什维克的"下层"(即工人和贫苦农民)对布尔什维克口号的赞同，而实际上正是这些口号在 4 月 20—21 日、6

月 18 日和 7 月 3—4 日吸引了彼得格勒**大多数**积极的革命群众，这是事实。

这样把“议会”选举的材料和上述群众运动的材料加以比较，就完全证实俄国也出现了西欧出现过多次的情况，就是从影响**群众**和吸引群众参加斗争的角度来看，革命无产阶级在**议会外**斗争中的**力量大大**超过在议会斗争中的**力量**。这是在国内战争问题上的一个非常重要的情况。

为什么议会斗争和选举的一切条件和整个环境会使被压迫阶级的力量看起来不及他们在国内战争中实际上能发挥出来的力量，这是不难理解的。

立宪民主党人和科尔尼洛夫叛乱的力量在于**财富**。英法资本和帝国主义**支持**立宪民主党人，**支持**科尔尼洛夫叛乱，这已经为许许多多政治行动和报刊所证实。大家知道，在 8 月 12 日召开的莫斯科会议上整个“右派”都疯狂地拥护科尔尼洛夫和卡列金。大家知道，法国和英国的资产阶级报刊也“援助”科尔尼洛夫。还有材料说他得到**银行**的援助。

全部财富的力量都支持科尔尼洛夫，可是他垮得多么可悲而迅速！除富人外，科尔尼洛夫分子可以说只有两种社会力量：“野蛮师”和哥萨克。前者**仅仅**是一种无知和受骗的力量。报刊愈是被资产阶级把持，这种力量就愈可怕。无产阶级在国内战争中取得胜利之后，就会立刻彻底铲除**这个**“力量”源泉。

至于哥萨克，它是俄国一个边疆区的居民阶层，由富有者、中小土地占有者(平均占有土地约 50 俄亩)所构成，这个阶层保留着特别多的中世纪生活、经济和习俗的特点。从这里可以看到俄国旺代[79]的社会经济基础。但是，有关科尔尼洛夫—卡列金运动的

事实表明了什么呢？甚至连卡列金这样一位为古契柯夫、米留可夫和里亚布申斯基之流所支持的“敬爱的领袖”，**也还是没有**把群众运动**发动起来！！**卡列金发动内战远比布尔什维克“直接”，即远比布尔什维克直截了当。卡列金直接“到顿河去发动”，可是，他在“自己”的边疆区，即在远离全俄民主派的哥萨克边疆区，也还是没有把任何群众运动发动起来！相反地，在无产阶级方面，我们在反布尔什维克的全俄民主派影响和势力的中心，却看到运动多次自发地爆发起来。

现在还没有说明各个阶层和各个经济类别的哥萨克对民主派和对科尔尼洛夫叛乱采取什么态度的客观材料。现有的材料只能说明，大多数贫穷的和中等的哥萨克比较倾向于民主派，只有军官和富裕的哥萨克上层才是完全拥护科尔尼洛夫的。

无论如何，在有了 8 月 26—31 日的经验之后，历史已经证明，有利于资产阶级反革命的哥萨克群众运动是非常脆弱的。

剩下来最后一个问题是关于运动的**顽强性**问题。关于布尔什维克运动，即无产阶级革命运动，有一个证实了的事实，就是在俄国建立共和国的半年来，布尔什维主义的敌人既在出版机构和鼓动人员占**巨大**优势的情况下对布尔什维主义进行了思想斗争（“姑妄”把诽谤运动也算做“思想”斗争），又对它使用了**迫害手段**，成百地逮捕人，捣毁了一个主要的印刷所，查封了一家主要的报纸和其他许多报纸。事实所证明的结果是：在彼得格勒的 8 月选举中布尔什维主义大大加强了，社会革命党和孟什维克党中接近布尔什维主义的国际主义派和“左派”也随之加强了。这就说明，在共和制的俄国，无产阶级革命运动是异常顽强的。事实表明，立宪民主党人同社会革命党人再加上孟什维克的共同努力丝毫**没有能**削弱这个运动。相反，正是科尔尼洛夫分子和“民主派”的联合**加强了**布尔什维主义。而除了思想影响**和**迫害手段之外，再不可能有其他反对无产阶级革命派的手段了。

目前还没有说明立宪民主党-科尔尼洛夫运动的顽强性的材料。立宪民主党人没有遭到过任何迫害。连古契柯夫都被释放了，连马克拉柯夫和米留可夫都没有被逮捕。连《言语报》都没有被查封。立宪民主党人被宽恕了。立宪民主党科尔尼洛夫分子受到克伦斯基政府的**照顾**。如果这样提出问题：假设英法的和俄国的里亚布申斯基之流再成百万地资助立宪民主党人、《统一报》、《日报》等等参加彼得格勒的新的竞选运动，在科尔尼洛夫叛乱后的今天，他们得票会不会增加呢？从集会等等情况看来，恐怕不得不对这一问题作否定的回答……

* * *

我们把对俄国革命历史材料所作的比较综合起来，得出这样一个结论：无产阶级发动的国内战争的开端显示出运动的力量、运动的觉悟性、运动的根基、运动的发展和运动的顽强性。而资产阶级发动的国内战争的开端没有显示出任何力量、任何群众的觉悟性、任何根基、任何胜利的可能性。

立宪民主党人同社会革命党人、孟什维克结成的反对布尔什维克的即反对革命无产阶级的联盟，已经经过了好几个月实践的考验，暂时隐蔽起来的科尔尼洛夫分子和“民主派”的这个联盟，实际上不是削弱了而是加强了布尔什维克，使“联合”遭到了破产，也使孟什维克中“左的”反对派增强了力量。

布尔什维克同社会革命党人、孟什维克结成的反对立宪民主党人，即反对资产阶级的联盟，**还没有受到考验**。或者更确切些说，这个联盟只**在一条战线**上，只在8月26—31日这**5天**里，即在科尔尼洛夫叛乱期间**受到了考验**，这个联盟当时最彻底地战胜了反革命，这样轻易地取得胜利是以前任何一次革命没有的，它给了资产阶级的、地主和资本家的、协约国帝国主义的和立宪民主党的反革命以致命的镇压，使**反革命方面**所发动的国内战争彻底破产，使这种战争一开始就烟消云散，没有展开任何"战斗"就破灭了。

而所有的资产阶级报刊及其一切应声虫(普列汉诺夫、波特列索夫、布列什柯-布列什柯夫斯卡娅之流等等)面对这个历史事实竟拼命叫喊：正是布尔什维克同孟什维克、社会革命党人的联盟有"招致"国内战争惨祸的"危险"！……

这话令人可笑，更令人可悲。令人可悲的是，像这样公开、露骨、惊人的谬论，对事实的嘲弄，对我国整个革命历史的嘲弄，居然还能够找到听众…… 这表明资产阶级别有用心的谎话还在广泛流传(只要报刊还被资产阶级垄断着，这种谎话就必然要流传)，它正在压倒和淹没绝对无可怀疑、显然无可争辩的革命教训。

如果说有一种绝对不容争辩、完全被事实证实了的革命教训，那就只有一个：唯有布尔什维克同社会革命党人、孟什维克结成联盟，唯有立即使全部政权转归苏维埃，才能使俄国的国内战争不可能发生。因为面对这种联盟，面对工兵农代表苏维埃，资产阶级发动的任何国内战争都是不可思议的，这样的"战争"甚至连一仗都打不成，资产阶级在科尔尼洛夫叛乱之后甚至连"野蛮师"、连原先那么几支哥萨克部队也无法**再一**次调来反对苏维埃政府了！

任何革命的和平发展，一般说来，都是一件非常罕见和极其困难的事情，因为革命是最尖锐的阶级矛盾的极度激化；但是在一个农民的国家里，如果无产阶级和农民的联盟**能够**给被非正义的万恶的战争弄得疲惫不堪的群众以**和平**，给农民以全部**土地**，那么在这样的国家里，在这种特殊的历史时机，在全部政权转归苏维埃的条件下，革命的和平发展是**可能的**而且是**很有可能的**。如果苏维埃实行彻底的民主制，如果苏维埃摒弃对民主原则的“小偷”、“盗窃”行为，例如不再规定士兵每500人有1名代表，而工人选民每1 000人才有1名代表，那么苏维埃内部各党派争取政权的斗争就可以和平地进行。在一个民主的共和国里，这种小偷行为是一定会消灭的。

苏维埃会把全部土地无偿地交给农民，向各国人民提出缔结公正的和约，在这样的苏维埃面前，无论是英法和俄国资产阶级的联盟，还是科尔尼洛夫、布坎南和里亚布申斯基之流的联盟，米留可夫同普列汉诺夫、波特列索夫之流的联盟，都是完全不可怕的，完全没有力量的。

资产阶级会进行反抗，反对无偿地把土地交给农民，反对在生活的其他方面实行类似的改革，反对公正的和约，反对同帝国主义决裂，这当然是不可避免的。但是，要使这种反抗发展到国内战争的地步，那就多少要有一些能**打仗**并且能战胜苏维埃的**群众**。可是资产阶级**没有**这样的群众，而且在任何地方也找不到这样的群众。苏维埃愈迅速愈坚决地掌握全部政权，“野蛮师”以及哥萨克就会分裂得愈快，分裂成极少数自觉的科尔尼洛夫分子和绝大多数工农民主和**社会主义**（因为那时谈的正是社会主义）联盟的拥护者。

在政权转归苏维埃的条件下，资产阶级的反抗就会使**每个**资本家受到**几十个几百个**工人和农民的“照管”、监察、监督和计算，因为他们的利益要求对资本家欺骗人民的行为进行斗争。这种计算和监督的形式和方法正是由资本主义，正是由银行、大工厂、辛迪加、铁路、邮局、消费合作社和工会这些资本主义的产物制定出来的，而且变得简单易行了。苏维埃只要惩办那些逃避精细的计算或者欺骗人民的资本家，没收其全部财产并予以短期拘留，用这种不流血的办法就足以粉碎资产阶级的一切反抗。因为正是通过国有化的银行，通过职员联合会、邮局、消费合作社和工会，监督和计算将包罗万象、无所不能、无所不在、无往不胜。

况且，俄国的苏维埃，即俄国工人和贫苦农民的联盟，在自己**向**社会主义**迈进**的道路上并不是孤立无援的。假如我们是孤立无援的，我们就不能彻底地而且是和平地完成这一任务，因为实质上这是一个国际性的任务。但是我们有极其强大的后备军，即其他国家的更先进的工人大军，而且，俄国同帝国主义决裂，同帝国主义战争决裂，必然会加速这些国家日益成熟的工人社会主义革命。

*　　*　　*

有人谈到国内战争会“血流成河”。上面引证的科尔尼洛夫分子立宪民主党人的决议中就谈到了这一点。所有资产者和所有机会主义者都在用千百种不同的腔调重复着这种说法。所有觉悟的工人都在嘲笑这种说法，而且会一直嘲笑下去，在科尔尼洛夫叛乱之后对这种说法是不能不加以嘲笑的。

但是，关于我们当前战争时期“血流成河”的问题，可以而且应当根据对力量的大致的估计，根据对影响和结果的估计来考察，并且要认真对待，而不能把它当做一句人云亦云的空话，不能把它仅仅当做立宪民主党人的一种假仁假义，诚然，他们所做的**一切都是为了**让科尔尼洛夫能够得逞，使俄国“血流成河”，以达到恢复资产阶级专政、地主政权和君主制的目的。

既然有人对我们说到"血流成河"，我们**也来**分析一下**这**方面的问题。

假设孟什维克和社会革命党人继续动摇不定，**不**把政权交给苏维埃，**不**推翻克伦斯基，而用稍微不同的形式(例如用"无党派的"**科尔尼洛夫分子**来代替立宪民主党人)恢复过去同资产阶级的腐败的妥协，不用苏维埃机关来代替国家政权机关，不提出缔结和约，不同帝国主义决裂，不没收地主的土地。假设社会革命党人和孟什维克目前动摇的结果就是这样，"9 月 12 日"[80]的结果也正是这样。

我们俄国革命的经验最清楚地表明，这样做的后果将是社会革命党人和孟什维克更加削弱，更加脱离群众，群众的愤怒和痛恨极度增长，群众对革命无产阶级、对布尔什维克的同情大大加强。

那时首都的无产阶级会比现在更接近于公社，接近于工人起义，接近于夺取政权，接近于更高形式的、更坚决的国内战争；在有了 4 月 20—21 日和 7 月 3—4 日的经验之后，应当承认这种结果是具有历史必然性的。

立宪民主党人在喊叫"血流成河"。但是，这种血流成河会使无产阶级和贫苦农民取得胜利，而这种胜利又有百分之九十九的把握能结束帝国主义战争，带来**和平**，**也就是说**会保全目前正在为着资本家瓜分利润和赃物(兼并的土地)而流血的**几十万**人的生命。假如 4 月 20—21 日事件的结果是全部政权转归苏维埃，而同贫苦农民结成联盟的布尔什维克又在苏维埃内部取得了胜利，那么即使为此付出了"血流成河"的代价，但可以把显然死于 6 月 18 日战斗的 **50 万**俄国士兵的生命保全下来。

每个觉悟的俄国工人和士兵，只要权衡一下、考虑一下目前到处都提出的国内战争问题，现在和将来都会算这笔账；当然，这种多少有些阅历、多少用过脑子的工人和士兵决不会被“血流成河”的哭叫声吓倒，因为这样哭叫的个人、政党和集团正打算为了君士坦丁堡、为了利沃夫、为了华沙、为了“战胜德国”而**再**葬送**几百万**俄国士兵的生命。

国内战争中不管怎样“血流成河”，远不能同俄国帝国主义者在6月19日以后所造成的血流成**海**相比（只要把政权交给苏维埃，这个惨剧本来是极有可能避免的）。

米留可夫、波特列索夫、普列汉诺夫之流的先生们，你们在战争时期提出论据来**反对**国内战争中的“血流成河”可得小心一些，因为士兵们都知道也看到过血流成**海**的情景。

在1917年的现在，在空前艰苦的、给人民带来深重苦难的万恶战争进入第四个年头的今天，俄国革命面临的国际形势是这样的，只要在国内战争中取得胜利的俄国无产阶级提出缔结公正的和约，就有百分之九十九的把握能赢得停战，赢得和平，**避免再流几个血海**。

因为，互相敌对的英法帝国主义和德帝国主义联合起来**反对**俄国无产阶级社会主义共和国实际上**是不可能的**，英日美帝国主义要联合起来反对我们也极难办到，并且单单由于俄国的地理位置，我们就丝毫也不怕这种联合。同时，在欧洲**所有的**国家中都有革命的社会主义的无产阶级群众，这是事实，世界社会主义革命的成熟和必然性是不容置疑的，要认真支持这个革命，当然不能靠派遣代表团去跟外国的普列汉诺夫或策列铁里之流玩弄斯德哥尔摩会议的把戏，而只能靠推进俄国革命。

资产者叫喊道，即使无产阶级夺取了政权，俄国公社的失败，即无产阶级的失败也是必然的。

这是骗人的出于阶级私利的叫嚣。

俄国无产阶级一旦夺得政权，就**完全**有可能保持政权，并且使俄国一直坚持到西欧革命的胜利。

这是因为，第一，从巴黎公社那时以来，我们学会了很多东西，我们不会重犯公社的致命错误，不会把银行留在资产阶级手里，不会对我们的凡尔赛分子（即科尔尼洛夫分子）只取守势，而会转为攻势，消灭他们。

第二，胜利了的无产阶级一定会给俄国带来和平。在各国人民经历了三年多的大厮杀惨祸之后，任何力量也推翻不了**和平**的政府，推翻不了提出缔结真诚的公正的和约的政府。

第三，胜利了的无产阶级会立即无偿地给农民土地。被我们的政府，特别是"联合"政府，特别是克伦斯基政府玩弄的"与地主勾结的把戏"所折磨和激怒了的广大农民，会竭尽全力、全心全意、奋不顾身地支持胜利了的无产阶级。

孟什维克和社会革命党人先生们，你们总在谈论人民的"英勇努力"。就在最近几天，我在你们的《中央执行委员会消息报》社论上还看到这句话。对你们来说，这**只是**一句空话。但是，读到这句话的工人和农民却在**考虑**这句话，而且每一次的思考由于有了科尔尼洛夫叛乱的经验、彼舍霍诺夫出任部长的"经验"、切尔诺夫出任部长的"经验"**等等**而更为深刻；每一次思考必然得出这样的结论：这种"英勇努力"只能是贫苦农民对城市工人，即对自己的最可靠的同盟者和领袖的信任。这种英勇努力只能是俄国无产阶级在国内战争中去战胜资产阶级，因为只有这种胜利才能消除折磨人的动摇，才能带来出路，带来土地，带来和平。

如果能通过立即把政权交给苏维埃的途径，实现城市工人和贫苦农民的联盟，这是最好的。布尔什维克会尽**一切可能**，使革命发展的这条**和平**道路得到保证。否则，单靠立宪会议本身是无济于事的，因为在立宪会议中，社会革命党人还是可以继续跟立宪民主党人，跟布列什柯-布列什柯夫斯卡娅、克伦斯基(他们比立宪民主党人好在哪里呢?)等等搞妥协的“把戏”。

如果连科尔尼洛夫叛乱的经验都没有使“民主派”学到什么东西，他们仍继续奉行有害的动摇妥协的政策，那我们就要说：没有什么东西会比这种动摇更能破坏无产阶级革命的了。先生们，别用国内战争来吓唬人吧！国内战争是不可避免的，如果你们不肯立即彻底清算科尔尼洛夫叛乱，清算“联合”的话，——而这场战争一定会战胜剥削者，给农民土地，给人民和平，开辟一条走向世界社会主义无产阶级革命必胜的道路。

载于 1917 年 9 月 16 日(29 日)
《工人之路报》第 12 号

译自《列宁全集》俄文第 5 版
第 34 卷第 214—228 页

大难临头，出路何在？[81]

（1917年9月10—14日〔23—27日〕）

饥荒逼近

不可避免的灾难威胁着俄国。铁路运输已经十分混乱，而且愈来愈混乱，不久就会全部停顿。工厂需要的原料和煤的运送将要停止。粮食的运送也要中断。资本家一直故意在暗中破坏（危害、停止、破坏和阻挠）生产，指望空前的灾难能使共和国和民主制度破产，使苏维埃和所有无产阶级和农民的团体瓦解，这样就便于恢复君主制和恢复资产阶级和地主的无限权力。

规模空前的灾难和饥荒是不可避免的。所有的报纸都无数次地谈到这一点。各政党、各工兵农代表苏维埃通过的无数决议也都承认灾难是不可避免的，灾难已经迫在眉睫，必须同它作殊死的斗争，人民必须"英勇努力"以防止毁灭，等等。

大家都在谈论这一点，都公认这是事实，都决定这样去做。

可是什么事也没有做。

革命已经半年了，灾难更加逼近，大批人员失业。令人难以置信的是，国内有足够的粮食和原料，但是却不见商品，国家因食品不足、劳动力缺乏而面临灭亡的危险，就在这样的国家里，在这样的危急关头,却又有大批人员失业!革命(有人称之为伟大的革命,可是,暂时称之为腐朽的革命也许更公道些)半年来,既有民主共和制,又有许许多多傲然自命为“革命民主的”团体、组织和机关,但是实际上根本**没有**采取任何认真的措施来消除灾难和战胜饥荒,这难道还需要证明吗?我们正愈来愈快地接近崩溃,因为战争是不等人的,它在人民生活各方面造成的混乱正在不断加剧。

其实,只要稍微注意一下和思索一下,就会相信,消除灾难和战胜饥荒的办法是有的,并且十分简单明了,完全切实可行,用人民的力量完全能够办到,**没有**采取这些办法,**只是**因为,**纯粹是**因为实行这些办法将触动一小撮地主和资本家的闻所未闻的利润。

情况确实如此。可以保证,任何一次演说,任何派别的报纸的任何一篇文章,任何会议或机关的任何一个决议,都十分明确地承认消除灾难和战胜饥荒的基本的主要的办法。这个办法就是由国家实行监督、监察、计算和调节,在产品的生产和分配中正确调配劳动力,爱惜人民的力量,杜绝力量的任何浪费,节约力量。监督,监察,计算,——这就是消除灾难和战胜饥荒的首要办法。这是无可争辩的,是大家公认的。然而这也正是人们**所不敢做的**,他们唯恐侵犯地主和资本家的无限权力,唯恐侵犯地主和资本家靠抬高物价和军事订货(现在几乎所有的人都在直接或间接地为战争“服务”)而得来的空前的惊人的巨额利润,这种利润谁都知道,谁都看到,谁都为之惊叹不已。

可是国家方面丝毫没有实行稍微认真的监督、计算和监察。

1917 年 9 月列宁《大难临头，出路何在？》小册子手稿第 1 页

（按原稿缩小）

政府不起任何作用

国家的任何监督、监察、计算以及要调整好这项工作的任何尝试，在各地不断遭到暗中破坏。只有幼稚到了极点的人才不懂得，只有虚伪透顶的人才假装不知道，这种暗中破坏是从哪里来的，是用什么手段进行的。因为银行家和资本家的这种暗中破坏，这种对任何监督、监察、计算的**破坏**，都是同民主共和的国家形式相适应的，同“革命民主”机关的存在相适应的。资本家老爷们很好地领悟到一个真理，这个真理是一切赞成科学社会主义的人在口头上都承认的，但是孟什维克和社会革命党人，在他们的朋友占据了部长、副部长等职位之后，就立刻把它忘掉了。这个真理就是：用民主共和的管理形式代替君主制的管理形式，丝毫也不会触动资本主义剥削制度的经济本质，相反地，只要把保护神圣不可侵犯的资本主义利润的斗争**方式**改变一下，在民主共和制下照样可以顺利地保持这种利润，如同在专制君主制下一样。

当前有一种最新的、适应民主共和制的暗中破坏监督、计算、监察的手段，就是资本家在口头上“热烈”拥护监督“原则”，承认它的必要性（所有孟什维克和社会革命党人当然也是这样），不过坚持要“逐渐地”有计划地“由国家正规地”实施这种监督。其实，这种好听的词句不过是用来掩盖他们对监督的**破坏**，把监督化为乌有，使之有名无实，成为儿戏，把任何切实认真的步骤都搁置起来，建立各种非常复杂庞大、毫无生气的官僚监督机关，而这些机关完全依赖资本家，什么事都不做，什么事也不可能做。

为了不致空口无凭,我们可以从孟什维克和社会革命党人中找出一些证人。正是他们在革命头半年内在苏维埃中占多数,参加了"联合政府",因此,他们在俄国工农面前,要对纵容资本家、对资本家破坏任何监督负政治责任。

在"革命"民主派的所谓"全权"(这可不是说着玩的!)机关中的最高机关(即全俄工兵农代表苏维埃代表大会中央执行委员会)的正式机关报《中央执行委员会消息报》1917 年 9 月 7 日第 164 号上,登载了一个处理监督问题的专门机关的**决议**,这个专门机关也是孟什维克和社会革命党人建立的,并且是由他们把持的。这个专门机关就是中央执行委员会的"经济部"。它的决议正式承认,"**政府所设调节经济生活的各中央机关不起任何作用**"是事实。

难道还有什么证据比孟什维克和社会革命党人亲手签字的这个文件更能证明他们政策的破产吗?

早在沙皇制度下人们就认为有调节经济生活的必要,并且为此也建立了一些机关。可是在沙皇制度下,经济破坏不断加剧,达到了骇人听闻的地步。革命共和政府的任务,本来是要立刻采取重大的坚决的措施来消除这种经济破坏现象。有孟什维克和社会革命党人参加的"联合"政府刚一成立,就在 5 月 6 日的告全国人民的郑重宣言中,答应并保证实行国家监督和调节。那时策列铁里和切尔诺夫之流以及所有的孟什维克和社会革命党的领袖们都赌咒发誓说,他们不仅对政府的行动负责,而且他们所掌握的"革命民主派的全权机关"正在实际监视和检查政府的工作。

从 5 月 6 日到现在已经 4 个月了,在这漫长的 4 个月中,俄国因实行帝国主义的荒谬"进攻"而葬送了几十万士兵,在这期间经济破坏和灾难飞速逼来,夏季无论在水运方面,还是在农业和矿山勘探等等方面本来完全有可能做出许多事情，但是 4 个月之后，孟什维克和社会革命党人竟不得不正式承认政府所设的监督机关“不起任何作用”!!

而现在(我写这篇文章正好是在 9 月 12 日民主会议召开的前夕)，这些孟什维克和社会革命党人俨然以政界大人物的姿态侈谈什么只要同工商界的基特·基特奇[82]之流，即同里亚布申斯基、布勃利科夫、捷列先科之流搞联合，以代替同立宪民主党人的联合，事情还能补救!

试问，怎样来解释孟什维克和社会革命党人这种惊人的盲目呢？是否应该把他们看做政界的黄口小儿？他们是由于极端鲁莽幼稚，才不知道自己在干些什么，是真心诚意而犯了错误，还是由于占据了部长、副部长、总督、委员等等许多职位，就必然产生一种特殊的“政治”盲目症？

监督办法是众所周知和轻而易举的

这里可能发生一个问题：也许监督的办法和措施是一种极端复杂困难、没有经过试验、甚至人们都不知道的事情吧？也许监督之所以迟迟没有实行，是因为立宪民主党、工商业阶级、孟什维克和社会革命党中的国家要人虽然已经累得满头大汗，用了半年的时间来探求、研究、发现监督的措施和办法，但这个任务过于困难而仍然没有得到解决吧？

唉！的确有人竭力想“蒙蔽”那些不识字的闭塞无知的农民以及那些不动脑筋而轻信别人的庸人，就把事情说成这样。其实，甚至沙皇政府，甚至“旧统治当局”在建立军事工业委员会时就**已经知道**监督的基本措施、主要办法和途径：把居民按各种职业、工作目的、劳动部门等等联合起来。可是沙皇政府**害怕**居民联合起来，所以极力限制和故意排斥这种众所周知、轻而易举、完全可行的监督办法和途径。

各交战国在遭到极端严重的战争灾难和不同程度的经济破坏和饥荒时，早已拟出、决定、采用并试行过**一系列的**监督办法。这些办法归结起来，总不外是把居民联合起来，建立或鼓励各种各样的团体，这些团体由国家派代表参加，受国家的监察等等。所有这些监督办法都是众所周知的，并且讲过许多，写过许多。各个参战的先进国家所颁布的有关监督的法律已经译成俄文，或者在俄国报刊上已作详细介绍。

假如我们的国家真正**想**切实认真地实行监督，假如它的机关不是甘当资本家奴才而注定“不起任何作用”，那么国家只要从大量可供选用的监督办法中把已经知道、已经采用过的办法随手拿来就行了。这里的唯一障碍，也是立宪民主党人、社会革命党人和孟什维克向人民所隐瞒的障碍，始终在于：实行监督就会暴露资本家的骇人听闻的利润，就会损害这些利润。

为了把这个非常重要的问题（实质上就是**任何一个**愿意把俄国从战争和饥荒中拯救出来的真正革命政府的纲领问题）解释得更加明白，我们把这些最主要的监督办法列举出来，逐一加以考察。

我们可以看到，如果这个政府不是为了开玩笑才叫做革命民主政府，那它只要在成立的头一星期中，颁布法令（作出决定、发布命令）来实施最主要的监督办法，规定认真的而不是儿戏的惩罚办法，来处分那些用欺骗手段逃避监督的资本家，并号召居民自己来监视资本家，监视他们是否诚实执行有关监督的各项命令，只要这样，监督早就在俄国实现了。

以下便是最主要的监督办法：

(1)把所有银行合并成一个银行，并由国家监督它的业务，或者说实行银行国有化；

(2)把各个辛迪加即资本家最大的垄断组织(糖业、石油业、煤业、冶金业等等辛迪加)收归国有；

(3)取消商业秘密；

(4)强迫工业家、商人以及所有企业主辛迪加化(即强迫他们参加各种联合组织)；

(5)强迫居民加入消费合作社，或者说鼓励加入并且对此实行监督。

现在我们把这些办法逐一地加以考察，看看它们在用革命民主手段来实行的条件下究竟具有什么意义。

银行国有化

大家都知道，银行是现代经济生活的中心，是整个资本主义国民经济体系的神经中枢。谈“调节经济生活”而避开银行国有化问题，就等于暴露自己的极端无知，或者是用华丽的词句和事先就拿定主意不准备履行的漂亮诺言来欺骗“老百姓”。

要监督和调节粮食的运送以至食品的生产和分配，而不监督和调节银行的业务，那是荒谬可笑的。这就像只抓偶然碰到的“几个戈比”,而闭眼不看成百万的卢布。现代银行同商业(粮食及其他一切商业)和工业如此密不可分地长合在一起,以致不“插手”银行,就绝对不能做出任何重大的、任何“革命民主的”事情来。

然而,国家“插手”银行也许是一种非常困难复杂的事情吧?有人常常就是竭力拿这一点来吓唬庸人,而这样做的当然是资本家及其辩护人,因为这样对他们有利。

其实,银行国有化决不剥夺任何一个“产权人”的一个戈比,也绝对没有任何技术上和文化上的困难,障碍**完全**来自一小撮富人谋求卑鄙的私利。人们常常把银行国有化同没收私有财产混为一谈,这应当归咎于散布这种混乱概念的资产阶级报刊,因为它们一心想欺骗公众。

银行所支配和银行所汇集的那些资本的所有权,是有印制和书写的凭据为证的,这些凭据就叫做股票、债券、期票、收据等等。在实行银行国有化,即把所有银行合并为一个国家银行时,这些凭据一个也不会作废,一个也不会改变。谁的存折上有 15 个卢布,在银行国有化以后,他仍旧是 15 卢布的所有者,谁有 1 500 万卢布,在银行国有化以后,他仍然握有 1 500 万卢布的股票、债券、期票、货单等等。

那么,银行国有化的意义究竟何在呢?

在于对各单个银行及其业务不可能实行任何真正的监督(即使取消了商业秘密等等),因为无法查出它们在编制资产负债表、虚设企业、成立分行、冒名顶替等等时所采取的种种极复杂、极纷繁、极狡猾的手段。只有把所有银行合并成一个银行(这种合并本身丝毫也不改变财产关系,再说一遍,不剥夺任何一个产权人的一个戈比),**才有可能**实行真正的监督,当然,同时还要采取上述其他各种措施。只有实行银行国有化,**才能使**国家知道几百万以至几十亿卢布流动的来去方向、流动的方式和时间。只有监督银行,监督这个资本主义周转过程的中枢、轴心和基本机构,才能在行动上而不是口头上做好对全部经济生活的监督,做好对最重要产品的生产和分配的监督,才能做到"调节经济生活",否则这必将仍然是欺骗老百姓的一句部长式的空话。只有把各个银行合并为一个国家银行,对它的业务进行监督,再采取一系列简单易行的措施,才能真正征收到所得税,才不致发生隐瞒财产和收入的事情,而现在的所得税在极大程度上都落空了。

银行国有化只需颁布一项法令,银行经理和职员自己就会付诸实施。不需要国家设立任何特别机构和采取任何特别的准备步骤,这项措施只要下一道命令,就可以"一举"实现。因为资本主义既然发展到了通用期票、股票、债券等等的程度,那它也就恰好在经济上造成了实行这种措施的可能性。这里剩下的事情**只是合并账务**。如果革命民主国家作出决定:立刻用电报通知在每个城市中召开银行经理职员会议,在各州和全国范围内召开银行经理职员代表大会,以便立刻把所有银行合并为一个国家银行,那么这一改革在几星期内就可以完成。当然,那些经理和高级职员会进行抗拒,竭力欺骗国家,故意拖延等等,因为这班老爷将会失去他们收入特别多的职位,再不能施展他们获利特别大的欺诈手段,**全部实质就在于此**。可是,合并银行并不会有丝毫技术上的困难,如果国家政权不只在口头上是革命的(即不怕破除一切因循守旧的积习),不只在口头上是民主的(即维护大多数人民的利益,而不是维护一小撮富人的利益),那么,只要颁布一项法令,用没收财产和监禁的办法来惩治那些对事情稍有拖延和企图隐瞒文据报表的银行经理、董事和大股东；只要——比如说——把那些穷职员**单独**组织起来，并给他们中揭发富人的欺骗和拖延行为的人发奖金，银行国有化就可以极顺利极迅速地实行。

银行国有化对于全体人民，特别是对于农民和小手工业者大众，而**不是**对于工人（因为工人很少同银行有来往），好处是非常大的。劳动将大大节省，假定国家仍保持银行原有职员的数量，那就是说，在使银行得到普遍利用方面，即在增加分行数目，银行业务便利公众等等方面会有极大的进步。正是对**小**业主，对农民来说，信贷将变得非常方便和容易。国家也就第一次有可能首先是**考察**一切主要的金融业务，不准加以隐瞒，接着**监督**这种业务，然后**调节**经济生活，最后是**获得**几百万以至几十亿的巨款，用于国家经办的大规模的业务，而不必再向资本家老爷们支付巨额“佣金”，作为他们的“酬劳”。正因为这样，而且只因为这样，一切资本家、一切资产阶级教授、整个资产阶级以及所有为它效劳的普列汉诺夫之流和波特列索夫之流，都怒火万丈地叫嚣反对银行国有化，臆造出几千个借口来反对这个极简单而又极必要的办法，这个办法**即使**从国家“防御”的观点，即从军事的观点来看，也有极大的好处，它可以大大地加强国家的“军事实力”。

这里也许会有人反驳说：像德国和美国这样的先进国家在“调节经济生活”方面做得非常好，为什么却没有想要实行银行国有化呢？

我们回答说：因为，这两个国家虽然一个是君主国，一个是共和国，可是**二者**都不仅是资本主义国家，而且是帝国主义国家。它们既然是这样的国家，在实行它们所必需的改革时就要采用反动官僚的手段，而我们在这里说的则是革命民主的手段。

这个“小小的差别”有极重大的意义。关于这个差别，人们在大多数情况下是“照例不”想的。“革命民主”一语在我国（特别在社会革命党人和孟什维克那里）几乎成了一句口头禅，就像“感谢上帝”这句话一样，即使不是愚昧到相信上帝的人也常常会说的，或者像“可敬的公民”这个称呼，有时甚至也用来称呼那些《日报》或《统一报》的撰稿人，虽然几乎人人都看得出来，这些报纸是资本家为了自身利益而创办和出钱维持的，因而所谓的社会党人参加这些报纸本身是很少有“可敬”之处的。

如果不是把“革命民主”当做公式化的装饰门面的词句，当做口头禅来用，而**考虑到**它的意义，那么要做一个民主主义者，就要真正重视大多数人民的利益，而不是只顾少数人的利益，要做一个革命者，就要最坚决最无情地打破一切有害的过时的东西。

无论在美国或德国，无论是政府或统治阶级，就我们所知，根本不追求“革命民主”这个称号，而我国的社会革命党人和孟什维克，却追求这个称号（其实是玷污这个称号）。

在德国一共只有**四个**全国性的私人大银行，在美国只有**两个**。对于这些银行的金融大王来说，用私下的、秘密的、反动的手段而不是革命手段，用官僚手段而不是民主手段来实行联合，比较容易，比较方便，比较有利；他们收买国家的官吏（这无论在美国**或德国**都成了通例），保持银行的私有性质，这正是为了保守业务秘密，正是为了从国家那里赚取亿万“超额利润”，正是为了确保金融诈骗勾当。

无论美国或德国，“调节经济生活”的结果都是给工人（在某种程度上也给农民）建立了**军事苦役营**，给银行家和资本家建立了**天堂**。这些国家的调节就是把工人“勒紧”到挨饿的地步，就是保证

（在私下用反动官僚手段）资本家获得比战前**更高**的利润。

这种办法在共和制的帝国主义的俄国也完全可能实行，而且正在实行，不仅米留可夫之流和盛加略夫之流在实行，克伦斯基同捷列先科、涅克拉索夫、别尔纳茨基、普罗柯波维奇等等也在实行，他们**也是**用反动官僚手段来**掩护**银行的“不可侵犯”，**掩护**它们获取暴利的神圣权利。最好还是说**真话**吧：有人想在共和制的俄国用反动官僚手段来调节经济生活，可是，由于“苏维埃”的存在，“常常”难以实行，第一个科尔尼洛夫曾想驱散“苏维埃”，没有成功，第二个科尔尼洛夫又会竭力设法来驱散它的……

这就是真话。这句朴实的真话虽然很辛辣，但对人民的启发却比说什么“我们的”、“伟大的”、“革命的”民主等等动听的谎话要有益得多。

* * *

银行国有化将会大大有助于保险事业的一并国有化，也就是把一切保险公司合并成一个，把它们的活动集中起来，受国家的监督。只要革命民主国家颁布一项有关法令，责令各保险公司的董事长和大股东各自认真负责地毫不迟延地实行这种合并，那么，通过保险公司职员代表大会就可以毫不费力地立刻实现这种合并。保险事业方面的几亿资金是资本家投入的，全部工作是由职员进行的。把这一事业统一起来，就可以减低保险金，使所有投保者能够获得许多便利，并大大减轻他们的负担，在原有人力和资金的条件下可以增加投保者的数目。除占据肥缺的一小撮人的因循守旧和自私自利以外，决没有任何其他东西阻碍这种改革，而这种改革又能提高国家的“防御能力”，节省国民劳动，为真正的而不是口头上的“调节经济生活”又开辟一些极为重要的途径。

辛迪加国有化

资本主义与资本主义前的旧的国民经济体系不同，它使国民经济各部门之间形成了一种极密切的联系和相互依存的关系。顺便说一句，要是没有这一点，任何走向社会主义的步骤在技术上都是不能实现的。由银行统治生产的现代资本主义，又使国民经济各部门之间的这种相互依存关系发展到了最高峰。银行和各大工商业部门不可分割地长合在一起。一方面就是说，不采取步骤对工商业辛迪加（糖业、煤业、铁业、石油业等等辛迪加）实行国家垄断，不把这些辛迪加收归国有，而只把银行收归国有是行不通的。另一方面就是说，要认真调节经济生活，就要把银行和辛迪加同时收归国有。

就举糖业辛迪加这个例子来说吧。这个辛迪加在沙皇制度下就已经建立起来，那时已把许多设备好的工厂合并为一个极大的资本主义联合组织，自然，这个联合组织充满了最反动的、官僚的气息，它保证资本家获得骇人听闻的高额利润，使职员和工人处于绝对无权的、卑贱的、受压制的、奴隶的地位。国家在那时就已经对生产实行监督和调节——有利于资本巨头和富人的监督和调节。

这里要做的事情，**只是**发布一些简单的法令，规定召开职员、工程师、经理、股东的代表大会，采用统一的报表，由工会实行监督等等，从而把反动官僚方式的调节变为革命民主方式的调节。这是最简单不过的事情，然而正是这件事情至今还没有做！！**事实上**

在民主共和制度下，在制糖业方面仍旧用反动官僚方式进行调节，一切都是老样子，浪费国民劳动，因循守旧，停滞不前，让鲍勃凌斯基之流和捷列先科之流大发其财。应当号召发挥独立主动精神，向民主派而不是向官僚号召，向工人和职员而不是向“糖业大王”号召，要不是社会革命党人和孟什维克用“联合”这些糖业大王的计划来模糊人民的意识，这本来是能够而且一定会在几天之内一举做到的。然而正因为同富人实行联合，政府在调节经济生活方面“不起任何作用”也就完全不可避免了。①

再拿石油业来说吧。资本主义先前的发展已经使石油业在极大程度上“社会化”了。两三个石油大王——就是他们操纵着几百万以至几亿资金，靠剪息票为生，从那个在事实上、技术上、社会意义上都**已经**在全国范围内组织起来并且**已经**由数百数千个职员、工程师等经营着的“事业”中获取惊人的利润。石油工业国有化是可以**立即**实行的，而且是革命民主国家必须做的事情，在国家经受极大的危机，必须千方百计节省国民劳动和增加燃料生产的时候，尤其如此。当然，官僚式的监督在这里不会有丝毫结果，丝毫不会改变情况，因为“石油大王”无论对付捷列先科之流、克伦斯基之流、阿夫克森齐耶夫之流或斯柯别列夫之流，都像对付沙皇的大臣一样容易，对付的办法就是拖延、推托、许诺，以至直接和间接地收买资产阶级报刊（这就是所谓“舆论”，而这种“舆论”是为克伦斯基之流和阿夫克森齐耶夫之流所“重视的”），收买官吏（那些在原封未动的旧国家机构中被克伦斯基之流和阿夫克森齐耶夫之流留任

① 写到这里时，我在报纸上看到克伦斯基政府正在实行糖业垄断，实行的方式自然是反动官僚的方式，不召开职员和工人的代表大会，不明文公布，也不制裁资本家！！

原职的官吏)。

要想做些实实在在的事情,就必须从官僚制度转到民主制度,而且要用真正革命的手段来实行这种转变,就是说,要向石油大王和股东宣战,用法令规定,如果他们拖延石油业国有化,隐瞒收入或报表,暗中破坏生产,不采取增产措施,就要没收他们的财产并处以监禁。应当唤起工人和职员的主动性,立刻召集**他们**开会和举行代表大会,只要建立起全面的监督并增加了生产,就分出一部分利润给**他们**。如果能在1917年4月立刻就采取这种革命民主的步骤,那么作为世界上液体燃料储量最丰富国家之一的俄国,就能够在夏季利用水运在供给人民必需数量的燃料方面做出许许多多的事情。

无论是资产阶级的政府,或者是社会革命党人、孟什维克和立宪民主党人的联合政府,都什么事也没有做,只是玩弄了一套官僚主义的改良把戏,连一个革命民主的步骤也不敢采取。仍然是那些石油大王,仍然是那种停滞,仍然是工人和职员对剥削者的憎恨,仍然是这一基础上的瓦解,仍然是对国民劳动的侵占,一切都和沙皇制度下一样,改变的只是"共和国"各办公厅发文和收文上的**名称**!

至于煤炭工业,它在技术上和文化上同样"具备"了实现国有化的"条件";掠夺人民的煤业大王在管理上也同样卑鄙无耻,工业家公然怠工、公然**破坏**和停止生产的桩桩**事实**有目共睹。甚至孟什维克部长的报纸《工人报》也承认了这些事实。那又怎么样呢?除了举行几次工人代表和煤业辛迪加强盗的代表各占"半数"的旧的反动官僚式的会议,什么事情也没有做!!连一个革命民主的步骤也没有采取,丝毫也没有想到要建立唯一切实的**来自下面的**监督，即通过职员联合会，通过工人，用恐怖手段来对付那些危害国家、停止生产的煤炭工业家！怎么可以这样呢？要知道，我们“大家”都主张“联合”，不是同立宪民主党人“联合”，就是同工商界“联合”，而联合就意味着把政权留在资本家手里，让他们横行无忌，让他们阻碍事业，把一切都归罪于工人，使经济破坏加剧，**从而**准备新的科尔尼洛夫叛乱！

取消商业秘密

如果不取消商业秘密，对生产和分配的监督，要么仍旧是空洞的诺言——立宪民主党人用它来愚弄社会革命党人和孟什维克，而社会革命党人和孟什维克又用它来愚弄劳动阶级；要么可能完全用反动官僚的办法和措施来实现。尽管这一点对任何不抱成见的人来说十分明显，尽管《真理报》一直坚持取消商业秘密[①]（为资本效劳的克伦斯基政府查封《真理报》，很大程度上就是为了这件事），但无论是我们的共和政府或是“革命民主派的全权机关”，对真正监督的这一**首要条件**连想也没有想过。

这正是实行任何监督的关键。这一点正是那些掠夺人民并暗中破坏生产的资本家的最敏感之处。正因为这样，社会革命党人和孟什维克也就害怕触及这一点。

资本家通常提出的、小资产阶级不假思索一再重复的理由，就是资本主义经济绝对不容许取消商业秘密，因为生产资料的私有

① 参看本版全集第 30 卷第 171—172、285、286—288、364—366、367—369、370—372 页。——编者注

制，各企业对市场的依赖，使商业账目和商业周转（当然银行周转也在内）必须保持“神圣不可侵犯”。

凡是这样或那样地重复这种理由或类似理由的人，都是自己甘愿受骗，又在欺骗人民，他们闭眼不看现代经济生活中两个众所周知的极其重大的基本事实。第一个事实就是大资本主义，这是银行、辛迪加、大工厂等等的经济特点。第二个事实就是战争。

现代大资本主义到处都在向垄断资本主义转变，正是它消除了商业秘密的任何合理性，使商业秘密成为虚伪的东西，成为只是掩盖大资本的金融诈骗行为和惊人利润的手段。大资本主义经济，就其技术本性来说，是社会化的经济，就是说，它为千百万人工作，它通过自己的各种业务把成百、成千、成万个家庭直接或间接地连在一起。这并不是小手工业者或一般农民的经济，他们根本不记商业账，所以取消商业秘密同他们没有关系！

在大经济中，它的业务反正有几百人以至更多的人知道。保护商业秘密的法律在这里并不是为生产或交换的需要服务的，而是为投机买卖和用极不正当的手段牟取暴利，以及真正的诈骗行为服务的。大家知道，在股份企业中这种诈骗行为特别流行，而且用伪造得足以欺骗公众的报表和资产负债表非常巧妙地掩盖起来。

如果说在那些生产本身还没有社会化、还是分散零星的小商品经济中，即在小农和小手工业者中，保持商业秘密是必不可免的，那么在大资本主义经济中保护这种秘密，便是保护真正一小撮人的特权和利润而**损害**全体人民。既然规定股份公司必须公布报表，那就是说，法律也已经肯定了这一点，不过**这种**监督（这在一切先进国家以及俄国都可以实行）正是反动官僚式的监督，这种监督不是擦亮**人民**的眼睛，而是**不让**人民知道股份公司业务的**全部真相**。

按革命民主方式行事，就应该立刻颁布另一种法律：取消商业秘密，要求大企业和富人有最完备的报表，让任何一个公民团体（在民主的意义上说已达到相当人数的团体，譬如1 000或10 000选民）有权审查任何一个大企业的**一切**文据。这样的办法只要有一项法令就完全可以很容易地实现；**只有**这个办法才能通过职员联合会，通过工人联合会，通过各政党来调动**人民**对监督的主动性；只有这个办法才能使监督成为认真的和民主的监督。

此外还要考虑到战争。现在绝大多数工商企业不是为“自由市场”服务，而是**为国家**、为战争服务。所以我已经在《真理报》上说过，用不可能实施社会主义这一理由来反驳我们的人是撒谎，是彻头彻尾的撒谎，因为这里所说的，不是要现在立刻直接实施社会主义，而是要**揭露盗窃国库的行为**[①]。

为“战争”服务的资本主义经济（即直接或间接地同军事订货有关的经济）在法律保护下一直在**盗窃国库**，立宪民主党人先生们和反对取消商业秘密的孟什维克和社会革命党人，无非是**盗窃国库的帮手和庇护者**。

为了战争俄国现在**每天**耗费5 000万卢布。每天5 000万，这个数目大部分是付给军火商的。在这5 000万中**每天**至少有500万，也许有1 000万以至更大的数目成了资本家和同他们有某种勾结的官吏们的“正当收入”。特别是那些为军事订货提供贷款的大公司和大银行，在这里赚取了闻所未闻的利润，它们大发横财就

① 参看本版全集第30卷第286—288页。——编者注

是靠盗窃国库，因为这种乘战争灾难的“机会”，乘几十万、几百万人死亡的“机会”来欺诈和掠夺人民的行为，决不能叫做别的。

关于这种从军事订货中获得的可耻的利润，关于银行隐匿的各种“保证书”，关于靠物价飞涨发财的是些什么人，这是“大家”都知道的，“社会上”也用嘲笑态度谈论着这些事，**甚至**那些通常避而不谈“不愉快的”事实、绕开“棘手”问题的资产阶级报刊，对这点也明确无误地多次提到。大家都知道，可是大家都不说，都忍气吞声，都听任政府冠冕堂皇地谈论“监督”和“调节”!!

革命民主主义者，如果他们真是革命者和民主主义者，那他们就应该立刻颁布法律：取消商业秘密，责成军火商和商人公布报表，未经当局允许不得擅自丢弃他们所经营的业务，用没收财产和枪毙[①]来惩治那些隐瞒实情和欺骗人民的人，组织**来自下面的**、民主的检查和监督，即由人民自己，由职员联合会、工人联合会以及消费者团体等等实行检查和监督。

我们的社会革命党人和孟什维克完全称得上是被吓倒的民主派，因为在这个问题上他们重复所有被吓倒的市侩的话，说什么采用“过严的”办法，资本家就会“逃走一空”，说没有资本家“我们”就不行，说也许英法百万富翁也会因此“见怪”，而他们本来是“支持”我们的，如此等等。使人觉得，布尔什维克所提出的是人类历史上从未有过、从未试行过的东西，是“乌托邦”。其实早在125年以前，在法国就有过真正的“革命民主派”，他们真正相信他们所进行

① 我有一次在布尔什维克报纸上指出过，只有在剥削者为了维护剥削而用死刑来对付劳动**群众**的时候，才能认为反对死刑的理由是正当的。（参看本卷第90—93页。——编者注）不用死刑来对付**剥削者**（即地主和资本家），这是任何革命政府都未必能做到的。

的战争是正义的防御的战争，他们真正依靠同样有这种真诚信念的人民群众，——这些人能够建立起对富人的**革命**监督，并且获得了举世钦佩的结果。而在这125年中，资本主义发展了，建立起银行、辛迪加、铁路等等，这就使工人和农民对剥削者，对地主和资本家实行真正民主监督的措施要容易和简单百倍。

就实质来说，监督的全部问题归根到底在于谁监督谁，就是说哪一个阶级是监督阶级，哪一个阶级是被监督阶级。直到现在，在我们共和制的俄国，在所谓革命民主派的"全权机关"参与下，仍旧承认地主和资本家是监督者，仍旧让他们当监督者。结果，资本家激起人民公愤的掠夺行为就必然出现，资本家故意维持的经济破坏现象也就必不可免。应当不怕打破旧的，不怕大胆建设新的，坚决彻底地实行**由**工人和农民**对**地主和资本家的监督。而这正是我们的社会革命党人和孟什维克最害怕的事情。

强迫参加联合组织

强迫辛迪加化，即强迫参加联合组织，例如强迫工业家参加联合组织，在德国已经这样做了。这里丝毫没有什么新的东西。由于社会革命党人和孟什维克的过错，共和制的俄国在这方面也是完全陷于停滞状态，这两个不那么可敬的政党还在和立宪民主党人，或者和布勃利科夫之流，或者和捷列先科及克伦斯基跳起卡德里尔舞[83]供俄国"消遣"。

强迫辛迪加化，一方面是国家对资本主义发展的一种推动，而资本主义的发展普遍地使阶级斗争成为有组织的斗争，使联合组织的数量增加，名目繁多，作用增大。另一方面，强迫“联合化”又是任何一种稍微认真的监督办法和任何一种节省国民劳动的办法所必需的先决条件。

例如，德国的法律责成当地或全国的制革工厂主组成一个联合组织，由国家派代表参加这个联合组织的董事会，进行监督。这种法律丝毫没有直接（指法律本身）触动财产关系，没有剥夺任何一个产权人的一个戈比，也没有预先决定，这种监督是用反动官僚的方式、方针和精神来实施，还是用革命民主的方式、方针和精神来实施。

这种法律可以而且应当在我国立即颁布，哪怕一个星期的宝贵时间也不要失掉，让**社会环境本身**去规定实施法律的更具体的方式、速度以及监督法律实施的办法等等。为了颁布这样的法律，国家并不需要设立专门的机构、进行专门的考察以及事先的调查，只要有决心同那些“不习惯”这种干预、不愿意丧失超额利润（按老规矩经营又不受监督而得来的）的资本家的某些私人利益断绝关系就行。

为了颁布这样的法律，并不需要任何机构，任何“统计”（切尔诺夫曾想用“统计”来代替农民的革命首创精神），因为这种法律应当由工厂主或工业家本身，由**现有的**社会力量来实施，并由现有的社会（即不是政府的，不是官僚的）力量加以监督，不过这种社会力量一定要来自所谓“下层等级”，即来自被压迫被剥削阶级，因为这些阶级的英勇精神、自我牺牲精神和集体纪律，在历史上总是比剥削者**高出**无数倍。

假定我国有真正革命民主的政府，它规定每个生产部门中凡是雇用两个以上工人的工厂主和工业家都必须立刻参加县和省的联合组织。首先要责成工厂主、经理、董事、大股东始终如一地执行法律（因为这些人都是现代工业真正的领袖、真正的主人）。如果他们规避立刻执行法律的工作，就把他们当做逃避兵役者加以惩办，并实行连环保，各人用自己的全部财产担保，大家对一人负责，一人对大家负责。其次，所有职员也有责任执行这个法律，他们也必须成立**一个**团体，所有工人和工会也有责任执行这个法律。“联合化”的目的就是要建立最完备、最严格和最详细的报表制度，而主要是把购买原料、销售产品、**节省**国民财力和人力方面的**业务联合起来**。分散的企业联合为一个辛迪加，就能大大节省，这是经济学告诉我们的，也是一切辛迪加、卡特尔、托拉斯的例子说明了的。应当再重复一遍，联合成一个辛迪加，这本身丝毫不改变财产关系，不剥夺任何一个产权人的一个戈比。这一点必须再三强调，因为资产阶级报刊一直在“吓唬”中小业主，说社会党人特别是布尔什维克想“剥夺”他们；这种说法显然是骗人的，因为社会党人**就是在完全的社会主义**变革时也不想剥夺、不能剥夺并且不会剥夺小农。我们说的始终**只是**最紧迫最必要的办法，这些办法在西欧已经实现了，凡是稍微彻底一点的民主派都应当立刻在我国采取这些办法，以便同日益逼近的不可避免的灾难进行斗争。

如果要小的和极小的业主都参加各种联合组织，那无论在技术上或者文化上都会遇到严重的困难，因为他们的企业非常分散，技术简陋，业主本人又不识字或无知识。然而正是这些企业可以不包括在这项法律之内（我们在上面假设的例子中已经指出了），即使不把它们联合起来，更不用说联合得晚一些，不会造成什么严重的障碍，因为为数众多的小企业在生产总额中的比重和对整个国民经济的意义都是**微不足道的**，况且这些企业通常都是这样或那样地依赖大企业的。

有决定意义的只是大企业，这种企业在技术和文化方面**已经具备了**“联合化”所必需的手段和人力，所缺少的只是**革命**政权调动这些人力和手段所必需的严厉无情地对待剥削者的那种坚决果断的主动精神。

国家愈缺乏受过技术教育的人才和一般知识分子，就愈**迫切**需要尽可能迅速、尽可能坚决地下令实行强迫联合，而且要从大的和最大的企业开始，因为正是联合才能**节省**知识分子，才能**充分**使用和更合理地调配这些力量。既然沙皇政府统治下的穷乡僻壤的俄国农民，努力排除政府所造成的无数障碍，也能在 1905 年以后，在成立各种联合组织方面大大跨进一步，那么现在大工商业和中等工商业的联合自然就能够在几个月内实现，或者还要快些，只要真正革命民主的政府能强制执行，能依靠“下层”即民主派、职员、工人的支持和参加，使他们从中得利受益，并且号召**他们**起来实行监督。

调 节 消 费

战争迫使所有交战国和许多中立国都实行了调节消费的办法。面包配给证出世了，成了很普通的现象，接着又出现了其他各种配给证。俄国也不例外，也采用了面包配给证。

然而，正好用这个例子，我们也许可以把对付灾难的反动官僚办法同革命民主办法作一个最鲜明的对比，前一种办法力求局限于最微小的改革，而后一种办法要名副其实，首要任务就是强制地同过时的老一套决裂，尽可能加快事情的进展。

采用面包配给证，是目前资本主义国家调节消费的一个典型例子，它的任务，它所要做到的只有一点（至多也只能做到这一点）：把现有粮食分配得让大家够吃。规定最高消费量的远不是一切食品，而只是几种主要的“大众”食品。如此而已。别的就再也不管了。官僚式地统计现有存粮，按人口分配，规定定量，付诸实施，这样就算完事。奢侈品是不涉及的，因为这些东西“反正”很少，“反正”很贵，“人民大众”是买不起的。所以在无一例外的**所有**交战国中，**甚至**在德国这样一个无可争辩地可以说是最准确、最精密、最严格调节消费的模范国家里，我们都可以看到，富人一直**不受**任何消费“定量”的**限制**。这也是“大家”都知道的，而且“大家”谈起来都是加以嘲笑的。德国社会党的报刊（有时甚至是资产阶级的报刊），不管德国军营般森严的书报检查机关如何横暴，经常登载一些短评和消息，报道富人的“菜单”，披露富人在某某疗养地（凡是……有钱的，都可以托病到那里疗养）可以无限制得到白面包，富人吃的是难以见到的珍馐佳肴，而不是大众食品。

反动的资本主义国家**害怕**损坏资本主义的基石，雇佣奴隶制的基石，富人经济统治的基石，**害怕**发挥工人以及所有劳动者的主动性，**害怕**“煽起”他们的要求；**这样的**国家除了面包配给证，其他什么也不需要。这样的国家在任何时候采取任何一个步骤，都不会忽略自己的**反动**目的：巩固资本主义，不使它受到损害，在“调节经济生活”方面，尤其在调节消费方面，仅仅采取一些使人民不致挨饿所绝对必需的办法，而决**不打算**真正调节消费，就是说，并不想**监督富人**，并不想把战时**更多的**负担加到那些在和平时期养尊处优、享有特权、饱食终日的富人身上。

用反动官僚办法解决战争向人民提出的任务，就只限于实行面包配给制，平均分配那些生活绝对必需的“大众”食品，一点也不放弃官僚主义和反动性，就是说，一点也不放弃自己的目的：**不**调动穷人、无产阶级、人民大众（“平民”）的主动性，**不**容许**他们**监督富人，**更多地**为富人留下享受奢侈品的漏洞。在**所有**国家中，重复一句，甚至在德国，更不消说俄国了，这样的漏洞是留得很多的，“老百姓”在挨饿，而富人却到疗养地去，除官方规定的很少一点定量外，还得到各种“补贴”，而且**不**许别人对**自己**监督。

在刚刚完成了反对沙皇制度、争取自由平等的革命的俄国，在按实际政治制度来说一下子就成了民主共和国的俄国，**大家**看到富人可以轻易躲过“面包配给制”的限制，这特别使人民感到刺眼，特别引起群众的不满、恼怒、痛恨和愤慨。他们这样做非常容易。他们“暗地里”用特别高的价格，尤其是“**依靠交情**”（这种交情只有富人才有），就能得到一切，而且数量很大。人民却在挨饿。调节消费受到最狭窄的官僚反动的框框的限制。政府方面丝毫没有想到，丝毫没有设法根据真正革命民主的原则来进行这种调节。

“大家”都吃到排队买东西的苦头，可是……可是富人却派仆人去排队，甚至雇用专门的仆人来做这件事！这也叫做“民主制度”！

在国家经受空前的灾难的时候，为了战胜当前的灾难，革命民主政策应不限于实行面包配给制，还要加上以下的办法：第一，强迫全体居民加入消费合作社，因为不这样就无法充分贯彻对消费的监督；第二，对富人实行劳动义务制，要他们无报酬地在这些消费合作社中从事文书之类的劳动；第三，把一切消费品真正平均分配给居民，使战争的重负真正平均分担；第四，实行监督，要使富人的消费受到居民中贫苦阶级的监督。

在这方面建立真正的民主制度，在组织人民中最贫苦阶级实行监督方面表现真正的革命性，就能大大推动现有的每个知识分子努力工作，就能发挥全体人民真正的革命干劲。然而现在，共和制的革命民主主义的俄国的部长们，和他们在其他一切帝国主义国家中的同行一样，说些“为人民利益共同劳动”、“调动一切力量”这样的漂亮话，可是人民到底还是看到了、感受到了、觉察到了这些话的虚伪性。

结果是踏步不前，瓦解现象日趋严重而无法控制，灾难日益逼近，其原因在于：按照科尔尼洛夫方式，按照兴登堡方式，按照一般帝国主义方式来让工人服军事苦役吧，我国政府无法做到，因为**革命**的传统、记忆、痕迹、习惯和制度还活生生地存在于人民之中；真正认真地沿着革命民主的道路前进几步吧，我国政府又不愿意，因为它完全依赖资产阶级，同资产阶级搞“联合”，生怕触犯资产阶级事实上的特权，这样就把它浑身上下都束缚住了。

政府破坏民主组织的工作

我们探讨了战胜灾难和饥荒的各种办法和方法。我们处处都看到了，以民主派为一方，以政府以及支持政府的社会革命党人和孟什维克的联盟为另一方，彼此有不可调和的矛盾。为了证明这些矛盾不仅我们说存在，而且在实际上存在，为了证明这些矛盾的不可调和性已为具有全民意义的冲突所**实际**证实，只要提一下我国革命半年来的历史中两个特别典型的“总结”和教训就够了。

帕尔钦斯基"当权"的历史是一个教训。彼舍霍诺夫"当权"和垮台的历史又是一个教训。

上述各种战胜灾难和饥荒的办法,实质上就是要从各方面鼓励(直到强迫)居民,首先是民主派即大多数居民"联合化",也就是说首先鼓励被压迫阶级,鼓励工人和农民,特别是贫苦农民"联合化"。为了克服战争所带来的空前的困难、重担和灾难,居民自己已经自发地走上了这条道路。

沙皇政府曾千方百计地阻挠居民自动地和自由地"联合化"。但在沙皇君主制崩溃后,民主组织便在俄国各地产生并迅速发展起来。自发的民主组织,即各种供给委员会、粮食委员会、燃料会议以及诸如此类的组织,进行了克服灾难的工作。

在我国革命半年来的全部历史中,在这个问题上最值得注意的,就是自称为共和的革命的**政府**,即孟什维克和社会革命党人以"革命民主派全权机关"的名义**支持的**政府,竟*反对*民主组织,并且*搞垮了这些组织*!!

帕尔钦斯基由于进行这个斗争,臭名传遍了俄国。他藏在政府背后进行活动,而不在大庭广众公开出面(所有立宪民主党人也喜欢以这种方式活动,乐意推出策列铁里来"对付人民",自己却在暗中包办一切重要事情)。帕尔钦斯基阻挠和破坏了自发民主组织的一切重大措施,因为任何一项重大措施都不能不"损害"基特·基特奇之流的无限利润和专横气焰。而帕尔钦斯基正是基特·基特奇之流的忠实卫士和奴仆。事情弄到这种地步,——这是报上公布过的事实——帕尔钦斯基竟公然**撤销**自发民主组织的指令!!

帕尔钦斯基"当权"的全部历史(他"当权了"好几个月,而且正是在策列铁里、斯柯别列夫、切尔诺夫当“部长”的时候)，完全是一部**讨好**资本家、为了资本家的卑鄙私利而践踏民意、破坏民主派决定的见不得人的丑史。自然，报纸上能够发表的只是帕尔钦斯基“功绩”的极小一部分，要把他**阻挠**克服饥荒的罪行彻底查清，只有无产阶级的真正民主的政府才能做到，无产阶级一旦取得政权，就会把帕尔钦斯基及其同类人物的案件毫不隐匿地提交人民**审判**。

也许有人会反驳说，帕尔钦斯基只是一种例外，他不是已经被赶走了吗…… 可是问题正在于：帕尔钦斯基不是例外，而是**通例**；赶走了帕尔钦斯基，情况丝毫也没有改善；代替他的只是一些名字不同的帕尔钦斯基罢了；资本家的全部“**影响**”，**为讨好资本家而破坏克服饥荒**的全部政策，仍丝毫没有触动。因为克伦斯基之流不过是维护资本家利益的屏风而已。

对这一点的最明显的证明，就是粮食部长彼舍霍诺夫退出内阁。大家知道，彼舍霍诺夫是个最最温和的民粹派。可是他在组织粮食工作方面很想老老实实地做些事情，同民主组织取得联系，把它们作为依靠。彼舍霍诺夫的工作**经历**和**退出**内阁之所以更值得注意，是因为这个极温和的民粹派分子，这个“人民社会”党党员，虽然决心同资产阶级作任何妥协，还是不得不退出内阁！原因是克伦斯基政府为了讨好资本家、地主和富农而**提高了**粮食的固定价格!!

请看玛·斯米特在9月2日《自由生活报》[84]第1号上对这个“步骤”及其意义的描写吧：

“在政府决定提高固定价格的前几天，全国粮食委员会里曾出现了这样一个场面：右派代表罗洛维奇这个顽固维护私人商业利益、激烈反对粮食垄断和国家干预经济生活的人，扬扬得意地当众宣布，据他所知，粮食的固定价格很快就要提高了。

而工兵代表苏维埃的代表回答说，他丝毫也不知道有这样的事，只要革命还在俄国进行，绝不会有这种事，不同民主派的全权机关经济委员会和全国粮食委员会商量，政府无论如何是不会做出这种事情的。农民代表苏维埃的代表也同意这个声明。

但是，可惜！事实对这个反声明作了非常严酷的修正：言中的不是民主派的代表，而是有产者的代表。关于准备侵犯民主派权利这件事，他消息很灵通，而民主派的代表连发生这种事情的可能性也愤慨地加以否认。”

总之，无论工人代表或农民代表，都以绝大多数人民的名义明确地申述了自己的意见，而克伦斯基政府为了资本家的利益却反其道而行之！

罗洛维奇这个资本家的代表对于民主派不知道的那些事情，消息是非常灵通的，这正像我们常常看到而且现在还能看到的情形一样：资产阶级报纸《言语报》和《交易所小报》对于克伦斯基政府中所发生的事情，消息是非常灵通的。

这种消息灵通说明什么呢？显然说明资本家有自己的“门路”，并且**在事实上**掌握着政权。克伦斯基是一个傀儡，他们要怎样使用他，就怎样使用他，要什么时候使用他，就什么时候使用他。千百万工人和农民的利益成了一小撮富人利润的牺牲品。

我们的社会革命党人和孟什维克怎样回答这种令人愤慨的嘲弄人民的行为呢？也许他们已经发表了告工人和农民书，宣告干这种事情的克伦斯基及其同僚只配进监狱吧？

根本没有这回事！社会革命党人和孟什维克仅仅以他们所把持的“经济部”的名义通过了一项我们已经提到的虚声恫吓的决议！他们在这个决议中声称，克伦斯基政府提高粮食价格是一种“**有害的**办法，使粮食工作以及全国经济生活遭受**莫大的打击**”，说实施这些有害的办法是公然“*违反*”法律的！！

这就是妥协政策的结果，这就是向克伦斯基讨好并想对他“宽恕”的政策的结果！

政府讨好地主和资本家这些富人，采取这种对整个监督工作、粮食工作和整顿摇摇欲坠的财政的工作**有害**的办法，就是违反法律，而社会革命党人和孟什维克却继续谈论同工商界达成协议，继续同捷列先科磋商，继续宽恕克伦斯基，只是通过了一纸决议表示抗议，但就是这个决议也被政府若无其事地束之高阁了！！

这里特别清楚地揭示了一个真理：社会革命党人和孟什维克背叛了人民和革命，而布尔什维克才是群众（**甚至**包括社会革命党和孟什维克的群众）的真正领袖。

这是因为，只有布尔什维克党所领导的无产阶级夺得政权，才能肃清克伦斯基之流所造成的混乱现象，才能*恢复*被克伦斯基及其政府所**破坏**的粮食、供给等等的民主组织的工作。

从上述事例中可以极其明显地看出，布尔什维克代表**全体**人民的利益，即做好粮食和供给工作、满足工人**和农民**的迫切需要这样的利益，这同社会革命党人和孟什维克动摇的、不坚决的、真正叛卖性的政策正好相反，他们的政策竟使国家干出了提高粮价这种可耻的事情！

财政破产和挽救的办法

提高粮食固定价格问题还有另外一个方面。价格的提高意味着更多地滥发纸币，物价更加高涨，财政紊乱加剧，财政破产逼近。

大家都认为，滥发纸币是一种最坏的强制性借款，它使工人这一部分最贫困的居民境况尤其恶化，它是财政混乱的主要祸害。

而社会革命党人和孟什维克所支持的克伦斯基政府恰恰采用了这种办法！

要认真克服财政紊乱和必不可免的财政破产，除用革命手段同资本的利益决裂，组织真正民主的、“来自下面的”监督，即工人和贫苦农民**对**资本家的监督之外，也就是除前面我们所说的办法之外，没有别的办法。

滥发纸币就是鼓励投机，让资本家靠投机大发横财，并且给亟需扩大的生产造成莫大困难，因为材料、机器等等的价格日益昂贵，不停地飞涨。富人把投机得来的财富隐瞒起来，那该怎么办呢？

可以对数额很大和极大的收入征收税率很高的累进所得税。继其他帝国主义政府之后，我国政府也实行了这个办法。但是这个办法多半是落空的，是一纸空文，因为第一，货币贬值愈来愈快，第二，收入来源愈是靠投机，商业秘密保守得愈严，隐瞒收入也就愈厉害。

要使税收实际可靠，不致落空，就必须实行实际的而不是停留在纸上的监督。如果监督仍然是官僚式的，那就不可能对资本家实行监督，因为官僚本身同资产阶级有千丝万缕的联系。所以在西欧各帝国主义国家里，不管是君主国也好，共和国也好，整顿财政完全靠实行“劳动义务制”，而实行的办法就是让工人服**军事苦役**或者说沦为**军事奴隶**。

反动官僚式的监督是帝国主义国家（法国和美国这两个民主共和国也不例外）把战争重担转嫁给无产阶级和劳动群众的唯一

手段。

我国政府政策的基本矛盾就在于：为了不同资产阶级闹翻，不破坏同它的“联合”，就不得不实行反动官僚式的监督，同时为了不断欺骗人民，又把这种监督叫做“革命民主的”监督，这样就激起了刚把沙皇制度推翻的群众的愤怒和痛恨。

其实，只有采取革命民主的办法，把工农被压迫阶级，把群众联合在各种团体中，才能**对富人**实行真正的监督，才能最有效地与隐瞒收入的行为作斗争。

现在正在大力鼓励用支票流通的办法来防止滥发纸币。这种办法对穷人没有意义，因为穷人反正是过一天算一天，一星期就完成一次“经济周转”，把挣来的很少几个钱又还给资本家。对于富人，支票流通则有巨大的意义，特别是在实行银行国有化和取消商业秘密之后，支票流通就能够使国家**真正监督**资本家的收入，真正抽他们的税，真正使财政体系“民主化”（同时加以整顿）。

但是这里的障碍正是那种害怕侵犯资产阶级特权、害怕破坏同它的“联合”的心理。因为不采取真正革命的办法，不使用极严厉的强制手段，资本家就不会服从任何监督，不会公开自己的收支情况，不会向民主国家“申报”储藏的纸币。

联合在各种团体中的工人和农民，只要把银行收归国有，实行一切富人都必须依法执行的支票流通的办法，取消商业秘密，规定没收隐瞒收入者的财产，等等，就能非常容易地使监督成为真正的和普遍的监督，正是这种对富人的监督，能使国库发行的纸币**从那些**拥有和隐藏纸币的人手中**回交国库**。

为此就必须有革命无产阶级所领导的民主派的革命专政，就是说，为此民主派就必须成为**真正**革命的民主派。这就是问题的全部关键。这正是我们的社会革命党人和孟什维克不愿意做的事，他们打着“革命民主”的**旗帜**来欺骗人民，实际上支持资产阶级的反动官僚政策，而资产阶级总是遵循下列原则：我们死后哪怕洪水滔天（“après nous le déluge”）[85]！

我们平常甚至没有察觉到，所谓资产阶级所有制“神圣不可侵犯”这种反民主的习惯和成见是如何深刻地侵蚀了我们的心灵。某个工程师或银行家公布工人的收支情况，公布关于工人工资及其劳动生产率的材料，被认为是非常合理合法的事情。谁也不认为这是侵犯工人的“私生活”，是工程师在“侦探或告密”。资产阶级社会把雇佣工人的劳动和工资看做**自己的**公开账簿，任何一个资产者都有权随时查看，随时揭露工人如何“奢侈”、如何“懒惰”等等。

可是，如果反过来进行监督呢？如果职员、办事员和**仆役**的团体应**民主**国家的邀请来检查资本家的收支情况，公布这方面的材料，协助政府与隐瞒收入的行为作斗争，那又会怎样呢？

那资产阶级就会大嚷大叫地反对“侦探”，反对“告密”了！“老爷”监督仆役，资本家监督工人，被认为是理所当然的；人们认为被剥削劳动者的私生活并**不是**不可侵犯的，资产阶级有权要求每个“雇佣奴隶”报账，有权随时公布他的收支情况。而被压迫者要监督压迫者，要查清**他的**收支情况，要揭露**他的**奢侈生活——哪怕在战争期间，在这种奢侈生活已经直接引起了前线军队的饥饿和死亡的时候——啊，那可不行，资产阶级是不容许“侦探”和“告密”的！

问题归结起来还是在于：资产阶级的统治和真正革命的真正

民主的制度是**不可调和的**。在20世纪的资本主义国家里，**如果害怕**走向社会主义，那就决不可能成为一个革命民主主义者。

害怕走向社会主义能不能前进？

以上所说的，很容易引起那些受社会革命党人和孟什维克的流行的机会主义思想侵蚀的读者的反驳，说这里描述的实质上多半不是民主的措施，而**已经**是社会主义的措施了！

这种在资产阶级、社会革命党人和孟什维克的报刊上常见的(用这样或那样的形式)流行的反驳，是对落后的资本主义的一种反动的司徒卢威式的辩护。他们说什么我国还没有成熟到可以实行社会主义的地步，"实施"社会主义还为时过早，我国革命是资产阶级革命，所以应该做资产阶级的奴仆(虽然法国伟大的资产阶级革命家在125年以前就对一切压迫者，即地主和资本家采取了**恐怖手段**，从而使革命成了伟大的革命！)。

那些替资产阶级效劳的可怜的马克思主义者(社会革命党人也转到他们那边去了)就是这样推论的，他们不懂得(从他们这种意见的理论根据来看)什么是帝国主义，什么是资本主义垄断组织，什么是国家，什么是革命民主制。因为，懂得这些东西的人决不会不承认，不走向社会主义就不能前进。

大家都在谈论帝国主义。但是帝国主义无非是垄断资本主义。

俄国的资本主义也成了垄断资本主义，这一点可以由"煤业公司"、"五金公司"、糖业辛迪加等等充分证明。而这个糖业辛迪加又使我们亲眼看到垄断资本主义怎样转变成国家垄断资本主义。

什么是国家呢？国家就是统治阶级的组织，例如在德国便是容克和资本家的组织。所以德国的普列汉诺夫分子（谢德曼、伦施等人）称之为“军事社会主义”的东西，实际上就是军事国家垄断资本主义，说得简明些，就是使工人服军事苦役，使资本家的利润得到军事保护。

如果试一试用**革命民主**国家，即用采取革命手段摧毁**一切**特权、不怕以革命手段实现最完备的民主制度的国家来**代替**容克资本家的国家，代替地主资本家的国家，那又会怎样呢？那你就会看到，真正革命民主国家中的国家垄断资本主义，必然会是走向社会主义的一个或一些步骤！

因为，如果资本主义大企业成了垄断组织，那就是说，它面向全体人民。如果它成了国家垄断组织，那就是说，由国家（在**革命**民主制的条件下，国家就是居民的、首先是工人和农民的武装组织）来指导整个企业。但是为谁的利益服务呢？

——或者是为地主和资本家的利益服务，那就不是革命民主国家，而是反动官僚国家，是帝国主义共和国；

——或者是为革命民主派的利益服务，那**就是走向社会主义的步骤**。

因为社会主义无非是从国家资本主义垄断再向前跨进一步。换句话说，社会主义无非是**变得有利于全体人民**的国家资本主义垄断，就这一点来说，国家资本主义垄断也就**不再是**资本主义垄断了。

在这里，中间道路是没有的。客观的发展进程是这样：不走向社会主义，就**不能**从**垄断组织**（战争使垄断组织的数目、作用和意义增大了十倍）向前进。

或者做一个真正的革命民主主义者，那就不能害怕走向社会主义的步骤。

或者害怕走向社会主义的步骤，像普列汉诺夫、唐恩、切尔诺夫那样，借口我国革命是资产阶级革命，不能“实施”社会主义等等来非难这些步骤，那就必然会滚到克伦斯基、米留可夫和科尔尼洛夫那边去，即用**反动官僚手段**来压制工农群众的“革命民主的”要求。

中间道路是没有的。

我国革命的基本矛盾也就在这里。

在整个历史上，特别在战争期间，站在原地不动是不可能的。不是前进，就是后退。在用革命手段争得了共和制和民主制的20世纪的俄国，不**走向**社会主义，不采取走向社会主义的**步骤**（这些步骤为技术和文化的水平所制约和决定：在农民的耕作业中“实行”大机器经济固然不行，在糖业生产中要取消大机器经济也是不行的），就**不能**前进。

害怕前进，**那就意味着**后退，而克伦斯基之流先生们在米留可夫之流和普列汉诺夫之流的欣然赞赏下，在策列铁里之流和切尔诺夫之流的愚蠢帮助下，正是这样做的。

战争异常地加速了垄断资本主义向国家垄断资本主义的转变，**从而**使人类异常迅速地接近了社会主义，历史的辩证法就是如此。

帝国主义战争是社会主义革命的前夜。这不仅因为战争带来的灾难促成了无产阶级的起义（如果社会主义在经济上尚未成熟，任何起义也创造不出社会主义来),而且因为国家垄断资本主义是社会主义的最充分的**物质**准备,是社会主义的**前阶**,是历史阶梯上的一级,在这一级和叫做社会主义的那一级之间,**没有任何中间级**。

* * *

对于社会主义问题,我们的社会革命党人和孟什维克是抱着学理主义的态度,即根据他们背得烂熟但理解得很差的教条来看待的。他们把社会主义说成是遥远的、情况不明的、渺茫的未来。

其实,社会主义现在已经在现代资本主义的一切窗口中出现,在这个最新资本主义的基础上前进一步的每项重大措施中,社会主义已经直接地、**实际地**显现出来了。

什么是普遍劳动义务制呢?

这就是在最新的垄断资本主义基础上前进了一步,是朝着按照某一总计划来调节整个经济生活的方向,朝着节省国民劳动、防止资本主义加以滥用的方向前进了一步。

在德国,实行普遍劳动义务制的是容克(地主)和资本家,所以它对工人来说必然成为军事苦役。

可是这一制度如果由革命民主国家来实行,那么请想一想,它会有怎样的意义呢?由工兵农代表苏维埃实行、调节、指导的普遍劳动义务制,虽然**还不是**社会主义,但是**已经不是**资本主义了。这是**走向**社会主义的一个巨大**步骤**,在保持充分民主的条件下,除非对群众施加空前未有的暴力,绝不可能从这样的步骤退到资本主义去。

消除经济破坏和战争问题

既然谈到战胜日益逼近的灾难的办法问题,我们就得说明一下另外一个极重要的问题,就是对内政策和对外政策的关系问题,换句话说,就是帝国主义的侵略战争和无产阶级的革命战争之间、罪恶的掠夺战争和正义的民主战争之间的相互关系问题。

上面已经指出,我们所描述的一切战胜灾难的办法,会大大加强国家的防御能力,换句话说,会大大加强国家的军事实力,这是一方面。另一方面,如果不把侵略战争变为正义战争,不把资本家为了本身利益而进行的战争变为无产阶级为了全体被剥削劳动者的利益而进行的战争,那么这些办法就不能实施。

情况确实如此。实行银行和辛迪加的国有化,同时取消商业秘密和实行工人对资本家的监督,不仅可以大大节省国民劳动,可以节省人力和物力,而且会使居民中的劳动**群众**即大多数居民的生活状况得到改善。大家知道,在现代战争中,经济组织是有决定意义的。在俄国,粮食、煤、石油、铁都很充足,在这方面,我国的状况比欧洲任何一个交战国都好。如果在用上述办法消除经济破坏时,发挥群众在这方面的主动性,改善群众的生活状况,实行银行和辛迪加的国有化,俄国就能利用自己的革命和自己的民主制度把整个国家的经济组织水平大大提高。

假如社会革命党人和孟什维克不同那些阻挠一切监督办法、暗中破坏生产的资产阶级搞“联合”,而在 4 月间就使政权转归苏维埃,并且不把自己的力量用在玩弄“更换阁员的把戏”,用在争取同立宪民主党人一起分享部长、副部长等等官位，而是把力量用来领导工农实行**他们对**资本家的监督，领导工农进行**反对**资本家的**战争**，那么俄国现在就会成为一个进行彻底的经济改造的国家，成为一个土地归农民、银行国有化的国家，也就是说，**在这些方面**（而这是现代生活极其重要的经济基础）会**超过**所有其他的资本主义国家。

实现了银行国有化的国家，它的防御能力即军事实力**超过**银行留在私人手里的国家。土地由农民委员会掌握的农民国家，它的军事实力**超过**保留地主土地占有制的国家。

人们常常拿法国人在1792—1793年所表现的英勇爱国精神和奋勇作战的奇迹作例证。但是，他们常常忘记了当时唯一可能造成这种奇迹的物质条件，即历史经济条件。用真正革命的手段摧毁过时的封建制度，使全国过渡到更高的生产方式，过渡到自由的农民土地占有制，并且是以真正革命民主主义者那种迅猛、果敢、坚韧和忘我的精神来实现这种过渡，——这就是那些用"神奇的"速度挽救了法国，把它的经济基础加以**改造**、加以**革新**的物质经济条件。

法国的例子告诉我们的唯一的一点就是：要使俄国成为具有防御能力的国家，要使俄国也出现群众英勇奋斗的"奇迹"，就必须用"雅各宾式的"无情手段来扫除一切旧的东西，**在经济上**革新俄国，改造俄国。这在20世纪不是光靠推翻沙皇制度（法国在125年前就已经不限于此了）就能办到的。这甚至也不是光靠用革命手段消灭地主土地占有制（我们连这一点也没有做到，因为社会革命党人和孟什维克背叛了农民！），光靠把土地转归农民就能办到的。因为现在是在20世纪，只有对土地的统治，而**没有对银行的**

统治是不能改造和革新人民的生活的。

18世纪末，法国在物质方面即生产方面的革新是同政治上和精神上的革新，同革命民主派和革命无产阶级的专政（当时民主派还没有同无产阶级分开，无产阶级几乎还同民主派融合在一起），同向一切反动势力宣布的无情战争联系着的。全体人民，特别是群众即各**被压迫**阶级，都充满了无限的革命热情；**大家**都认为当时的战争是正义的防御战争，而且**事实上也是**这样。革命的法国抵御了反动君主制欧洲的侵犯。不是在1792—1793年，而是过了很多年，**在**国内反动势力取得胜利**以后**，拿破仑的反革命专政才把法国进行的战争由防御战争变成了侵略战争。

俄国的情况怎样呢？我们继续在进行帝国主义战争，这个战争是为了资本家的利益，是同其他帝国主义者结成联盟，遵照**沙皇**同英国等国的资本家签订的秘密条约进行的，这些条约允许俄国资本家掠夺别国，占领君士坦丁堡、利沃夫、亚美尼亚等等。

只要俄国还没有提出缔结公正的和约，还没有同帝国主义断绝关系，从俄国方面来说，战争仍然是非正义的、反动的侵略战争。战争的社会性质和它的真正意义并不是由敌军盘踞在什么地方决定的（社会革命党人和孟什维克就是这样想的，他们堕落到了无知农夫的庸俗水平）。决定战争社会性质的是战争所继续的是**什么政治**（“战争是政治的继续”），战争是由**哪一个阶级**进行的，是为了什么目的进行的。

引导群众去参加履行秘密条约的掠夺战争，还指望群众表现热情，这是不可能的。革命俄国的先进阶级即无产阶级日益清楚地认识到战争的罪恶性质，资产阶级不仅不能打消群众的这种信念，群众对战争的罪恶性质的认识反而日益提高了。俄国**两个首**

都的无产阶级已经完全成为国际主义的无产阶级了！

这里怎么谈得上群众拥护战争的热情呢！

对内政策和对外政策是彼此紧密联系着的。没有人民在果敢地实现伟大的经济改造中所表现的大无畏的英勇精神，就不能使国家成为具有防御能力的国家。而不同帝国主义断绝关系，不向各国人民提出缔结民主的和约，不用这种办法把侵略的、掠夺的、罪恶的战争变为正义的、防御的、革命的战争，就不能激发群众的英勇精神。

只有在对内政策和对外政策上完全彻底地同资本家断绝关系，才能挽救我们的革命，挽救我们这个被帝国主义的铁钳钳制着的国家。

革命民主派和革命无产阶级

目前俄国的民主派要想成为真正革命的民主派，就应当同无产阶级结成最紧密的联盟，一起前进，支持这个唯一彻底革命的阶级所进行的斗争。

分析了同规模空前的不可避免的灾难作斗争的办法问题之后所得出的结论就是这样。

战争造成了如此重大的危机，使人民的物质力量和精神力量达到如此紧张的地步，使整个现代社会组织受到如此严重的打击，因此人类必须作出抉择：要么是灭亡，要么是把自己的命运托付给最革命的阶级，以便最迅速最激进地过渡到更高的生产方式。

由于许多历史原因（俄国比其他国家落后得多，战争带给它的困难特别大，沙皇制度腐朽透顶，1905 年的传统还充满活力），俄国比其他国家先爆发了革命。革命在几个月以内就使得俄国在**政治**制度方面赶上了先进国家。

但是这还不够。战争是铁面无情的，它严酷地尖锐地提出问题：要么是灭亡，要么是**在经济方面也**赶上并且超过先进国家。

这是可能的，因为在我们面前摆着许多先进国家的现成经验以及它们在技术和文化方面的现成成就。欧洲日益高涨的反战浪潮，全世界工人革命日益发展的气氛，给我们以精神上的支持。在帝国主义战争时期极为罕见的革命民主的自由正激励着我们，鞭策着我们。

要么是灭亡，要么是开足马力奋勇前进。历史就是这样提出问题的。

在这样的时刻，无产阶级对农民的态度证明布尔什维克的老提法（只要形式上相应地作些改变）是正确的，即必须使农民摆脱资产阶级的影响。只有这样才能挽救革命。

而农民在整个小资产阶级群众中是人数最多的。

我们的社会革命党人和孟什维克担任了反动的角色：他们让农民继续受资产阶级的影响，引导农民去同资产阶级联合，而不是去同无产阶级联合。

革命的经验迅速地教育了群众。社会革命党人和孟什维克的反动政策正在破产：他们已在两个首都的苏维埃中遭到失败[86]。在这两个小资产阶级民主派政党的内部都有“左的”反对派在成长。1917 年 9 月 10 日在彼得格勒举行的社会革命党市代表会议上，趋向于同无产阶级联盟而拒绝同资产阶级联盟（联合）的**左派**社会革命党人占三分之二的多数。

社会革命党人和孟什维克在重复资产阶级所喜爱的对比方法，即拿资产阶级与民主派作对比。但是，这种对比实质上就像拿尺与斗作对比那样荒谬。

有民主派的资产阶级，也有资产阶级的民主派，只有对历史和政治经济学都十分无知的人才会否认这一点。

社会革命党人和孟什维克之所以要作这种不正确的对比，是为了**掩盖**一个无可争辩的事实，那就是在资产阶级和无产阶级之间还有一个**小资产阶级**。小资产阶级由于它的阶级的经济地位，必然会在资产阶级和无产阶级之间摇摆不定。

社会革命党人和孟什维克把小资产阶级拉去同资产阶级结成联盟。他们整个"联合"的实质、整个联合内阁的实质、克伦斯基这个典型的半立宪民主党人的全部政策的实质就在这里。在这半年的革命中，这个政策已遭到了彻底的破产。

立宪民主党人幸灾乐祸，说革命遭到了破产，革命既**没有**消除战争，也**没有**消除经济破坏。

这话不对。遭到破产的是**立宪民主党人**以及**社会革命党人和孟什维克**，因为半年来是这个联盟在统治俄国，而且在这半年中使经济破坏加剧了，使战争局势变得更加混乱、更加困难了。

资产阶级同**社会革命党人和孟什维克的联盟**破产愈彻底，人民**受到教育**也就愈快。人民也就会更容易地找到**正确的**出路，那就是：贫苦农民即大多数农民同无产阶级结成联盟。

1917 年 9 月 10—14 日

1917 年 10 月底由波涛出版社
在彼得格勒印成单行本

译自《列宁全集》俄文第 5 版
第 34 卷第 151—199 页

怎样保证立宪会议的成功

（关于出版自由）

（1917 年 9 月 12 日〔25 日〕以前）

4 月初，我在阐明布尔什维克对要不要召开立宪会议这个问题的态度时写道：

“应当召开，而且要快些召开。但是保证它召开并且开得成功的条件只有一个：增加工兵农等等代表苏维埃的数量，加强它们的**力量**；组织和**武装**工人群众。这是唯一的保证。”（《俄国的政党和无产阶级的任务》，生活和知识出版社普及丛书第 3 册第 9 页和第 29 页）①

从那时起已经过去 5 个月了，由于立宪民主党人的过错，会议一再延期召开，这就证明了这些话是正确的。此外，科尔尼洛夫叛乱也有力地证明了这些话是正确的。

现在，由于民主会议就要在 9 月 12 日召开，我想谈谈问题的另一方面。

孟什维克的《工人报》和《人民事业报》看到对农民的鼓动工作，对俄国人民中的这一真正的**大头**、真正的多数的教育工作做得太少，对此表示遗憾。大家都意识到而且都承认，立宪会议的成功与否取决于对农民的教育，但是这方面的工作做得简直少得可笑。

① 见本版全集第 29 卷第 194 页。——编者注

而虚伪透顶的、反革命资产阶级的和“黄色的”报纸却在欺骗、愚弄和吓唬农民，孟什维克和社会革命党人的报纸(更不用说布尔什维克的报纸)与之相比就显得十分软弱无力。

为什么会这样的呢?

这正是因为执政的社会革命党和孟什维克党软弱无能，不果断，不起作用;这正是因为他们不同意由苏维埃掌握全部政权，让农民仍然处于愚昧无知的状态下无人过问，听任农民受资本家和**他们的**报纸、**他们的**鼓动的“摆布”。

孟什维克和社会革命党人把我国革命吹嘘成伟大的革命，到处大发其关于“革命民主”的豪言壮语，**行动上**却使俄国局限于最普通的最典型的小资产阶级革命的范围内，这次革命推翻了沙皇，但其他一切依然如故，并没有对农民认真进行任何政治教育，一点不触动农民的愚昧无知这个**最后的**(也是最强有力的)堡垒——人民的剥削者和压迫者的**堡垒**。

正是现在应该提请人们注意这一点。现在，在民主会议召开以前，在离“预定”(为了再延期)召开立宪会议的日期还有两个月的时候，正应该指出，如果……如果我们的带引号的“革命民主派”是真正革命的和真正民主的，而所谓革命的，就是能够采取革命的行动，所谓民主的，就是照顾大多数人民的意志和利益而不是照顾继续掌握政权(克伦斯基政府)的少数资本家的意志和利益，那么事情就很容易挽回，在农民的政治教育方面就可以做许多工作，可是社会革命党人和孟什维克总是想同这些资本家“妥协”，不是直接就是间接、不是通过旧方式就是通过新方式同他们“妥协”。

资本家(许多社会革命党人和孟什维克因无知或守旧而追随他们)把取消书报检查和各党派可以自由出版任何报纸叫做“出版

自由”。

这实际上并不是出版自由,而是资产阶级富翁欺骗被压迫被剥削人民群众的自由。

情况确实如此。就拿彼得格勒和莫斯科的报纸来说,你立刻可以看出,资产阶级的报纸,如《言语报》、《交易所小报》、《新时报》、《俄罗斯言论报》等等等等(因为这类报纸很多),在发行量上占很大的优势。这种优势是建筑在什么基础上的呢?绝不是建筑在大多数人的意志上的,因为选举表明两个首都的大多数人(而且是绝大多数人)是站在民主派即社会革命党人、孟什维克和布尔什维克这方面的。这 3 个党所获得的票数占全部票数的$^3/_4$到$^4/_5$,而他们出版的报纸的份数大概不及所有资产阶级报纸(我们现在知道而且看到,这些报纸直接或间接为科尔尼洛夫叛乱辩护)的$^1/_4$甚至$^1/_5$。

为什么会这样呢?

大家都很清楚这是为什么。因为出版报纸是资本主义的有利可图的大行业,富人把几百万几百万卢布投入这一行业。资产阶级社会的“出版自由”就是**富人**有自由在每天数百万份的报纸上有计划地不断地欺骗、腐蚀和愚弄穷人——被剥削被压迫的人民群众。

这就是大家都看到、都认识到的一个简单的、众所周知的、显而易见的事实,也是“几乎所有的人”都“羞羞答答地”故意不谈或胆怯地加以回避的事实。

现在要问:可不可以同这种令人气愤的弊端作斗争,怎样同它作斗争呢?

首先要有一个最简单、最有效、最合法的办法,这个办法我在

《真理报》上早已指出过①，现在，在 9 月 12 日就要到来的时候尤其值得一提，而且工人应该经常记住这个办法，因为他们在取得政权时不用这个办法恐怕是不行的。

这个办法就是报纸的私人广告业务由国家垄断。

只要翻一翻《俄罗斯言论报》、《新时报》、《交易所小报》、《言语报》等等，就可以看到大量的私人广告，这些广告给出版这些报纸的资本家带来一笔巨大的甚至是主要的收入。世界上所有资产阶级报纸就是这样经营，这样发财，**这样贩卖毒品毒害人民**的。

在欧洲，有些报纸的发行量达到该市居民人数的1/3（比如，居民 24 万人，发行量 8 万份），这些报纸虽然**免费**送到**每一**家，但是它们的出版者还能得到一笔很可观的收入。这些报纸都是靠登私人广告的收入维持的，而报纸免费送到每一家则保证了这些广告得到最广泛的传播。

试问，为什么自称革命的民主派不能实行这项措施，不能宣布报纸的私人广告业务由国家垄断呢？为什么不能宣布**除了**省、市苏维埃出版的报纸以及彼得格勒**中央苏维埃**出版的全国性报纸，其他任何报纸不得刊登广告呢？为什么"革命"民主派必须容忍那些拥护科尔尼洛夫并且散布谣言诬蔑苏维埃的富人靠登私人广告来发财呢？

这种办法无疑是公平的。它对登广告的人有很大的益处，也对全体人民特别是受压迫最深和最愚昧的农民有很大的益处，他们花不了几个钱或不用花钱就能拿到附有农民专刊的**苏维埃**报纸。

① 参看本版全集第 30 卷第 323—324 页。——编者注

为什么不实行这种办法呢？只是因为资本家老爷们的私有权和继承权(广告收入的私有权和继承权)是神圣的。自称为20世纪的、第二次俄国革命中的革命民主派的人,难道可以承认这种权利是"神圣的"吗?!

有人会说:但是这样就破坏了出版自由。

不对。这样会扩大和恢复出版自由。因为出版自由就是**全体**公民可以自由发表一切意见。

可是现在怎么样呢？现在**只有**富人以及大党才有这种垄断权。要是能出版刊登各种广告的大型**苏维埃**报纸,就完全能够保证更多的公民发表自己的意见,譬如能够保证每一个征集到一定数量签名的团体发表意见。经过这样的改革,出版自由**实际上**就会变得更加民主,更加完备。

但是有人会说:到哪儿去找印刷所和纸张呢?

这才是关键!!! 问题不在于"出版自由",而在于剥削者对他们占有的印刷所和纸张拥有神圣的所有权!!!

为什么我们工人和农民要承认这种神圣的权利呢？这种刊登不真实的消息的"权利"比占有农奴的"权利"好在什么地方呢?

为什么在战争期间可以而且到处都在征用房屋、住宅、马车、马匹、粮食、五金等等,而印刷所和纸张就不能征用呢?

不,把这种办法说成是不公正的或者是难以实现的,这只能暂时欺骗工人和农民,但是真理一定会取胜。

苏维埃形式的国家政权要把**所有的**印刷所和**所有的**纸张拿来**公平地**分配:首先是给国家,这是为了大多数人民的利益,大多数穷人的利益,特别是世世代代受地主和资本家折磨、压抑和愚弄的大多数农民的利益。

其次，是给比如在两个首都获得10万或20万选票的大党。

再次，是给比较小的党以及任何一个达到一定人数或征集到一定数量签名的公民团体。

只有这样分配纸张和印刷所才是公平的；在苏维埃掌握政权的条件下，实行这种分配是毫无困难的。

只有这样，我们才能在立宪会议召开前的两个月内真正帮助农民，保证把**每个**大党的**为数几百万**册的十来种小册子（或者是若干号报纸，或者是特刊）送到**每一个**农村去。

这才是为立宪会议选举所作的"**革命民主的**"准备，这才是先进工人和士兵对农村的帮助，这才是国家为了教育人民而不是愚弄和欺骗人民所给予的帮助，这才是**供所有人**而不是供富人享受的真正的出版自由，这才是同迫使我们容忍富人霸占宣传和教育农民的伟大事业的可诅咒和受奴役的过去实行决裂。

载于1917年9月15日（28日）
《工人之路报》第11号

译自《列宁全集》俄文第5版
第34卷第208—213页

布尔什维克应当夺取政权[87]

给俄国社会民主工党(布)中央委员会、
彼得格勒委员会、莫斯科委员会的信

(1917年9月12—14日〔25—27日〕)

布尔什维克在两个首都的工兵代表苏维埃中取得多数之后,可以而且**应当**夺取国家政权。

说可以,是因为两个首都人民中革命分子这个活跃的多数足以带动群众,战胜敌人的反抗,打垮敌人,夺取政权并且保持政权,是因为布尔什维克通过立即提议缔结民主和约,马上把土地交给农民,恢复受到克伦斯基糟蹋和破坏的民主机构和自由,一定能建立**谁**也推翻不了的政府。

多数人民是**拥护**我们的。从5月6日到8月31日以及到9月12日这段漫长而艰苦的历程已经证明了这一点,因为我们在两个首都的苏维埃中获得多数,是人民**倒向我们这一边的结果**。社会革命党人和孟什维克的动摇,他们中间国际主义者的力量的增长,也证明了这一点。

民主会议**并不**代表革命人民这个大多数,它只代表**妥协的小资产阶级上层分子**。决不要受选举票数的骗,问题不在于选举,不妨把彼得格勒和莫斯科市杜马的选举同苏维埃的选举比较一下。不妨把莫斯科的选举同8月12日莫斯科的罢工比较一下,这才是说明带领群众的革命分子已占多数的客观材料。

民主会议欺骗农民，它既不会给农民和平，也不会给农民土地。

只有布尔什维克政府才能够满足农民的要求。

*　　*　　*

为什么布尔什维克正是**现在**应当夺取政权呢？

因为彼得格勒眼看就要被放弃，而这会使我们的成功机会减少百分之九十九。

军队既然由克伦斯基之流领导，我们就**无法**阻止放弃彼得格勒。

也不能“等待”立宪会议，因为克伦斯基之流随时都**可能**用放弃彼得格勒来**破坏**立宪会议。只有我们的党掌握了政权才能够保证立宪会议的召开，我们的党在掌握政权之后，就要对其他政党的拖延提出控告，并证实这种罪行。

英帝国主义者和德帝国主义者单独媾和是应当而且能够阻止的，只是必须赶快行动起来。

人民对于孟什维克和社会革命党人的摇摆不定已经感到厌烦。只要我们在两个首都取得胜利，就能把农民争取过来。

*　　*　　*

问题不在于起义的“日期”，不在于起义的狭义的“时机”，这只能由那些**接近**工人和士兵、**接近群众**的人共同来决定。

问题在于，我们党现在在民主会议里事实上有**自己的代表大会**，这个代表大会**应该**（不管它是不是愿意，但应该）决定**革命的命运**。

问题在于使全党明白我们的**任务**：把彼得格勒和莫斯科（以及

莫斯科区域)举行**武装起义**、夺取政权和推翻政府的问题提上日程。必须周密地考虑一下,**怎样**才能在这一方面进行鼓动而又不在报刊上这么说。

要记住并且深入思考马克思的关于起义的名言,如"**起义是一种艺术**"[88]等等。

*　　*　　*

等待布尔什维克得到"形式上的"大多数,这是天真的想法,没有一次革命**这样**等待过。克伦斯基之流也并没有等待,他们正在准备放弃彼得格勒。正是"民主会议"的可耻的动摇,一定会把彼得格勒和莫斯科的工人弄得忍无可忍!如果我们现在不夺取政权,历史是不会饶恕我们的。

没有起义的机关吗?有的,那就是苏维埃和民主组织。现在是英国人同德国人单独媾和的**前夜**,**正是**现在这种国际局势**对我们是有利的**。正是现在,向各国人民提议媾和就意味着**取得胜利**。

只要**立刻**在莫斯科和彼得格勒两地夺得政权(从哪里开始都可以,这无关紧要,也许,莫斯科甚至可以先开始),我们**毫无疑问一定**能取得胜利。

尼·列宁

载于1921年《无产阶级革命》杂志第2期

译自《列宁全集》俄文第5版第34卷第239—241页

马克思主义和起义

给俄国社会民主工党(布)中央委员会的信

(1917年9月13—14日〔26—27日〕)

现时占统治地位的"社会主义"政党，散布一种机会主义的谎话，说什么准备起义以及像对待艺术那样对待起义就是"布朗基主义"。这是这些政党对马克思主义的最恶毒、也许是最流行的一种曲解。

机会主义的首领伯恩施坦由于诬蔑马克思主义为布朗基主义，早已弄得声名狼藉，现时的机会主义者又叫喊什么布朗基主义，其实他们一点也没有翻新和"丰富"伯恩施坦的贫乏"思想"。

马克思主义者像对待艺术那样对待起义，竟有人因此而诬蔑他们是布朗基主义！难道还有什么比这样曲解真理更令人气愤的吗？因为任何一个马克思主义者都不会否认，正是马克思把这个问题说得最肯定、最准确、最无可争辩，正是他把起义叫做**艺术**，他说，必须像对待艺术那样对待起义，必须**赢得**第一次胜利，并且趁敌人张皇失措的时候，不停地向敌人**进攻**，不断地取得胜利，如此等等。

起义要获得胜利，就不应当依靠密谋，也不是靠一个党，而是靠先进的阶级。此其一。起义应当依靠**人民的革命高潮**。此其二。起义应当依靠革命发展进程中的**转折点**，即人民先进队伍中的积极性表现得最高,敌人队伍中以及**软弱的、三心二意的、不坚定的革命朋友队伍中的动摇**表现得最厉害的时机。此其三。在这三个条件下提出起义问题,正是**马克思主义和布朗基主义**不同的地方。

既然这些条件已经具备,那么不愿像对待**艺术**那样对待起义,就是背叛马克思主义,背叛革命。

为什么应当承认正是在目前这个时机我们党**必须**承认**起义**已经被客观事变进程提上日程,**必须**像对待艺术那样对待起义呢?要证明这一点,也许最好使用比较法,把7月3—4日的情形和9月间的情形作一对比。

在7月3—4日,可以这样提出问题,而并不违背常理:夺取政权可能更正确些,因为敌人反正会指控我们搞暴动,把我们当做暴动者来惩办。但是,决不能由此得出当时就该夺取政权的结论,因为当时还不具备起义获胜的客观条件。

(1)当时作为革命先锋队的阶级还没有跟我们走。

当时我们在两个首都的工人和士兵中间还没有获得多数。现在我们已经在两个首都的苏维埃中获得多数。这种多数**只是**经过了7月和8月的事变,经过了"惩办"布尔什维克和科尔尼洛夫叛乱才形成的。

(2)当时还没有全民的革命高潮。而现在,在科尔尼洛夫叛乱之后,已经有了这种高潮。外省的情形和许多地方苏维埃掌握政权的事实都证明了这一点。

(3)当时在我们的敌人中间以及在三心二意的小资产阶级中间,还没有发生关系政治全局的严重**动摇**。而现在却发生了很厉害的动摇。我们的主要敌人,即协约国的也是全世界的帝国主义

The Guide Weekly

嚮導

十月革命特刊

十月革命與列甯主義

馬克思主義與暴動

1924 年《向导》周报第 90 期封面和该刊所载
列宁《马克思主义和起义》一文的中译文

(因为“协约国”是全世界帝国主义的首脑),**开始犹豫了**:究竟是战到最后胜利呢,还是实行单独媾和来反对俄国。我国的小资产阶级民主派在人民中显然失去多数之后,也极厉害地动摇起来,放弃了同立宪民主党人的联盟,即不再同他们联合执政了。

(4)所以说,在7月3—4日举行起义就会犯错误,因为当时我们无论在实力上或者在政治上都不能保持政权。尽管彼得格勒有时也在我们手中,我们在实力上还是不能保持政权,因为当时我们的工人和士兵还不会为占领彼得格勒**去搏斗,去献身**,他们还没有下这样的“狠心”,他们**无论对**克伦斯基之流**或者对**策列铁里和切尔诺夫之流都还没有这样切齿痛恨,当时我们的人还没有经受过社会革命党人和孟什维克所参与的对布尔什维克的迫害,没有经受过这种锻炼。

在7月3—4日的时候,我们在政治上也不能保持政权,因为军队和外省**在科尔尼洛夫叛乱之前**有可能而且一定会向彼得格勒进攻。

现在的情况完全不同了。

现在**阶级**的大多数,即能够带动群众的革命先锋队、人民先锋队的大多数已经跟我们走了。

现在人民的**大多数**已经跟我们走了,因为切尔诺夫退出政府虽然远不是唯一的标志,但是是一个极为明显的标志,说明农民从社会革命党人所实行的联盟(以及从社会革命党人本身)是**得不到土地**的。而这正是革命能否具有全民性的关键所在。

现在我们的党所处的地位也对我们有利,当**整个帝国主义**以及整个孟什维克同社会革命党人的联盟都发生空前动摇的时候,我们的党却清楚地知道自己应走的道路。

现在我们已经有了**胜利的保证**，因为人民快要完全绝望了，而我们给全体人民指出了正确的出路，我们“在科尔尼洛夫事变的日子里”向全体人民显示了我们的领导作用，后来我们又向联盟派**提出**妥协的**建议**，而且在他们始终动摇不定的情况下**遭到了他们的拒绝**。

如果现在以为我们的妥协的建议**还**没有遭到拒绝，以为民主会议**还**会接受这个建议，那就大错特错了。妥协是由**一个政党向其他政党**提出来的，不然就没有可能提出来。**其他政党**已经拒绝了这个建议。民主会议只不过是一个**会议**罢了。有一点不能忘记，民主会议里并没有**大多数**革命人民的代表，并没有满腔愤恨的贫苦农民的代表。它是**少数人民**的会议，决不能忘记这一明显的真理。我们如果把民主会议当做议会看待，那就犯了极大的错误，就成了十足的议会迷。因为，**即使**民主会议宣布自己为拥有最高权力的常设的革命议会，它还是丝毫**不能解决问题**，问题只能**在民主会议外面**，只能在彼得格勒和莫斯科的工人区内解决。

现在我们具备了起义胜利的一切客观前提。我们所处的地位非常有利，因为**只有**我们起义的胜利才能消除一切使人民受折磨的动摇，才能消除世界上这种最折磨人的东西，因为**只有**我们起义的胜利才能立即给农民以土地，因为只有**我们**起义的胜利才能**粉碎**用单独媾和来反对革命的鬼把戏，才能公开提议迅速缔结更全面、更公正的和约，**有利于**革命的和约，来粉碎这种鬼把戏。

最后，只有我们党在起义中获得胜利，**才能**拯救彼得格勒。这是因为，如果我们的媾和建议竟遭到拒绝，如果我们连停战都得不到，那时**我们**就会成为“护国派”，成为**各主战政党的首领**，成为最“**主战的**”政党，我们就要以真正革命的方式来进行战争。我们将夺取资本家所有的面包和**所有的**靴子。我们只留给他们一些面包皮，我们要叫他们穿草鞋，我们将把所有的面包和鞋子都送到前线去。

那时，我们一定能捍卫住彼得格勒。

进行真正的革命战争的资源，无论是物质资源或者精神资源，俄国都还非常丰富。德国人至少会跟我们停战，这有百分之九十九的把握，而在目前赢得停战，就无异是战胜了**全世界**。

*　　*　　*

既然我们意识到绝对必须由彼得格勒和莫斯科工人举行起义来挽救革命，使俄国免遭两个联盟的帝国主义者"单独"瓜分，那么，我们首先应该使我们自己在民主会议上的政治策略适应于日益成熟的起义条件；其次，我们应该证明，我们不是只在口头上接受了马克思的必须像对待艺术那样对待起义的思想。

我们应该立刻在民主会议中巩固布尔什维克党团，不要追求数量，不要怕把动摇分子留在动摇分子的营垒中，他们留在**那里**要比混在坚决忠诚的战士的营垒里对革命事业更有利。

我们应该写一篇布尔什维克的简短的宣言，用最有力的词句着重指出：现在冗长的演说不合时宜，任何"演说"也不合时宜；必须立即行动起来挽救革命；绝对必须同资产阶级一刀两断，撤换现政府的全部阁员，同准备"单独"瓜分俄国的英法帝国主义者完全决裂；必须使全部政权立即转归**革命无产阶级所领导的革命民主派**。

我们的宣言应当以极其简短有力的措词表述**上述**结论，并且同如下纲领性的要求结合起来：给各国人民以和平，给农民以土地，没收骇人听闻的利润，制裁资本家骇人听闻的破坏生产的行为。

这个宣言愈简短愈好，愈有力愈好。在宣言中还必须明确指出极其重要的两点：人民已经吃尽了动摇的苦头，受尽了社会革命党人和孟什维克的犹豫不决的折磨；我们必须同这**两个政党**彻底决裂，因为它们背叛了革命。

另一点是：我们要立刻提议缔结没有兼并的和约，立刻同协约国帝国主义者以及其他一切帝国主义者断绝关系，这样做我们马上就可以赢得停战，或者使整个革命的无产阶级转到保卫国家方面来，使革命民主派在革命无产阶级领导下进行真正正义的、真正革命的战争。

我们宣读了这篇宣言，号召**解决**问题而不是说空话，号召**行动起来**而不是写决议案，我们就应当把整个党团**都派到工厂和兵营里去**，那里才是我们党团工作的地方，那里才是我们的生命线，那里才是挽救革命的力量的源泉，那里才是民主会议的原动力。

在那里，我们应该作慷慨激昂、充满热情的演讲来说明我们的纲领，并且这样提出问题：要么是民主会议**全盘**接受这个纲领，要么是举行起义。中间道路是没有的。等待是不行的。革命危在旦夕。

我们这样提出问题，并且把我们的整个党团都集中到工厂和兵营里去，那么**我们就能正确估计开始起义的时机**。

既然要像马克思主义者那样对待起义，也就是像对待艺术那样对待起义，那么我们就一分钟也不能浪费，应当立即组织起义队伍的**司令部**，配置力量，把可靠的部队调到最重要的据点去，包围亚历山大剧院，占领彼得罗巴甫洛夫卡[89]，逮捕总参谋部和政府成员，派遣那些宁可战死也不让敌人向城市各中心地点推进的队伍去抵御士官生和野蛮师;我们应当动员武装的工人,号召他们进行最后的殊死的战斗,一开始就占领电报局和电话局,把**我们的**起义司令部设在中央电话局附近,使它能同所有的工厂、团队、武装斗争地点通话,如此等等。

当然,这都是大概而言的,无非是为了**说明**在目前这个时机要继续忠于马克思主义,忠于革命,**就必须像对待艺术那样对待起义**。

尼·列宁

载于1921年《无产阶级革命》杂志第2期

译自《列宁全集》俄文第5版第34卷第242—247页

论进行伪造的英雄和布尔什维克的错误[90]

(1917 年 9 月 17 日和 23 日〔9 月 30 日和 10 月 6 日〕之间)

所谓的民主会议结束了。谢天谢地,又演完了一出滑稽剧。既然我国革命命中注定要演出若干出滑稽剧,我们现在总算又前进了一步。

要正确地估计这个会议的政治结果,就必须根据客观事实弄清会议确切的阶级意义。

社会革命党和孟什维克党这两个执政党进一步分化;它们在革命民主派中丧失多数已是有目共睹;无论克伦斯基先生的还是策列铁里、切尔诺夫先生等人的波拿巴主义,彼此已进一步结合起来,暴露出来了,——这就是这个会议的阶级意义。

社会革命党人和孟什维克在苏维埃中失去了多数。因此他们只好进行伪造:他们违背自己提出的 3 个月后召开新一届苏维埃代表大会的保证,逃避向选出苏维埃中央执行委员会的人报告工作,而去伪造"民主"会议。布尔什维克在会议召开以前就指出了这种伪造行为,会议的结果也完全证实了布尔什维克的话。李伯尔唐恩[91]之流以及策列铁里、切尔诺夫先生之流,看到自己在苏维埃中的多数逐渐消失,于是就去进行伪造。

他们提出这样的论据,说合作社"在所有民主组织中是已经起着很大作用"的组织,"正常"选出的城市代表和地方自治机关代表情况也是如此。只有十分虚伪的人才会郑重其事地提出这种不攻自破的论据。第一,中央执行委员会是由各苏维埃选出来的,它逃避向**后者**报告工作,不履行职责,那就是玩弄波拿巴式的骗术。第二,苏维埃是革命民主派的代表,那是因为参加苏维埃的都是愿意从事革命斗争的人。苏维埃并没有对合作社派[92]和市民关上大门。曾经主持苏维埃的也就是那些社会革命党人和孟什维克。

谁要是始终**仅仅**留在合作社里面,**仅仅**局限于城乡地方自治机关的工作,那他就是甘愿退出革命民主派的行列,不是把自己列入反动民主派,就是把自己列入中间民主派。谁都知道,现在参加合作社工作和地方自治工作的,**不**仅有革命者,**而且**还有反动分子。谁都知道,把某些人选入合作社和地方自治机关,主要是为了进行**不**涉及政治全局的、**没有**一般政治意义的工作。

企图偷偷地取得《统一报》的拥护者和"无党派"反动分子的援助,这就是李伯尔唐恩之流、策列铁里、切尔诺夫之流伪造这个会议的目的。他们的伪造也就在这里。使他们同波拿巴主义者克伦斯基结合起来的他们的波拿巴主义就表现在这里。实质就是,在假装遵守民主的幌子下盗窃民主。

尼古拉二世可说是盗窃民主的大盗:他召集过好多代议机关,但是他给地主的代表权,要比给农民的多一百倍。而现在李伯尔唐恩之流、策列铁里和切尔诺夫之流则是盗窃民主的小偷:他们召开了"民主会议",在会议上**不论**工人**或者**农民,都理由充分地指出他们的代表权遭到了削减,指出名额分配得不合比例、不公平,偏袒了最靠拢资产阶级(和最靠拢反动民主派)的合作社派分子和地方自治机关的人员。

李伯尔唐恩之流、策列铁里、切尔诺夫之流的先生们同广大贫苦的工人和农民决裂了，他们离开了这些群众。他们靠伪造来挽救自己，“他们的”克伦斯基也是靠这一套来维持的。

阶级的分野愈来愈明显。由于社会革命党人和孟什维克的“领袖们”出卖了大多数人民的利益，他们党内的抗议声日益强烈，酝酿着公开的分裂。领袖们依靠的是**少数人**，这是违反民主原则的。因此，他们**必然**要进行伪造。

克伦斯基这个波拿巴主义者日益明显地暴露出自己的真面目。他过去被认为是“社会革命党人”。现在我们知道，他不仅是一个“为了作广告”由劳动派分子变成的“马尔托夫式的”社会革命党人。他还是布列什柯-布列什柯夫斯卡娅这位社会革命党人中的“普列汉诺娃太太”或者说社会革命党《日报》中的“波特列索娃太太”的信徒。普列汉诺夫、布列什柯夫斯卡娅和波特列索夫之流是所谓“社会主义”政党中的所谓“右”翼，克伦斯基就**属于**这一翼，而这个右翼同立宪民主党人并没有**什么**重大差别。

克伦斯基受到立宪民主党人的称赞不是没有原因的。他奉行**他们的**政策，**背着人民**同他们磋商，同罗将柯磋商，克伦斯基已经被切尔诺夫以及其他跟科尔尼洛夫的朋友萨文柯夫一鼻孔出气的人揭穿了。他是**偶然**同科尔尼洛夫闹翻、现在还继续同别的科尔尼洛夫分子结成极亲密联盟的**科尔尼洛夫分子**。这是**事实**。无论是萨文柯夫和《人民事业报》所泄漏的情况，还是克伦斯基同打着“工商业阶级”的招牌的科尔尼洛夫分子继续玩弄的“更换阁员”的政治把戏，都证实了这一点。

偷偷地勾结科尔尼洛夫分子，偷偷地勾结“盟国”帝国主义者（通过捷列先科之流），偷偷地拖延和抵制立宪会议的召开，偷偷地欺骗农民，为罗将柯即地主们效劳(把粮价抬高一倍)，——这就是克伦斯基**实际上**所进行的活动。这就是他的**阶级**政策。这就是他的波拿巴主义。

李伯尔唐恩之流、策列铁里以及切尔诺夫之流为了在会议上掩盖上述种种事实，就不得不伪造这次会议。

布尔什维克参加这个可耻的伪造的会议，参加这出滑稽剧的理由，完全同我们参加第三届杜马的理由相同：既要在“牲畜栏”里捍卫我们的事业，又要从“牲畜栏”里取得揭发的材料来教育人民。

不过这里也有一个不同的地方，召集第三届杜马的时候革命显然处于低潮，而现在**新的革命**显然正在高涨。遗憾的是我们还不大知道这次高涨的规模和速度。

* * *

我认为扎鲁德内的演说是民主会议上一个最典型的插曲。他说，克伦斯基“刚一暗示”改组政府，所有的部长马上就提出辞职。天真的、像三岁小孩子一样天真的(如果**只是**天真倒还好)扎鲁德内接着说：“虽然我们辞职了，但是第二天就把我们找去，同我们磋商，最后还是把我们挽留下来了。”

“全场大笑”，官方《消息报》是这样报道当时的情形的。

他们真开心，这些打着共和派的旗号，参与用波拿巴手法欺骗人民的人！要知道我们都是革命民主派，这可不是开玩笑的！

扎鲁德内说：“最初，我们听到两件事：努力加强军队的战斗力和促进符合民主原则的和平。关于促进和平，在我当临时政府成员的一个半月里，我不知道临时政府在这方面做了些什么。我没有看到一点动静。(鼓掌，有人喊道：“什么也没有做。”——《消息报》注)我曾以临时政府成员的身份询问过这件事，但是没有得到答复……”

根据官方《消息报》的报道，扎鲁德内是这么说的。民主会议默默地听着，容忍了这样的事情，没有打断他的发言，没有中断会议，没有人站出来把克伦斯基及其政府成员赶走！这怎么可能呢！这些"革命民主派"是竭力庇护克伦斯基的！

先生们，好极了，可是这样一来"革命民主派"的概念同奴仆、无耻之徒的概念又有什么区别呢？

无耻之徒在"他们的"那位极端天真或者极端愚蠢的部长向他们报告克伦斯基怎样赶走部长们（为了背着人民同科尔尼洛夫分子商谈，"不让别人看见"）的时候哈哈大笑，这是很自然的。奴仆们在"他们的"那位听了空泛的和平词句信以为真，而不了解这些词句的虚伪性的部长，承认他自己问过关于争取和平的实际步骤而没有得到答复的时候，都保持沉默，这也是不足为奇的。因为奴仆们本来就该这样——听任政府愚弄。可是这哪里谈得上革命，哪里谈得上民主呢??

如果革命士兵和工人产生以下想法，恐怕并不奇怪，他们会想："要是亚历山大剧院的天花板塌下来，把这班卑鄙无耻的家伙统统砸死，那该多好。这些家伙，在人家明明白白地向他们说明，克伦斯基之流怎样用空谈和平来愚弄他们的时候，他们竟会一声不吭；在他们自己的部长清清楚楚地向他们说明，更换阁员是一出滑稽剧（掩护克伦斯基同科尔尼洛夫分子进行勾结）的时候，他们竟会哈哈大笑。愿上帝保佑我们摆脱这些朋友，至于敌人，让我们自己来对付吧！愿上帝保佑我们摆脱这些妄想充当革命民主派领袖的人物，至于克伦斯基、立宪民主党人和科尔尼洛夫分子，让我们自己来对付吧！"

* * *

说到这里,我要谈谈布尔什维克的错误。在这种时候只是喝倒彩,那显然是错误的。

人民已经吃尽了动摇和拖延的苦头。不满情绪显然日益增长。新的革命就要到来。李伯尔唐恩之流、策列铁里之流等等反动民主派的用意就是用滑稽剧式的“会议”来**转移**人民的注意力,用这出滑稽剧来“**缠住**”人民,**割断**布尔什维克同群众的联系,让布尔什维克的代表去干无聊的事情,坐在那里听扎鲁德内之流的演说!不过,扎鲁德内之流比其他人还诚实一些!!

布尔什维克为了不落入圈套,不让人们用这次会议来转移人民对重大问题的注意,本来应当退出会议以示抗议。布尔什维克应当从自己的136名代表中留下两三个人“通风报信”,用电话通知什么时候结束了令人讨厌的空谈,开始进行表决。但是,布尔什维克决不应当让这种显然无谓的事情,让显然是为了**削弱**日益高涨的革命而用无聊把戏来欺骗人民的明显的骗局**缠住自己**。

百分之九十九的布尔什维克代表都应当到工厂和兵营中去,这是来自全俄各地的代表听了扎鲁德内的演说、看出社会革命党人和孟什维克腐朽透顶之后真正该去的地方。在那里,在最接近群众的地方,应该召开千百次的会议,讨论、座谈这次滑稽剧式的会议的教训。这次滑稽剧式的会议显然只是给科尔尼洛夫分子克伦斯基一再拖延的机会,显然只是使他便于玩弄各种“更换阁员”的新把戏。

布尔什维克在革命的(不是“立宪的”)紧要关头,对议会活动采取了不正确的态度,对社会革命党人和孟什维克采取了不正确的态度。

产生这种错误的原因是很明显的:由于科尔尼洛夫叛乱,历史发生了一个**非常**急剧的转变。党在这一转变中没有跟上历史飞快的发展速度，使自己一时陷入了可耻的清谈馆的圈套。

本来应当把百分之一的人力用于这个清谈馆，而把百分之九十九的人力用于**群众**。

既然这一转变要求我们向社会革命党人和孟什维克提出妥协的建议（我个人认为，这样做是这一转变的要求），那就应当明确、公开、迅速地这样做，以便**立刻估计到**波拿巴主义者克伦斯基的朋友们很可能拒绝同布尔什维克妥协。

在民主会议召开的**前夕**，《人民事业报》和《工人报》的一些文章已经表示拒绝妥协。本来应当**一分钟也不**迟延，尽可能正式、公开、明确地对群众说：社会革命党人和孟什维克先生们已经拒绝我们提出的妥协，打倒社会革命党人和孟什维克！在工厂和兵营的**这种**口号声中，民主会议可能会“嘲笑”扎鲁德内的天真！

这种迷恋于“民主会议”及其环境的气氛，显然是由各个方面造成的。季诺维也夫同志的错误在于，他写到公社时含糊其词（至少是含糊其词），照他说来，似乎公社即使在彼得格勒取得了胜利，也可能**像 1871 年在法国那样**遭到失败。这是绝对错误的。公社在彼得格勒取得胜利之后，也会在全俄国**取得胜利**。他的错误还在于，说布尔什维克提出按比例组成彼得格勒苏维埃主席团是好的。如果让策列铁里之流的先生们按这样的比例参加，革命无产阶级**在苏维埃里**就永远办不成任何有益的事情，因为容许他们，就是**剥夺自己**进行工作的可能，就是**葬送**苏维埃的工作。加米涅夫同志的错误在于，他在民主会议上的第一次发言贯穿着纯粹“立宪的”精神，提出了信任还是“不信任”政府这样可笑的问题。如果在这样的会议上**不能**说出《工人之路报》[93]和莫斯科《社会民主党人报》[94]**早已**说过的关于科尔尼洛夫分子克伦斯基的**真实情况**，那为什么不引用这两家报纸的言论，**向群众证实**这个会议根本不愿意倾听关于科尔尼洛夫分子克伦斯基的真实情况呢？

彼得格勒工人代表团的错误在于，他们在扎鲁德内发表了演说，局势明朗化以后，还派人到**这样的**会议上去发言。何必对克伦斯基的朋友们白费唇舌呢？为什么要把无产阶级的力量转移到滑稽剧式的会议上去呢？为什么不把那些代表团十分和平地、合法地派到各兵营和最落后的工厂里去呢？这比去逛一趟亚历山大剧院，跟同情《统一报》和克伦斯基的合作社派交谈，要有益、紧迫、重要和实在百万倍。

十个觉悟了的士兵或者落后工厂的十个觉悟了的工人，要比李伯尔唐恩之流所伪造的各代表团的**一百个**代表**重要一千倍**。利用议会活动（特别是在革命时期），决不是把宝贵的时间浪费在腐败的代表身上，而是**拿腐败的事例去教育群众**。

为什么这些无产阶级代表团不这样“利用”民主会议，譬如说，印两幅说明民主会议是一出滑稽剧的宣传画，并且**张贴**到各兵营和各工厂里去呢？一幅画着戴着小丑圆筒帽的扎鲁德内，在台上手舞足蹈地唱着小调：“克伦斯基**撤了**我们的**差**，克伦斯基又把我们**挽留下来**。”台下的策列铁里、切尔诺夫、斯柯别列夫和一个跟李伯尔、唐恩手挽着手的合作社派分子，笑得前仰后合。标题：《**他们真开心**》。

另一幅画：同一个扎鲁德内对同样的听众说：“关于和平的事情我询问了一个半月，**我没有得到答复**。”听众沉默不语，摆出一副“办国事的严肃”面孔，其中策列铁里特别严肃，他悄悄地在自己的笔记本上写道：“好一个笨蛋扎鲁德内！这样的傻瓜只配送大粪，哪配当部长！他是一个联合的拥护者，却比一百个布尔什维克更有害地破坏了联合！身为部长，却没有学会用部长的口吻说：一个半月以来，我一直注视争取和平的运动的发展，我深信在有了斯德哥尔摩的伟大思想之后，联合一定会使这一运动取得彻底的胜利，如此等等。要是这样的话，《俄罗斯意志报》也会把扎鲁德内当做俄国革命的英雄加以赞扬的。”

标题：一群男娼的“革命民主”会议。

本文写于民主会议闭幕**之前**，第一句话应该改动一下，例如改成“实际上结束了”等等。

载于1917年9月24日(10月7日)
《工人之路报》第19号(非全文)

全文载于1949年《列宁全集》俄文
第4版第26卷

译自《列宁全集》俄文第5版
第34卷第248—256页

政论家札记

(1917年9月22—24日〔10月5—7日〕)

我们党的错误

1917年9月22日星期五

对所谓民主会议的意义愈深入思考,站在旁观者的地位(常言道,旁观者清)对民主会议愈仔细观察,就会愈加确信,我们党参加这个会议是犯了错误。本来应当抵制这个会议。也许有人会说,分析这种问题有什么益处呢?过去的事情是无法挽回的。但是,这样反对提及昨天的策略显然没有道理。我们向来都谴责,并且作为马克思主义者也应当谴责"过一天算一天"的策略。我们取得一时的成功是不够的。我们只有一分钟或一天的计划也是不够的。对一连串的政治事件,我们应当从它们的整体上,从它们的因果关系和结果上加以**研究**,以此来不断地检验自己。我们分析昨天的错误,这样就可以学会避免今天和明天再犯错误。

目前在国内,一场新的革命,**另一些**阶级(不同于实现了反对沙皇制度的革命的那些阶级)的革命,显然在日益成熟。当时的革命,是无产阶级、农民以及同英法金融资本勾结在一起的资产阶级反对沙皇制度的革命。

现在正在成熟的革命，是无产阶级和大多数农民即贫苦农民反对资产阶级、反对资产阶级的同盟者英法金融资本、反对波拿巴主义者克伦斯基领导的资产阶级政府机构的革命。

现在我们不谈那些证明新的革命日益成熟的事实，因为根据我们中央机关报《工人之路报》的文章来判断，党已经说明了自己对这一问题的看法。新的革命日益成熟，看来是全党公认的现象。当然，有关新革命成熟的材料还需要综合起来，但是这应该是写其他文章的题目。

目前更重要的是，充分注意新的革命和旧的革命之间的阶级差别，充分注意从这一基本现象，即从阶级对比关系的角度对政治时局和我们的任务作出估计。在第一次革命中，先锋队是工人和士兵，即无产阶级和农民的先进阶层。

这个先锋队不仅**带动了**许多不可靠的动摇不定的小资产阶级分子(我们都还记得孟什维克和劳动派分子在共和制问题上的动摇)，而且**带动了**主张君主制的立宪民主党，自由派资产阶级，从而把自由派资产阶级变成了共和派资产阶级。为什么能有这种转变呢?

因为对于资产阶级来说，经济统治就是一切，至于政治统治的形式，那是无关紧要的事情。资产阶级在共和制度下照样可以统治，这种政治制度不会因政府的成分或执政党的成分和组合发生任何变化而触犯资产阶级，就这点来说，资产阶级的统治在共和制度下甚至更加稳固。

当然，资产阶级拥护过而且还会拥护君主制，因为君主制机关那种采用比较粗暴的军事手段对资本的护卫，一切资本家和地主都看得更清楚，感到“更贴近”。但是，在“来自下面的”强大压力下，资产阶级总是处处“容忍”共和制，只求保住自己的经济统治。

现在，无产阶级和贫苦农民，即**大多数**人民与资产阶级和“盟国的”（以及全世界的）帝国主义形成了这样的关系，以致“**带动**”资产阶级**是不可能的了**。不仅如此，**小**资产阶级的上层分子以及**民主派**小资产阶级中的比较富裕的阶层，显然都反对新的革命。这一事实非常明显，因此现在不需要再加以说明。李伯尔唐恩之流、策列铁里和切尔诺夫之流的先生们都非常清楚地证明了这一点。

阶级间的相互关系已经发生变化。问题的实质就在这里。

现在站在“街垒两边”的，已经不是原来那些阶级了。

这是主要之点。

正是这一点也**只有**这一点才是谈论**新**革命的**科学**根据；如果纯粹从理论上推论，抽象地研究问题，那么只要在资产阶级召开的立宪会议中反对资产阶级的分子占了多数，工人和贫苦农民的政党占了多数，新的革命就可以合法地进行。

阶级间客观的相互关系、各阶级在这种类型的代议机关内外的作用（经济上和政治上的）、革命的高涨或者低落、议会斗争和议会外斗争这两种手段的相互关系，这都是最主要的、最基本的客观情况，必须估计到这些情况，才能不是随意地，不是凭自己的“好感”，而是根据马克思主义的观点来决定抵制或者参加的策略。

我们革命的经验清楚地表明，应当怎样根据马克思主义的观点来对待抵制问题。

为什么抵制布里根杜马[95]是正确的策略呢？

因为抵制符合发展中的社会力量的客观对比关系。它是为日益成熟的推翻旧政权的革命提出口号，当时旧政权为了引诱人民离开革命，正在拼凑妥协的、伪造得十分拙劣的、因而前途不可能真正同议会制度"挂钩"的机关(布里根杜马)。当时无产阶级和农民进行议会外斗争的手段比较有力。抵制布里根杜马这一正确的、估计到客观形势的策略,就是根据这些因素制定的。

为什么抵制第三届杜马的策略是错误的呢?

因为这一策略依据的只是抵制口号的"鲜明性",只是人们对六三"牲畜栏"赤裸裸的反动性的厌恶。而客观形势却是:一方面,革命十分低落,并且在继续低落。为了将革命推向高潮,我们在议会里面的(即使是"牲畜栏"里面的)据点具有重大的政治意义,因为当时议会外的宣传、鼓动和组织工作的手段几乎没有,或者十分无力;另一方面,第三届杜马赤裸裸的反动性,并没有妨碍杜马成为体现实际的阶级关系的机关,即由斯托雷平把君主制同资产阶级联合起来的机关。国家不得不经受这种新的阶级关系。

参加第三届杜马这一正确估计到客观形势的策略,就是根据这些因素制定的。

只要仔细想一想这些经验教训,想一想用马克思主义观点处理抵制或参加的问题的条件,就会深信,参加"民主会议"、"民主苏维埃"即预备议会的策略是完全错误的。

一方面,新的革命正在成熟。战争正在升级。议会外宣传、鼓动和组织工作的手段多得很。这个预备议会的"议会"讲坛作用微不足道。另一方面,这个预备议会并不代表任何新的阶级关系,也不是为它"服务"的;例如,拿代表农民这一点来说,它**不如**现有的机关(农民代表苏维埃)。预备议会实质上完全是一种波拿巴式的**伪造**。这样说不仅是因为李伯尔唐恩之流、策列铁里和切尔诺夫之流一帮卑鄙龌龊的党徒伙同克伦斯基之流弄虚作假,**伪造了**这个策列铁里的布里根杜马的成员,而且从更深刻的意义上说,是因为预备议会的唯一用处是欺骗群众，愚弄工人和农民，引诱他们离开新的日益发展的革命，给**旧的**、早已试验过的、破烂不堪的同资产阶级的“联合”披上新外衣（也就是资产阶级把策列铁里先生之流变成帮助他们驱使人民服从帝国主义和帝国主义战争的小丑），来蒙蔽被压迫阶级。

1905年8月，沙皇对他的农奴主-地主说：现在我们力量很弱。我们的政权不稳。工人和农民革命的浪潮日益高涨。必须哄骗那些“大老粗”，用甜言蜜语引他们上钩……

现在的“沙皇”波拿巴主义者克伦斯基对立宪民主党人、无党派的季特·季特奇、普列汉诺夫、布列什柯夫斯卡娅之流说：现在我们力量很弱。我们的政权不稳。工人和农民反对资产阶级的革命浪潮日益高涨。必须哄骗民主派，为此，社会革命党和孟什维克的“革命民主派领袖”，我们亲爱的朋友策列铁里们和切尔诺夫们从1917年5月6日就穿起来欺骗人民的那套小丑服装，必须换一换颜色。用“预备议会”这种甜言蜜语不难引他们上钩。

1907年6月，沙皇对他的农奴主-地主说：现在我们强大了。工人和农民革命的浪潮不断低落。但是，再按老一套办法我们就无法维持下去，单靠欺骗是不够的。要制定新的农村政策，要同古契柯夫们、米留可夫们，同资产阶级建立新的经济和政治的联盟。

为了更清楚地说明抵制策略的客观根据，以及这一策略同阶级关系的联系，可以设想1905年8月、1917年9月和1907年6月这样三种情况。压迫者总是要欺骗被压迫阶级的，但是，这种欺骗的作用在不同历史时期各不相同。决不能只根据压迫者欺骗人民这一点来制定策略；确定策略时，应当**从整体上**分析阶级关系以及议会外斗争和议会斗争的发展。

参加预备议会的策略**是错误的**,这一策略不符合客观的阶级关系,不符合当前的客观条件。

本来应当抵制民主会议,我们没有这样做,我们都犯了错误,但错误并不等于欺骗。只要我们真诚地愿意支持群众的革命斗争,认真地考虑策略的客观根据,我们就一定会改正错误。

应当抵制预备议会。应当到工兵农代表苏维埃中去,到工会中去,总之应当到群众中去。应当号召**他们**进行斗争。应当给**他们**提出正确、鲜明的口号:驱逐克伦斯基的波拿巴主义匪帮和解散**他**伪造的预备议会,解散这个策列铁里的布里根杜马。孟什维克和社会革命党人,甚至在科尔尼洛夫叛乱之后,还不肯接受我们提出的把政权和平地转交给苏维埃的妥协办法(**当时**我们在苏维埃中还**没**有占多数),他们又滚到卑鄙无耻地勾结立宪民主党人的泥坑里去了。打倒孟什维克和社会革命党人!同他们进行无情的斗争!毫不留情地把他们从一切革命组织中赶出去!不要同**基什金之流的**这些**朋友**,科尔尼洛夫派地主和资本家的朋友进行任何谈判!不要同他们有任何来往!

9月23日星期六

托洛茨基是主张抵制的。好极了,托洛茨基同志!

在参加民主会议的布尔什维克党团中,抵制的主张失败了。

抵制万岁!

无论如何我们不能容忍也不应当容忍参加的主张。参加一个会议的党团不是党的最高机关,即使是最高机关的决定,也要根据实际生活的经验重新审议。

无论如何要让执行委员会全体会议和党的紧急代表大会对抵

制问题作出决定。现在就应当把抵制问题作为代表大会选举和党内**一切**选举的纲领。应当吸引**群众**来讨论这一问题。应当让觉悟的工人自己来抓这件事，进行讨论，并对“**上层分子**”施加压力。

毫无疑问，在我们党的“上层分子”中，显然存在着动摇的现象。这种动摇可能会**招致灭亡**，因为斗争正在发展，在一定的条件下，在一定的时机，动摇会把事业**葬送掉**。现在还不晚，应当拿出全部力量来进行斗争，捍卫革命无产阶级政党的正确路线。

在我们党的“议会”上层分子中间，并不是一切都令人满意的；工人们应当对他们多加注意，多加监督；应当更严格地确定议会党团的职权。

我们党的错误是很明显的。犯错误对一个先进阶级的战斗的党并不可怕，可怕的是坚持错误，虚伪地不好意思承认错误和纠正错误。

9 月 24 日星期日

苏维埃代表大会延期到 10 月 20 日召开。以目前的俄国生活节奏看，这简直等于无限期地拖延。社会革命党人和孟什维克在 4 月 20—21 日以后演过的滑稽剧，又在重演了。

载于 1924 年《无产阶级革命》杂志第 3 期

译自《列宁全集》俄文第 5 版第 34 卷第 257—263 页

给芬兰陆军、海军和工人区域委员会主席伊·捷·斯米尔加的信

(1917年9月27日〔10月10日〕)

致斯米尔加同志。

我想利用这个好机会比较详细地谈一谈。

1

整个政局使我感到非常不安。彼得格勒苏维埃和布尔什维克已经向政府宣战。但是,政府拥有军队并正在**有计划地**进行准备(显然,克伦斯基正在大本营和科尔尼洛夫分子商谈派军队镇压布尔什维克的问题,而且是在**认真地**商谈)。

而我们在做什么?只是通过决议。我们在浪费时间,我们在确定"日期"(定于10月20日召开苏维埃代表大会,这样拖延难道不可笑吗?指望这个难道不可笑吗?)。布尔什维克**没有**有计划地进行工作,为推翻克伦斯基准备好**自己的**军事力量。

事态完全证明我在民主会议期间提出的建议,即党**应当**把武装起义的问题提上日程的建议是正确的①。事态**逼迫**我们这样

① 见本卷第232—234、235—241页。——编者注

做。历史使**军事**问题在目前变成了一个根本的**政治**问题。我担心，布尔什维克忘掉这一点，而迷恋于“当前问题”，迷恋于眼前的琐碎问题，“**希望**”“巨浪把克伦斯基冲垮”。抱这种希望是很幼稚的，这简直是在“碰运气”。对革命无产阶级的政党来说这可能是犯罪。

我认为，必须在党内进行鼓动，让大家认真对待武装起义，为此应当把这封信打印出来，分寄给彼得格勒人和莫斯科人。

2

下面谈谈您的任务。目前看来，我们能够**完全**掌握在自己手中并且能在军事上起**重大**作用的唯一力量，就是芬兰部队和波罗的海舰队。我认为您应当利用自己的崇高地位，应当把所有琐碎的例行公事交给助手和秘书去做，不要把时间浪费在“决议”上，而要集中**全副精力**做好芬兰陆军＋海军的**军事**准备工作，以便迎接即将到来的推翻克伦斯基的任务。应当建立一个由**最可靠的**军人组成的**秘密**委员会，同他们进行**周密的**讨论，收集（并**亲自**核对）关于彼得格勒郊区和市区军队的编制和布防、关于芬兰部队向彼得格勒的调动、关于舰队的动向等等的精确情报。

不这样做，我们就会变成可笑的傻瓜，就会只有一些漂亮的决议和苏维埃，而**没有政权**！！我认为你们有可能挑选出真正可靠、真正内行的军事人员，巡视伊诺[96]和其他最重要的据点，**认真**估计和研究情况，而不要相信那些在我们这儿**到处可以听到的**大话空话。

显然，我们**无论如何**不能允许从芬兰调出部队。宁可**什么**都干，宁可举行起义，夺取政权，以便把政权转交给苏维埃代表大会。

今天的报上说，再过两星期，登陆的危险性就会等于零。这就是说，你们进行准备的时间是非常有限的。

3

其次，应当利用芬兰的“政权”，对驻在当地的哥萨克进行有系统的宣传工作。克伦斯基之流害怕他们“布尔什维克化”，故意把其中的一部分，比如说，从维堡调出，令其驻扎在维堡和泰里约基之间的乌西基尔科和佩尔克亚尔维，即与布尔什维克隔离的安全地带。应当研究关于哥萨克布防的一切情报，并派遣由芬兰水兵和士兵中的优秀分子组成的**鼓动队**到他们那里去。这是必要的。为了散发宣传品也需要这样做。

4

其次，无论水兵或者士兵，当然都有休假。应当把到农村作短期休假的人组成鼓动队，让他们有计划地走访各省，在农村进行一般的以及关于立宪会议的鼓动工作。您的地位非常优越，因为您能马上**开始**实现同左派社会革命党人的联盟，只有这个联盟能使我们在俄国建立巩固的政权，在立宪会议中获得多数。趁那里事情还没有头绪，立即在你们那里结成这样的**联盟**，组织印制传单的工作（请说明，为了完成这一工作，为了把传单运到俄国来，哪些技术工作你们是可以做到的），务必使每一个农村鼓动组至少有**两个**

人:一个布尔什维克,一个左派社会革命党人。目前社会革命党人的“招牌”在农村里很吃香,因此,应当利用你们的好机会(你们那里有左派社会革命党人),**利用这块**招牌,在农村中实现布尔什维克同**左派**社会革命党人的联盟,使农民同工人而不是同资本家结成联盟。

5

我认为,为了使大家有一个正确的思想准备,应当立即广泛宣传这样的口号:政权应当立即转交给彼得格勒苏维埃,再由**彼得格勒苏维埃转交给**苏维埃代表大会。何必再忍受三个星期的战争和克伦斯基进行的“科尔尼洛夫式的准备”呢?

布尔什维克和左派社会革命党人在芬兰**宣传**这个口号,只会带来好处。

6

既然您主持芬兰的“政权”,那就再请您担负一项虽然很平凡,但极其重要的任务:安排**从**瑞典秘密运送宣传品的工作。如果不做到这一点,那么谈论“国际”就都是**空谈**。安排这项工作是完全可能的:第一,可以在国境线上建立**由士兵**组成的我们自己的组织;第二,假如这个办法不行,至少可以布置**一个**可靠的人**经常**到某地去**旅行**,我已经在该地依靠**某人**的帮助着手安排运送工作,所谓某人，就是在**我**进入赫尔辛福斯以前**在他那里住过一天的那个人**[97]（罗维奥认识他）。也许，要接济一点钱。请务必把这件事安排好！

7

我想，我们应当面谈一下这些问题。您用不到一昼夜时间就可以来一趟，如果您来**只是**为了和我会面，那请先叫罗维奥打电话问胡顿宁：罗维奥的"小姨子"（"小姨子"＝您）能不能见到胡顿宁的"姐姐"（姐姐＝我）。因为我也可能突然离去。

务必给我一个回信，说明此信（**请把信烧掉**）已经收到，回信交给带信给罗维奥的那个同志，**他很快就要回来**。

考虑到我可能要在这里逗留很久，所以必须把我们的通信工作安排好，**您能帮助做好**这件事，只须把信件交给铁路员工，信封上写给维堡**苏维埃**（而信内写给胡顿宁）就行了。

8

请您通过该同志带给我一张证明（尽可能正式一点：用区域委员会信笺，由主席签字，盖上公章，或者打字，或者**写得很工整**），上面用康斯坦丁·彼得罗维奇·伊万诺夫的名字，说明区域委员会主席保证这位同志可靠，请**维堡**士兵代表苏维埃及其他**所有苏维埃充分**信任这位同志并给以协助和支持。

我需要这个东西以防**万一**，因为很可能发生“冲突”和“遭遇”。

9

您那里有没有莫斯科出版的《修改党纲》的文集[98]？请在赫尔辛福斯无论谁那里找一下，也请那位同志带给我。

10

请注意，罗维奥是一个好人，但又是一个**懒汉**。应当督促他，一天要**提醒**他两次。否则他是不会办的。

敬礼

康·伊万诺夫

载于1925年11月7日《真理报》第255号

译自《列宁全集》俄文第5版第34卷第264—268页

我党在国际中的任务

（评齐美尔瓦尔德第三次代表会议[99]）

（1917 年 9 月 28 日〔10 月 11 日〕以后）

9 月 28 日《工人之路报》第 22 号刊登了齐美尔瓦尔德第三次代表会议的宣言。如果我们没有弄错的话，这篇宣言只有在 9 月 26 日孟什维克国际主义派的《火星报》[100]第 1 号上发表过，该报还简短地说明了齐美尔瓦尔德第三次代表会议的成分和会议的日期（公历 8 月 20—27 日）；而其他报纸既没有刊登宣言，也没有刊登有关这次会议的稍为详细的消息。

有关这次代表会议的材料，我们现在已经掌握了一些，这些材料就是瑞典左派社会民主党人的《政治报》上面的一篇文章（这篇文章已由芬兰社会民主党机关报《工人日报》翻译出来了）[101]，以及参加这次会议的一位波兰同志和一位俄国同志所写的两篇报道。我们先根据这些材料谈谈这次会议的一般情况，然后对这次会议以及我们党的任务作出评价。

一

出席代表会议的有下列各党派的代表：(1)德国“独立”社会民

主党（“考茨基派”）；（2）瑞士党；（3）瑞典**左派的**党（大家知道，它已经同布兰亭的机会主义的党断绝了一切关系）；（4）挪威人；（5）丹麦人（我们的材料中没有说明，是不是以斯陶宁格大臣为首的丹麦正式的机会主义的党）；（6）芬兰社会民主党；（7）罗马尼亚人；（8）俄国社会民主工党布尔什维克；（9）俄国社会民主工党孟什维克（帕宁发表书面声明，他将不参加会议，理由是这次会议没有充分的代表性；阿克雪里罗得虽然有时也到会，**但没有在宣言上签字**）；（10）孟什维克国际主义派；（11）美国“基督教社会主义国际主义派”（?）；（12）美国“社会民主主义宣传派”（大概就是我在《无产阶级在我国革命中的任务（无产阶级政党的行动纲领草案）》这本小册子的第24页①上所提到的那个派别，因为正是这一派在1917年1月开始出版《国际主义者周报》**102**）；（13）由“边疆区执行委员会”统一的波兰社会民主党人；（14）奥地利反对派（即弗里德里希·阿德勒处死施图尔克以后，被奥地利政府查封的“卡尔·马克思俱乐部”；这个俱乐部在上述小册子的第25页②上也提到过）；（15）保加利亚“独立工会”（正如我手头这封信的作者所补充的，它不属于“紧密派”，即不属于保加利亚左派国际主义的党，而属于“宽广派”**103**，即属于保加利亚机会主义的党）；它的代表在会议结束后才到达；（16）塞尔维亚党，它的代表也是会后才到达的。

在这16个党派中，属于1917年4月24—29日我党代表会议的决议所说的“第三”派的（在我的小册子的第23页③上把这个派别叫做“真正的国际主义者”派）有3、8、12、13和14；其次，接近于

① 参看本版全集第29卷第172页。——编者注

② 同上。——编者注

③ 同上书，第170—173页。——编者注

"左"派，或介乎"左"派和考茨基"中派"之间的有 4 和 16，不过要弄清他们的立场是困难的，他们很可能也属于"中派"。再其次，1，也许还包括 2、6、7，以及 10，也许还包括 15，都属于考茨基的"中派"。5（如果是斯陶宁格的党）和 9 是护国派、内阁主义者、社会沙文主义者。最后，11 显然完全是偶然形成的一个派别。

由此可见，代表会议的成分非常复杂，甚至显得很荒唐，因为参加会的是一些**在基本问题上**意见**不**一致的人，因此他们**不可能**真正齐心协力，共同行动，在政策的**根本**方针上必然彼此分歧。当然，这班人"合作"的"结果"，不是争吵、"对骂"，就是通过一些模棱两可的妥协的决议以掩盖真相。这方面的例证，我们马上就可以看到……①

载于 1928 年《列宁文集》俄文版
第 7 卷

译自《列宁全集》俄文第 5 版
第 34 卷第 269—271 页

① 手稿到此中断。——俄文版编者注

危机成熟了[104]

（1917 年 9 月 29 日〔10 月 12 日〕）

一

毫无疑问，9 月底是俄国革命史上，显然也是世界革命史上的一个最伟大的转折点。

世界工人革命是从一些单个人的行动开始的，他们无所畏惧地代表着正式的“社会主义”（实际上是社会沙文主义）腐朽以后所剩下的一切正直的力量。德国的李卜克内西、奥地利的阿德勒、英国的马克林，这些肩负起世界革命先驱者的艰巨使命的孤胆英雄是人们最为熟悉的。

这次革命的第二个历史准备阶段，就是到处群情激愤，这既表现在正式的党的分裂，也表现在秘密出版物的出版和街头游行等等。对战争的抗议愈来愈强烈，遭到政府迫害的人愈来愈多。在德国、法国、意大利和英国这些标榜法治甚至标榜自由的国家中，几十几百个国际主义者、反对战争和拥护工人革命的人被投进监狱。

现在，第三个阶段已经到来，这个阶段可以称之为革命的前夜。在自由的意大利成批地逮捕党的领袖，特别是在德国开始了

军队的起义[105]，这些无疑是大转折的标志，是全世界**革命前夜**的标志。

毫无疑问，以前德国也个别地发生过士兵哗变的事情，但是规模很小，很零散，没有力量，因此还可以暗中平息、压下不提，这曾经是制止骚乱行动**大规模蔓延**的主要办法。可是，这样的运动终于在海军中也发生了，尽管有制定得极其细密、执行得一丝不苟的严格的德国军事苦役制，但这个运动再也**无法**暗中平息、压下不提了。

不容怀疑，我们正站在世界无产阶级革命的前阶。在世界各国所有的无产阶级国际主义派当中，只有我们俄国布尔什维克享有比较大的自由，拥有公开的党和二十来家报纸，得到两个首都工兵代表苏维埃的支持，在革命时期得到**大多数**人民群众的支持，所以对我们来说，真用得上而且应当用上这样一句话：多得者应当多予。

二

在俄国，革命的转折时机显然已经到来。

在一个农民国家里，在小资产阶级民主派中昨天还占优势的社会革命党和孟什维克党所支持的革命共和政府统治之下，**农民起义**正在发展。

这简直是不可想象的，但这是事实。

这一事实并不使我们布尔什维克感到惊奇，我们一直说，这个同资产阶级实行恶名昭彰的“联合”的政府，是**背叛**民主和革命的

Россійская Соціалъ-Демократическая Рабочая Партія.

Цѣна 20 коп.

Пролетаріи всѣхъ странъ, соединяйтесь!

Центральный органъ Р. С.-Д. Р. П.

РАБОЧІЙ ПУТЬ.

№ 30. Суббота | ЕЖЕДНЕВНАЯ ГАЗЕТА. | 20-го Октября (7-го октября ст. ст.) 1917 г.

Товарищи рабочіе, солдаты и крестьяне! Готовьтесь къ Всероссійскому Съѣзду Совѣтовъ на 20-ое октября! Немедленно созывайте Областные Съѣзды Совѣтовъ!

Сегодня въ номерѣ.

РОСПУСКЪ ГОСУДАРСТВЕННОЙ ДУМЫ.

2-й СЪѢЗДЪ БАЛТІЙСКАГО ФЛОТА КЪ УГНЕТЕННЫМЪ ВСѢХЪ СТРАНЪ.

ВЪ МИНСКѢ ЗАКРЫТА БОЛЬШЕВИСТСКАЯ ГАЗЕТА „МОЛОТЪ".

КАВКАЗСКІЙ СЪѢЗДЪ БОЛЬШЕВИКОВЪ.

ЗАБАСТОВКА ВЪ АПТЕКАХЪ.

СЪѢЗДЪ ОБОРОНЦЕВЪ ВЪ ГЕРМАНІИ.

СТАТЬИ: СОВѢТЧИКИ КЕРЕНСКАГО—*передовая*. КРИЗИСЪ НАЗРѢЛЪ.—*Н. Ленинъ*. ЗАГОВОРЪ ПРОТИВЪ РЕВОЛЮЦІИ—*К. Сталинъ*. РАЗГРУЗКА ПЕТРОГРАДА И ПАЛЬЧИНСКІЙ.—*И. Вѣтровъ*.

Совѣтчики Керенскаго.

Кризисъ назрѣлъ.

Отклики.

1917年10月7日(20日)载有列宁《危机成熟了》一文的

《工人之路报》第30号第1版

(按原版缩小)

政府，是进行**帝国主义**大厮杀的政府，是**保护**资本家和地主**不受**人民攻击的政府。

在俄国，由于社会革命党人和孟什维克玩弄了骗局，在共和制度下，在革命的时期，仍然有一个资本家地主的政府同苏维埃同时并存。这是痛苦的严峻的现实。既然帝国主义战争的拖延及其后果正在使俄国人民遭受到空前未有的灾难，那么在俄国爆发农民起义，并且日益扩大，这又有什么奇怪呢？

这有什么奇怪呢？甚至布尔什维克的敌人，**正式的**社会革命党的领袖，甚至这个一直支持"联合"的政党的领袖，甚至这个直到最近几天或最近几星期还受到多数人民拥护的政党的领袖，甚至这个正在继续斥责和迫害那些深信联合政策是出卖农民利益的"新"社会革命党人的政党的领袖，也在他们的正式机关报《人民事业报》9 月 29 日的社论中写道：

"……直到现在为止，几乎没有为消灭俄国中部农村中仍占统治地位的奴役关系做什么事…… 调整农村土地关系的法律，早已提交临时政府，甚至已经通过了司法会议这样的涤罪所，但是迄今仍杳无音信，不知压在哪个办公室里…… 我们说，我们的共和政府还远没有摆脱沙皇行政机关的旧习气，斯托雷平那套作风在革命的部长们的办事方式中依然清晰可见，这难道说得不对吗？"

正式的社会革命党人就是这样写的！真是意想不到，主张联合的人居然**不得不**承认，在一个农民国家里经过 7 个月的革命之后，"几乎没有为消灭〈地主对农民的〉奴役做什么事"！这些社会革命党人**不得不**把他们的同事克伦斯基及其一帮部长称为**斯托雷平分子**。

我们从敌人营垒里得到的证据证明，不仅联合已经破产，不仅那班容忍克伦斯基的正式社会革命党人已经变成**反人民**、**反农民**、

反革命的政党，而且整个俄国革命已经到了转折点，难道还能找到比这更有说服力的证据吗？

在一个农民国家里，农民竟举行起义，反对社会革命党人克伦斯基、孟什维克尼基京和格沃兹杰夫以及代表资本、代表地主利益的其他部长们的政府！共和政府居然采取**军事手段**来镇压这一起义。

在这样的事实面前，难道真心诚意拥护无产阶级的人，还能否认危机已经成熟，革命正处在最伟大的转折点吗？还能否认现在让政府战胜农民起义，就等于彻底葬送革命，等于让科尔尼洛夫叛乱取得最后的胜利吗？

三

十分明显，既然在一个农民国家里，在民主共和国建立了7个月之后，居然弄到发生农民起义的地步，这就无可争辩地证明，革命正面临着全国性的崩溃，革命危机达到空前尖锐的程度，反革命势力快要达到**极限**了。

这是非常明显的。在农民起义这样的事实面前，其他一切政治征兆，即使同这种全国性危机的成熟相矛盾，也完全没有任何意义。

况且情况相反，一切征兆都表明，全国性危机已经成熟。

在全俄政治生活中，除了土地问题以外，民族问题具有特别重大的意义，尤其是对居民中的小资产阶级群众更是如此。我们看到，在策列铁里先生之流所伪造的“民主”会议上，“民族”代表团就激进性来说占第二位，仅次于工会代表团，对联合投**反对**票的百分比（55 票中，反对的占 40 票）**高于**工兵代表苏维埃代表团。克伦斯基政府，即镇压农民起义的政府正在从芬兰撤出革命的部队，以加强反动的芬兰资产阶级。在乌克兰，乌克兰人特别是乌克兰军队同政府的冲突日益频繁。

其次，我们来看看军队。在战争时期，军队在全国政治生活中具有特别重大的意义。我们看到，芬兰陆军和波罗的海舰队完全同政府**决裂**了。我们看到非布尔什维克军官杜巴索夫的发言，他代表整个前线发表了比所有布尔什维克还要革命的言论：士兵不会再打下去了。[106] 我们看到政府的报告说，士兵的情绪“极易波动”，不能保证“秩序”（即不能保证这些部队去参加镇压农民起义）。最后，我们看到，在莫斯科的选举中，17 000 名士兵中有 14 000 名投布尔什维克的票。

莫斯科区杜马选举的投票结果，是全国人心发生极深刻变化的最明显的征兆之一。大家都知道，莫斯科要比彼得格勒更带有小资产阶级性。莫斯科的无产阶级同农村关系要密切得多，更加同情农村，更加接近农民的情绪，这是多次证实了的无可争辩的事实。

而社会革命党人和孟什维克在莫斯科所得的选票，从 6 月份的 70%降到 18%。小资产阶级抛弃了联合，人民抛弃了联合，这是无可怀疑的。立宪民主党所得的选票从 17%增加到 30%，他们仍旧是少数，毫无希望的少数，尽管“右派”社会革命党人和“右派”孟什维克显然同他们结合在一起了。《俄罗斯新闻》[107] 说，立宪民主党得票的**绝对**数字从 **67 000** 减少到 **62 000**。只有布尔什维克得票的数字增加，从 34 000 增加到 82 000。布尔什维克得票占总数的47%。现在我们同左派社会革命党人一起,不论在苏维埃中,不论在军队里,不论**在整个国家中**都拥有了多数,这是丝毫不容怀疑的。

此外,下述事实也应当算做一个不仅具有征兆的意义,而且具有非常重大的实际意义的征兆:对整个经济、对整个政治、对军事都是举足轻重的铁路邮电员工大军,还在继续同政府发生尖锐的冲突[108];连孟什维克护国派对"自己的"部长尼基京也表示不满,连正式的社会革命党人也把克伦斯基之流称为"斯托雷平分子"。由此可见,孟什维克和社会革命党人对政府的这种"支持"只具有(如果有的话)反面的意义,难道不是这样吗?

四

. . . .

五

是的,中央执行委员会的领袖们正在实行保护资产阶级和地主的正确策略。要是布尔什维克落入立宪幻想的圈套,落入"相信"苏维埃代表大会、"相信"立宪会议的召开和"等待"苏维埃代表大会等等的圈套,——毫无疑问,这样的布尔什维克就成了无产阶级事业的**可耻的叛徒**。

如果这样,他们就成了无产阶级事业的叛徒,因为他们以这种行为出卖了已经在海军中开始起义的德国革命工人。在这种情况下,“等待”苏维埃代表大会等等,就是**背叛国际主义**,背叛国际社会主义革命的事业。

因为国际主义不在于言词,不在于表示声援,不在于决议,而在于**行动**。

这样的布尔什维克就成了出卖**农民**的叛徒,因为容许政府(**甚至**《人民事业报》也把这个政府比做斯托雷平分子)镇压农民起义,就等于**断送**整个革命,永远地无法挽回地断送革命。有人叫喊什么无政府状态,叫喊什么群众的态度日益冷漠。既然农民**被逼到不得不举行起义的地步**,而所谓“革命民主派”又容许对它实行军事镇压,那么群众怎么会不对选举表示冷漠呢!!

这样的布尔什维克就成了出卖民主和自由的叛徒,因为在这样的时机容许镇压农民起义,**无异是**听任伪造立宪会议的选举,**如同**伪造“民主会议”和“预备议会”**一模一样**,甚至伪造得更拙劣更粗暴。

危机成熟了。俄国革命的整个前途已处在决定关头。布尔什维克党的全部荣誉正在受到考验。争取社会主义的国际工人革命的整个前途都在此一举。

危机成熟了……

1917年9月29日

以上可以发表。以下**分发给中央委员会**、**彼得格勒委员会**、**莫斯科委员会**以及**苏维埃**的委员。

六

究竟该做什么呢？应当 aussprechen was ist,“有什么，说什么”，应当老实承认：在我们中央委员会里，在党的上层分子中存在着一种主张**等待**苏维埃代表大会，**反对**立即夺取政权，**反对**立即起义的倾向或意见。必须**制止**这种倾向或意见[109]。

否则，布尔什维克就会**遗臭**万年，**毁灭**自己的党。

因为错过这样的时机而“等待”苏维埃代表大会，就是**十足的白痴**或**彻底背叛**。

这就是彻底背叛德国工人。我们不能等待他们**开始**革命！！要是这样，李伯尔唐恩之流也将同意“支持”革命了。但是，在克伦斯基和基什金之流掌握政权的时候，革命是**不能**开始的。

这就是彻底背叛农民。我们既然拥有两个**首都的**苏维埃，却又让农民起义受到镇压，这样就会**丧失**而且**理应丧失**农民的一切信任，在他们看来我们同李伯尔唐恩之流以及其他坏蛋就不相上下了。

“等待”苏维埃代表大会就是十足的白痴，因为这样就要耽误**几个星期**，而现在几个星期，甚至几天可以决定**一切**。这样就是畏缩不前，**放弃**夺取政权，因为到 11 月 1—2 日夺取政权就不可能了(不论在政治上或者技术上都不可能，因为在愚蠢地“规定的”①

① 主张 10 月 20 日“召开”苏维埃代表大会以决定“夺取政权”的问题，这同愚蠢地“规定”起义日期究竟有什么区别呢？？现在夺取政权是可能的，而到 10 月 20—29 日，就不容许你夺取了。

起义日期到来之前，哥萨克已经调到了）。

“等待”苏维埃代表大会就是白痴，因为代表大会**不会有什么结果，也不可能有什么结果**！

具有“道义上的”意义吗？那才奇怪呢！！我们知道，苏维埃**支持**农民，而农民起义**正受到镇压**，在这个时候竟谈论什么决议的“意义”，同李伯尔唐恩之流谈判的“意义”！！这样一来，我们倒真会使**苏维埃**流为可耻的空谈家。先战胜克伦斯基，然后再召开代表大会吧！

现在对于布尔什维克来说，起义的胜利**是有保证的**：(1)我们能够①(如果不“等待”苏维埃代表大会)从彼得格勒、莫斯科和波罗的海舰队这三个据点**出其不意地**进行攻击；(2)我们有保证能得到拥护的口号：打倒镇压农民反对地主的起义的政府！(3)我们**在全国**拥有多数；(4)孟什维克和社会革命党人已经乱作一团；(5)我们在莫斯科(为了乘其不备，击破敌人，甚至可以从这里首先发难)有夺取政权的技术能力；(6)我们在彼得格勒有**数千名**武装工人和士兵，他们能够**一举**占领冬宫、总参谋部、电话局以及各大印刷厂；我们不会被人从那里撵走，因为我们将在**军队**中进行这样的鼓动：他们**不能**反对给人民以和平、给农民以土地等等的政府。

如果我们立刻从彼得格勒、莫斯科和波罗的海舰队这三个据点突然进行攻击，那么我们有百分之九十九的可能获得胜利，而且我们的牺牲会比7月3—5日的牺牲小，因为**军队不会**反对和平的政府。即使克伦斯基在彼得格勒**已经**有“可靠的”骑兵等等，在

① 党在**研究**军队布防以及进行像“艺术”一样的起义等等方面，到底做了些什么呢？——只是在中央执行委员会中发发议论，如此等等！！

两面夹攻以及军队同情**我们**的情况下，他也不得不**投降**。如果有目前这样的机会还不夺取政权，那么一切关于政权归苏维埃的言论就都成了**谎话**。

现在不夺取政权，而要“等待”，要在中央执行委员会里空谈，仅限于“为争取机关”（苏维埃的）“而斗争”、“为争取代表大会而斗争”，这就等于**断送革命**。

鉴于中央委员会**甚至**迄今**没有答复**我自民主会议开幕以来所坚持的上述精神的主张，鉴于中央机关报**删掉了**我的文章中指出布尔什维克作出参加预备议会的可耻决定，把苏维埃主席团的席位让给孟什维克等等，是犯了不可容忍的错误的几段话，我不能不认为这是“微妙地”暗示中央委员会甚至不愿意讨论这一问题，“微妙地”暗示要封住我的嘴，并且要我引退。

我不得不**提出退出中央委员会的请求**，在此我提出这一请求，同时保留**在**党的**下层**以及在党的代表大会上进行鼓动的自由。

因为我深信，如果我们“等待”苏维埃代表大会，放过目前的时机，就等于**断送**革命。

尼·列宁

9月29日

附言：许多事实表明，**就连**哥萨克军队也不会反对和平的政府！而这些军队又有多少呢？他们在哪里呢？难道整个军队不会派部队来**援助**我们吗？

第1—3节和第5节载于1917年10月7日（20日）《工人之路报》第30号；第6节发表于1924年

译自《列宁全集》俄文第5版第34卷第272—283页

告工人、农民、士兵书

（1917年9月30日〔10月13日〕以后）

同志们！克伦斯基所属的“社会革命”党在它的《人民事业报》（9月30日）上号召你们“**容忍**”。

该报写道：“必须容忍”，并且建议把政权继续留给克伦斯基政府，不要交给工兵代表苏维埃。这些人对我们说，就让克伦斯基去依靠地主、资本家和富农吧，就让完成了革命和战胜了科尔尼洛夫的将军们的苏维埃“容忍”一下吧。就让人们“容忍”到很快就要召开的立宪会议的时候吧。

同志们！你们只要看看自己的周围，看看农村的情况，军队的情况，就会看到，农民和士兵再也不能容忍了。**农民起义**像滔滔大江在俄国各地泛滥，因为有人使用欺骗手法，至今迟迟不给农民土地。农民不能容忍了。克伦斯基派**军队**去镇压农民，保卫地主，克伦斯基又同给地主撑腰的科尔尼洛夫的将军和军官们勾结起来了。

无论城市的工人，或者前线的士兵，现在都不能容忍用武力镇压农民争取土地的正义斗争。

关于前线军队的情况，无党派军官杜巴索夫曾经向全俄国宣称：“士兵不会再打下去了。”士兵受尽折磨，他们光着脚，饿着肚子，他们不愿为资本家的利益打仗，不能“**容忍**”光用漂亮的和平词句来款待他们，实际上却一连好几个月地拖延下去（像克伦斯基那样拖延），迟迟不向**一切**交战国的人民**提出和约**，公正的没有兼并的和约。

同志们！要知道，克伦斯基又在同科尔尼洛夫的将军和军官们进行谈判，以便**调兵对付**工兵代表**苏维埃，不把政权交给**苏维埃！《人民事业报》坦率地承认：克伦斯基“**决不听命**”于苏维埃。

请大家到各兵营里去，到哥萨克部队里去，到劳动群众那里去，向人民说明**这个道理**：

如果政权由苏维埃掌握，那么在 10 月 25 日以前（如果苏维埃代表大会在 10 月 20 日召开）**就会**向一切交战国的人民**提出公正的和约**。俄国将有一个**工农政府**，它会一天也不迟延，**立刻向一切交战国的人民提出公正的和约**。那时人民就会知道谁要非正义的战争。那时人民就会在立宪会议中作出决定。

如果政权由苏维埃掌握，那么**立刻**就会宣布**地主的**土地是**全体人民的财产**。

你们看，克伦斯基及其依靠富农、资本家和地主的政府反对的是什么！

你们看，他们号召你们“容忍”是为了谁，是为了谁的利益！

你们同意“容忍”，听任克伦斯基用武力镇压为了土地而举行起义的农民吗？

你们同意“容忍”，听任他们把战争再长久地拖延下去，迟迟不**提出和约**，迟迟不废除过去沙皇同俄英法资本家缔结的秘密条约吗？

同志们！要记住，克伦斯基答应过召开立宪会议，他已经欺骗过人民一次了！7 月 8 日他郑重其事地答应在 9 月 17 日以前召开立宪会议,而结果是**欺骗了人民**。同志们!谁信任克伦斯基政府,谁就是出卖自己的弟兄——农民和士兵的叛徒!

不,人民**连一天也**不肯再容忍拖延了!**连一天也**不能容忍用武力镇压农民,**连一天也**不能容忍在可以并且应当立刻**提出公正和约**的时候,让成千上万的人在战争中丧命。

打倒同科尔尼洛夫的地主将军们策划镇压农民、屠杀农民和拖延战争的**克伦斯基政府**!

全部政权归工兵代表苏维埃!

载于1924年4月23日《真理报》第93号

译自《列宁全集》俄文第5版第34卷第284—286页

布尔什维克能保持国家政权吗？110

（1917年9月底—10月1日〔14日〕）

再版序言

从下面的文章中可以看出，这本小册子是1917年9月底开始写，10月1日写成的。

10月25日的革命，已经把这本小册子提出的问题从理论的领域转到了实践的领域。

现在不应当用言论，而应当用行动来回答这个问题。反对布尔什维克政权的理论根据，是不堪一驳的。这些论据已经被推翻了。

现在的任务，就是用先进阶级即无产阶级的**实践**来证明工农政府的生命力。一切觉悟的工人，一切活跃的正直的农民，全体被剥削劳动者，一定会竭尽全力在实践中解决这个极其重大的历史性的问题。

干起来吧，大家都干起来吧，世界社会主义革命的事业应当胜利而且一定会胜利。

尼·列宁

1917年11月9日于彼得堡

从《言语报》到《新生活报》，从立宪民主党科尔尼洛夫分子到半布尔什维克，总之，除布尔什维克以外，**所有**派别在哪一点上看法是一致的呢？

在以下这点上：布尔什维克永远不敢单独夺取全部国家政权，或者即使敢于夺取并且夺到了政权，也不能保持这个政权，连一个极短暂的时期也保持不住。

如果有人说，布尔什维克单独夺取全部国家政权的问题，是一个很不现实的政治问题，只有某些极愚蠢的自以为是的"狂热者"才会认为这个问题是现实的，那么我们只要把负有最重大责任、最有影响的各种"色彩"的政党和派别的言论一字不改地引来，就能驳倒这种论调。

但是首先我要就上面提到的第一个问题，即布尔什维克敢不敢单独夺取全部国家政权的问题谈几句。我在全俄苏维埃代表大会上听策列铁里部长的一次发言时当即在席位上大声插话，对这个问题作了十分肯定的答复[111]。而且，不论在报刊上或者在口头上，我从来没有看到也没有听到布尔什维克发表过关于我们不应当单独夺取政权的声明。我仍然坚持这样的观点：任何政党，特别是先进阶级的政党，如果在可能取得政权的时候拒绝夺取政权，那它就没有权利存在下去，就不配称为政党，就任何意义上来说都是渺小的无用之辈。

现在,我们来引用立宪民主党人、社会革命党人和半布尔什维克(我倒更愿意称他们为四分之一布尔什维克)在我们关心的这个问题上所发表的言论。

9月16日《言语报》的社论说:

"……亚历山大剧院的大厅里笼罩着意见分歧和思想混乱的气氛,社会党人的报刊也反映出同样的情况。只有布尔什维克的观点十分明确而且毫不隐讳。在民主会议上,这是少数人的观点。然而在苏维埃里,却是一种日益强大的思潮。尽管布尔什维克言词激昂,自吹自擂,摆出十分自信的姿态,但是他们除一小部分狂热者以外,其他的人都不过是嘴上勇敢。他们的本意并不想夺取'全部政权'。他们这些地道的捣乱分子和破坏分子,骨子里却是一群胆小鬼,他们内心里深知自己腹中空洞无物,深知他们目前的成功不过是昙花一现。他们也像我们大家一样非常清楚:他们彻底胜利的第一天,也就是他们迅速垮台的第一天。他们按本性来讲是一些毫不负责的人,按方法和手段来讲是一群无政府主义者,他们只能算做政治思想中的一个流派,说得更确切些,是政治思想中的一种偏向。要永远摆脱和根除布尔什维主义,最好的办法就是把国家的命运托付给布尔什维主义的领袖。要不是意识到这种试验是不能容许的,有招致毁灭的危险,真可以豁出去试一试这种有英雄气魄的办法。我们再说一遍,好在这些可悲的当代英雄自己也决不想真正夺取全部政权。在任何条件下,建设性的工作都是他们难以胜任的。因此,他们的十分明确和毫不隐讳的态度,只能表现于政治讲坛上和群众大会上的空谈。实际上,无论从哪一方面来看,他们的立场都是不值得注意的。但是,这种立场在某一方面也取得了某些实际结果:它把其他一切'社会主义思想'派别联合起来反对自己……"

立宪民主党人就是这样议论的。现在请看俄国最大的、"居于统治地位的执政"党"社会革命党"的观点。这种观点表现在他们的正式机关报《人民事业报》9月21日的一篇同样未署名的即编辑部的社论中:

"……如果在立宪会议召开以前,资产阶级不愿意根据民主会议批准的纲领同民主派合作,那么,**联合内阁就应当从民主会议的成员内部产生出来。**

这对拥护联合的人来说，是一种严重的牺牲，**但是，宣传政权'清一色路线'这种主张的人也应当做这样的牺牲**。不过，我们担心在这方面可能达不成协议。那就只有第三种即最后一种办法了：政权由民主会议中**原则上**拥护清一色政权的主张的那一半成员**负责**组织。

明确地说，就是**将由布尔什维克负责组阁**。布尔什维克极力把仇视联合的思想灌输给革命民主派，答应在消灭'妥协'以后给他们各种好处，并且说妥协是我国一切灾难的根源。

如果布尔什维克了解自己**鼓动**的是什么，如果他们**不欺骗群众**，那么**他们**就**有责任**兑现到处随便开出的支票。

问题非常明显。

希望他们不要枉费心机用匆忙炮制的关于他们不能夺取政权的理论来掩饰自己。

民主派不会接受这样的理论。

同时，主张联合的人应当保证给他们以充分的支持。这就是摆在我们面前的三种办法，三条道路，其他的办法和道路是没有的！"（黑体是《人民事业报》原来用的）

社会革命党人就是这样议论的。最后，请看新生活派"四分之一布尔什维克"的"立场"（如果脚踏两只船也可以称做立场的话）。下面这一段话摘自9月23日《新生活报》编辑部的社论：

"……如果再同柯诺瓦洛夫、基什金一起组织联合内阁，那就只能意味着民主派又一次投降，意味着撤销民主会议的关于根据8月14日的纲领建立责任政权的决议……

……孟什维克和社会革命党人清一色的内阁，就像联合内阁里负有责任的社会党人部长一样，很难感到自己的责任……　这样的政府不但不能把革命的'活跃的力量'团结在自己的周围，并且也不能指望从革命的先锋队——无产阶级那里得到稍微积极的支持。

但是组织另一种清一色的内阁，即组织'无产阶级和贫苦农民'的政府，这也不是更好的出路，而是更坏的出路，其实这不是出路，简直是死路。诚然，这样的口号谁也没有提出过，只有《工人之路报》在偶尔发表的不那么大胆的意见中提到过，后来才不断加以'解释'。"（这些负责的政论家连9月21日《人民事业报》的社论也忘掉了，居然"大胆地"写出这样骇人听闻的谎话……)

“现在,布尔什维克在形式上恢复了全部政权归苏维埃的口号。这个口号是在七月事变之后,以中央执行委员会为代表的苏维埃明确地走上积极反布尔什维主义政策的道路的时候取消的。现在不仅可以认为‘苏维埃路线’是经过校正的路线,并且有一切根据可以预料到,在准备召开的苏维埃代表大会中,布尔什维克将获得多数。在这种情况下,布尔什维克重新提出的‘全部政权归苏维埃’的口号,就是一条旨在建立无产阶级和‘贫苦农民’专政的‘策略路线’。其实,苏维埃也可以理解为农民代表苏维埃,因此,布尔什维克的口号,是要建立一个依靠俄国整个民主派绝大多数人的政权。但是这样一来,‘全部政权归苏维埃’的口号就失去独特的意义,因为它使苏维埃成为在组织成分上同民主会议所组织的‘预备议会’几乎相同的东西……”(《新生活报》的论断是最无耻的谎话,这等于说,冒牌和伪造的民主同民主是“几乎相同的东西”:预备议会是**伪造的**,它是以少数人,特别是以库斯柯娃、柏肯盖姆、柴可夫斯基之流的意志来冒充大多数人民的意志,这是第一点。第二,甚至阿夫克森齐耶夫和柴可夫斯基之流所伪造的农民苏维埃在民主会议上反对联合的也占很大的百分比,如果同工兵代表苏维埃合在一起,其结果也足以使**联合彻底垮台**。第三,“政权归苏维埃”意味着,农民苏维埃的政权主要会扩展到农村去,而在农村中**贫苦**农民可以稳占优势。)“……既然两者都是同样的东西,那么布尔什维克的口号就应当立刻取消。如果‘政权归苏维埃’的口号只是掩饰无产阶级专政的幌子,那么这样的政权正是意味着革命的破产和失败。

不仅脱离国内其他阶级、而且也脱离民主派真正活跃的力量的无产阶级，既不能在技术上掌握国家机构，使它在非常复杂的环境中运转起来，也不能在政治上抵挡住各种敌对力量的总进攻（这种进攻不仅会消灭无产阶级专政，而且会连带消灭整个革命），这难道还需要证明吗？

目前唯一符合时局要求的政权，就是民主派内部真诚联合的政权。”

* * *

请读者原谅，我们摘引了这样多的话，但这是绝对必要的。因为必须确切地介绍一下敌视布尔什维克的各个党派的立场。必须确凿地证明一个极为重要的事实：**所有**这些党派都承认，布尔什维克单独夺取全部国家政权的问题，不仅是十分现实的问题，而且也是目前十分迫切的问题。

从立宪民主党人到新生活派，“大家”都确信布尔什维克不能保持政权，现在我们来分析一下他们所持的理由。

堂堂的《言语报》根本没有提出任何理由。它不过是用最下流、最恶毒的话把布尔什维克痛骂了一顿。顺便说一下，我们引用的话也表明，如果以为《言语报》在“挑动”布尔什维克去夺取政权，因此说什么，“同志们，要当心，敌人建议我们干的准不是好事！”要是这样想那就大错特错了。如果我们不实事求是地估计到一般的用意和具体的用意，就“相信”这是资产阶级在“挑动”我们去夺取政权，那我们就上了资产阶级的当，因为资产阶级无疑永远会恶毒地预言布尔什维克夺取政权会造成千万种灾难，永远会恶毒地叫嚣“要一下子‘永远’摆脱布尔什维克，最好是让布尔什维克夺取政权，然后把他们彻底打垮。”这种叫嚣也可以说是一种“挑动”，不过是出于相反用意的挑动。立宪民主党人和资产者绝不是“建议”我们而且从来没有“建议”我们夺取政权。他们只不过想用政权面临的似乎是无法解决的任务来**吓唬**我们。

不，我们不应当被吓坏了的资产者的叫嚣吓倒。我们应该牢牢地记住，我们从来没有给自己提出过“无法解决的”社会任务，至于马上采取走向社会主义的步骤，作为摆脱极端困难的状况的唯一出路，这些**完全**可以解决的任务**只有**无产阶级和贫苦农民的专政**才能解决**。如果俄国无产阶级现在夺到了政权，那么它就能保证获得胜利，获得比任何时候任何地方都更巩固的胜利。

我们要完全实事求是地讨论那些会使某一时机变得不利的**具体**情况，但是我们一分钟也不能让资产阶级疯狂的叫嚣吓倒，同时也不能忘记，布尔什维克夺取全部政权的问题确实成了十分**迫切的**问题。现在我们如果忘记了这一点，对我们的党有莫大的危险，比我们认为夺取政权“为时过早”要危险得多。在这方面，现在决**不**可能说什么“为时过早”，因为千百万件事都证明了这一点，也许只有一两件例外。

对《言语报》的恶毒的谩骂，我们可以而且应当背诵几句诗：

> 我们听到的赞许声
> 不是在娓娓动听的赞词里，
> 而是在粗野疯狂的叫嚣中！

资产阶级对我们这样切齿痛恨，这也最明显不过地说明了一个真理：我们**正确地**给人民指出了推翻资产阶级统治的道路和方法。

*　　*　　*

非常难得，这一次《人民事业报》没有赏我们一顿痛骂，但也没有提出任何理由。它只是指出“将由布尔什维克负责组阁”的前景，企图用这种间接的暗示的方式来**吓唬**我们。我可以十分肯定地说：社会革命党人在吓唬我们的时候，自己却着实被吓倒了，被吓坏了的自由派的幽灵吓得魂不附体了。我可以同样肯定地说，在某些特别高级和特别腐朽的机关里，如中央执行委员会以及类似的“联络”（就是同立宪民主党人接触的，老实说，就是同立宪民主党人勾勾搭搭的）委员会里，社会革命党人也能吓倒个别的布尔什维克。因为第一，在中央执行委员会、“预备议会”等等这一切机关里，空气坏到极点，臭得令人作呕，长久地呼吸这种空气对**任何**人都是有害的；第二，着实的惊恐是有感染力的，着实被吓倒的庸人甚至能把个别革命者一时变成庸人。

尽管“按人之常情”来说，一个过去不幸同立宪民主党人一起当部长或者在立宪民主党人看来能当部长的社会革命党人着实被吓倒，是可以理解的，可是让别人把我们吓倒，那就是犯了政治错误，而且这种错误很容易弄到背叛无产阶级的地步。先生们，把你们的切实的理由摆出来！别以为我们会被你们的惊恐吓倒！

* * *

这一次，我们只在《新生活报》上找到一些切实的理由。《新生活报》这次所扮演的是资产阶级的辩护士。扮演这种角色对它来说，要比扮演使这位通体漂亮的太太[112]显然感到“怪难为情”的布尔什维克的辩护士的角色更合适些。

这位辩护士提出了**六条**理由：

(1)无产阶级“脱离国内其他阶级”；

(2)无产阶级“脱离民主派真正活跃的力量”；

(3)无产阶级“不能在技术上掌握国家机构”；

(4)无产阶级“不能使”这个机构“运转起来”；

(5)“环境非常复杂”；

(6)无产阶级“不能抵挡住各种敌对力量的总进攻(这种进攻不仅会消灭无产阶级专政，而且会连带消灭整个革命)”。

《新生活报》提出第一条理由，实在笨得令人可笑，因为我们知道，在资本主义社会和半资本主义社会里只有三个阶级：资产阶级、小资产阶级(农民是这一阶级的主要代表)和无产阶级。在谈到无产阶级反对资产阶级的斗争和反对资产阶级的革命时，说无产阶级脱离其他阶级，这是什么意思呢？

《新生活报》大概是想说，无产阶级脱离了农民，因为实际上这里所说的绝不会是地主。但是又不能明确地说无产阶级现在脱离了农民，因为这种说法显而易见是十分荒谬的。

很难设想一个资本主义国家的无产阶级能够像现在俄国的无产阶级这样很少脱离小资产阶级，请注意，这是指在**反对资产阶级**的革命中。在客观的不容争辩的材料中，我们有一些最近的材料，它们说明了策列铁里“布里根杜马”，也就是声名狼藉的“民主”会议的“各选民团”**赞成**和**反对**同资产阶级联合的表决情况。试以苏维埃的选民团作例子，情况如下：

	赞成联合的	反对联合的
工兵代表苏维埃…………………	83	192
农民代表苏维埃………………	102	70
总计………………	185	262

可见，多数人总的说来拥护无产阶级的口号：**反对**同资产阶级联合。同时在上面我们已经看到，就是立宪民主党人也不得不承

认布尔什维克在苏维埃中的影响在增长。要知道，我们这里所说的是民主会议，是由苏维埃的**昨天的**领袖，即在中央机关中拥有可靠的多数的社会革命党人和孟什维克召集的会议！显然，布尔什维克在苏维埃中的**实际的**优势，在这里是**被缩小了**。

无论在同资产阶级联合的问题上，或者在立刻把地主的土地交给农民委员会的问题上，布尔什维克目前都已经得到了工兵农代表苏维埃里的**多数**的拥护，得到了**多数人民**的拥护，得到了多数小资产阶级的拥护。9月24日的《工人之路报》第19号转载了社会革命党人的机关报《劳动旗帜报》[113]第25号上发表的关于9月18日在彼得格勒召开的地方农民代表苏维埃会议的消息。在这个会议上，主张无限制联合的有4个农民苏维埃执行委员会（科斯特罗马省、莫斯科省、萨马拉省和塔夫利达省）；主张没有立宪民主党人参加的联合的有**3个**省（弗拉基米尔省、梁赞省和黑海省）和**2个**集团军执行委员会；而反对联合的有**23个**省和**4个**集团军的执行委员会。

可见，大多数农民是反对联合的！

这就是你们所说的"无产阶级脱离国内其他阶级"。

此外还应当指出，主张联合的是3个边区省（萨马拉省、塔夫利达省、黑海省）和4个工业省（弗拉基米尔省、梁赞省、科斯特罗马省和莫斯科省）。在这3个边区省份中，使用雇佣工人的富裕农民和大地主比其他各省多得多，在4个工业省份中，农民资产阶级的势力也比俄国大多数省份强。把有关这个问题的更详细的材料收集起来，看看有没有关于农民最"**富裕的**"那些省份里的**贫苦**农民的资料，那倒是很有意思的。

其次，值得注意的是"民族集团"中反对联合的人占了很大的优势:40 票对 15 票。波拿巴主义者克伦斯基之流对俄国没有充分权利的民族采取兼并政策,横施暴力的政策,已经自食其果了。被压迫民族的广大居民群众,即他们中间的小资产阶级群众,对俄国无产阶级的信任超过了对资产阶级的信任,因为历史已经把被压迫民族反对压迫民族、争取解放的斗争提到日程上来了。资产阶级卑鄙地背叛了被压迫民族争取自由的事业,无产阶级则忠于这一事业。

民族问题和土地问题,是目前俄国小资产阶级群众切望解决的根本问题。这是不容争辩的。在这两个问题上,无产阶级一点也“**没有**脱离”其他阶级。它得到了大多数人民的拥护。在这两个问题上,**只有**无产阶级才能执行坚决的、真正“革命民主的”政策,从而不仅能保证无产阶级政权一下子得到大多数居民的支持,而且能使群众的革命热情真正爆发出来,因为群众将从政府那里第一次看到,不是沙皇制度下那种地主对农民、大俄罗斯人对乌克兰人的残酷压迫,不是共和制度下那种在花言巧语掩盖下继续实行类似政策的意图,也不是挑剔、凌辱、诬蔑、拖拉、阻难和搪塞(也就是克伦斯基赐给农民和各个被压迫民族的一切),而是见诸行动的热烈同情,是反对地主的紧急的革命措施,是立刻恢复芬兰、乌克兰、白俄罗斯和穆斯林等等的**充分**自由。

社会革命党人和孟什维克先生们对这一点非常清楚,因此拉拢合作社派的半立宪民主党人上层分子来帮助自己执行**反对**群众的**反动**民主政策。所以,对于实际政策的某些事项,例如是不是应当立刻把所有地主的土地交给农民委员会,是不是应当满足芬兰人或乌克兰人的某些要求,等等,他们永远不敢征求群众的意见,不敢举行全民投票,甚至不敢在各个地方苏维埃、各个地方组织中进行表决。

而在和平问题这个当今整个生活中的根本问题上，他们叫嚷无产阶级“脱离其他阶级”……　其实无产阶级在这个问题上是**全**民族的代表，是**各个**阶级中一切活跃的和正直的分子的代表，是绝大部分小资产阶级的代表，因为只有无产阶级夺到政权以后才会**立刻**向各交战国的人民提出公正的和约，只有无产阶级才会采取真正**革命的**措施（公布秘密条约，等等），尽可能快地取得尽可能公正的和平。

不，《新生活报》的先生们叫嚷无产阶级脱离其他阶级，只能表明他们自己主观上被资产阶级吓倒了。毫无疑问，俄国的客观情况是，无产阶级**恰好在现在没有**“脱离”大多数小资产阶级。无产阶级恰好在现在，在人们取得了“联合”的惨痛教训之后，得到了**大多数**人民的同情。布尔什维克保持政权的**这个**条件已经**具备了**。

*　　*　　*

第二条理由是所谓无产阶级“脱离民主派真正活跃的力量”。这话究竟是什么意思，实在费解。这大概“讲的是希腊语”，——法国人遇到这种场合常这么说。

《新生活报》的撰稿人是一些能当部长的角色。他们完全适合在立宪民主党人手下当部长。因为对这种部长所要求的无非是善于说冠冕堂皇、八面玲珑、根本没有什么意思的空话，这种空话可以用来掩盖一切丑恶行为，因此一定可以博得帝国主义者和社会帝国主义者的掌声。立宪民主党人、布列什柯夫斯卡娅和普列汉诺夫之流，一定会鼓掌赞成新生活派认为无产阶级脱离民主派真正活跃的力量的说法，因为这种话的**言外之意**是（或者说，这种话他们一听就明白说的是）：立宪民主党人、布列什柯夫斯卡娅、普列汉诺夫和克伦斯基之流是“民主派活跃的力量”。

这种说法是错误的。他们是僵死的力量。这一点已经由联合的历史证实了。

新生活派被资产阶级以及资产阶级知识分子的气氛吓倒了,竟把那些同立宪民主党人没有重大差别的社会革命党人和孟什维克的**右**翼,如《人民意志报》和《统一报》等等当做“活跃的”力量。而我们认为,只有那些跟群众而不是跟富农有联系的力量,只有那些受到联合的教训因而抛弃联合的力量,才是活跃的力量。社会革命党人和孟什维克的左翼是小资产阶级民主派“积极的活跃的力量”的代表。这个左翼的加强(特别是在七月反革命事变以后),是无产阶级**没有**脱离民主派活跃的力量的一个最可靠的客观标志。

最近社会革命党中派的向左摆更加明显地表明了这一点。切尔诺夫 9 月 24 日的声明就是向左摆的证明,他说他那一派不赞成重新同基什金之流联合。从社会革命党在城市、尤其是在农村所得的选票的数目来看,这个党是目前占优势和居于统治地位的政党,而在这个党的代表中中派一直占绝大多数,因此它的中派向左摆证明:上面引的《人民事业报》关于民主派必须在一定条件下“保证给”清一色的布尔什维克政府“以充分的支持”的声明,无论如何都不是说说而已的。

社会革命党的中派拒绝重新同基什金联合的事实,以及外省**孟什维克护国派**(高加索的饶尔丹尼亚等)中**反对**联合**的人**占优势的事实,都是客观证据,证明一部分一直跟着孟什维克和社会革命党人走的**群众将支持**清一色的布尔什维克政府。

俄国无产阶级现在恰恰没有脱离民主派**活跃**的力量。

*　　*　　*

第三条理由：无产阶级"不能在技术上掌握国家机构"。这也许是最常见最流行的理由。由于这个原因，同时也由于这个理由指出了摆在胜利的无产阶级面前的最**重要**、最**困难**的任务之一，所以它值得我们特别注意。毫无疑问，这些任务是非常困难的，但是，假使我们这些自称为社会党人的人指出这个困难仅仅是为了**逃避**完成这种任务，那么我们实际上就同资产阶级的奴仆毫无差别了。无产阶级革命任务的困难，应该促使无产阶级的拥护者更仔细更具体地研究完成这些任务的方法。

国家机构首先指的是常备军、警察和官吏。《新生活报》的撰稿人说无产阶级不能在技术上掌握这个机构，这就暴露出他们非常愚昧无知，他们既不肯重视实际生活中的事实，又不愿考虑布尔什维克出版物中早已说明的道理。

《新生活报》的所有撰稿人，都认为自己即使不是马克思主义者，至少也是熟悉马克思主义的人，是有学识的社会党人。可是，马克思根据巴黎公社的经验教导说，无产阶级**不能**简单地掌握现成的国家机器，并运用它来达到自己的目的，无产阶级应当**打碎**这个机器，而用新的机器来代替它（我在一本小册子中比较详细地谈到了这一点，这本小册子的第一册已经印好，不日即可问世，书名为：《国家与革命（马克思主义关于国家的学说与无产阶级在革命中的任务）》[①]）。巴黎公社创造了这种新型的国家机器，俄国工兵农代表苏维埃也是**这一类型**的"国家机构"。1917 年 4 月 4 日以来，我曾经多次指出这一点，在布尔什维克几次代表会议的决议中

① 见本版全集第 31 卷。——编者注

以及布尔什维克的出版物中也谈到过这一点。当然,《新生活报》本来可以声明他们根本不赞成马克思和布尔什维克,但是像这样一家经常傲慢地责骂布尔什维克对困难问题采取了所谓不严肃态度的报纸,却对这个问题完全避而不谈,这无异是证明自己思想贫乏。

无产阶级**不能**"掌握""国家机构"并"使它运转起来"。但是,它能够**打碎**旧国家机构中一切具有压迫性的、因循守旧的、资产阶级的性质不可更改的东西,而用**自己的**新机构来代替它。这个机构就是工兵农代表苏维埃。

《新生活报》居然把这个"国家机构"完全忘掉了,这不能不说是一件大怪事。新生活派这样谈理论,实质上就是在政治理论领域干着立宪民主党人在政治实践中所干的事情。因为,既然无产阶级和革命民主派确实**不需要**任何新的国家机构,那么苏维埃也就失掉存在的理由和存在的权利了,那么立宪民主党科尔尼洛夫分子消灭苏维埃的意图也就**是正当的**了!

在这个问题上甚至孟什维克国际主义派(《新生活报》在彼得格勒市杜马最近一次的选举中曾经同他们结成联盟)也表现出某些与布尔什维克接近的地方,所以《新生活报》这种骇人听闻的理论上的错误和政治上的盲目无知,就显得越发骇人听闻了。例如,马尔托夫同志在民主会议上宣读的那份苏维埃多数派的宣言中有这样一段话:

"……在革命最初的日子里由猛烈迸发出来的真正人民的创造力所建立的工兵农代表苏维埃,构成了一种革命国家机构的新机体,以代替旧制度国家机构衰朽的机体……"

这未免说得过分漂亮了一点,就是说,在这里华丽的辞藻掩盖着政治思想上明确性的不足。苏维埃**还没有**代替旧“机体”，而且这个旧“机体”并**不**是旧制度的国家机构，它**既是**沙皇制度的**又是**资产阶级共和国的国家机构。但是不管怎样，马尔托夫在这里毕竟要比新生活派高明得多。

苏维埃是新型的国家机构，第一，它有工农武装力量，并且这个武装力量不是像过去的常备军那样脱离人民，而是同人民有极密切的联系；在军事方面，这个武装力量比从前的军队强大得多；在革命方面，它是无可替代的。第二，这个机构同群众，同大多数人民有极其密切的、不可分离的、容易检查和更新的联系，这样的联系从前的国家机构是根本没有的。第三，这个机构的成员不是经过官僚主义的手续而是按照人民的意志选举产生的，并且可以撤换，所以它比从前的机构民主得多。第四，它同各种各样的行业有牢固的联系，所以它能够不要官僚而使各种各样的极深刻的改革容易实行。第五，它为先锋队即**被压迫**工农阶级中最有觉悟、最有毅力、最先进的部分提供了组织形式，所以它是被压迫阶级的先锋队能够用来发动、教育、训练和领导这些阶级**全体广大群众**的机构，而这些群众向来都是完全处在政治生活之外，处在历史之外的。第六，它能够把议会制的长处和直接民主制的长处结合起来，就是说，把立法的职能**和执法**的职能在选出的人民代表身上结合起来。同资产阶级议会制比较起来，这是在民主发展过程中具有全世界历史意义的一大进步。

我国1905年的苏维埃，可以说只是腹内的胚胎，因为它们总共只存在了几个星期。显然，在当时的条件下根本谈不上苏维埃的全面发展。在1917年的革命中也还谈不上这一点，因为几个月的时间太短促，尤其是因为社会革命党和孟什维克的领袖们**糟蹋**

了苏维埃，把它们变成了清谈馆，变成了这些领袖的妥协政策的附属品。苏维埃在李伯尔、唐恩、策列铁里和切尔诺夫之流领导下活活地腐烂了，解体了。苏维埃只有在取得**全部**国家政权之后，才能真正发育起来，才能发挥自己全部的潜力和才能，否则就会**无所作为**，或者仍不过是个胚胎（而过久地作为胚胎存在是不可能的），或者成为一种玩物。"两个政权并存的局面"就意味着苏维埃的瘫痪。

假如革命阶级的人民创造力没有建立起苏维埃，那么无产阶级革命在俄国就是没有希望的事情，因为毫无疑义，无产阶级决不能利用旧的机构来保持政权，而新的机构也不可能一下子就建立起来。策列铁里和切尔诺夫糟蹋苏维埃的悲惨历史，实行"联合"的历史，同时也就是苏维埃摆脱小资产阶级幻想的历史，也就是苏维埃通过"涤罪所"，即苏维埃实际领教了**各种各样的**资产阶级联合的全部卑鄙龌龊行为的历史。但愿这个"涤罪所"没有使苏维埃受到损伤，而是使它们受到了锻炼。

*　　*　　*

无产阶级革命的主要困难，就是在全民范围内实行最精确的、最认真的计算和监督，即对产品的生产和分配实行**工人监督**。

《新生活报》的撰稿人反驳我们，说我们提出"工人监督"口号就是陷入工团主义。这种反驳是小学生蠢笨地运用不是经过思考而是像司徒卢威那样**死背下来的**"马克思主义"的典型。工团主义就是否认无产阶级的革命专政，或者是把它和任何政权一样放在最末一位。而我们把它放在第一位。如果照新生活派的意思直说：**不是**实行工人监督，**而是**实行国家监督，那得出的是一句资产阶级改良主义的空话，实质上是一个纯粹立宪民主党人的公式，因为立宪民主党人一点也不反对工人**参加**“国家”监督。立宪民主党科尔尼洛夫分子非常清楚，这种参加是资产阶级欺骗工人最好的办法，是在政治上极巧妙地**收买**格沃兹杰夫、尼基京、普罗柯波维奇、策列铁里之流以及所有这帮歹徒的最好的办法。

我们一谈到“工人监督”，总是把这个口号和无产阶级专政放在**一起**，总是**跟着**无产阶级专政提出的，以此说明我们谈的是什么样的国家。国家是**阶级**统治的机关。是哪个阶级的统治呢？如果是资产阶级的统治，那就是立宪民主党人—科尔尼洛夫—“克伦斯基的”国家，俄国工人群众在它的统治下“遭受科尔尼洛夫和克伦斯基的折磨”已经有半年多了。如果是无产阶级的统治，如果谈的是无产阶级的国家**即**无产阶级专政，那么工人监督就**可以**成为对产品的生产和分配实行全民的、包罗万象、无处不在、最精确、最认真的**计算**。

这是无产阶级革命即社会主义革命面临的主要的困难，主要任务。没有苏维埃，这个任务至少在俄国是解决不了的。苏维埃**正在筹划**无产阶级的这种**可以**解决具有重大世界历史意义的任务的组织工作。

这里我们就涉及国家机构问题的另一个方面。在现代国家中，除常备军、警察、官吏这种主要是“压迫性的”机构以外，还有一种同银行和辛迪加关系非常密切的机构，它执行着大量计算登记工作（如果可以这样说的话）。这种机构不能打碎，也用不着打碎。应当使它摆脱资本家的控制，应当**割去**、**砍掉**、**斩断**资本家影响它的线索，应当使它**服从**无产阶级的苏维埃，使它成为更广泛、更包罗万象、更具有全民性的机构。只要依靠大资本主义所取得的成就（一般说来，无产阶级革命只有依靠这种成就，才能达到自己的目的），这些都是**可以**做到的。

资本主义建立了银行、辛迪加、邮局、消费合作社和职员联合会等这样一些计算**机构**。**没有大银行，社会主义是不能实现的**。

大银行**是**我们实现社会主义**所必需的**“国家机构”，我们可以把它**当做现成的机构**从资本主义那里**拿过来**，而我们在这方面的任务只是**砍掉**使这个极好机构**资本主义畸形化**的东西，使它成为**更巨大**、更民主、更包罗万象的机构。那时候量就会转化为质。统一的规模巨大无比的国家银行，连同它在各乡、各工厂中的分支机构——这已经是十分之九的**社会主义**机构了。这是全国性的**簿记机关**，全国性的产品生产和分配的计算机关，这可以说是社会主义社会的**骨骼**。

这个“国家机构”（它在资本主义制度下，不完全是国家机构，但是在我们社会主义制度下，它将完全是国家机构），我们下一道命令一下子就能够把它“拿过来”，使它“运转起来”，因为这里的簿记、监督、登记、计算和核算等实际工作都是由**职员**来进行的，而他们本身大多数处于无产阶级或半无产阶级的地位。

无产阶级政府用一道命令就能够而且定会把这些职员变成国家职员，这正像资本主义的看门狗白里安等资产阶级部长用一道命令把罢工的铁路员工变成国家职工一样。我们需要而且**能够**找到更多的这样的国家职工，因为资本主义简化了计算和监督的工作，使之成为每个识字的人都能胜任的并不那么复杂的**记录**工作。

把银行、辛迪加、商业等部门的大批职工“国家化”，无论在技术上（由于资本主义和金融资本主义给我们做好了准备工作），或者在政治上（在**苏维埃**进行监督和监察的条件下），都是完全可以实现的。

但是对待极少数跟着资本家跑的高级职员，应当和对待资本家一样，只能“从严”。他们一定会和资本家一样起来**反抗**。一定要**粉碎**这种反抗；一贯天真得可爱的彼舍霍诺夫是一个真正的“政界的黄口小儿”，他早在1917年6月就咿咿呀呀地说过，“资本家的反抗已经被粉碎了”，而**无产阶级一定会认真地把**这句小孩子话、这句幼稚的狂言**变成现实**。

这是我们能够做到的，因为问题只是粉碎极少数人，简直可以说是一小撮人的反抗；职员联合会、工会、消费合作社和苏维埃将对他们每个人实行**监察**，使所有的季特·季特奇之流都受到**包围**，就像一个法国人被困在色当城下一样。只要弄到一张经理、董事、大股东等的名单，我们就可以知道这些季特·季特奇的名字。他们在**全**俄国总共只有几百人，最多也不过几千人，拥有苏维埃、职员联合会等机构的无产阶级国家，可以给他们每个人指定10个甚至100个监督者，这样一来，甚至通过**工人监督**（监督资本家）也许就能使任何反抗都成为**不可能的**事情，而用不着去“粉碎反抗”了。

问题的“关键”甚至不在于没收资本家的财产，而在于对资本家及其可能有的拥护者实行全民的包罗万象的工人监督。单靠没收是无济于事的，因为其中并不包含组织要素和计算正确分配的要素。我们可以轻而易举地用征收**公正的**捐税（甚至按“盛加略夫的”税率）的办法来代替没收，不过需要排除一切逃避公开账目、隐瞒真相、回避法律的可能性。而可以**排除**这种可能性的**只有工人国家**的工人监督。

强迫辛迪加化，即强迫参加受国家监督的联合组织，这就是由资本主义准备好了的办法，这就是容克国家在德国已经实现、苏维埃即无产阶级专政也完全可以在俄国实现的办法，它将**保证我们**

有一个无所不包的、最新式的和非官僚主义的“**国家机构**”。①

*　　*　　*

资产阶级辩护士的第四条理由是：无产阶级不能使国家机构“运转起来”。这个理由同前一个理由比起来，也不是什么新鲜东西。旧机构我们当然既不能掌握也不能使它运转起来。新机构苏维埃则借助“猛烈迸发出来的真正人民的创造力”**已经**运转起来了。不过必须解除领导这个机构的社会革命党和孟什维克的领袖套在它身上的**羁绊**。这个机构**已经**在运转，不过必须去掉那些妨碍它全速前进的畸形的小资产阶级赘瘤。

为了补充以上所述，还应当研究两点：第一，**不是**我们而是资本主义在军事帝国主义阶段创造出来的新的监督方法；第二，在**管理**无产阶级类型的国家方面加强民主制的意义。

粮食垄断和面包配给制不是我们而是一个正在打仗的资本主义国家创造的。这个国家已经建立了资本主义范围内的普遍劳动义务制，这是用来对付工人的一种军事苦役监狱。但是，无产阶级在这方面，也和它整个历史创造活动一样，是从资本主义那里获得自己的武器，而不是“臆造”和“凭空创造”这种武器。

粮食垄断、面包配给制和普遍劳动义务制，在无产阶级国家手中，在拥有充分权力的苏维埃手中是一种实行计算和监督的最强有力的手段。这个手段一旦用来对付资本家和**所有富人**，一旦由**工人**用来对付这班人，它就会产生一种历史上空前未有的力量，使国家机构“运转起来”，以镇压资本家的反抗，使他们服从无产阶级的国家。这个监督和**强迫劳动**的手段比法国国民公会的法律和断

① 参看我的小册子《大难临头，出路何在？》，那里更详细地说明了强迫辛迪加化的意义。（见本卷第202—205页。——编者注）

头台还要厉害。断头台**只能**起震慑的作用，只能粉碎**积极的**反抗。**对我们来说，这是不够的**。

对我们来说，这是不够的。我们不仅要“震慑”资本家，使他们感到无产阶级国家具有无限威力，不敢再存积极反抗它的念头，而且还要粉碎**消极的**、无疑是更危险更有害的反抗。我们不仅要粉碎任何反抗，而且还要**强迫**他们在新国家组织范围内**工作**。“赶走”资本家是不够的，还应当（在赶走恶劣的不可救药的“反抗分子”以后）要他们**重新为国家服务**。无论是对资本家，或者是对资产阶级知识分子的某些上层人物以及某些高级职员等等，都应当如此。

我们也有做到这一点的手段。一个正在打仗的资本主义国家向我们提供了做到这一点的手段和武器。这个手段就是粮食垄断、面包配给制和普遍劳动义务制。“不劳动者不得食”，——这是工人代表苏维埃掌握政权后能够实现而且一定要实现的最重要、最主要的根本原则。

每个工人都要有一本劳动手册。那时，这个证件对他并不是一种侮辱，虽然**现在**它无疑是资本主义雇佣奴隶制的证件，是劳动者隶属于某个寄生虫的证明。

苏维埃将首先**在富人中间，然后**逐渐在全体居民中间推行劳动手册的制度（在一个农民国家里，绝大多数农民大概在一个长时期内还是用不着劳动手册的）。劳动手册将不再是“贱民”的标志，不再是“下”等人的证件，不再是雇佣奴隶制的证明。它将是新社会里不再有“工人”但人人又都是**工作者**的证明。

富人应当向最接近他们的工作范围的工人联合会或职员联合会领取劳动手册，每周或每隔一定时间必须从该联合会取得他们工作踏实的证明;否则他们就不能领到面包配给证和其他一切食品。无产阶级的国家会说:我们需要银行业的和企业联合的优秀组织者(在这方面,资本家有比较多的经验,而使用有经验的人,工作就比较容易进行),我们需要比从前愈来愈多的工程师、农艺师、技术人员以及各种具有科学知识的专家。我们要所有这类工作人员担任他们能胜任的和熟悉的工作,我们大概只能逐渐实现报酬的完全平等,在过渡期间将保留这些专家较高的报酬,但是,我们要使他们受到工人的全面监督,我们要彻底地无条件地实行"不劳动者不得食"的原则。我们并不臆造什么工作组织形式,而是从资本主义那里把银行、辛迪加、最好的工厂、试验站、科学院等这些现成的组织形式拿过来;我们只能借鉴先进国家最好的经验。

我们说,整个资本家阶级一定会进行最顽强的反抗,但是苏维埃把全体居民组织进来就能粉碎这种反抗,对特别顽强和拒不服从的资本家自然必须惩办,没收他们的全部财产,把他们关进监狱,只要无产阶级胜利了,像我今天在《消息报》上看到的那种事情就会**多起来**。我们这样说,当然丝毫不会陷入空想主义,不会离开极其冷静而实际地估计情况的立场。今天的《消息报》说:

"9 月 26 日有两个工程师到工厂委员会中央理事会声明说,有一批工程师决定组织一个社会主义者工程师协会。鉴于现在实质上已经是社会革命的开始,该协会愿意听从工人群众指挥,并且为了维护工人的利益,愿同各个工人组织采取完全一致的行动。工厂委员会中央理事会的代表回答说,理事会愿意在自己组织中成立工程师部,该部应当把工厂委员会第一次代表会议关于工人监督生产的要点列入自己的纲领。工厂委员会中央理事会的代表和社会主义者工程师团体的发起人近日将举行联席会议。"(1917 年 9 月 27 日《中央执行委员会消息报》)

*　　*　　*

有人对我们说，无产阶级不能使国家机构运转起来。

1905 年革命以后是 13 万地主管理俄国，他们管理的方法就是对 15 000 万人滥用暴力，肆意侮辱，强迫大多数人从事苦役、过半饥饿的生活。

而 24 万布尔什维克党员似乎不能管理俄国，不能为了替穷人谋福利、为了反对富人而管理俄国。这 24 万人现在至少已经拥有 100 万成年人的选票，因为欧洲的经验和俄国的经验都证明，就连彼得格勒杜马 8 月的选举也证明，党员人数同党的得票数的比例正是如此。可见，我们已经有一个由**一百万**思想上忠于社会主义国家而不是为了在每月 20 日领取大笔薪俸的人组成的“国家机构”。

此外，我们还有一下子就可以把我们的国家机构**扩大十倍**的“妙法”，这是任何一个资本主义国家从来没有也不可能有的。这个妙法就是吸引劳动者，吸引贫民参加管理国家的日常工作。

为了说明这种妙法是多么简便，效果是多么灵验，我们且举一个尽可能简单明了的例子。

国家有时要强迫某一家搬出住宅而让另一家搬进去。这是资本主义国家常有的事，我们无产阶级国家，或者说社会主义国家也会遇到这样的事。

资本主义国家要撵走一个失去了干活的人而缴不起房租的工人家庭，就要派来一大帮法警、警察或民警。如果是在工人区撵人搬家，那就要派一个哥萨克分队。为什么呢？因为没有很强大的武装保护，法警和“民警”是不肯去的。他们知道，撵人搬家的场面会在邻近所有居民当中，会在成千上万濒于绝望的人当中激起无比的愤怒，激起对资本家和资本主义国家无比的仇恨，这些人随时都可能把法警和民警队打成肉酱。需要大量的兵力，而且一定要从某边远地区调几个团到大城市来，这样士兵就不熟悉城市贫民的生活，不致“传染上”社会主义。

假设无产阶级国家要让一个极其贫苦的家庭强行搬进富人住宅。假设我们的工人民兵分队由15个人组成：2个水兵，2个士兵，2个觉悟工人（就算其中只有1人是我们的党员或者党的同情者），再加上1个知识分子和8个劳动贫民，这8人当中至少必须有5个妇女，而且要有仆人、粗工等等。这一队人来到富人住宅进行检查，发现2男2女住着5个房间，于是说：“公民们，请你们挤在两个房间里过冬吧，腾出两间房让住在地下室的两家搬进去。在我们还没有在工程师（您大概是工程师吧？）的帮助之下为所有的人盖好舒适的住宅以前，你们必须挤一挤。你们的电话要10家共用。这样可以不必跑遍各家铺子等等，可以节省100来个工时。其次，你们家里有两个能从事轻劳动而没有事干的半劳动力：55岁的女公民和14岁的男公民。他们每天要值班3小时，监督供应10家的食品的合理分配并进行必要的登记。我们队里的一位大学生公民马上就把这项国家的命令抄成两份，现在请你们给我们一个字据，保证切实执行这个命令。”

依我看来，资产阶级的旧国家机构和国家管理同社会主义的新国家机构和国家管理对比起来，如用浅显的例子来说明，情形就会是这样。

我们不是空想家。我们知道，不是随便哪一个粗工和厨娘都能马上参加国家管理的。在这一点上，我们同立宪民主党人，同布列什柯夫斯卡娅，同策列铁里是意见一致的。我们同这些公民不一致的地方是我们要求立刻破除这样一种偏见，似乎只有富人或者富人家庭出身的官吏才能**管理**国家，才能担任日常管理工作。我们要求由觉悟的工人和士兵来领导**学习**管理国家的工作，并且要求立刻开始这样做，即立刻**开始**吸引一切劳动者、一切贫民来学习这一工作。

我们知道，立宪民主党人也同意把民主制教给人民。立宪民主党的女士们同意根据英国和法国最好的资料给女仆们作关于妇女平等的讲演，并且还准备在最近的音乐会上，在露天舞台上，在几千人面前表演接吻：演讲人立宪民主党的女士吻布列什柯夫斯卡娅，布列什柯夫斯卡娅吻前任部长策列铁里。感激不尽的人民将受到一次实例的教育，知道什么叫做共和制的平等、自由、博爱……

是的，我们承认，立宪民主党人、布列什柯夫斯卡娅和策列铁里按照他们的方式忠于民主制，并且在人民中间宣传这种民主制。可是，如果我们对于民主制有某种不同的概念，那该怎么办呢？

在我们看来，为了减轻战争所造成的空前的负担和灾难，为了医治战争给人民带来的极其严重的创伤，就需要实行**革命的**民主制，就需要采取上述例子中那种根据贫民利益分配住房的**革命**措施。无论在城市或农村，对食品、衣服、靴鞋等等的处理，以及在农村对土地等等的处理都应当**这样**。我们可以**立刻吸引** 1 000 万人，甚至 2 000 万人组成的**国家**机构从事**这种**意义上的国家管理，而这样的国家机构是任何一个资本主义国家从未有过的。这样的机构只有我们才能够建立起来，因为我们得到绝大多数居民的充分的、毫无保留的支持。这样的机构只有我们才能够建立起来，因为我们有觉悟的、由于受过资本主义长期“训练”（我们并没有白受资本主义的训练）而富有纪律性的工人，他们**能够**建立工人的民兵并**逐渐**把它扩充(要立刻开始扩充)**为全民的**民兵。觉悟的工人应该进行领导,并且他们也能够吸引真正的被压迫劳动群众来从事管理工作。

自然,这种新机构在开始的时候是免不了要犯错误的。但是,难道农民从农奴制度下解放出来,开始自己经营的时候没有犯过错误吗?难道除了通过实践,除了立刻开始实行真正的人民自治,还有其他训练人民自己管理自己、避免犯错误的方法吗?现在最主要的是抛弃那种资产阶级知识分子的偏见,仿佛只有那些按整个社会地位来说完全依附于资本的特殊官吏才能管理国家。最主要的是要结束这样一种局面,即资产者、官吏和"社会党人"部长们企图按老办法管理国家,但又无法管理,结果7个月之后居然在一个农民国家里激起了农民起义!!最主要的是使被压迫的劳动者相信自己的力量,通过实践让他们看到,他们能够而且应该亲自动手来**合理地**最有秩序最有组织地分配面包、各种食品、牛奶、衣服、住宅等等,使这种分配**符合贫民的利益**。不这样,就**不能**把俄国从崩溃和灭亡中拯救出来,而认真地、勇敢地、普遍地开始把管理工作交给无产者和半无产者,就会激发群众史无前例的革命热情,就会使人民同灾难斗争的力量增加无数倍,以致许多在我们那些眼界狭窄的旧官僚分子看来似乎是办不到的事情,对千百万**开始为自己**而不是在棍棒威逼下为资本家、为贵族公子、为官吏**工作**的群众的力量来讲,却成为可以实现的了。

*　　　　*　　　　*

同国家机构问题有关的还有集中制问题,巴扎罗夫同志在9月27日《新生活报》第138号《布尔什维克和政权问题》一文中,十分有力又十分不能令人满意地提出了这个问题。

巴扎罗夫同志是这样推论的："苏维埃不是适应国家生活的一切方面的机构"，因为7个月的经验已经表明，"彼得堡执行委员会经济部有几十份、几百份文件资料"已经证实，苏维埃虽然在许多地方实际上已享有"充分权力"，但是"在消除经济破坏方面，并没有能取得稍微令人满意的结果"。需要一个"按生产部门划分的、在每个部门内实行严格集中制并服从全国性的统一的中心"的机构。"请看，问题不在于更换旧机构，而仅仅在于改良旧机构……尽管布尔什维克一直讥笑持有这种计划的人……"

巴扎罗夫同志所有这些同资产阶级论调一模一样、反映资产阶级观点的论断，简直是软弱无力得令人吃惊！

确实如此。说苏维埃在俄国某地某时曾享有"充分权力"，这简直是可笑的（即使这不是在重复资本家出于阶级私利的谎言）。所谓享有充分权力，就是要有支配全部土地、所有银行和所有工厂的权力；稍微知道一点历史经验以及有关政治同经济的关系的学术资料的人都不会"忘记"这个"小小的"情况。

资产阶级的欺骗手法就在于它**不**把权力交给苏维埃，对苏维埃采取的任何一种重要步骤都**暗中破坏**，继续把持政府，保留支配土地和银行等等的权力，却又把经济破坏的罪责推在苏维埃身上！！联合的全部惨痛教训也在于此。

苏维埃从来没有掌握过充分的权力，它的措施除起缓解作用和加剧混乱外，什么结果也没有。

向布尔什维克，向这些按他们全党的信念、纲领和策略来讲都是集中主义者的人证明集中制的必要性，那简直是多此一举。《新生活报》的撰稿人干这种无聊的事情，仅仅是因为他们完全没有了解我们对他们那个"全国性的"观点加以嘲笑的意思和意义。而新生活派没有了解这一点，又是因为他们只是**在嘴巴上**而不是在脑子里承认阶级斗争的学说。他们一面背诵关于阶级斗争的词句，一面却时时抱着理论上是可笑的、实践上是反动的“超阶级观点”，并把这种为资产阶级的效劳叫做“全国性的”计划。

可爱的人们，国家是个阶级概念。国家是一个阶级对另一个阶级使用暴力的机关或者机器。在国家还是资产阶级对无产阶级使用暴力的机器的时候，无产阶级的口号只能有一个：**破坏**这个国家。而在国家成了无产阶级国家的时候，在它成了无产阶级对资产阶级使用暴力的机器的时候，我们就要完全地和无条件地主张坚强的政权和集中制。

更通俗一点讲：我们不是讥笑那些“计划”，而是讥笑巴扎罗夫之流不懂得否认“工人监督”、否认“无产阶级专政”就是**拥护**资产阶级专政。中间道路是没有的，中间道路是小资产阶级民主派的虚无缥缈的空想。

从来没有一个布尔什维克党的中央机关，没有一个布尔什维克反对过苏维埃的**集中制**，反对过苏维埃的统一。我们中间没有一个人反对按生产部门成立工厂委员会，反对工厂委员会的集中化。巴扎罗夫在**无的**放矢。

无论过去、现在和将来我们讥笑的都不是“集中制”，也不是那些“计划”，而是**改良主义**。因为在有了联合的教训之后，你们的改良主义是太可笑了。谁说问题“不在于更换机构，而在于改良”，谁就是改良主义者，就成了不是革命的而是改良主义的民主派。改良主义无非是要统治阶级让步而**不是**推翻统治阶级，无非是在保持**统治阶级的**政权的条件下要统治阶级让步。

这正是半年来联合所作的尝试。

我们所讥笑的就是这一点。资产阶级异口同声地说："是呀，正是呀，我们恰好不反对改良，我们主张工人参加全国性的监督，我们完全同意。"而巴扎罗夫由于没有对阶级斗争的学说细加思索，就上了资产阶级的这个圈套，于是好心的巴扎罗夫**在客观上**就扮演了资本家应声虫的角色。

在尖锐的阶级斗争环境中企图站在"中间"立场上的人们的下场，过去一向如此，将来还会永远如此。正因为《新生活报》的撰稿人不能理解阶级斗争，他们的政策是十分可笑地永远动摇在资产阶级和无产阶级之间。

可爱的公民们，去拟定"计划"吧，那不是政治，不是阶级斗争的事情，在那一方面你们可以给人民带来好处。你们的报纸有许多经济学家。请你们同那些准备研究调节生产和分配问题的工程师及其他人联合起来吧，请你们的大"机构"（报纸）拿出一个副刊来认真研究关于俄国产品的生产和分配、关于银行和辛迪加等等的精确材料，正是在这一方面你们会给人民带来好处，正是在这一方面你们的脚踏两只船的态度不致引起特别有害的影响，正是这种"计划"工作不致引起工人的讥笑，而会得到工人的感谢。

无产阶级胜利后，就会这样做：让经济学家、工程师、农艺师等等**在**工人组织的**监督之下**来拟定"计划"、检查计划，寻求通过集中化来节省劳动的办法，探索最简单的、最便宜的、最方便的和最全面的监督方式和方法。为此，我们要发给经济学家、统计学家、技师很高的薪金，但是……但是如果他们不是老老实实、一心一意地**为劳动者的利益**去做这项工作，我们就不给他们饭吃。

我们拥护集中制，也拥护"计划"，但是，我们拥护的是**无产阶级**国家的集中制和计划，是无产阶级为了贫民、被剥削劳动者的利益,为了**反对**剥削者而调节生产和分配的集中制和计划。我们只同意把所谓"全国性"理解为粉碎资本家的反抗,把全部政权交给大多数人民,即交给无产者和半无产者,也就是工人和贫苦农民。

*　　*　　*

第五条理由是:布尔什维克不能保持政权,因为"环境非常复杂……"

真是聪明人!他们也许愿意顺应革命,但只能是没有"非常复杂的环境"的革命。

这样的革命是没有的,向往这种革命而发出的叹息,无非是资产阶级知识分子的反动的哀鸣。即使革命开始时环境并不太复杂,革命本身在发展过程中**总是**要造成**非常**复杂的环境的。因为革命,真正的、深刻的、"人民的"①(用马克思的话来说)革命是旧事物无比复杂而痛苦的死亡过程和新社会制度即千百万人新生活方式的诞生。革命是最尖锐、最激烈、你死我活的阶级斗争和国内战争。历史上没有任何一个伟大的革命没有经过国内战争。而只有套中人[114]才会认为没有"非常复杂的环境"的国内战争是可以设想的。

如果没有非常复杂的环境,那么也就没有革命。你怕狼,就别到森林里去。

第五条理由没有什么可以分析的,因为这里既没有什么经济思想和政治思想,也没有任何别的思想。这里有的只是革命使之感到忧愁和恐惧的人们所发出的叹息。为了说明这种叹息的性质,不妨谈一下我个人经历的两件小事。

---

① 参看《马克思恩格斯文集》第10卷第352页。——编者注

七月事变前不久，我同一个富有的工程师谈过一次话。这个工程师曾经是一个革命者，做过社会民主党的党员，甚至还是布尔什维克党的党员。现在，他完全被吓坏了，对情绪激昂、无法制服的工人充满愤恨。他（一个有学识的到过外国的人）说，假如这些工人能和德国工人一样就好了，当然，我了解社会革命总是不可避免的，但是在我们这里，在战争造成工人水平下降的情况下……这不是革命，这是毁灭。

要是历史像德国特别快车进站那样平平安安、稳稳当当、正点到达社会革命，他是愿意承认社会革命的。文雅的乘务员打开车厢门喊道："社会革命站到了。请全体下车（Alle aussteigen）！"那时，有什么理由不从季特·季特奇之流手下的工程师的地位转到工人组织中的工程师的地位呢？

这个人见过罢工。他知道，就是在最平静的时候，一次最普通的罢工也总要掀起一场情绪激昂的狂风暴雨。他当然懂得，在阶级斗争唤起了一个大国的**全体**劳动人民的时候，在战争和剥削把千百万受地主数百年折磨、受资本家和沙皇官吏数十年掠夺和殴打的人民弄到几乎绝望的时候，这种狂风暴雨必然要更加猛烈千万倍。他"在理论上"了解这一切，但他仅仅**在嘴巴上**承认这一切，他简直被"非常复杂的环境"吓坏了。

七月事变后，承蒙克伦斯基政府的特别照顾，我有幸转入了地下。掩护我们这种人的当然是工人。有一次，在离彼得格勒市区很远的工人区的一所小小的工人住宅里，正在准备开午饭。女主人拿出面包来，男主人说："你看，多么好的面包。'他们'现在大概不敢再给坏面包了。我们早就不指望在彼得格勒还能买到好面包。"

对七月事变的这种阶级估量使我感到惊奇。我常常思索这次事变的政治意义，衡量这次事变在整个形势发展过程中的作用，分析由于什么形势产生了历史的这种曲折，它又将造成什么局势，想到我们应该如何改变我们的口号和我们党的机构，以适应改变了的形势。关于面包，我这个没挨过饿的人是没有想到的。面包对我来讲自然就像是写作的副产品。要通过政治分析这种非常复杂的途径才会想到一切的根本，想到争取面包的阶级斗争。

而被压迫阶级的人，哪怕是待遇很好和十分有知识的工人，一下子就能抓住问题的关键，而且说得那样朴实直率、斩钉截铁、观点鲜明，令人感到惊奇，这是我们知识分子望尘莫及的。整个世界分成两个阵营："我们"劳动者和"他们"剥削者。对已经发生的事情丝毫没有感到不安：这只是劳动跟资本的长期斗争中的一次战斗。要砍树木就别怕木片飞迸。

"革命的这种'非常复杂的环境'真令人难以忍受！"资产阶级的知识分子是这样想和这样感觉的。

"我们把'他们'压了一下，'他们'已经不敢像先前那样耍无赖了。我们再压一下，就可以完全把他们压倒。"工人是这样想和这样感觉的。

* * *

第六条，即最后一条理由：无产阶级"不能抵挡住各种敌对力量的总进攻（这种进攻不仅会消灭无产阶级专政，而且会连带消灭整个革命）"。

先生们，请别吓唬人，你们吓不倒谁。我们已经在科尔尼洛夫叛乱中（克伦斯基执政和它没什么两样）领教过这些敌对力量和它们的进攻了。无产阶级和贫苦农民是怎样消灭科尔尼洛夫叛乱的,资产阶级的拥护者和为数不多的特别富有、同革命特别“敌对”的地方小土地占有者阶层的代表曾处于多么可怜和无可奈何的境地,这是大家都看见了的,这是人民都还记得的。9月30日的《人民事业报》劝导工人在立宪会议召开(在对付起义农民的“军事措施”保护下召开!)以前要“容忍”克伦斯基执政(即科尔尼洛夫叛乱)和伪策列铁里的布里根杜马。《人民事业报》上气不接下气地再三重复《新生活报》的第六条理由,并声嘶力竭地喊道:“克伦斯基政府决不听命。”(不听命于苏维埃政权,即不听命于工农政权,《人民事业报》为了不落在暴徒、反犹太主义者、君主派和立宪民主党人的后面,竟把这个政权叫做“托洛茨基和列宁”的政权,请看社会革命党人采用了多么卑鄙的手段!!)

但是,无论《新生活报》或者《人民事业报》都吓不倒觉悟的工人。你们说:“克伦斯基政府决不听命”,更简单明了、更直截了当地说,就是克伦斯基政府要重演科尔尼洛夫叛乱。《人民事业报》的先生们竟敢说什么这将是“国内战争”,这将是“可怕的前途”!

不,先生们,你们欺骗不了工人。这将不是国内战争,而是一小撮科尔尼洛夫分子的绝望的骚乱。就是说,他们想“不听命”于人民,并且想不顾一切地挑动人民大规模地重复在维堡对待科尔尼洛夫分子的那种行动,**要是**社会革命党人**想**这样做,要是社会革命党党员克伦斯基想这样做,他就会触怒人民。不过,先生们,你们这样是吓不倒工人和士兵的。

真是卑鄙无耻到绝顶了:他们伪造了新布里根杜马,利用伪造手段招募了一些反动合作社派即农村富农当作帮凶,再加上一些资本家和地主(所谓有选举资格的分子),又企图利用这帮科尔尼洛夫匪徒来**蹂躏人民的意志**,**蹂躏**工农的意志。

在一个农民国家里,他们竟把事情弄到这样的地步,以致农民起义像滔滔大江到处泛滥!请想一想吧:在农民占人口百分之八十的民主共和国中,竟把农民逼到了举行起义的地步…… 同一家《人民事业报》,即切尔诺夫的报纸,也就是在9月30日恬不知耻地劝导工人和农民"容忍"的"社会革命"党的机关报,在9月29日的社论中也不得不承认:

"直到现在为止,**几乎**没有为消灭俄国中部农村中仍**占统治地位的奴役**关系做**什么事**。"

同一家《人民事业报》在9月29日的同一篇社论中又说,"斯托雷平那套作风"在"革命的部长们"的办事方式中"依然清晰可见"。换句更简单明了的话说,就是把克伦斯基、尼基京、基什金之流称为**斯托雷平分子**。

"斯托雷平分子"克伦斯基之流把农民逼到了举行起义的地步,目前正在对农民采取"军事措施",却又用召开立宪会议的诺言安慰人民(虽然克伦斯基和策列铁里已经**欺骗过**人民一次了,他们在7月8日曾庄严地宣布,立宪会议将于9月17日如期召开,可是后来却**自食其言**,甚至不顾**孟什维克唐恩**的劝阻而推迟立宪会议,把立宪会议延迟到11月底,而不是像当时孟什维克的中央执行委员会所希望的那样延迟到10月底)。"斯托雷平分子"克伦斯基之流用即将召开立宪会议的诺言来安慰人民,似乎人民还会相信那些已经在这件事情上扯过一次谎的人,似乎人民还会相信在偏僻农村中采用**军事措施**的政府,对任意逮捕觉悟农民和**伪造**选举的行为明目张胆地进行**庇护**的政府会**如期**召开立宪会议。

把农民逼到了举行起义的地步,竟然又恬不知耻地向他们说:

“应当‘容忍’，应当等待，应当相信那个采取‘军事措施’镇压起义农民的政府！”

使几十万俄国士兵在6月19日之后的进攻中送了命，使战争拖延下来，使德国水兵不得不举行起义，把自己的长官投到水里，事情弄到了这种地步，还在一味地空谈和平而**不向各**交战国**提出**公正的和约，还在恬不知耻地向工人和农民，向朝不保夕的士兵说：“必须容忍”，要相信“斯托雷平分子”克伦斯基的政府，要再相信科尔尼洛夫的将军们一个月，而他们在一个月中又会把几万士兵送到屠宰场……　“必须容忍”。

难道这还不是恬不知耻吗??

不，社会革命党的老爷们，克伦斯基的同党们，你们是骗不了士兵的！

工人和士兵就连一天，就连**多**一个小时都不会容忍克伦斯基政府了，因为他们知道，**苏维埃**政府将**立刻**向各交战国提出公正的和约，因此**一定**能立刻实现停战并迅速缔结和约。

我们农民军队的士兵就连一天，就连**多**一个小时都不会容忍这个采取**军事措施**镇压农民起义的克伦斯基政府违反苏维埃意志存在下去了。

不，社会革命党老爷们，克伦斯基的同党们，你们再也骗不了工人和农民了！

*　　*　　*

在各种敌对力量的进攻的问题上，也就是吓得魂不附体的《新生活报》深信会把无产阶级专政消灭的那种进攻的问题上，还有一个逻辑上和政治上的非常惊人的错误，只有那些已经让别人吓得几乎神经失常的人才看不出来。

你们说："各种敌对力量的进攻会消灭无产阶级专政。"说得好。不过可爱的同胞，你们都是些经济学家和有学识的人。你们都知道，拿民主派同资产阶级作对比是荒诞的和愚蠢的，这就像拿斗同尺作对比一样，因为世上有民主派的资产阶级，也有非民主派的（能参加旺代叛乱的）小资产阶级阶层。

"各种敌对力量"，这是一句空话。而阶级的概念是**资产阶级**（拥护它的还有地主）。

俄国也和**任何一个**资本主义国家一样分成三种主要"力量"：资产阶级和地主，无产阶级，小资产阶级即小业主，首先是农民。正是这三种主要"力量"在各个资本主义国家（同样也在俄国），不仅早已为科学的经济分析所证明，而且也为**一切**国家的整个现代史的**政治经验**、为18世纪以来欧洲**所有**革命的经验、为1905年和1917年**两次**俄国革命的经验所证明了。

那么，你们是想恐吓无产者，说资产阶级的进攻会把他们的政权消灭吗？你们的恐吓就是这个意思，也只有这个意思，此外再也没有什么其他内容了。

好吧。比方说，如果资产阶级能够消灭工人和贫苦农民的政权，那剩下的就只是"联合"，也就是小资产者和资产阶级的联盟或妥协。任何别的都是根本不能设想的！！

要知道联合已经试验了半年，已经遭到了破产，并且你们这些可爱而不善于思考的《新生活报》的公民们，自己也已经**放弃了**联合。

结果怎样呢？

《新生活报》的公民们，你们吓糊涂了，你们让别人吓得甚至连最简单的议论都不能自圆其说了，**连总共不到五而只到三的数目**

都弄不清了。

或者全部政权归资产阶级，这你们早已不赞成了，甚至资产阶级自己也不敢提了，因为它知道，在 4 月 20—21 日，人民用肩膀一撞就把这种政权撞翻了，现在更是会加倍坚决地、无情地打翻这种政权。或者政权归小资产阶级，即由这个阶级和资产阶级实行联合(联盟，妥协)，因为小资产阶级不愿意而且**不能**独立自主地掌握政权，这是一切革命的经验证明了的，也是经济科学证明了的。经济科学表明：在资本主义国家里，可以拥护资本，可以拥护劳动，但在中间是站不住的。这个联合半年来在俄国试用过不下几十种方法，但还是失败了。

最后，或者全部政权归无产者和贫苦农民，而不是归资产阶级，以便粉碎资产阶级的反抗。这还没有尝试过，而这是你们《新生活报》的先生们**劝**人民**不要去干的**，你们用自己畏惧资产阶级的心理去吓唬人民。

第四种办法是连臆造也臆造不出来的。

这就是说，如果《新生活报》因为无产阶级政权仿佛可能被资产阶级搞垮而害怕无产阶级专政并拒绝无产阶级专政，那就等于**暗地里回到**同资本家**妥协**的立场!!! 很明显，谁害怕反抗，谁不相信能够粉碎这种反抗，谁教导人民说，“你们应当害怕资本家的反抗，你们制服不了这种反抗”，谁就是**以此**号召重新同资本家妥协。

现在，一切小资产阶级民主派分子都已看到联合的破产，不敢公开拥护联合，同时他们又得到资产阶级的保护，而害怕无产者和贫苦农民掌握全部政权，所以弄得糊里糊涂，《新生活报》也像他们一样，糊涂到了手足无措、狼狈不堪的地步。

*　　*　　*

害怕资本家的反抗,同时又自命为革命者,希望被人看做社会主义者——多么可耻！被机会主义败坏了的世界社会主义运动要在思想上堕落到什么地步,**才能**发出这种论调!

资本家的反抗力量我们已经看到过了,全体人民也看到过了,因为资本家比其他阶级更有觉悟,他们一下子就理解了苏维埃的意义,马上竭尽**自己的一切力量**,采取一切办法,用尽一切手段,直到采取空前未有的造谣诽谤的手段,制造军事阴谋,**来破坏苏维埃**,消灭苏维埃,糟蹋苏维埃(在孟什维克和社会革命党人帮助之下),把苏维埃变为清谈馆,长年累月地用无聊的空话和玩弄革命的把戏使农民和工人厌倦。

而无产者和贫苦农民的反抗力量**我们还没有看到过**,因为只有当政权掌握在无产阶级手中的时候,当千百万为贫困和资本主义奴隶制所摧残的人们实际看到和**感觉到**国家政权到了被压迫阶级手中,并正在帮助贫民对地主和资本家展开斗争,**粉碎**他们的反抗的时候,这种力量才会充分发挥出来。**只有**那时,我们才能看出,人民中间蕴藏着什么样的回击资本家的潜在力量;只有那时,恩格斯称为"隐蔽的社会主义"①的东西才会显示出来;只有那时,如果工人阶级政权有**1万**个公开的或暗藏的、积极活动或消极顽抗的敌人,就会有**100万**个新战士起来和他们斗争,而这些新战士至今在政治上还没有觉醒,他们一直在贫困折磨和绝望状态中苟延残喘,不敢相信他们也是人,他们也有生活的权利,不敢相信现代中央集权国家的全部实力也会为他们服务,不敢相信无产阶级民兵分队会完全信任地召请**他们**直接地经常地参加管理国家的

① 参看《马克思恩格斯全集》第1版第37卷第23页。——编者注

工作。

在普列汉诺夫、布列什柯夫斯卡娅、策列铁里和切尔诺夫这帮先生善意参加下，资本家和地主用尽**一切**办法**糟蹋**民主共和国，用效劳财富来糟蹋民主共和国，致使人民变得冷漠无情，使**他们觉得反正都一样**，因为一个挨饿的人不会去区分共和国和君主国，一个挨冻、赤足、受尽折磨、为旁人的利益去送命的士兵是不会爱上共和国的。

但是，一旦无论哪个粗工，任何一个失业者，每一个厨娘，随便哪个破产农民都看到，不是从报纸上而是亲眼看到：无产阶级政权不向财富卑躬屈节，而是帮助贫民；这个政权敢于采取革命措施；这个政权把寄生虫的多余食品拿来分给饥民；这个政权让无家可归的人强行搬进富人的住宅；这个政权强迫富人出牛奶钱，可是在**所有**贫苦人家的儿童没有得到足够的牛奶供应以前，一滴牛奶也不给他们；土地交给劳动者，工厂和银行受工人监督；百万富翁隐匿财产会立刻受到严厉的惩罚，——一旦贫民看到这一切并且感觉到这一切，那时任何资本家和富农的力量，任何拥有数千亿的世界金融资本的力量也战胜不了人民革命，相反地，**人民革命**将战胜整个世界，因为在所有的国家里，社会主义革命正在成熟。

如果我们的革命自己不害怕自己，如果它把全部政权交给无产阶级，那它就是不可战胜的，因为支持我们的有无比广大的、更加成熟的和更加有组织的世界无产阶级的力量，这种力量暂时受到了战争的压制，但并没有被消灭，相反地，战争使它更加强大了。

* * *

担心布尔什维克的政权，即保证能得到贫苦农民全力支持的无产阶级政权会被资本家先生们“消灭”！这是多么近视！这是多么可耻的害怕人民的心理！这是多么虚伪！流露出这种恐惧心理的人都属于“上等”(这是按资本主义的尺度,而实际上是**腐朽的**)“社会”,这个“社会”讲到“正义”这个词,自己并不相信,而是习惯于把它当做一种空话,并不赋予它任何内容。

这里有个例子：

彼舍霍诺夫先生是个著名的半立宪民主党人。再找不到比他更温和的劳动派分子,与布列什柯夫斯卡娅和普列汉诺夫之流更志同道合的人了。没有哪个部长比他更热心地替资产阶级效劳。世界上还没有哪个人比他更热烈地拥护“联合”、拥护同资本家的妥协!

请看,根据护国派《消息报》的报道,这位先生在“民主”(应读做:布里根)会议上的发言**不得不**供认：

“有两个纲领。一个是反映集团要求即阶级要求和民族要求的纲领。最坦率地维护这个纲领的是布尔什维克。而民主派其他部分的人也很难拒绝这个纲领。要知道,这是劳动群众的要求,是被歧视和被压迫民族的要求。民主派难以同布尔什维克决裂,拒绝这些阶级要求,首先是因为这些要求实质上是正义的。我们在革命前为这个纲领奋斗过,为这个纲领进行过革命,在其他条件下我们都会一致地拥护它,但是在目前条件下,这个纲领具有很大的危险性。现在,这种危险性更大,因为这些要求恰恰是在国家不能予以满足的情况下提出来的。首先要保卫国家这个整体,把它从毁灭中拯救出来,而要做到这点,就只有一条路:不管提出的要求多么正义和强烈,一概不予以满足,相反地,要各方面忍受必须忍受的限制和牺牲。”(9 月 17 日的《中央执行委员会消息报》)

彼舍霍诺夫先生不了解,当资本家们还掌权的时候,他所保卫的**不是**什么整体,而是俄国的和“盟国的”帝国主义资本的私利。彼舍霍诺夫先生不了解,只有和资本家,和**他们的**秘密条约,和**他们的**兼并(侵占别人土地),和**他们的**银行的金融诈骗行为断绝关系之后，战争才不再是侵略性的、帝国主义的、掠夺性的战争。彼舍霍诺夫先生不了解，只有**在**断绝这种关系**之后**，战争才会在敌人拒绝接受正式向他提出的公正的和约的情况下，成为防御性的、正义的战争。彼舍霍诺夫先生不了解，一个摆脱资本的枷锁、把土地交给农民、把银行和工厂置于工人监督之下的国家的防御力量，会比资本主义国家大**许多倍**。

而最重要的是，彼舍霍诺夫先生**不**了解，既然他不得不承认布尔什维主义的正义性，不得不承认它的要求是"**劳动群众**"即多数居民的要求，那也就是**放弃了**自己的全部立场，**放弃了**整个小资产阶级民主派的全部立场。

我们的力量就在这里。我们的政府将是不可战胜的原因就在这里：连敌人也不得不承认，布尔什维克的纲领是"劳动群众"和"被压迫民族"的纲领。

要知道，彼舍霍诺夫先生是立宪民主党人、《统一报》和《人民事业报》的布列什柯夫斯卡娅和普列汉诺夫之流的政治朋友，是富农之类的老爷们的代表，如果科尔尼洛夫的军队或者克伦斯基的军队（他们是一路货）打败了布尔什维克，这些老爷们的老婆和姐妹第二天就会用小伞挑出被打得半死的布尔什维克的眼珠。

就连这样的一位先生也**不得不**承认布尔什维克的要求的"正义性"。

在他看来，"正义"不过是空话。但是在半无产者群众看来，在被战争弄得破产，弄得痛苦不堪，弄得疲惫已极的大多数城乡小资产阶级看来，这不是空话，而是最尖锐、最迫切、最重大的问题，是关系到会不会饿死、能不能取得一片面包的问题。正因为如此，**无论什么**政策都**不能**建立在"联合"的基础上，**不能**建立在挨饿者和破产者的利益同剥削者的利益“妥协”的基础上。正因为如此，布尔什维克政府**一定会**得到**这些**群众的绝大多数的支持。

知识分子和那些根据他们“洞悉”经济唯物主义的“**奥妙**”这个堂皇的理由而喜欢自称为马克思主义者的坏蛋们说：正义是一个没有意义的词。

思想一旦掌握群众，就变成力量。正是在目前，布尔什维克即革命无产阶级国际主义的代表，以自己的政策体现了那种在全世界推动广大劳动群众的思想。

单是正义，单是群众对剥削愤恨的感情，永远也不会把他们引上通往社会主义的正确道路。但是，当大银行、辛迪加、铁路等物质机构依靠着资本主义而发展起来的时候，当先进国家极其丰富的经验积累了奇妙的技术，而资本主义却**妨碍**这些技术的运用的时候，当觉悟的工人团结成一个有25万党员的党，以便在全体被剥削劳动者支持下有计划地掌握这种机构并使它运转起来的时候，——当这些条件已经**具备**的时候，**如果布尔什维克不让别人吓倒**而能夺得政权，那么，地球上就没有一种力量能阻挡他们把政权一直保持到全世界社会主义革命的胜利。

后　记

上面这篇文章写好了的时候，10 月 1 日的《新生活报》社论又提出了一套糊涂的新妙论，这套妙论特别危险，因为它是隐藏在同情布尔什维克的旗帜后面的，隐藏在“不要受人挑动”这种深奥的庸俗议论的烟幕后面的（可别落入这种关于挑动的叫喊的圈套，因为这种叫喊无非是企图恐吓布尔什维克，使他们**不要**夺取政权）。

这套妙论说：

“无论是 7 月 3—5 日运动的教训，还是科尔尼洛夫事变的教训，都非常明显地表明：民主派拥有在人民中威信最高的机关，如果它在国内战争中采取防御立场，那它就是不可战胜的，如果它掌握进攻的主动权，那它就要失去一切中间的、动摇的分子而遭到失败。”

如果布尔什维克对这一套议论中所反映的这种庸俗的糊涂思想表示任何形式的一点点让步，那他们就会既葬送自己的党，又葬送革命。

因为发表这种议论的作者在谈到国内战争（这个话题恰好是通体漂亮的太太搭得上话的）的时候，把关于这个问题的**历史教训**曲解到了极端滑稽可笑的地步。

而无产阶级革命策略的代表和奠基人卡尔·马克思谈到**这些**教训，谈到**这个**问题上的历史教训时是这样论述的：

"起义也正如战争或其他各种艺术一样,是一种艺术,它要遵守一定的规则,这些规则如果被忽视,那么忽视它们的政党就会遭到灭亡。这些规则是从各政党的性质和在这种情况下所要对待的环境的性质中产生的逻辑推论,它们是如此浅显明白,1848 年的短时期的经验已经使德国人十分熟悉它们了。第一,不要玩弄起义,除非决心干到底〈直译:应付你所玩弄的把戏的后果〉。起义是一种用若干极不确定的数进行的演算,这些不确定的数的值每天都可能变化。敌人的战斗力量在组织、训练和传统的威望方面都占据优势〈马克思指的是起义的最"困难的"情况,即必须反对"巩固的"旧政权,反对还没有在革命影响和政府动摇影响下瓦解的军队〉;如果你不能集中强大的优势力量对付敌人,你就要被击溃和被消灭。第二,起义一旦开始,就必须以最大的决心行动起来并采取进攻。防御是任何武装起义的死路,它将使起义在和敌人较量以前就遭到毁灭。必须在敌军还分散的时候,出其不意地袭击他们;每天都必须力求获得新的胜利,即令是不大的胜利;必须保持起义的最初胜利给你造成的精神上的优势;必须把那些总是尾随强者而且总是站在较安全的一边的动摇分子争取过来;必须在敌人还没有能集中自己的力量来攻击你以前就迫使他们退却;总之,要按照至今人们所知道的一位最伟大的革命策略家丹东的话来说,就是要:'勇敢,勇敢,再勇敢!'"(《德国的革命和反革命》1907年德文版第 118 页)①

《新生活报》的这些"也是马克思主义者"会自言自语地说:我们把这一切都改了[115],我们有的不是三倍的勇敢,而是两种长处,

① 参看《马克思恩格斯文集》第 2 卷第 446 页。——编者注

"我们有这样两种长处：温和和谨慎"。在"我们"看来，世界历史的经验、法国大革命的经验算不了什么。在"我们"看来，重要的是1917年两次运动的经验——透过莫尔恰林[116]的眼镜被歪曲了的经验。

让我们不戴这副可爱的眼镜来看看这个经验吧。

你们拿7月3—5日的事变同"国内战争"相提并论，是因为你们相信了阿列克辛斯基和佩列韦尔泽夫之流。而相信**这样的**人正是《新生活报》的先生们的特色（尽管他们拥有大型日报的庞大机构，但在**收集**有关7月3—5日事变的**材料**方面却没有独立地做过一点事情）。

我们姑且假定，7月3—5日的事变不是被布尔什维克控制在雏形阶段内的国内战争的胚胎，而是真正的国内战争。我们就这样假定吧。

那么在这种情况下，这个教训证明了什么呢？

第一，布尔什维克**没有**转入进攻，因为毫无疑问，如果他们转入进攻，那就会在7月3日夜里，甚至在7月4日拿下许多东西。如果说这是国内战争（《新生活报》正是这样看的，而不是**如实地**看做自发的爆发向4月20—21日那种示威的转变），采取防御正是他们的弱点。

由此可见，"教训"同《新生活报》那些聪明人所说的**相反**。

第二，为什么布尔什维克在7月3—4日连起义的打算都没有，为什么当时**任何一个**布尔什维克**领导集体**连这个问题都没有提出，它并**不在**我们和《新生活报》争论的范围**之内**。因为，我们争论的是"国内战争"即起义的**教训**，而不是革命政党由于显然缺乏多数人的支持而放弃起义的念头。

因为大家知道,1917 年 7 月**过了很久以后**,布尔什维克才在两个首都的苏维埃和在全国获得了多数(在莫斯科获得了 49%以上的选票),可见,得到的"教训"又完全不是新生活派那位通体漂亮的太太想看到的那些。

不,不,《新生活报》的公民们,请你们最好还是不要搞政治吧!

如果革命党在各个革命阶级的先进队伍内和在全国范围内没有争得多数,那就谈不到什么起义。此外,起义还需要:(1)革命在全国范围内的发展;(2)旧政府,如"联合"政府,在道义上和政治上的彻底破产;(3)在一切中间分子阵营中,即在那些尽管昨天还完全拥护政府、但现在已经**不**完全拥护政府的中间分子的阵营中发生大摇摆。

为什么《新生活报》谈到 7 月 3—5 日事变的"教训",却没有注意到这个非常重要的教训呢?那是因为谈论政治问题的不是政治家,而是知识分子小团体中被资产阶级吓倒了的人们。

还有,第三,事实表明,正是**在** 7 月 3—4 日事变**之后**,正是由于策列铁里先生之流被自己的**七月**政策**揭穿了**,正是由于**群众**看到了布尔什维克是**自己的**先进战士而"社会联盟派"是叛徒,社会革命党人和孟什维克才开始**垮台**的。他们的垮台**还在**科尔尼洛夫叛乱**之前**就完全为彼得格勒 8 月 20 日的选举所证实了,因为在这次选举中,布尔什维克获得了胜利,而"社会联盟派"遭到了失败。(《人民事业报》不久前**隐瞒各**党派得票的总数,企图推翻这一事实,但这是欺骗自己和欺骗读者;根据 8 月 24 日《日报》仅仅关于城市的材料来看,立宪民主党人得票的百分数从 22%增加到 23%,绝对票数减少了 40%;布尔什维克得票的百分数从 20%增加到 33%，绝对票数只减少了 10%；所有"中间"党派得票的百分数从 58%下降到 44%，绝对票数减少了 60%！！）

七月事变后和科尔尼洛夫事变前社会革命党人和孟什维克的垮台，也为两党中的"左"翼人数几乎增加到 40%这一情况所证实，这真是替遭到克伦斯基先生之流迫害的布尔什维克"报了仇"。

无产阶级政党虽然"失去了"数百个党员，但是在 7 月 3—4 日事变中**赢得了**许多东西，因为，正是在这些艰难的日子里，**群众**懂得了并看到了它的忠诚和社会革命党人、孟什维克的**背叛**。这就是说，得到的"教训"和"新生活派"所说的完全不同，这个"教训"就是：决不能离开沸腾的群众而去迁就"民主派的莫尔恰林们"，如果是起义，那就要趁敌军分散的时候转入进攻，出其不意地袭击他们。

《新生活报》的"也是马克思主义者"先生们，难道不是这样吗？

难道"马克思主义"**不是**把精确估计**客观**形势作为策略的基础，而是荒谬地和不加分析地把"国内战争"和"苏维埃代表大会以及召开立宪会议"混为一谈吗？

先生们，这简直令人可笑，这简直是对马克思主义和任何逻辑的嘲弄！

如果在**客观**形势中**没有**使阶级斗争激化到"国内战争"程度的根据，你们在**谈论**"苏维埃代表大会和立宪会议"（这里分析的《新生活报》社论的标题就是如此）的时候，为什么要谈到"国内战争"呢？如果这样，那就应当明确地向读者说明并且证明，在客观形势中**没有**进行国内战争的基础，因而可以并且应该把和平的、符合宪法的、在法律上和议会制上是“简单的”东西,如苏维埃代表大会和立宪会议之类放在策略的首要地位。如果这样,那就**可以**认为这类代表大会和这类会议确实能够**解决问题**。

如果国内战争的必然性或者哪怕只是可能性是以目前的客观形势为根据的,如果你们不是“信口”谈论国内战争,而是明显地看到、感觉到和觉察到国内战争形势的存在,那么,怎么能把苏维埃代表大会或者立宪会议放在首要地位呢??这简直是嘲弄挨饿的和受蹂躏的群众!难道挨饿的人会同意“等待”两个月吗?难道你们自己每天都在描写的日益加剧的经济破坏会允许“等待”到苏维埃代表大会或立宪会议吗?难道在我方没有采取争取和平的重要步骤(即没有正式向各交战国提出公正的和约)的条件下,德国的进攻会允许“等待”苏维埃代表大会或立宪会议吗?难道你们有这样的材料,使你们能够断定,从2月28日到9月30日以惊人的速度蓬勃发展的俄国革命的历史,从10月1日起到11月29日[117]就会发展得极其平静、和平、稳步、合法,而绝不会有爆发、飞跃、战争的失败和经济的危机吗?难道前线的军队,由**非**布尔什维克军官杜巴索夫代表前线正式宣布“不会再打下去”的那个军队,会平静地忍受饥寒,直到“预定的”日子吗?难道由于你们把农民起义叫做“无政府状态”和“暴行”,由于克伦斯基派“武装”力量去**镇压农民**,农民起义就不再是国内战争的因素了吗?难道可以**设想**一个**在农民**国家**里镇压**农民起义的政府能平静地、公平地、不伪造地进行召开立宪会议的工作吗?

先生们,你们不要讥笑“斯莫尔尼学校张皇失措”[118]!你们张皇失措的程度并不小些。是你们在用张皇失措的言语和可怜的立宪幻想来回答国内战争的各种严重问题。正因为如此,我说,如果布尔什维克染上了这种情绪，那他们就会既葬送自己的党，又葬送自己的革命。

尼·列宁

1917年10月1日

正文和后记载于1917年10月《启蒙》杂志第1—2期合刊

再版序言载于1918年彼得格勒出版的本文单行本

译自《列宁全集》俄文第5版第34卷第287—339页

给中央委员会、莫斯科委员会、彼得堡委员会以及彼得格勒、莫斯科苏维埃布尔什维克委员的信[119]

（1917 年 10 月 1 日〔14 日〕）

亲爱的同志们，事变这样明确地规定了我们的任务，拖延简直等于**犯罪**。

土地运动正在发展。政府正在加紧野蛮的镇压，军队对我们的同情日益增长（莫斯科有 99％的士兵投票拥护我们，芬兰的陆军和海军反对政府，杜巴索夫提供的前线的总的情况也证明了这一点）。

德国的革命显然已经开始，在水兵遭枪杀以后尤为明显。莫斯科选举的结果，布尔什维克得到 47％的选票，这是一个巨大的胜利。我们和左派社会革命党人一起**在全国显然**拥有了多数。

铁路邮电员工已经同政府发生冲突。李伯尔唐恩之流把原定 10 月 20 日召开的代表大会，改说成 10 月下旬的代表大会，如此等等。

在这种情况下“等待”就是犯罪。

布尔什维克没有权利等待苏维埃代表大会，他们应当**立刻**

夺取政权。只有这样，才能挽救世界革命（因为不这样，各国帝国主义者就有勾结起来的危险，他们在德国大屠杀以后，将会相互迁就，**联合起来反对我们**），才能挽救俄国革命（不然真正无政府状态的浪潮将会**比我们**更强大），才能挽救战争中的几十万人的生命。

拖延就是犯罪。等待苏维埃代表大会，就是要幼稚的形式主义的把戏，要可耻的形式主义的把戏，就是背叛革命。

既然不起义就不能夺得政权，那就应当**立即举行起义**。很可能正是现在还可以不起义而夺得政权，譬如，莫斯科苏维埃立即夺得政权，宣布自己（同彼得格勒苏维埃一起）是政府。莫斯科的胜利是有把握的，用不着谁去战斗。在彼得格勒，可以待机行事。政府已经无能为力，没有出路了，它一定会投降的。

因为莫斯科苏维埃一旦夺取了政权、银行、工厂和《俄罗斯言论报》，就有了强大的基地和力量，就可以向全俄国进行鼓动，可以这样提出问题：如果波拿巴主义者克伦斯基投降（不投降，我们就推翻他），我们**明天**就提出**和约**，**立刻**把**土地**给农民，**立刻**向铁路邮电员工让步，等等。

不一定要从彼得格勒"开始"。如果莫斯科能不流血地"开始"，那它一定能得到支援：(1)前线军队的同情，(2)全国各地农民的支持，(3)海军和芬兰军队将**进攻彼得格勒**。

就算克伦斯基在彼得格勒附近有一两个骑兵军，他也不得不投降。彼得格勒苏维埃可以等待时机，同时为莫斯科苏维埃政府进行鼓动。口号是：政权归苏维埃！给农民土地！给各国人民和平！给饥饿者面包！

胜利是有把握的，而且十有八九可以不流血。

等待就是对革命犯罪。

敬礼

尼·列宁

载于1921年《列宁全集》俄文第1版第14卷第2册

译自《列宁全集》俄文第5版第34卷第340—341页

在彼得堡组织代表会议 10月8日会议上的报告以及决议草案和给党代表大会代表的委托书的提纲[120]

(1917年9月底—10月初)

关于党参加预备议会的问题

(1)我党参加“预备议会”,即“民主议会”或“共和国议会”,是一种明显的错误,是离开了无产阶级革命道路的表现。

(2)目前客观的形势是:反对克伦斯基的波拿巴主义政府的革命无疑地在国内不断发展(农民起义,军队和各民族集团中的不满情绪以及同政府的冲突的加剧,铁路邮电员工同政府的冲突,孟什维克和社会革命党妥协派在选举中遭到的彻底破产,如此等等)。

在革命如此蓬勃发展的情况下,参加旨在欺骗人民的伪议会,就等于助长这种欺骗,增加革命准备工作的困难,分散人民的注意力和党的力量,使他们忽视夺取政权、推翻政府的斗争这一迫切任务。

(3)因此,党代表大会应当召回我党在预备议会中的党员,宣布抵制预备议会,号召人民准备力量解散这个策列铁里的“布里根杜马”。

关于“全部政权归苏维埃”的口号

1.半年来布尔什维克的全部革命工作，他们对孟什维克和社会革命党人的“妥协政策”的批评，对这两个党把苏维埃变成清谈馆的行径的批评，要求布尔什维克老老实实地、按照马克思主义的原则始终不渝地贯彻这一口号；遗憾的是，在党的上层领导人员中显然有动摇，似乎“害怕”夺取政权的斗争，倾向于用决议、抗议和代表大会来代替这一斗争。

2.1905年和1917年两次革命的全部经验，以及布尔什维克党多年来的一切决定和一切政治声明，归结起来就是：工兵代表苏维埃，只有作为起义机关，只有作为革命政权机关，才是实实在在的。离开了这个任务，苏维埃就是无用的玩物，势必引起群众的冷淡、漠不关心和失望，因为群众对决议和抗议的无限重复表示厌恶是完全理所当然的。

3.特别是现在，农民起义泛滥于全国，克伦斯基借助精选的部队予以镇压；在农村中采取的军事措施也显然预示着有伪造立宪会议选举的危险，德国已经弄到海军中爆发起义的地步，在这种时候，布尔什维克拒绝变苏维埃为起义机关，那就是背叛农民，背叛国际社会主义革命的事业。

4.苏维埃夺取政权的任务就是胜利的起义的任务。因此应当把党的一切优秀力量都派到工厂和兵营中去，向群众解释他们的任务，正确地估计群众的情绪，选择推翻克伦斯基政府的适当时机。

如果硬要把这个任务同苏维埃代表大会联系起来，使它服从苏维埃代表大会，这就等于预先规定起义日期，使政府便于准备兵力，使群众被一种错觉所迷惑，似乎有了苏维埃代表大会的“决议”，就能解决只有起义的无产阶级用自己的力量才能解决的问题，那就是**玩弄起义**。

5. 必须打破立宪幻想，打破对苏维埃代表大会所抱的希望，抛弃那种认为一定要“等待”苏维埃代表大会的偏见，集中全部力量向群众解释起义是不可避免的，并且作好起义的准备。布尔什维克既然掌握了两个首都的苏维埃，还放弃这个任务，容忍克伦斯基政府召开立宪会议（**即**容忍伪造立宪会议），就是把自己宣传“政权归苏维埃”这一口号的言论变成了空谈，在政治上玷污了自己这个革命无产阶级的政党。

6. 这一点在目前尤其符合实际情况，因为布尔什维克在莫斯科的选举中已获得49.5％的选票，由于左派社会革命党人事实上早已在支持布尔什维克，布尔什维克无疑得到国内大多数人的拥护。

关于“政权归苏维埃”的决议草案的附注

“政权归苏维埃”的提纲，可以不全部发表，但如果**拒绝在党内进行讨论，拒绝向群众解释**这些最迫切、最重要的问题，这些由于现在没有充分的出版自由而无法讨论、或者不能在敌人面前提出的问题，那就等于使党同无产阶级先锋队失掉联系。

关于立宪会议代表候选人名单

中央委员会公布的候选人名单拟得令人不能容忍，必须对此提出最强烈的抗议。因为在农民的立宪会议里必须增加 3 倍或 4 倍的工人，只有他们才能密切联系农民代表。同样完全不能容忍的是，经受考验很少、不久前才加入我们党的人（如拉林）被提为候选人的过多。中央委员会把这些本来应该先在党内工作相当时间的人列入名单，这就为追名逐利，为追求立宪会议席位敞开大门。必须刻不容缓地重新审议和修改名单。

《关于立宪会议代表候选人名单》这一提纲的附注

不言而喻，在**按**我党**方针**进行的无产阶级工作中经受考验极少的区联派[121]当中，提托洛茨基这样的人当候选人，谁也不会提出异议，因为第一，托洛茨基一回来就采取了国际主义者的立场；第二，他在区联派中为争取合并进行过斗争；第三，在七月事变那些艰难的日子里他能胜任工作，是革命无产阶级政党的忠诚拥护者。显然，不能说列入名单的许多新近入党的人都是这样。

特别令人难堪的是拉林被提名（而且列在彼得罗夫斯基、克雷连柯等人之前）。拉林早在战争时期就**帮助过沙文主义者**，在瑞典代表大会上**代表他们**发过言，曾帮助刊登反对彼得堡工人、反对他们抵制军事工业委员会的谬论。战争时期，直到革命，拉林一次也没有表现出自己是一个国际主义**战士**。拉林回到俄国以后，长期帮助孟什维克，甚至在报刊上发表像阿列克辛斯基写的那样下流无耻的文章，攻击我们的党。拉林以擅长“跳跃”而著名：只要回想一下他的关于工人代表大会和关于同社会革命党合并的那本小册子就行了。

当然，如果拉林加入了我们的党，愿意改正错误，那也就无须旧事重提了。但是，在他入党一两个星期之后就要把他选入立宪会议，这**实际上**等于要使我们党和欧洲大多数党一样，变成钻营者的肮脏马厩。①

在立宪会议内，一项重要的工作就是要与农民**建立**亲密无间的**联系**。只有生活上同农民相近的工人才适合做这件事。把一些演说家和著作家充塞到立宪会议中去，这就意味着走机会主义和沙文主义的老路。这有损于“第三国际”。

载于 1921 年《列宁全集》俄文第 1 版第 14 卷第 2 册(非全文)

译自《列宁全集》俄文第 5 版第 34 卷第 342—346 页

① 而米·尼·波克罗夫斯基的候选资格又如何呢？他在 1907 年脱离布尔什维克，袖手旁观了好几年。如果他完全回到我们这边来，那就好了。但是先要用长期的工作来证明这一点。

给彼得格勒市代表会议的信

供在秘密会议上宣读

（1917 年 10 月 7 日〔20 日〕）

同志们！请允许我提醒代表会议注意目前极端严重的政治形势。我能依据的只是星期六早报的消息，但这些消息使我们不得不这样提出问题：

整个英国舰队和所有英国潜水艇，在德军攻占厄塞尔[122]的时候毫无动静，而政府又计划从彼得格勒迁往莫斯科，这是不是证明俄国帝国主义者同英国帝国主义者，克伦斯基同英法资本家策划了把彼得格勒让给德国人，**从而**扼杀俄国革命的**阴谋**呢？

我认为是的。

阴谋也许不是直接策划的，而是通过某些科尔尼洛夫分子（马克拉柯夫和其他立宪民主党人以及“无党派的”俄国百万富翁等等）策划的。但是，这丝毫不能改变事情的本质。

结论很明显：

应当承认，如果克伦斯基政府在最近的将来不被无产者和士兵推翻，革命就会失败。起义的问题已经提到日程上来了。

必须动员一切力量，向工人和士兵灌输绝对必须进行推翻克伦斯基政府的殊死的、最后的斗争的思想。

必须说服莫斯科的同志，要他们在莫斯科夺取政权，宣布克伦斯基政府已被推翻，宣布莫斯科工人代表苏维埃是俄国临时政府，以便立刻提议媾和、拯救俄国、使它不受阴谋的危害。要莫斯科的同志把在莫斯科起义的问题提到日程上来。

应当利用10月8日在赫尔辛福斯召开北方地区士兵代表苏维埃区域代表大会[123]的机会，在代表们路过彼得格勒回去的时候，动员一切力量，争取他们参加起义。

必须向我们党中央请求和建议，赶快让布尔什维克退出预备议会，用全副力量向群众揭露克伦斯基同别国帝国主义者策划的阴谋，作好起义准备，以便正确选定起义的**时机**。

附言：彼得格勒苏维埃**士兵**部反对政府撤离彼得格勒的决议[124]表明：士兵们也**日益**相信克伦斯基在策划阴谋。应当集中一切力量，支持这种**正确的**看法，并在士兵中进行鼓动。

* * *

我建议通过如下决议：

"代表会议讨论了大家都认为万分危急的目前形势以后，确认了下列事实：

1. 德国舰队连续几次发动攻势，而英国舰队却非常奇怪地毫无动静，临时政府又计划从彼得格勒迁往莫斯科，这引起人们极大的怀疑：克伦斯基政府（或者躲在它背后的俄国帝国主义者，这反正都是一样）勾结英法帝国主义者策划了把彼得格勒让给德国人、用**这种**方法来扑灭革命的阴谋。

2. 这些怀疑是非常有根据的，而且具有在这种情况下最大的可能性，因为：

第一，军队中早已相信，而且坚决相信，过去沙皇的将军们出卖过军队，现在的科尔尼洛夫和克伦斯基的将军们也在出卖军队

(特别是放弃里加);

第二,英法资产阶级报纸并不掩盖它们对苏维埃的强烈的甚至达到疯狂地步的仇恨以及不惜以任何血的代价消灭苏维埃的决心;

第三,克伦斯基、立宪民主党人、布列什柯夫斯卡娅、普列汉诺夫以及诸如此类的政客,是英法帝国主义手中的自觉的或者不自觉的工具,这是半年来俄国革命的历史所完全证实了的;

第四,关于英国'牺牲俄国'单独对德媾和这种含糊不清而又经久不绝的流言,绝不是无缘无故产生的;

第五,科尔尼洛夫阴谋的全部情况,即使是基本上同情克伦斯基的《人民事业报》和《消息报》的言论所透露的情况,都已证明:克伦斯基非常积极地参与了科尔尼洛夫事件;克伦斯基过去是而且现在仍旧是最危险的科尔尼洛夫分子;克伦斯基掩护了科尔尼洛夫叛乱的头子,如罗将柯、克列姆博夫斯基、马克拉柯夫等人。

因此代表会议认为:克伦斯基以及支持他的资产阶级报纸关于保卫彼得格勒的一切喊叫,完全是骗人的鬼话和伪善的伎俩,彼得格勒苏维埃士兵部严厉斥责迁离彼得格勒的计划是完全正确的;其次,为了保卫彼得格勒,为了挽救革命,绝对迫切需要使受尽折磨的军队相信政府具有诚意,需要不惜对资本家(他们一直在暗中破坏制止经济破坏的斗争,这是连孟什维克和社会革命党人的中央执行委员会经济部也承认的)采取革命措施,使军队得到粮食、衣服和靴鞋。

因此代表会议宣布:只有推翻克伦斯基政府和伪造的共和国议会,而代之以工农革命政府,才能:

(一)给农民土地而不是镇压农民起义;

（二）立刻提出公正的和约，使我们整个军队相信这是真话；

（三）对资本家采取最坚决的革命措施，以保证军队得到粮食、衣服和靴鞋，制止经济破坏。

代表会议坚决请求中央采取一切措施，领导工人、士兵和农民的不可避免的起义，以推翻克伦斯基的反人民的农奴制政府。

代表会议决定立刻派一个代表团到赫尔辛福斯、维堡、喀琅施塔得、雷瓦尔，到彼得格勒以南的部队，到莫斯科去，进行鼓动工作，使那里的同志赞同这一决议，并认识到必须迅速举行总起义、推翻克伦斯基，从而开辟一条走向和平、挽救彼得格勒和革命、把土地给农民、把政权给苏维埃的大道。”

发表于1924年

译自《列宁全集》俄文第5版第34卷第347—350页

论修改党纲

(1917 年 10 月 6—8 日〔19—21 日〕)

修改党纲已被列入中央委员会定于 10 月 17 日召开的俄国社会民主工党(布尔什维克)紧急代表大会的议程。早在 4 月 24—29 日召开的代表会议125上就通过了关于必须修改党纲的决议,并且订出了 8 条修改方针①。后来在彼得格勒②和莫斯科③各出版了一本关于修改党纲的小册子,8 月 10 日莫斯科出版的《斯巴达克》杂志第 4 期刊登了尼·伊·布哈林同志论述这一问题的文章。

我们来研究一下莫斯科同志的意见。

一

布尔什维克一致同意,“鉴于社会主义革命日益逼近,应对帝国主义以及帝国主义战争时代作出评价”(4 月 24—29 日代表会议决议第 1 节),因此对布尔什维克来说,修改党纲时的主要问题

① 参看本版全集第 29 卷第 407—408 页。——编者注

② 由尼·列宁编辑并作序的《修改党纲的材料》,1917 年波涛出版社版。

③ 《修改党纲的材料》——弗·米柳亭、维·索柯里尼柯夫、阿·洛莫夫、弗·斯米尔诺夫论文集,1917 年俄国社会民主工党莫斯科工业区区域局出版社版。

是草拟新党纲的方法问题。是在旧党纲中补充对帝国主义的分析(这个意见是我在彼得格勒出版的小册子中所主张的),还是修改旧党纲的全文(这个意见是在四月代表会议上成立的小组提出的,莫斯科的同志也赞成这个意见),这是我们党首先遇到的问题。

我们现在有两个草案:一个是我提出的,在旧党纲中补充了对帝国主义的分析[①];另一个是维·索柯里尼柯夫同志提出的,这个草案是以三人委员会(四月代表会议上成立的小组所选出的)的意见为依据的,把整个总纲部分改写了。

我也曾经指出过(在上述小册子第 11 页上[②])该小组拟定的改写大纲在理论上是不正确的。现在,我们来看看索柯里尼柯夫同志的草案是怎样体现这个大纲的。

索柯里尼柯夫同志把我们党纲的总纲分为 10 部分,并给每一部分或每一段都编了号(见莫斯科出版的小册子第 11—18 页)。为了使读者便于找到相应的段落,我们也采用这种编号。

现行党纲的第 1 段有两句话:第一,由于交换的发展,工人运动已经成为国际的运动。第二,俄国社会民主党认为自己是全世界无产阶级大军中的一支队伍。(接着在第 2 段里讲到了各国社会民主党人共同的最终目的。)

索·同志对第 2 句话没有作修改,但是把第 1 句话换成了新的提法,在谈到交换的发展时补充了“资本输出”和无产阶级斗争转变为“世界社会主义革命”。

这样一来,就弄得不合逻辑,**论题**混乱,把两种**类型**的党纲结

---

① 参看本版全集第 29 卷第 474—475、483—484 页。——编者注

② 同上书,第 479—480 页。——编者注

构混杂起来了。二者必居其一：**或者**是从分析**整个**帝国主义开始，这样就不能仅仅抽出“资本输出”来谈，也不能像索·同志那样，把**第2**段对资产阶级社会的“发展进程”的分析照旧保留；或者是保留原来的党纲结构形式，也就是说先解释为什么我们的运动成了国际的运动，它的共同的最终目的是什么，资产阶级社会的“发展进程”是怎样导向这一目的的。

为了更清楚地说明索·同志采用的党纲结构不合逻辑、前后不连贯，我们把旧党纲的开头部分全部引在下面：

“交换的发展在文明世界各民族之间建立了密切的联系，因此伟大的无产阶级解放运动一定会成为而且早已成为国际的运动。”

索·同志对其中两点感到不满：(1)党纲谈到交换的发展时所描述的是已经过去的“发展时期”；(2)索·同志在“文明”一词后面打上一个惊叹号，并且指出我们“没有预见到”“宗主国和殖民地之间的密切联系”。

索·同志自问自答地说：“保护关税政策、关税战争以及帝国主义战争是不是会切断无产阶级运动的联系？”“如果相信我们党纲的文字，那是会切断的，因为通过交换建立的联系经常被切断。”

多么奇怪的批评。保护关税政策也好，关税战争也好，都不会“切断”交换，而只是暂时改变一下形式，或者在一个地方中断，而在另一个地方继续。目前这次战争也没有使交换中断，交换只是在一些地方遇到了困难，转移到另一些地方去了；交换**仍然是**世界的联系。汇率就是最好的证明。这是第一点。第二，在索·同志的草案里，我们看到这样的话：“生产力的发展在商品交换和资本输出的基础上把各民族卷入世界经济”等等。但是帝国主义战争同样会中断(在某一地方暂时地)资本输出,正像中断交换一样;这就是说,索·同志的"批评"正好打了**自己的**嘴巴。

第三,在旧党纲中说的是为什么工人运动"**早已成为**"国际的运动。毋庸争辩,工人运动在资本输出之前,即在资本主义的最高阶段之前,就已经成为国际的运动了。

总之,索·同志显然把有关帝国主义的**一小部分**定义(资本输出)摆得**不是地方**。

其次,索·同志不喜欢"文明世界"这几个字,在他看来,这几个字暗示着某种和平的、协调的东西,而忘记了殖民地。

恰恰相反,党纲中写着"文明世界",这正好说明**不**协调,说明有不文明的国家存在(这是**事实**);而照索·同志的草案说来却**协调得多**,因为那里只是说"把各民族卷入世界经济"!! 似乎各民族**均等地**被卷入世界经济! 似乎"文明"民族和不文明民族之间没有那种正是**建立在**"各民族卷入世界经济"这一**基础上**的**奴役**关系!

索·同志在他所涉及的这两个问题上,简直把旧党纲**改坏**了。他对国际性的强调**不够**。国际性**早就**形成,比金融资本时代早得多,我们认为指出这一点是很重要的。在对殖民地关系的问题上他写得"协调"**得多**。可惜工人运动目前还**仅仅**波及文明国家,这是无可争辩的事实,我们不谈这个事实是完全不合适的。

如果索·同志要求**更**明确地指出对殖民地的剥削,那我倒很愿意赞同他的见解。这一点的确是帝国主义的概念的**重要**组成部分。但是,恰恰在索·同志所写的第1段里对这一点没有任何暗示。他把帝国主义的概念的各个组成部分**分散**在各个段落,这样就损害了连贯性和明确性。

现在我们来谈谈索·同志的**整个**草案所犯的这种分散和不连贯的毛病。

二

请读者总的看一下旧党纲各段**论题**的联系和连贯性(各段按索·同志的编号排列):

(1)工人运动早已成为国际的运动。我们是其中的一支队伍。

(2)运动的最终目的是由资产阶级社会发展的进程决定的。出发点是生产资料的私有制和无产者没有自己的经济。

(3)资本主义的发展。小生产者受到排挤。

(4)剥削的加重(妇女劳动,后备军等等)。

(5)危机。

(6)技术的进步和不平等的加剧。

(7)无产者斗争的发展。社会主义代替资本主义的物质条件。

(8)无产阶级的社会革命。

(9)这一社会革命的条件是无产阶级专政。

(10)党的任务是领导无产阶级为社会革命而斗争。

我再补充一个论题:

(11)资本主义已经成长到最高阶段(帝国主义),现在无产阶级革命的时代已经开始。

试把这些同索·同志草案的各个**论题**(不是对党纲原文的局部修改,而是论题)以及**他补充的关于帝国主义的论题**的安排比较一下:

(1)工人运动是国际性的。我们是其中的一支队伍。(加进了:资本输出,世界经济,斗争转变为世界革命,也就是加进了关于帝国主义的一小部分定义。)

(2)运动的最终目的是由资产阶级社会发展的进程决定的。出发点是生产资料的私有制和无产者没有自己的经济。(中间加进了:具有莫大势力的银行和辛迪加,世界垄断同盟,也就是加进了关于帝国主义的另一小部分定义。)

(3)资本主义的发展。小生产者受到排挤。

(4)剥削的加重(妇女劳动、后备军、外国工人等等)。

(5)危机和战争。又加进了关于帝国主义的一小部分定义:"瓜分世界的企图";又重复提到垄断同盟和资本输出;在金融资本一词后面加上了一个带括号的解释:"银行资本和工业资本融合的产物。"

(6)技术的进步和不平等的加剧。又加进关于帝国主义的一小部分定义:物价飞涨,军国主义。又重复提到垄断同盟。

(7)无产者斗争的发展。社会主义代替资本主义的物质条件。中间又重复了"垄断资本主义",并且指出银行和辛迪加准备了社会调节机构等等。

(8)无产阶级的社会革命。(加进了:它将结束金融资本的统治。)

(9)无产阶级专政是这一革命的条件。

(10)党的任务是领导无产阶级为社会革命而斗争。(中间加进了:无产阶级的社会革命已经提上日程。)

我认为,从上面的对比中可以看出,对党纲作"机械的"补充的(这是有些同志所担心的)正是索·同志的草案。他把关于帝国主义的一鳞半爪的定义毫不连贯地分散在各个条文中，真是杂乱无章，使人对帝国主义得不到一个总的完整的概念。重复的地方过多。原来的要点是保留下来了。也保留了旧党纲的总的结构，即表明运动的“最终目的”是由现代资产阶级社会的性质**及其发展的进程**“决定的”。但是在他的草案里恰恰看不出“发展的进程”，有的只是帝国主义定义的片断，而且大部分都摆得**不是**地方。

我们来看看第2段。这一段的开头和结尾，索·同志没有加以改动。开头讲到生产资料归少数人所有，结尾说大部分居民是无产者和半无产者。索·同志**在中间**加上了另外一句话：“近25年来，对按资本主义方式组织的生产的直接或间接的支配权已经转到具有莫大势力的”银行和托拉斯手中，如此等等。

这句话竟放在叙述**大经济排挤小经济**这个论点**之前**！！而到**第3**段才叙述到这种排挤。其实，托拉斯恰恰是大经济排挤小经济这一过程最高和最后的表现。怎么能先讲托拉斯的出现，然后再讲大经济排挤小经济呢？难道这不是破坏了逻辑的连贯性吗？请问托拉斯是从哪里来的呢？难道这不是理论上的错误吗？支配权是怎样和为什么“转到”它们手中去的？如果不首先把大经济排挤小经济弄清楚，就不能理解这一点。

我们再来看第3段。它的论题是大企业排挤小企业，索·同志把这一段的开头（大企业的作用日益扩大）和结尾（小生产者逐渐被排挤）也都保留下来了，然而在中间却加上一句：大企业“合并成包括生产和流通中一系列彼此衔接的阶段的大机构”。但是这一补充说的已经是另一个论题，即生产资料的集中、资本主义形成的劳动社会化以及社会主义代替资本主义的物质条件的形成。在旧党纲中，第7段才阐述这个论题。

索·同志保留了原来的总的结构。他也是**在第7段才**说到社会主义代替资本主义的物质条件,而且在第7段里也照旧提到了生产资料的集中和劳动的社会化!

这样一来,对集中的片断说明,竟放在专门对集中作全面、综合、完整的论述的那一段的好几段**之前**。这是极不合逻辑的,这只能使广大群众难于理解我们的党纲。

三

对党纲中论述危机的第5段,索·同志"作了全面的修改"。他认为旧党纲"为了通俗而犯了理论上的错误","背离了马克思关于危机的理论"。

索·同志认为,旧党纲所使用的"生产过剩"一词被当做"解释"危机的"根据","这种观点倒是比较符合洛贝尔图斯用工人阶级消费不足来解释危机的理论"。

索·同志这样寻找理论错误是多么不高明,在这里把洛贝尔图斯拉来又是多么**牵强附会**,这一点只要把旧条文同索·同志建议的新条文比较一下,就一目了然了。

旧条文**在**指出"技术进步"、对工人剥削的程度不断提高、对工人的需要相对减少(第4段)**之后**写道:"各资产阶级国家内部的**这种**状况……使产量不断增加的商品愈来愈难找到销路。在……危机和……停滞时期中表现出来的**生产过剩**,是……必然后果。"

显然,这里绝不是把生产过剩当做"解释的根据",而只是**描述**

危机和停滞时期的由来。我们来看看索·同志的草案：

> "在这些矛盾形式（生产条件同消费条件的冲突；资本实现的条件同资本积累的条件的冲突）中进行的、完全以追求利润为目的的生产力的发展，其必然的后果是尖锐的工业危机和萧条，也就是在无政府状态下产量不断增加的商品发生滞销。"

索·同志说的是同样的东西，因为"产量不断增加"的商品发生"滞销"也就是**生产过剩**。索·同志怕用这个没有任何错误的名词，是没有道理的。索·同志说，"这里用生产不足一词"代替"生产过剩"，"也同样可以，甚至更为恰当"（莫斯科出版的小册子第15页），这种说法也是没有道理的。

您就试一试把"产量不断增加的商品发生滞销"说成"生产不足"吧！这是无论如何办不到的。

洛贝尔图斯主义绝不在于使用了"生产过剩"一词（只有这个词才能**真实地描绘出**资本主义最深刻的**矛盾**之一），而在于**光**用工人阶级消费的不足来解释危机。而旧党纲**不是**根据这一点来解释危机的。它所根据的是"各资产阶级"国家"内部的**这种**状况"，也就是前一段所指出的"技术进步"以及"对工人的活劳动的需要相对减少"。同时，旧党纲还谈到"在世界市场上日趋尖锐的竞争"。

这里正好说到了积累条件同实现条件冲突的**根本原因**，而且说得**明确**得多。这里没有像索·同志错误地认为的那样，"为了通俗"起见而"改变"理论；这里把理论阐述得又明确又通俗。这是一个优点。

关于危机，当然可以写几部书，可以对积累的条件作更具体的分析，阐述**生产资料**的作用，说明体现为生产资料的剩余价值和可变资本同体现为消费品的不变资本相交换，以及新的发明使不变

资本贬值,如此等等。可是索·同志并不打算这么做!! 他对党纲的所谓修改只有下列几点:

(1)他保留了由指出技术进步等内容的第4段转到关于危机的第5段的结构;但是把“**这种**状况”几个字删掉了,因而**削弱了**这两段之间的**联系**。

(2)他补充了一些听起来理论味道十足的关于生产条件同消费条件的冲突、实现条件同积累条件的冲突的词句。这些话虽没有什么不对,但也没有新的见解,因为基本意思前一段正好已经讲了,而且讲得更清楚。

(3)他补充了“追求利润”这几个字,可是这写在党纲里是不太合适的,也许这正是“**为了**通俗”才用的,因为**同一个意思**已经用“实现条件”、“商品”生产等不同的词句重复过好几次了。

(4)他以“萧条”代替“停滞”,是很不恰当的。

(5)他在旧条文中加了“在无政府状态下”这几个字(“在无政府状态下产量不断增加的商品”)。这一补充在理论上是不正确的,因为“无政府状态”即爱尔福特纲领草案中所用的、受到恩格斯批判的“无计划性”,恰恰**不能**说明托拉斯的特征。①

索·同志得出这样的结论:

“……商品在无政府状态下生产着,而且产量不断增加,资本家同盟(托拉斯等等)用限制生产来消除危机的尝试遭到了破产”,如此等等……

可是,托拉斯生产商品恰恰**不是**无政府状态的而是按计算进

① 恩格斯批判了爱尔福特纲领草案中所用的“私人生产”和“无计划性”的说法,他写道:“如果我们从股份公司进而来看那支配着和垄断着整个工业部门的托拉斯,那么,那里不仅没有了私人生产,而且也没有了无计划性。”(见《马克思恩格斯文集》第4卷第410页。——编者注)

行的。托拉斯**不仅仅**是"限制"生产。它们并没有作消除危机的**尝试**,也不可能作这种"尝试"。索·同志的草案中有许多不确切的地方。应当这样说:虽然托拉斯生产商品不是无政府状态的,而是按计算进行的,但是,由于在托拉斯时期还保留着上述资本主义特性,危机仍然无法消除。即使在最繁荣、投机最盛的时期,托拉斯为了"不过分冒险"而限制生产,那至多也只能保存一些最大的企业,危机照样会到来。

综合上述有关危机问题的言论,我们得出如下结论:索·同志的草案并**没有**把旧党纲改好;相反地,新草案倒有很多不确切的地方。这样修订旧党纲的必要性并没有得到证明。

四

在帝国主义性质的战争的问题上,索·同志的草案在理论上犯了两个错误。

第一,他没有对目前这场战争作出评价。他说,帝国主义时代产生帝国主义战争。这是对的,在党纲上写上这一点当然也是必要的。但是,这还不够,还必须指出目前这场1914—1917年的战争就是帝国主义战争。德国"斯巴达克"派在1915年用德文出版的"提纲"中,提出了在帝国主义时代**不可能有**民族战争的论断[126]。这是显然不正确的论断,因为帝国主义加重了民族压迫,所以民族起义和民族战争(试图在起义和战争之间划出界限,是注定要失败的)不但非常可能而且简直是不可避免的。

马克思主义要求根据具体材料对各次战争分别作出绝对准确

的评价。用空泛的议论来回避目前这场战争的问题，这在理论上是错误的，在实践上是不能容许的；因为这样，机会主义者就有了藏身之处，可以借口说：一般说来，帝国主义是帝国主义战争的时代，但是，**这场**战争**不完全**是帝国主义战争(例如，考茨基就是这样说的)。

第二，索·同志把"危机和战争"搅在**一起**，把它们当成一般资本主义的，特别是最新资本主义的两位一体的旅伴。在莫斯科出版的小册子第20—21页上，索·同志的草案**三次**把危机和战争相提并论。问题不仅在于党纲里出现重复不好。问题在于原则性的错误。

表现为生产过剩或"商品滞销"(如果索·同志硬要不用"生产过剩"这几个字的话)的危机，**仅仅**是资本主义所固有的现象。而战争呢，也是奴隶经济制度和农奴经济制度所固有的现象。帝国主义战争在奴隶制基础上也发生过(罗马同迦太基的战争，从双方来看都是帝国主义战争)，在中世纪和商业资本主义时代也发生过。凡是交战**双方**在战争中压迫别的国家或民族，为了分赃、为了"谁该多压榨一些，或多掠夺一些"而厮杀的战争，都不能不叫做帝国主义战争。

如果我们说，只有最新的资本主义，只有帝国主义才带来帝国主义战争，这就正确了，因为在西欧，资本主义的**前一**阶段即自由竞争阶段，或者说垄断前资本主义阶段，其特征主要是**民族**战争。但是，说资本主义的前一阶段根本没有帝国主义战争，这就不对了，这样就是忘记了"殖民战争"，这种战争**也是**帝国主义战争。这是第一点。

第二点，**把**危机和战争**相提并论**这本身就是不对的，因为这是两种完全不同性质的现象，有着不同的历史起源和不同的阶级意义。比如，不能像索·同志在他的草案中那样说："无论危机或战争反过来又使小生产者更加破产，使雇佣劳动更加依附于资本……"　因为也**可能**有旨在使雇佣劳动摆脱资本的战争，在雇佣工人反对资本家阶级的斗争过程中，不仅可能有反动的帝国主义战争，也可能有革命的战争。"战争是"这个**或**那个阶级的"政治的继续"；在每一种阶级社会里，在奴隶制社会、农奴制社会和资本主义社会里，都有过作为压迫阶级政治的继续的战争，也有过作为被压迫阶级政治的继续的战争。根据同样的理由，不能像索·同志那样说："危机和战争表明，资本主义制度正在由生产力发展的形式逐渐变为生产力发展的障碍。"

目前的帝国主义战争以它的反动性和它带来的深重苦难促进了群众的革命化，加速了革命的到来，这样说是对的，是应该的。对于作为帝国主义时代的**典型**战争的所有帝国主义战争，这样说也是对的，是可以的。但是不能说任何"战争"都是如此，更不能把危机和战争搅在一起。

五

现在，我们应当把全体布尔什维克一致决定在新党纲内应首先加以阐述和评价的一个最重要的问题总结一下。这就是关于**帝国主义**的问题。索柯里尼柯夫同志认为，把帝国主义不同的特征分散在党纲的各个段落里，也可以说，零敲碎打地加以阐述和评价更合理些；而我认为，把必须讲到的关于帝国主义的内容集中起来，在党纲内单独写成一段或一节更合理些。现在摆在党员面前有两个草案，将由代表大会决定取舍。但我同索柯里尼柯夫同志在必须谈到帝国主义这一点上意见完全一致，需要研究的只是：在应该**怎样**阐述和评价帝国主义的问题上有没有分歧。

现在从这个角度把新党纲的两个草案比较一下。在我的草案里列举了帝国主义的五个主要特征：(1)资本家的垄断同盟；(2)银行资本和工业资本的融合；(3)向外国的资本输出；(4)瓜分世界领土，而且已经瓜分完毕；(5)经济上是国际性的托拉斯瓜分世界。(我在比《修改党纲的材料》晚出版的《帝国主义是资本主义的最新阶段》一书第 85 页[①]列举了帝国主义的这五个特征。)我们在索柯里尼柯夫同志的草案里所看到的，其实也就是这五个基本特征。可见，在帝国主义的问题上我们党内已取得了原则上完全一致的意见，这也是可以意料得到的。因为我们党在这一问题上所进行的实际鼓动，无论口头的或者文字的，从革命一开始早就表现出全体布尔什维克在这一根本问题上意见完全一致。

剩下需要研究的是：这两个草案关于帝国主义的定义和分析**在表述上**有什么区别。两个草案都具体指出了，从什么时候起才真正说得上资本主义变为帝国主义。对经济发展的整个评价要准确无误，符合历史，就必须指出这一点，这恐怕是不会有争议的。索·同志说“近 25 年来”，而我说的是“约从 20 世纪初开始”。在方才引用的那本关于帝国主义的小册子中(例如在第 10—11 页[②])，列举了一位专门研究卡特尔和辛迪加的经济学家的证据，他认为 1900—1903 年的危机是卡特尔在欧洲取得**彻底**胜利的转折点。因此我认为“约从 20 世纪初开始”的说法比“近 25 年来”要

① 见本版全集第 27 卷《帝国主义是资本主义的最高阶段》第 7 章。——编者注

② 同上书，第 1 章。——编者注

确切一些。这种说法所以比较正确,还因为我刚才举出的这位专家以及一般的欧洲经济学家大都引用德国的资料,而德国在卡特尔的形成过程中是**超过了**其他国家的。

其次,关于垄断组织我在草案里是这样写的:“资本家的垄断同盟已具有决定的意义。”在索·同志的草案中有**好几处**提到垄断同盟,但其中只有一处说得比较明确,那就是:

> “……近25年来,对按资本主义方式组织的生产的直接或间接的支配权,已经转到具有莫大势力的、彼此联合的银行、托拉斯和辛迪加手中,它们组成了世界垄断同盟,由一小撮金融资本巨头领导。”

我认为这里“鼓动”的色彩太浓了,也就是说,“为了通俗”不惜在党纲内加进一些不应有的东西。在报纸的文章中、在讲演中、在通俗小册子中作一些“鼓动”是必要的,但是党纲的特点应当有经济学那样的准确性,不容许说多余的话。我认为,垄断同盟已具有“决定的意义”这种说法最确切,而且概括了一切。但是,从索·同志的草案中引出的这一段不仅有许多多余的话,而且“对按资本主义方式组织的生产的支配权”这样的说法在理论上还值得怀疑。难道支配的仅仅是按资本主义方式组织的生产吗?不,这远远不够。一些明明**不是**按资本主义方式组织的生产,如小手工业者、农民、殖民地的棉花小生产者等等,也是受银行以至金融资本的控制的。既然我们要说的是整个“世界资本主义”(这里说的也只能是这种资本主义,否则就要犯错误),那么我们说垄断同盟已具有“决定的意义”,就不会把**任何**生产者排除在“决定的意义”的影响之外。把垄断同盟的影响局限于“按资本主义方式组织的生产”,是不对的。

另外,关于银行的作用,在索·同志的草案里把同样的内容重复了两次：一次在刚才引证的那段话里；另一次是在关于危机和战争的那一段里，他在那里下了定义："金融资本（银行资本和工业资本融合的产物）"。而我的草案说的是："高度集中的银行资本已和工业资本融合起来。"这在党纲内讲一次就够了。

第三个特征："向外国的资本输出已发展到很大的规模"（我的草案里是这样说的）。在索·同志的草案里有两处谈到，第一次只是简单地提到"资本输出"，第二次则在完全另一个问题上讲到"新的国家是……为寻求超额利润而输出的资本的投资场所"。这里提到超额利润和新的国家，很难认为是正确的，因为德国向意大利、法国向瑞士等等的资本输出也得到了发展。在帝国主义条件下，资本也开始向老的国家输出，而且不仅是为了**超额**利润。可见，对于新的国家来说是对的，对于整个资本输出来说就不对了。

第四个特征，即希法亭所说的"争夺经济领土"。这种说法并**不**确切，因为它没有说明现代帝国主义同**过去**争夺经济领土的形式的主要差别。古罗马也争夺过这种领土；16—18世纪的欧洲国家掠取殖民地，旧俄国掠取西伯利亚，如此等等，它们也都争夺过这种领土。现代帝国主义的特征（就像我在党纲草案里所说的）是"各个最富裕的国家已把全世界的领土瓜分完毕"，这就是说，各国已经把土地瓜分干净。正因为如此，**重新瓜分**世界的斗争才特别尖锐，冲突才特别激烈，以至引起战争。

索·同志的草案把这一点说得十分累赘，而且理论上也未必正确。我马上就要引用他的表述。但是，他的这个表述是和从经济上瓜分世界的问题并在一起写的，所以必须先提一下帝国主义的最后一个即第五个特征。这一特征在我的草案里是这样表述的：

“……国际托拉斯已开始从经济上瓜分世界。”由于政治经济学材料和统计材料所限，我们无法作更多的说明。对世界的**这种**瓜分是一个极其重要的过程，但还刚刚开始。既然领土已经瓜分完毕，也就是说不同对手交战就能侵占的“空闲”土地已经**没有**了，因此为了对世界进行**这种**瓜分，为了**重新瓜分**，自然要爆发帝国主义战争。

现在，我们来看看索·同志的表述：

“但是，资本主义关系的统治范围也不断向外扩张，其方法是把资本主义的关系移植到新的国家，而新的国家对资本家垄断同盟来说是商品市场、原料提供者和为寻求超额利润而输出的资本的投资场所。金融资本（银行资本和工业资本融合的产物）所支配的大量积累起来的剩余价值被投入世界市场。为了争夺对市场的统治，为了占有或控制较弱国家的领土，也就是为了取得无情压榨这些国家的优先权，一国的、有时甚至是国际间组织起来的强大的资本家同盟相互竞争，必然使那些最富裕的资本主义国家试图瓜分世界，必然导致帝国主义战争，造成普遍的灾难、破产和野蛮。”

这里包藏着一系列理论性错误的话太多了。决不能说“试图”瓜分世界，因为世界**已经**瓜分完毕。1914—1917年的战争并不是“试图瓜分”世界，而是一场**为了重新瓜分**已经被瓜分的世界的斗争。战争对资本主义是不可避免的，因为在战前若干年内帝国主义已经按照原有实力的所谓标码**瓜分了**世界，而这种标码只有通过战争才能“校正”。

无论是争夺殖民地（争夺“新的国家”）的斗争，还是为了“占有较弱国家的领土”的斗争，这一切**在**帝国主义**之前**就已经有了。能说明现代帝国主义特征的却是**另一种**情况：整个世界在20世纪初已被这个或那个国家所占领，所瓜分。正因为如此，在资本主义的基础上，要**重分**“世界霸权”，只有通过世界大战。“国际间组织起来的资本家同盟”也是**在**帝国主义**之前**就有了，因为凡是有不同国家的资本家参加的股份公司都是“国际间组织起来的资本家同盟”。

能说明帝国主义特征的是**另一种**情况，这在20世纪以前**是没有的**，这个情况就是：国际托拉斯从经济上瓜分世界，**按照协定**把世界各国作为销售区加以瓜分。索·同志的草案恰恰没有把这一点表达出来；因此把帝国主义的力量说得比实际的**要弱**。

最后，大量积累起来的**剩余价值**投入世界市场的说法在理论上是不对的。这同蒲鲁东的实现论很相似。按照这种理论，资本家可以轻而易举地实现不变资本和可变资本，可是在实现剩余价值时却遇到困难。事实上，资本家不仅在实现剩余价值时，就是在实现可变资本和不变资本时也不能不遇到困难和危机。投入市场的大量商品中不仅有积累起来的价值，也有再生产可变资本和不变资本的价值。例如，投入世界市场的大量钢轨或生铁必须靠换取工人的消费品或别的生产资料（木材、石油等等）来实现。

六

对索柯里尼柯夫同志的草案就分析到这里，在结束之前，我们应当特别指出他所作的一点很可贵的补充。依我看，这一补充应当采纳，甚至应当加以发挥。这就是他在叙述技术进步和愈来愈多地使用妇女和儿童的劳动的一节里所作的补充：“以及〈使用〉从落后国家输入的、未经训练的外国工人的劳动。”这是很有意义的必要的补充。剥削从落后国家来的、**低工资的**工人的劳动，正好是帝国主义的特别典型的现象。从某种程度上来说，富裕的帝国主义国家的**寄生性**就建立在这一点上面，这些国家在无耻地大肆剥削“廉价的”外国工人劳动的同时还以较高的工资收买一部分本国工人，“低工资的”这几个字应当加上，同时还应当加上“而且往往是无权的”字样，因为“文明”国家的剥削者总是利用输入的外国工人毫无权利这一点的。这种现象经常可以看到：不但德国对俄国的（即从俄国去的）工人如此，而且瑞士对意大利人，法国对西班牙人和意大利人等等也都是如此。

现在已经冒出极少数最富裕的、靠掠夺殖民地和弱小民族发财的、寄生的帝国主义国家，党纲对这一点更强调一些，说得更鲜明一些，也许是恰当的。因为这是帝国主义极重要的一个特点，它在某种程度上使那些受到帝国主义掠夺、受到帝国主义巨头瓜分和扼杀的威胁的国家（俄国就是这样的国家）易于发生深刻的革命运动；反之，在某种程度上使那些对许多殖民地和其他国家进行帝国主义掠夺、从而使本国很大一部分（比较而言）居民成为帝国主义分赃的**参与者**的国家难以发生深刻的革命运动。

因此我建议再加进一段话，比如就加在我的草案分析社会沙文主义的那一部分里（小册子第22页[①]），指出最富裕的国家对其他许多国家的这种剥削。草案中相应的部分便成为这样（新增加的部分我用黑体表示）：

“这种变态一方面是社会沙文主义（口头上的社会主义，实际上的沙文主义）派别，它用‘保卫祖国’的口号作掩饰，**在帝国主义**

① 参看本版全集第29卷第484—485页。——编者注

战争中保卫'本国'资产阶级的掠夺利益，**同时也保卫从殖民地和弱小民族得到大量收入的富裕国家的公民的特权地位**。另一个方面则是同样广泛而具有国际性的'中派'……"

为了更确切起见，补充"在帝国主义战争中"这几个字是必要的，因为"保卫祖国"无非是为战争辩护、承认战争的合法性和正义性的口号。有各种各样的战争，也可能有革命的战争。因此，应当十分精确地指出，这里说的正是帝国主义战争。这一点本来是意在其中的，但是为了避免产生曲解，所以不要采用这种意在其中的说法，而要说得直截了当、十分明确。

七

以上谈的是党纲的总纲部分即理论部分，下面来谈谈最低纲领。在这里我们马上就要碰到尼·布哈林和弗·斯米尔诺夫两位同志提出的表面上"十分激进"其实完全站不住脚的建议，那就是：**根本取消**最低纲领。他们认为，把党纲分为最高纲领和最低纲领已经"过时了"，既然说的是向社会主义过渡，那何必还要这样划分呢？根本不需要最低纲领，只要有向社会主义过渡的措施的纲领就够了。

上述两位同志的建议就是如此，可是他们不知为什么不敢提出相应的草案（既然修改党纲已列入最近这次党代表大会的议程，这两位同志本来是有责任拟出这样的草案的）。很可能，这两位提出了似乎很"激进的"建议的同志自己还在犹豫不决…… 不管怎样，他们的意见应当加以研究。

战争和经济破坏逼迫各国从垄断资本主义走向国家垄断资本主义。这是客观的形势。但是在革命的环境中,在发生革命的情况下,国家垄断资本主义**直接地**转化为社会主义。因为在发生革命的情况下不走向社会主义,就不能前进,这也是战争和革命所造成的客观形势。我们的四月代表会议是估计到这一形势的,因而提出了"苏维埃共和国"(无产阶级专政的政治形式)以及银行和辛迪加国有化(向社会主义过渡的根本措施)的口号。到现在为止,所有的布尔什维克彼此意见都是一致的。而弗·斯米尔诺夫和尼·布哈林两位同志却想跑得更远,要**根本**抛弃最低纲领。这就是不听中肯的谚语的中肯的劝告,谚语说:

"上战场别吹牛,下战场再夸口。"

我们正奔赴战场,正在为我党夺取政权而斗争。这个政权应该是无产阶级和贫苦农民的专政。我们在夺取这一政权时,不仅不怕越出资产阶级制度的范围,反而要清楚地、直截了当地、明确地大声疾呼:我们一定要越出这个范围,我们要毫不畏惧地向社会主义迈进,我们的道路是通过苏维埃共和国,通过银行和辛迪加国有化、工人监督、普遍劳动义务制、土地国有化以及没收地主的农具和牲畜等等走向社会主义。在这个意义上讲,我们已经制定了向社会主义过渡的措施的纲领。

但是,我们不应该在上战场的时候吹牛,我们不应该抛弃最低纲领,因为这就等于瞎吹:我们什么也不"求资产阶级",我们什么都要自己来实现;我们不愿意在资产阶级制度的框子内做些鸡毛蒜皮的事情。

这样就是瞎吹,因为首先应当夺取政权,而我们还没有夺到。首先应当真正实现向社会主义过渡的措施,把我国革命进行到世界社会主义革命的胜利，到以后“**下战场**”的时候才能够而且应当抛弃这个**再也无用的**最低纲领。

现在能不能担保说，它再也没有用了呢？当然还不能，原因很简单：我们还没有夺到政权，还没有实现社会主义，甚至还没有看到世界社会主义革命的开始。

我们应当坚决、勇敢、毫不动摇地向这一目标**前进**。可是，这一目标明明没有达到却宣布已经达到，这岂不可笑。抛弃最低纲领，就等于公开宣布（老实说，这就是吹牛）：“我们已经胜利了。”

不，亲爱的同志们，我们还没有胜利。

我们不知道几时胜利，是明天还是再晚一些时候。（我写这篇东西是在1917年10月6日，我个人的想法倾向于明天，我们也可能耽误一些时候才能夺到政权，但明天终究是明天，绝不是今天。）我们不知道，我们胜利后西欧的革命是不是很快就来到。我们不知道，我们胜利后是不是还会出现暂时的反动时期、暂时的反革命胜利时期，这不是没有可能的，所以我们胜利后一定要挖上“三道战壕”来防止这种可能性。

这一切我们都不知道，也**不可能知道**。任何人也**不可能**知道。因此现在抛弃最低纲领是可笑的，只要我们还生活在资产阶级制度的框子里，只要我们还没有砸烂这个框子，向社会主义过渡的根本措施还没有实现，敌人（资产阶级）还没有打垮，就算是打垮了，也还没有消灭，最低纲领就是**不可缺少的**。以上这一切都会办到，也许要比许多人想象的快得多（我个人认为明天就应该**开始**），**但毕竟还没有办到**。

请看看最低纲领的政治部分。最低纲领预定要建立资产阶级共和国。但是我们要补充一点,我们并不受这个范围的限制,而要立刻争取更高类型的**苏维埃共和国**。我们应当做到这一点。我们应当奋不顾身和坚韧不拔地向新的共和国前进,**而且我深信,我们一定能够这样前进**。但是无论如何也不能抛弃最低纲领,因为第一,**还**没有苏维埃共和国;第二,"复辟活动"的可能性并未排除,首先必须能经受并战胜这些复辟活动;第三,在由旧制度向新制度过渡时,可能暂时采用"配合形式"(最近《工人之路报》指出这一点是有道理的),例如,既有苏维埃共和国,又有立宪会议。我们先**经历了**这一切,然后再抛弃最低纲领也不迟。

经济部分也是一样。我们一致同意,**害怕**向社会主义前进是最卑鄙的行为,是对无产阶级的事业的**背叛**。我们一致同意,走这条道路应采取的最初步骤主要是银行和辛迪加的国有化。我们要先实现这些步骤以及类似的其他措施,**那时就看得清楚了**。那时就会看得**更清楚**,因为比最好的党纲还要胜过百万倍的实际经验将无限地扩大我们的眼界。这方面也许,甚至肯定地、甚至无疑地非采取过渡的"配合形式"不可;比如说,我们不能使雇用一两个工人的小企业一下子实行国有化,甚至无法对它们实行真正的工人监督。尽管小企业的作用将微不足道,尽管它们将被银行和托拉斯的国有化束缚住手脚,尽管如此,但只要资产阶级关系的小角落还存在,那怎么能抛弃最低纲领呢?我们是勇敢地进行世界上最伟大的革命、同时又冷静考虑事实的马克思主义者,我们没有权利抛弃最低纲领。

如果现在我们抛弃最低纲领,这证明我们没有胜利就失去了头脑。可是无论在胜利前、胜利中或胜利后,我们都不应当失去头脑,因为一失去头脑,我们就会丧失一切。

至于具体的建议，尼·布哈林同志其实什么也没有说，只是重复早已说过的银行和辛迪加的国有化。弗·斯米尔诺夫同志在文章里列举了一些示范性的改革，这是很有趣、很有教益的，归结起来就是对产品的生产和消费进行调节。这一点例如在我的草案里**已经**概括地提到了，并且紧接着有“**等等**”的字样。现在要再进一步，要使某些措施具体化，我认为是不恰当的。**在**采取新型的基本的措施**以后**，**在**实行银行国有化**以后**，**在**着手推行工人监督**以后**，许多事情将会看得更清楚，经验将告诉我们**大量的新事物**，因为这将是千百万人的经验，是千百万人自觉地参加新经济制度的建设的经验。当然，在文章、小册子、讲演里可以**描绘出**新事物的**轮廓**，提出计划，加以评价，整理各级苏维埃或供给委员会的地方性的、局部的经验等等，——所有这些都是十分有益的工作。但是把过多的细节加进党纲还为时过早，甚至是有害的，只能让细节束缚住我们的双手。而我们必须有一双自由的手，才能在我们完全踏上新的道路之后更有力地创造新的东西。

八

布哈林同志的文章还涉及一个问题，应该谈一谈。

“……修改我党党纲的问题应当同制定国际无产阶级政党的统一的纲领联系起来。”

这话说得不十分明确。如果这句话的意思是作者劝我们不要通过新党纲，而把问题推迟到国际统一的纲领即第三国际的纲领制定之后再解决，那就应该坚决反对。因为，根据这一理由而延期（我认为延期的其他理由并不存在，例如谁也没有因我们党修改党纲的材料准备不充分而要求延期），就等于在**我们**方面拖延建立第三国际的工作。建立第三国际当然不能从形式上来理解。在无产阶级革命没有在任何一个国家取得胜利之前，或者在战争还没有结束之前，不能指望召开各国革命国际主义政党的**大型**代表会议的工作有迅速顺利的进展，也不能指望各国党就正式通过新纲领的问题达成协议。可是在此以前，现有条件比别国政党好的政党应当带头来推进这项工作，它们可以先迈第一步，当然，绝对不能把它当做最后的一步，也绝对不能把自己的纲领同其他"左派的"（即革命国际主义的）纲领对立起来，而要朝着制定一个共同的纲领**前进**。目前除俄国以外，世界上没有一个国家能让国际主义者比较自由地举行代表大会，也没有一个国家像我们党那样有很多非常熟悉国际上各种思潮及纲领的同志。因此，我们必须起带头作用。这是我们国际主义者的天职所要求的。

看来，布哈林同志也正是这样看问题的，因为他在文章的开头就说："刚刚结束的〈此文写于8月〉党代表大会认为修改党纲是必要的"，"为此将召开专门的代表大会"；从这些话可以断定，布哈林同志丝毫不反对在这次代表大会上通过新的党纲。

如果这样，那么在上述问题上意见是完全一致的。未必有谁会反对我们的代表大会在通过新党纲之后，表示希望制定第三国际统一的共同纲领，并为此采取一定的措施，如：尽快地召开左派代表会议，用若干种文字出版文集，成立一个委员会来汇总材料，介绍其他国家在"摸索"（按布哈林同志的正确的说法）制定新纲领的途径方面做了哪些工作（荷兰的论坛派[127]，德国的左派。美国的“社会主义宣传同盟”**128**布哈林同志已经提到，但还可以指出美国的“社会主义**工人党**”**129**以及该党提出的以“工业民主”代替“政治国家”的问题）。

其次，布哈林同志指出了我的草案中的一个缺点，我应当无条件地承认他说得对。布·同志引了草案中谈到俄国目前的形势和资本家的临时政府等等的那一段（小册子第23页①）。布哈林同志批评这一段说，应当把这一点挪到策略决议或行动纲领中去，这是正确的。因此，我提议或者把第23页最后一段全部删去，或者这样表述：

“为了争取一个最能保证经济发展和人民权利，特别是保证痛苦最少地向社会主义过渡的国家制度，无产阶级政党不能局限于……”如此等等。

最后，我应当在这里答复某些同志对草案中的一条所产生的问题，据我所知，这个问题没有在出版物上提出过。这就是关于政治纲领第9条，即关于民族自决权的问题。这一条包括两部分：第一部分对自决权作了新的表述；第二部分的内容不是要求，而是宣言。向我提出的问题是：把宣言摆在这里是否妥当。一般说来，党纲内不应有宣言，但我认为这里的例外是必要的。“自决”一词曾多次引起了曲解，因此我改用了一个十分确切的概念：“自由分离的权利”。俄国革命无产阶级的政党，用大俄罗斯语言进行工作的政党，必须承认分离权，这一点在有了1917年这半年来的革命经验以后，未必再会引起争论了。我们夺得政权之后，会无条件地立刻承认芬兰、乌克兰、亚美尼亚以及任何一个受沙皇制度（和大俄

① 参看本版全集第29卷第485—486页。——编者注

罗斯资产阶级)压迫的民族都享有这种权利。但是从我们方面来说,我们决不希望分离。我们希望有一个尽可能大的国家,尽可能紧密的联盟,希望有尽可能多的民族同大俄罗斯人毗邻而居;我们这样希望是为了民主和社会主义的利益,是为了尽可能多地吸引不同民族的劳动者来参加无产阶级的斗争。我们希望的是**革命无产阶级**的团结和**联合**,而不是分离。我们希望的是**革命的**联合,因此我们不提所有一切国家联合起来的口号,这是因为社会革命**只**把已经过渡到或正在过渡到社会主义的国家、正在获得解放的殖民地等等联合起来的问题提上日程。我们希望的是**自由的**联合,因此我们必须承认分离的自由(没有分离的自由就无所谓自由的联合)。我们尤其必须承认分离的自由,因为沙皇制度和大俄罗斯资产阶级的压迫在邻近的民族里留下了对所有大俄罗斯人极深的仇恨和不信任;必须用**行动**而不是用言论来消除这种不信任。

但我们是希望联合的,这一点应当说清楚,在一个多民族国家的党的纲领里讲明这一点极为重要,为此,就必须打破惯例,容许提出宣言。我们希望俄罗斯(我甚至想说大俄罗斯,因为这样更正确)人民的共和国能把其他民族**吸引**到自己方面来,但用什么方法呢?不是用暴力,而是完全靠自愿的协议。否则就要破坏各国**工人**的团结和兄弟般的联盟。我们同资产阶级民主派不同,我们提出的口号不是各民族兄弟般的团结,而是各族**工人**兄弟般的团结;因为我们不信任各国资产阶级,认为他们是敌人。

所以这里应该容许例外,在第 9 条里加进一项**原则的宣言**。

九

刊有尤·拉林同志的《我们党纲中的工人的要求》一文的《工人之路报》第 31 号出版时，上面几段我已经写好了。对这篇文章不能不表示欢迎，因为这是我们中央机关报讨论党纲草案的开始。拉林同志专门谈到的那一部分党纲，我没有参加起草工作，这部分草案完全是由 1917 年 4 月 24—29 日的代表会议成立的“劳动保护问题小组”拟定的。拉林同志提出的许多**补充**，在我看来完全可以采纳，可惜不是所有的补充都经过精确的推敲。

我认为拉林同志有一条表述得并不成功：“在支配〈?〉工人个人〈?〉方面实行工人民主〈?〉自治的基础上〈?〉正确〈?〉分配劳动力”。依我看，这还不如小组的表述：“劳动介绍所应当是无产者的阶级组织”，如此等等（见《材料》第 15 页）。其次，关于最低工资问题，拉林同志应当更仔细地研究和精确地表述自己的建议，应当把这一建议同马克思和马克思主义有关观点的**历史联系起来**。

其次，关于党纲政治部分和土地部分的问题，拉林同志认为必须“作更细致的文字修改”。我们希望，对某些要求的表述作**文字修改**的问题，也能在我们的党报上立即开始讨论，决不要拖到代表大会才进行，否则我们的代表大会就会准备得不充分，这是第一；第二，凡是参加过党纲和决议起草工作的人都知道，精心提炼某一条文的**措辞**往往能**发现和消除**一些原则性的模糊之处或分歧。

最后，关于党纲的财政经济部分的问题，拉林同志写道：“这部分几乎是一个空白，连废除沙皇政府的战时借款和公债”（岂止沙皇政府的?)、“反对利用国家垄断来增加国库收入等等都没有提到”。非常希望拉林同志立刻提出自己的具体建议,不要拖到代表大会的时候才提,否则会议准备就不会充分。关于废除公债(当然不仅是沙皇政府的,还有资产阶级的)的问题,应当周密地考虑到小额认购者;关于“反对利用国家垄断来增加国库收入”的问题,应当考虑到奢侈品生产的垄断这一情况,以及该条同党纲关于废除一切间接税的要求的关系。

再说一遍,为了认真地做好党纲的准备工作,为了真正做到全党动手,凡是关心这一工作的人都应当**立即**行动起来,无论是一些设想,还是补充或修改过的已经作了文字推敲的**准确条文**都应当**刊印出来**。

载于1917年10月《启蒙》杂志
第1—2期合刊

译自《列宁全集》俄文第5版
第34卷第351—381页

局外人的意见

(1917 年 10 月 8 日〔21 日〕)

我写这篇东西是在 10 月 8 日,要在 9 日就送到彼得格勒同志们手中,恐怕希望不大。也许这篇东西写晚了,因为北方苏维埃代表大会已定于 10 月 10 日召开。尽管这样,我还是想提出我的"局外人的意见",说不定彼得格勒及其"四周"的工人和士兵可能很快发起行动,但是还没有真正行动。

全部政权应转归苏维埃,这是很清楚的。革命无产阶级的政权(或者说布尔什维克的政权,这在目前来说是一回事),一定会获得世界各国包括各交战国一切被剥削劳动者特别是俄国农民的最大的同情和全心全意的支持,这对任何一个布尔什维克来说,同样应该是无可争辩的。这些人所共知的早已证明的真理,无须多谈。

现在必须谈谈未必所有同志都十分清楚的问题,即政权转归苏维埃目前在实践上就意味着武装起义。看起来,这似乎很明显,但并非所有的人都一直在深入思考这个问题。现在拒绝武装起义,就等于背弃布尔什维主义的主要口号(全部政权归苏维埃),就等于完全背弃革命无产阶级的国际主义。

但是武装起义是受特殊规律支配的一种**特殊的**政治斗争形式,必须仔细考虑这些规律。卡尔·马克思把这个真理说得非常清楚，他说武装“**起义也正如战争一样，是一种艺术**”。

马克思指出的这种艺术的主要规则如下：

(1)任何时候都**不要玩弄**起义，在开始起义时就要切实懂得，必须**干到底**。

(2)必须在决定性的地点，在决定性的关头，集中**强大的优势力量**，否则，更有训练、更有组织的敌人就会把起义者消灭。

(3)起义一旦开始，就必须以最大的**决心**行动起来并坚决采取**进攻**。“防御是武装起义的死路。”

(4)必须出其不意地袭击敌人，不放过敌军还分散的时机。

(5)**每天**(如果以一个城市来说，可以说每小时)都必须取得胜利，即令是不大的胜利，无论如何要保持“**精神上的优势**”。

马克思并用“历史上最伟大的革命策略家丹东的‘勇敢，勇敢，再勇敢！’”①这句话总结了一切革命中关于武装起义的教训。

如果把这点应用于俄国，应用于1917年10月，那就是说：一定要既从外面，又从内部，既从工人区，又从芬兰、雷瓦尔、喀琅施塔得等各方面，同时地、尽可能出其不意地、迅速地对彼得格勒进攻，要使用**全部**舰队来进攻，要使集中的力量**大大超过**那拥有15 000—20 000(也许更多些)人的我国“资产阶级近卫军”(士官生)以及我国“旺代军队”(一部分哥萨克)等等。

要把我们的**三支**主要力量——海军、工人和陆军部队配合起来，一定要占领并不惜**任何代价**守住：(1)电话局，(2)电报局，(3)火车站，(4)特别是桥梁。

要挑选**最坚决的**分子(我们的“突击队员”、**青年工人**和优秀水

---

① 参看《马克思恩格斯文集》第2卷第446页。——编者注

兵)组成一些小分队去占领一切最重要的据点,并**参加**各处一切重要的军事行动,例如:

包围彼得格勒,使之与外界隔绝,用海军、工人和陆军部队的联合进攻把它占领,——这是需要有**艺术和三倍的勇敢**才能完成的任务。

要把最优秀的工人编成配备枪支炸弹的队伍去进攻和包围敌人的"中枢机关"(士官生学校、电报局、电话局等等),口号是:**宁可全体牺牲,决不放过一个敌人**。

我们希望,一旦决定行动,每个领导者都能够很好地运用丹东和马克思的伟大遗训。

俄国革命和全世界革命的成败,都取决于这两三天的斗争。

载于1920年11月7日《真理报》第250号

译自《列宁全集》俄文第5版第34卷第382—384页

给参加北方区域苏维埃区域代表大会的布尔什维克同志的信

（1917 年 10 月 8 日〔21 日〕）

同志们！我们的革命正处于万分紧要的关头。这个紧要关头是同世界社会主义革命的发展中和全世界帝国主义反对这一革命的斗争中出现的至关紧要的关头相吻合的。我们党负责的领导人员肩负着一项巨大的任务，不完成这项任务，国际主义的无产阶级运动就有完全破产的危险。目前的局势是：拖延确实等于自取灭亡。

请看一下国际形势吧！世界革命的发展是无可争辩的。捷克工人怒火的爆发被非常残暴地扑灭了，这种残暴证明政府极度的恐惧。在意大利，事情也发展到了都灵的群众性的爆发。[130]然而最重要的是德国海军的起义。必须想到，在德国这样一个国家里，尤其在目前这种情况下，革命遇到的困难是令人难以置信的。毫无疑问，德国海军的起义意味着世界革命发展到了至关紧要的关头。我国那些鼓吹打败德国的沙文主义者要求德国工人马上起义，然而我们这些俄国的革命的国际主义者，根据 1905—1917 年的经验知道，不能设想有哪一种革命发展的标志比军队起义更具有说服力。

请考虑一下，在德国革命者的心目中，我们现在处于什么样的地位。他们会向我们说:我们这里公开号召革命的只有李卜克内西一个人。而且他的呼声也被苦役监狱封锁住了。我们连一家能公开说明革命必要性的报纸都没有,我们没有集会自由。我们没有一个工人代表苏维埃或者士兵代表苏维埃。我们的呼声很难使真正的广大群众听到。尽管我们只有百分之一的可能取得胜利,我们还是作了起义的尝试!而你们俄国的革命的国际主义者,已经进行了半年的自由鼓动,你们有二十来家报纸,你们有许多工兵代表苏维埃,你们在两个首都的苏维埃里取得了胜利,整个波罗的海舰队和驻在芬兰的全部俄国军队都站在你们一边。尽管你们有百分之九十九的可能取得起义的胜利,可是你们却不响应我们起义的号召,你们却不去推翻你们的帝国主义者克伦斯基!

是的,如果在这样的时候,在这样有利的条件下,我们**只是**用……决议来响应德国革命者关于起义的号召,那么我们就是"国际"的真正的叛徒!

再补充一句,我们都非常清楚地知道,国际帝国主义者正在迅速地、变本加厉地合谋反对俄国的革命。千方百计地扼杀俄国革命,用军事手段,用牺牲俄国取得的和平来扼杀俄国革命,这就是国际帝国主义急于要做的事。这就使世界社会主义革命处于特别严重的紧要关头。这就使拖延起义变得特别危险,我甚至要说,变成我们的罪行。

其次,请看看俄国国内的形势吧!反映了群众对克伦斯基和一切帝国主义者盲目信任的小资产阶级妥协政党,已经濒于破产,濒于彻底的破产。苏维埃选民团在民主会议上投票反对联合,**大多数**地方农民代表苏维埃(违背阿夫克森齐耶夫之流和克伦斯基的其他伙伴控制的中央苏维埃的意志)投票反对联合;在工人居民最接近于农民的莫斯科，选举结果有**49%以上**的选民投了布尔什维克的票（而在17 000名士兵中，有14 000人投了布尔什维克的票），难道这些不都表明人民群众对克伦斯基、对同克伦斯基之流妥协的分子的信任彻底破灭了吗？难道还能设想人民群众能够用比这次投票更明白的方式对布尔什维克说：领导我们吧，我们一定跟你们走！

而我们在得到了大多数人民群众的拥护，控制了两个首都的苏维埃以后，还要等待吗？等待什么呢？等待克伦斯基和他的科尔尼洛夫分子将军们把彼得格勒让给德国人，从而直接或间接地、公开或秘密地**既**同布坎南、**又**同威廉勾结起来把俄国革命彻底扼杀吗？

人民用莫斯科的选举和各苏维埃的改选表明了对我们的信任，不仅如此，群众冷淡和漠不关心的情绪也有增长的迹象。这是可以理解的。这并不像立宪民主党人及其应声虫所叫喊的那样，意味着革命的低落，而是意味着群众对决议和选举的信任一落千丈。在革命中，群众向居于领导地位的政党要求的是行动，而不是言论，是斗争的胜利，而不是空谈。不久人民就可能议论纷纷，说布尔什维克也不比别人强，我们对他们表示了信任，他们却没有能够**行动**……

农民起义已蔓延于全国。十分明显，立宪民主党人及其走狗在百般诋毁农民起义，说它是"暴行"，是"无政府状态"。但是在各个起义中心已经开始把土地转交给农民，这种谎言就不攻自破，因为"暴行"和"无政府状态"从来没有产生过如此辉煌的政治成果！农民起义威力之大有以下事实为证：现在无论妥协派，或者《人民事业报》的社会革命党人，**甚至**布列什柯-布列什柯夫斯卡娅都开始谈论把土地给农民的问题了，他们想趁运动的烈焰还没有把他们完全吞没的时候扑灭这个运动。

而我们却要等待，看科尔尼洛夫分子克伦斯基（恰巧在最近，社会革命党人自己暴露了他是科尔尼洛夫分子）的哥萨克部队能不能把这次农民起义**各个**击破。

显然，我们党的许多领导人没有理会到我们一致公认、一再重复的那个口号的**特殊**意义。这个口号就是：全部政权归苏维埃。在革命的半年中，有些时期、有些日子这个口号并**不**意味着起义。这些时期、这些日子也许使一部分同志迷惑了，忘记了目前（至少从9月中旬起）这个口号对我们来说就**等于号召起义**。

这一点是丝毫也不容怀疑的。不久前《人民事业报》"通俗地"解释了这一点，它说："克伦斯基决不肯听命！"当然啦！

"全部政权归苏维埃"这一口号就是号召起义。我们几个月来一直号召群众举行起义，拒绝妥协，而在群众对我们表示信任以后，我们如果不领导群众在革命崩溃的前夜发动起义，这全部罪责就无条件地要由我们承担。

立宪民主党人和妥协分子正在用7月3—5日事件的例子，用黑帮加紧煽动等情况来吓唬人。但是，如果说在7月3—5日有错误的话，那只是错在我们没有夺取政权。我认为，那时并不存在这个错误，因为那时我们**还**不是多数。而现在如果还这样，那就是致命的错误，甚至比错误更坏。黑帮加紧煽动是可以理解的，这是在无产阶级和农民的革命日益高涨的气氛下形势极端紧张的表现。但是，由此得出**反对**起义的结论是可笑的，因为被资本家收买的黑帮分子软弱无力，**黑帮在斗争中完全无能为力**，这一点甚至是用不着证明的。他们在斗争中简直等于零。科尔尼洛夫和克伦斯基在斗争中所能依靠的只有野蛮师和哥萨克。而现在，哥萨克也开始分化了，此外，农民在哥萨克居住区域内正在用内战威胁着他们。

我这封信是在10月8日星期日写的，你们最早到10月10日才能看到。我听一位路过这里的同志说，据华沙铁路的旅客讲：克伦斯基正在把哥萨克调往彼得格勒！这十分可能，如果我们不**从各方面**核实这一情况，不**研究第二次应召的科尔尼洛夫军队**的兵力及其分布情况，那完全是我们的过错。

克伦斯基又一次把科尔尼洛夫的军队调到了彼得格勒市郊，以便阻止政权转归苏维埃，阻止苏维埃政权立即提议媾和，阻止全部土地马上转归农民，以便把彼得格勒让给德国人，而自己逃往莫斯科！这就是我们必须尽量广泛宣传的起义口号，这就是一定能获得巨大成功的起义口号。

我们不能等待全俄苏维埃代表大会，因为中央执行委员会可能会把它拖到11月份。我们不能耽搁了，不能再让克伦斯基调来科尔尼洛夫军队了。芬兰、海军和雷瓦尔都派有代表出席你们这次苏维埃代表大会，这三方面合在一起，就可以立刻向彼得格勒进军，抗击科尔尼洛夫军队，可以调动海军、炮兵、机关枪部队和两三个军的步兵到彼得格勒来，这些士兵已经表明——例如在维堡——他们恨透了克伦斯基又与之勾结的科尔尼洛夫的将军们。

谁以为波罗的海舰队开往彼得格勒就是向德国人开放战线，因而放弃立即打垮第二次应召的科尔尼洛夫军队的机会，那就大错特错了。科尔尼洛夫分子诽谤者一定会这样说，就像他们一定会制造其他种种谣言一样，但被这种谣言和诽谤吓倒就不配做革命家。克伦斯基一定会把彼得格勒让给德国人，这一点现在已经非常清楚；任何相反的断言都不能打消我们这一十分肯定的看法，因为这种看法是从事变的整个进程，从克伦斯基的全部政策中得出的。

克伦斯基和科尔尼洛夫分子一定会把彼得格勒让给德国人。正是为了拯救彼得格勒，必须推翻克伦斯基，**两个首都的苏维埃**必须掌握政权。这两个苏维埃将立刻向各国人民提议媾和，以此履行自己对德国革命者的义务，以此作为粉碎反对俄国革命的罪恶阴谋、粉碎国际帝国主义阴谋的果断措施。

只有波罗的海舰队、芬兰军队、雷瓦尔和喀琅施塔得立即进军来攻打彼得格勒附近的科尔尼洛夫军队，才能挽救俄国革命和世界革命。这一进军，有百分之九十九的可能**在几天之内**使哥萨克军队一部分投降，另一部分全部就歼，使克伦斯基倒台，因为两个首都的工人和士兵都将支持这一行动。

拖延等于自取灭亡。

“全部政权归苏维埃”的口号是起义的口号。谁运用这一口号，却不理解这一点，不考虑这一点，那只能怪自己。而对待起义就必须和对待**艺术**一样，——我在民主会议期间就坚持这一点，现在仍然坚持，因为**这一点**是马克思主义所教导的，也是目前俄国和全世界的整个形势所教导的。

问题不在于投票，不在于吸引“左派社会革命党人”，不在于增加地方苏维埃，也不在于苏维埃代表大会。问题在于起义，这是彼得格勒、莫斯科、赫尔辛福斯、喀琅施塔得、维堡和雷瓦尔**能够**而且应当解决的问题。**彼得格勒市郊**和彼得格勒市区，——这就是能够而且应当尽可能认真地、有准备地、迅速地、坚决地决定起义和举行起义的地方。

海军、喀琅施塔得、维堡、雷瓦尔能够而且应当向彼得格勒进军，打垮科尔尼洛夫军队，发动两个首都的群众，为立即给农民土地、立即提出和约的政权展开大规模的鼓动工作，推翻克伦斯基政府，建立这样的政权。

拖延等于自取灭亡。

尼·列宁

1917年10月8日

载于1925年11月7日《真理报》第255号

译自《列宁全集》俄文第5版第34卷第385—390页

俄国社会民主工党（布）中央委员会1917年10月10日（23日）会议文献[131]

1

报　告

记　录

列宁同志指出，9月初以来，出现了一种对起义问题漠不关心的态度。既然我们认真地提出苏维埃夺取政权的口号，这种态度就是不能容许的。因此，早就应当注意这个问题的技术方面。现在看来，大量的时间是放过了。

尽管如此，问题还是十分尖锐，决定性的关头就要到了。

目前的国际形势使我们必须采取主动。

放弃纳尔瓦以西的国土、放弃彼得格勒的阴谋，更使我们非采取果断行动不可。

政治形势同样令人信服地朝着这一方向发展。如果我们在7月3—5日采取果断行动，那一定要遭到失败，因为当时还没有得到大多数人的拥护。从那时以来，我们的威信已经大大提高了。

群众所以采取冷淡和漠不关心的态度，其原因是他们对于空话和决议已经感到厌倦了。

现在，大多数人都拥护我们。权力转移在政治上条件已经完全成熟了。

土地运动也正朝着这一方向发展。很明显,除非有传奇式的英雄人物,否则是扑灭不了这一运动的。全部土地转归农民的口号,已成为农民共同的口号。因此,政治条件已经成熟。应该谈到技术方面的问题。关键就在这里。可是我们却步护国派的后尘,喜欢把有步骤地准备起义看成是一种政治上的罪过。

等待显然不会同我们站在一起的立宪会议,是毫无意义的,因为这只能使我们的任务更加复杂化。

应该趁召开区域代表大会和明斯克提出建议[132]的机会开始采取果断行动。

1

Ц. К. признает, что как международное положенiе русской революцiи (восстанiе во флотѣ в Германiи, как крайнее проявленiе нарастанiя ✓ всемiрной социалистической революцiи, затем угроза мiра империалистов с целью удушенiя революцiи в Россiи) — так и военное положенiе (несомненное решенiе русской буржуазiи и Керенскаго с Ко сдать Питер нѣмцам), — так и прiобрѣтенiе большинства пролетарской партiей в Совѣтах, — все это в связи с крестьянским восстанiем и с поворотом народнаго

✓ во всей Европѣ

列宁为 1917 年 10 月 10 日(23 日)俄国社会民主工党(布)中央委员会会议起草的决议的手稿第 1 页

2
决 议

中央委员会认为，俄国革命的国际环境（德国海军中的起义，这是世界社会主义革命在全欧洲发展的最高表现；其次，帝国主义者为扼杀俄国革命而媾和的危险），军事形势（俄国资产阶级和克伦斯基之流无疑已经决定把彼得格勒让给德国人），无产阶级政党在苏维埃中获得多数，再加上农民起义和人民转而信任我们党（莫斯科的选举）以及第二次科尔尼洛夫叛乱显然已在准备（军队撤出彼得格勒、哥萨克调往彼得格勒、哥萨克包围明斯克，等等），——这一切把武装起义提到日程上来了。

因此中央委员会认为，武装起义是不可避免的，并且业已完全成熟。中央委员会建议各级党组织以此为指针，并从这一观点出发讨论和解决一切实际问题（北方区域苏维埃代表大会、军队撤出彼得格勒、莫斯科人和明斯克人发起行动，等等）。

载于 1922 年《无产阶级革命》杂志第 10 期

译自《列宁全集》俄文第 5 版第 34 卷第 391—393 页

俄国社会民主工党(布)中央委员会 1917 年 10 月 16 日(29 日)会议文献[133]

1

报　　告

记　　录

列宁同志宣读中央委员会上一次会议通过的决议。他说,决议被通过了,有两票反对。现在由他说明作出这一决议的理由,如果反对的同志希望发表意见,可以展开讨论。

如果孟什维克党和社会革命党抛弃妥协,那我们就可以向它们提出妥协的建议。我们提出过这样的建议,但是大家知道,妥协的建议遭到了这两个政党的拒绝①。另一方面,在这一时期之前已经十分清楚,群众是跟我们走的。在科尔尼洛夫叛乱之前已经是这样。列宁同志引用彼得格勒和莫斯科选举的统计材料作为证明。科尔尼洛夫叛乱则更有力地把群众推向我们这边。民主会议上力量的对比说明了这一点。形势很清楚:或者是科尔尼洛夫专政,或者是无产阶级和贫苦农民阶层的专政。我们不能从群众的情绪出发,因为群众情绪是善变的,无法估计;我们应当依据的是

① 见本卷第 130—136 页。——编者注

对革命的客观的分析和估计。群众信任布尔什维克,群众向布尔什维克要求的不是空话,而是行动,是反对战争、制止经济破坏的坚定政策。如果拿对革命的政治分析作为根据,那就可以十分清楚地看到:现在连无政府主义的暴动也证实了这一点。

接着,列宁同志分析了欧洲的形势,并且证明那里进行革命要比我们更困难;既然在德国这样的国家里弄到海军中发生起义的地步,这就证明那里的事情也已经有了很大的进展。国际形势向我们提供了许多客观材料,说明我们现在一旦发起行动,就能得到欧洲全体无产阶级的支持;列宁同志证明,资产阶级打算放弃彼得格勒。我们只有拿下彼得格勒,才能幸免这种毒手。综上所述,中央委员会的决议所谈到的武装起义已经提到日程上来的结论是不容置疑的。

至于决议如何实施,还是在听取了各中央机关的代表的报告以后再作决定比较合适。

根据对俄国和欧洲阶级斗争的政治分析,必须制定最坚决、最积极的政策,这个政策只能是武装起义。

2
发　　言
记　　录

(1)

列宁同志同米柳亭和绍特曼发生争论,列宁同志证明,问题不在于武装力量,问题不在于同军队作战,而在于一部分军队同另一部分军队作战。他不认为这里所谈的有什么悲观主义。他证明,资产阶级方面的力量并不强大。事实证明,我们有胜过敌人的优势。为什么中央不能开始行动呢?从所有的材料都得不出这种结论。要推翻中央的决议,必须证明没有经济破坏,国际形势没有日趋复杂。既然工会工作者要求全部政权,那就说明他们十分清楚他们需要什么。客观情况证明,对农民需要加以领导,他们会跟着无产阶级走的。

有人担心我们保持不住政权,而现在正是我们保持政权的大好时机。

列宁同志希望会上的讨论能围绕决议的实质来进行。

(2)

如果所有的决议都这样被否决,那是再好不过的了。现在,季诺维也夫说:要取消“政权归苏维埃”的口号,而对政府施加压力。如果说起义已经成熟,那就说不上是什么密谋。如果在政治上起义已经不可避免,那就应当像对待艺术那样对待起义。况且在政治上起义已经成熟。

正因为粮食只能维持几天,我们不能再等待立宪会议了。列宁同志建议批准决议,坚决准备起义,起义日期由中央委员会和苏维埃决定。

(3)

列宁同志反驳季诺维也夫说,决不能拿这次革命同二月革命相比。他就实质性问题提出如下的决议案:

决 议

会议十分欢迎并完全支持中央的决议,号召一切组织、全体工人和士兵从各方面加紧准备武装起义,支持中央委员会为此而成立的总部;会议完全相信中央和苏维埃会及时指出进攻的有利时机和适当方法。

载于1927年《无产阶级革命》杂志第10期

译自《列宁全集》俄文第5版第34卷第394—397页

给同志们的信

(1917 年 10 月 17 日〔30 日〕)

同志们！我们现在所处的时期是这样危急，事态的发展是这样令人难以置信的迅速，以致一个受命运摆布而稍微离开历史主流的政论家，经常有放马后炮或消息不灵的危险，如果他的文章发表迟了，就更是如此。尽管我充分认识到这一点，甚至这封信还有根本不予发表的可能，但是我还是不得不给布尔什维克写这封信，因为这次动摇是闻所未闻的，它会给党，给国际无产阶级运动，给革命造成致命的影响，而我认为有责任同这种动摇作最坚决的斗争。至于说到放马后炮的危险，那么，为了防止这一点，我将指明我所掌握的是什么样的消息，是哪一天的消息。

直到 10 月 16 日星期一的早晨，我才遇到了一位前一天在彼得格勒参加了布尔什维克的一次非常重要的会议的同志，他把讨论的情况详细地告诉了我。[134]会议讨论的就是星期日各派报纸也都在讨论的起义问题。出席会议的有首都布尔什维克各工作部门的所有的最有威信的代表。会上只有极少数的人，总共只有两个同志抱否定态度。这两个同志所持的理由毫无力量，鲜明地反映出他们张皇失措、惊恐万状，布尔什维主义和革命无产阶级国际主义的一切基本思想在他们身上已丧失殆尽，因此很难为这么可耻的动摇找到辩解。可是事实俱在，革命的政党不能容忍在这样严重的问题上表现动摇，而这两个丧失原则的同志又可能引起某种混乱，所以必须分析他们的理由，揭露他们的动摇，说明他们是多么可耻。下面的文字就算是执行这一任务的一次尝试吧。

———

“……我们没有大多数人民的拥护，缺少这个条件，起义是没有希望的……”

能够说出这种话的人，不是歪曲事实，就是书呆子，丝毫不顾革命的实际形势，无论如何要布尔什维克党预先得到保证，一定能在全国获得恰好半数加一票。历史在任何时候，在任何一次革命中都没有提供过也绝对无法提供这样的保证。提出这一类要求等于嘲弄听众，无非是掩饰自己**逃避**现实。

因为现实使我们看得很清楚，正是在七月事变以后，大多数人民开始迅速地转到布尔什维克方面来了。还在科尔尼洛夫叛乱之前，彼得格勒8月20日的选举就证明了这一点。在这次选举中，布尔什维克在市区（不包括市郊）获得的票数由占20％增加到占33％。后来9月举行的莫斯科区杜马的选举也证明了这一点，布尔什维克在这次选举中获得的票数由占11％增加到占49.33％（前几天我遇到的一位莫斯科的同志对我说，准确的数字是51％）。苏维埃的改选证明了这一点。大多数农民苏维埃都违背自己的“阿夫克森齐耶夫的”中央苏维埃的意志，表示**反对**联合，这个事实也证明了这一点。所谓反对联合，**实际上**就是跟布尔什维克走。此外，前线的消息愈来愈频繁、愈来愈肯定地说明，**广大**士兵不听社会革命党人孟什维克的领袖、军官、代表等等的恶意诽谤和攻击，日益坚决地转到布尔什维克方面来了。

最后，俄国当前生活中最重要的事实就是**农民起义**。这就是人民在客观上、用行动而不是用言论表明已经转到布尔什维克方面来了。因为不管资产阶级报刊和它们在“动摇的”新生活派及其同伙中的可怜的应声虫如何造谣，叫嚷起义是暴行、是无政府状态，而事实还是明摆着。无论从物质意义上或政治意义上来说，坦波夫省的农民运动[135]都是一次起义，而且是取得了辉煌的政治成果的一次起义，首先它迫使人们同意把土地给农民了。难怪被起义吓破胆的社会革命党党徒，直到《人民事业报》，现在都在**叫喊**必须把土地给农民！可见，这**实际上**证明布尔什维主义是正确的，证明它已经赢得了胜利。除起义外，用别的办法“教训”波拿巴主义者及其在预备议会中的奴才**证明是**不可能的。

这是事实。事实是顽强的东西。这种以事实为依据的**主张**起义的“理由”比惊慌失措、吓破了胆的政治家的一千种“悲观的”遁词有力得多。

如果农民起义不是一个具有全国性政治意义的事件，那么预备议会里的那班社会革命党奴才就不会叫喊必须把土地交给农民了。

农民起义的另一个辉煌的政治和革命的结果，《工人之路报》已经指出了，那就是粮食运到了坦波夫省的各火车站。惊慌失措的先生们，这就是给你们举出的另一个主张起义的“理由”，它证明起义是使国家摆脱迫在眉睫的饥荒和规模空前的危机的唯一手段。正当背叛人民的社会革命党人和孟什维克在埋怨、威胁、写决议、答应用召开立宪会议来喂饱挨饿的人的时候，人民却**按照布尔什维克的方针**开始**用**反对地主、资本家和包买主的**起义**来解决粮食问题了。

资产阶级报刊，甚至连《俄罗斯意志报》也不得不承认，**这种**解决粮食问题的(唯一切实的)办法已经取得了良好的效果，该报刊登的一条消息说，坦波夫省的各个车站都堆满了粮食…… **这是农民起义以后的事！！**

不，现在这个时候怀疑多数人民是不是和会不会跟布尔什维克走，那就是可耻的动摇，就是在实际上抛弃无产阶级革命性的**一切**原则，完全背弃布尔什维主义。

"……要夺取政权，我们的力量还不够；要破坏立宪会议，资产阶级的力量也不够……"

这个理由的前一半是上面一个理由的简单的重复。这个理由并没有更大的分量和说服力。这是对工人表示悲观，对资产阶级表示乐观，从而反映了自己的惊慌失措和对资产阶级的畏惧心理。对士官生和哥萨克说的，要同布尔什维克战斗到流尽最后一滴血，应当完全相信；至于工人和士兵在几百次会议上表示完全信任布尔什维克，并且下决心要为政权归苏维埃挺身奋斗，那"最好"要记住，表决是一回事，战斗又是一回事！

如果能这样论证的话，那起义当然就"被驳倒了"。不过试问，这种别有目的、别有用心的"悲观主义"同政治上投奔资产阶级究竟有什么区别呢？

请看一下事实，请回忆一下布尔什维克说过几千次，还是被我们的悲观主义者"忘记的"言论吧。我们说过几千次，工兵代表苏维埃是一种力量，是革命的先锋队，它**能够**夺取政权。我们指责过孟什维克和社会革命党人几千次，说他们空谈"民主派的全权机关"，同时又**害怕**让苏维埃掌握政权。

科尔尼洛夫叛乱证明了什么呢？证明苏维埃确实是一种力量。

在这一点被经验、被事实证明了之后，我们竟要抛弃布尔什维主义，否定自己，说什么我们的力量还不够(尽管两个首都的苏维埃和大多数地方苏维埃都站在布尔什维克方面)!!! 难道这不是可耻的动摇吗? 其实，我们的“悲观主义者”是在抛弃“全部政权归苏维埃”的口号，却又**不敢**承认这一点。

怎么能证明，要破坏立宪会议，资产阶级的力量也不够呢?

如果苏维埃**没有力量**推翻资产阶级，那**就是说**，资产阶级有足够的力量破坏立宪会议，因为再没有谁能阻止它。相信克伦斯基之流的诺言，相信奴才们的预备议会的决议，这难道同一个无产阶级政党的成员，一个革命者的身份相称吗?

如果现在的政府不推翻，资产阶级不仅**有力量**破坏立宪会议，而且还能采取把彼得格勒让给德国人、开放战线、加紧同盟歇业和暗中破坏运粮的办法**间接地**达到这个目的。**事实**证明，这一切资产阶级已经在干了，干了一部分。这就是说，如果工人和士兵不推翻资产阶级，那么它也有力量把这些**完全**干成。

———

“……苏维埃应当是一支对准政府的太阳穴的手枪，强迫它召开立宪会议，放弃科尔尼洛夫那种尝试……”

这两个可悲的悲观主义者中间，有一个竟说出这种话来!

其实也必然会这样说的，因为拒绝起义**就是**拒绝“全部政权归苏维埃”的口号。

当然，口号“不是圣物”，这是不待言的。可是为什么**谁也**没有(像我在七月事变后那样①)提出改变这个口号的问题呢? 为什么

① 见本卷第6—13页。——编者注

不敢公开说出这一点呢？虽然党内从9月份起就一直在讨论今后为了实现“全部政权归苏维埃”的口号起义**不可避免**的问题。

我们可悲的悲观主义者在这个问题上永远不能自圆其说。拒绝起义就是拒绝把政权交给苏维埃，而把一切希望和期待都“交给”“答应”召开立宪会议的善心的资产阶级。

唯有**在**苏维埃掌握**政权的条件下**，才能**保证**立宪会议会召开，才能保证它的成功，难道这还难以理解吗？这一点，布尔什维克已经说过几千遍。从来**没有人**试图驳倒它。这种“配合形式”是大家都承认的，但是现在有人以“配合形式”为托词**拒绝**把政权交给苏维埃，而且**偷偷摸摸**地干，**不敢**公开否认我们的口号，这是什么行为呢？能找得出议会用语来形容这种行为吗？

有人一针见血地回答我们那位悲观主义者说：“是一支没有子弹的手枪吗？”如果是这样，那就是公然投奔了李伯尔唐恩之流，因为他们千百次地宣称苏维埃是“手枪”并且千百次地欺骗了人民，因为苏维埃**在他们的统治下**简直等于零。

如果是“有子弹的”手枪，那这也就是起义的**技术**准备，因为子弹要弄到手，手枪要装上子弹，而且光有子弹也是不够的。

或者是投奔李伯尔唐恩之流，**公开**拒绝“全部政权归苏维埃”的口号，或者是起义。中间道路是没有的。

“……资产阶级不可能把彼得格勒让给德国人，尽管罗将柯希望这样做，因为打仗的不是资产者，而是我们英勇的水兵……”

这个理由又可以归结为**对资产阶级**的“乐观主义”，凡是对革命力量和无产阶级的能力抱悲观态度的人必然会处处表现出这种“乐观主义”。

打仗的是英勇的水兵，**但是**这并没有妨碍**两个**海军上将在厄塞尔沦陷之前**潜逃**。

这是事实。事实是顽强的东西。事实证明，海军上将们叛变的**本领**并不亚于科尔尼洛夫。大本营又没有改组，指挥人员还是科尔尼洛夫的班子，这是无可争辩的事实。

如果科尔尼洛夫分子（以克伦斯基为首，因为他也是科尔尼洛夫分子）**想要**放弃彼得格勒，他们可以双管齐下，甚至"三管齐下"。

第一，他们能够通过科尔尼洛夫的指挥人员叛变投敌，开放北方的陆上战线。

第二，他们能够"商定"，不仅同德帝国主义者而且同英帝国主义者商定，让**比**我们**强大的**整个德国舰队自由行动。此外，"潜逃的海军上将"还可以把**计划也**献给德国人。

第三，他们能用同盟歇业、暗中破坏运粮的办法，使我们的军队处于**完全**绝望和无能为力的境地。

这三种途径哪一种也否定不了。事实证明，这三扇门俄国资产阶级哥萨克党都敲过了，都曾想把它们打开。

由此应得出什么结论呢？由此得出的结论是：我们无权**等待**资产阶级扑灭革命。

罗将柯之流的"希望"可不是空谈，——这一点已为经验所证实。罗将柯是实干的人。罗将柯有**资本**给他撑腰。这是无可争辩的。在无产阶级没有掌握政权以前资本还是一种强大的力量。罗将柯死心塌地执行资本的政策已经有**几十年**了。

由此应得出什么结论呢？由此得出的结论是：在作为拯救革命的唯一手段的起义问题上犹豫动摇，就是轻信资产阶级，一半是李伯尔唐恩、社会革命党-孟什维克那种出于怯懦的轻信，一半是

"农夫"那种盲目的轻信,而布尔什维克是最反对轻信资产阶级的。

或者是发誓"笃信"立宪会议,束手等待罗将柯之流放弃彼得格勒,扑灭革命;或者是举行起义。中间道路是没有的。

就是单单召开立宪会议也不会使情况有什么变化,因为任何"立宪"、任何哪怕是最有权威的会议的表决也感动不了饥荒,也感动不了威廉。况且立宪会议能不能召开,能不能**成功**,都取决于政权是否转归苏维埃,布尔什维克讲的这个老的真理正在被现实愈来愈清楚、愈来愈**无情地**证实。

———

"……我们一天比一天强大,我们可以作为一个强大的反对派参加立宪会议,我们何必孤注一掷……"

这是庸人的理由,这种人"读到"立宪会议将要召开的话,就信以为真,安心走最合法的、最安分的立宪道路了。

但可惜的是**等待**立宪会议既不能解决饥荒问题,也不能解决放弃彼得格勒的问题。那些天真的,或者是惊慌失措的,或者是被人吓破了胆的人,忘记了这件"小事情"。

饥荒是不等待的。农民起义就没有等待。战争是不等待的。潜逃的海军上将就没有等待。

难道我们布尔什维克**宣布**相信立宪会议会召开,饥荒就会答应等一等吗?潜逃的海军上将就会答应等一等吗?马克拉柯夫之流和罗将柯之流就会答应停止同盟歇业、停止暗中破坏运粮,不再同英德帝国主义者秘密磋商吗?

可是,照那些抱"立宪幻想"和着了议会迷的英雄说来,事情就会是**这样**。生气勃勃的生活消失了,剩下的只有关于召开立宪会议的**一纸空文**,只有选举。

这些瞎子还在惊疑，为什么挨饿的人民和被海陆军将军们出卖的士兵对选举漠不关心！啊，好聪明的人啊！

———

“……要是科尔尼洛夫分子再次先动手，那时我们就给他们一点厉害看看！何必我们自己先动手，去冒险呢？……”

这真是太有说服力，太革命了。历史是不会重演的，但是，如果我们能转过身子把**背**朝着历史，想着第一次科尔尼洛夫叛乱，絮絮叨叨地说：“要是科尔尼洛夫分子先动手就好了”；如果这一点我们能办到，这是多么卓越的革命战略啊！这种战略多么像“碰运气”啊！也许科尔尼洛夫分子又会在不适当的时候动手呢？这不是有力的“理由”吗？这不是对无产阶级政策的严肃的论证吗？

可是，如果第二次应召的科尔尼洛夫分子学乖了呢？如果他们要**等到**饥民举行暴动，战线被突破，彼得格勒被放弃以后才动手，否则就**不动手**呢？那怎么办呢？

有人竟要我们把无产阶级政党的策略建立在科尔尼洛夫分子可能重犯他们的某一个旧错误的基础上！

要我们忘记布尔什维克证明过而且**证明了**数百次的一切，忘记半年来我国革命历史所证明了的一切，即**除了**科尔尼洛夫分子专政或无产阶级专政**以外，没有**，客观上没有，也不可能有别的出路，要我们忘记这一点，否定这一切，而去等待！等待什么呢？等待奇迹，等待4月20日到8月29日的一系列暴风骤雨般的灾难性的事变（在战争拖延和饥荒加剧的情况下）转为和平地、平静地、顺利地、合法地召开立宪会议，执行会议的最合法的决议。看，这就是“马克思主义的”策略！挨饿的人们，等着吧，克伦斯基已经答应召开立宪会议了！

"……老实说,国际形势方面没有任何情况迫使我们立即发起行动,如果我们被人枪杀了,反而会危害西欧社会主义革命的事业……"

这个理由真是妙极了,谢德曼"本人"和列诺得尔"本人"也未必能更巧妙地"利用"工人对国际社会主义革命胜利的同情。

只要想一想,德国人处境极端困难,他们**只有一个**李卜克内西(而且还在服苦役),没有报纸,没有集会自由,没有苏维埃,而居民的**各个**阶级直到所有的富裕农民都对国际主义思想极端仇视,帝国主义的大、中、小资产阶级都有完善的组织,在这样的处境下,德国人,即德国的革命的国际主义者,穿着水兵服的工人,也举行了海军起义,尽管也许只有百分之一的胜利可能。

而我们呢,有几十家报纸,有集会自由,在苏维埃中占**多数**,我们是世界上处境最好的无产阶级国际主义者,可是我们却要拒绝用起义来支持德国的革命者。我们却要像谢德曼和列诺得尔之流那样说:最明智的办法就是不起义,因为我们要是被打死了,世界就会失去那么优秀、那么明智、那么理想的国际主义者!!

现在来证明一下我们的明智吧。我们将通过一项同情**德国起义者**的决议,同时拒绝在俄国举行**起义**。这将是真正的、明智的国际主义。如果这种英明的政策能在**各地**赢得胜利,那世界国际主义将会多么迅速地发扬光大啊!……

各国工人受战争的折磨,痛苦已经到了无以复加的地步。无论在意大利、在德国,还是在奥地利,工人的爆发都愈来愈频繁了。而**唯一**有工兵代表苏维埃的我们,却要**等待**,要出卖德国的国际主义者,正像我们现在出卖俄国那些不是用言论而是用行动、用反对地主的起义来号召我们举行起义、推翻克伦斯基政府的农民一样……

各国资本家都准备扑灭俄国革命，尽管他们的帝国主义阴谋的乌云已经密集起来，我们却要安静地等着他们**用卢布**来扼杀我们！既然克伦斯基和罗将柯真心诚意要召开立宪会议，我们就不要去进攻阴谋者，不要用工兵代表苏维埃的胜利击溃他们的队伍，我们要等待立宪会议，在这个会议上用**表决**一定能战胜一切国际阴谋。我们有什么权利怀疑克伦斯基和罗将柯的真诚呢？

"……但是'大家'都反对我们！我们被孤立了；中央执行委员会也好，孟什维克国际主义者也好，新生活派也好，左派社会革命党人也好，都已经发表并且还要发表声明反对我们！……"

好一个有力的理由。我们一向都无情地痛斥动摇者的动摇。**凭这一点**，我们赢得了人民的同情。**凭这一点**，我们争得了苏维埃，而没有苏维埃就不能有迅速可靠的起义。我们现在利用争到手的苏维埃，却是为了使**我们自己也投向动摇者的营垒**。布尔什维主义的前程多么美好啊！

李伯尔唐恩和切尔诺夫之流以及"左派"社会革命党人和"左派"孟什维克的政策的全部实质就是**动摇**。左派社会革命党人和孟什维克国际主义派作为**群众向左转的指示器**，具有**巨大的**政治意义。孟什维克和社会革命党人约有40%转到左派阵营，另一方面农民举行起义，这两个事实无疑有着明显的联系。

但正是这一联系的性质揭示出，那些现在看到活活腐烂了的中央执行委员会或者动摇的左派社会革命党人之流反对我们就想哭诉的人，是毫无气节的。应当把小资产阶级领袖马尔托夫、卡姆柯夫、苏汉诺夫之流的**这种**动摇和农民**起义**对照一下。这是**现实**

的政治对照。同谁一起走呢？是同**间接地**反映群众的**向左转**、而在**每一次**政治转折关头都可耻地哭诉、动摇、跑去哀求李伯尔唐恩和阿夫克森齐耶夫之流原谅的彼得格勒一小撮动摇的领袖一起走呢，**还是同这些向左转的群众一起走**？

问题就是这样，而且也只能是这样。

看到马尔托夫、卡姆柯夫和苏汉诺夫之流出卖农民起义，有人就建议我们革命国际主义者的工人政党也出卖农民起义。向左派社会革命党人和孟什维克国际主义派“看齐”的政策说到底就是这么回事。

我们说过，要帮助动摇者，自己就应当不动摇。这些“可爱的”左派小资产阶级民主派动摇过，赞成过联合！由于我们自己不动摇，终于引导他们跟着我们走了。实际生活证实我们是正确的。

过去这班先生总是以自己的动摇危害革命。只有我们挽救了革命。现在，当饥荒降临彼得格勒，罗将柯之流准备放弃彼得格勒的时候，我们反而要屈服吗？！

“……但我们同铁路员工和邮电职工连巩固的联系也没有。他们的正式代表都是普兰松之流的人物。没有邮局，没有铁路，我们能取得胜利吗？……”

是的，是的，这里是普兰松之流，那里是李伯尔唐恩之流。但是**群众**对他们表示了怎样的信任呢？一直证明这些领袖在出卖**群众**的不正是我们吗？无论在莫斯科的选举还是在苏维埃的选举中，群众不正是离开了这些领袖而转到**我们方面**来了吗？难道广大铁路和邮电职工没有挨饿，没有举行罢工反对克伦斯基之流的政府吗？

有一个同志问“悲观主义者”：“那 2 月 28 日以前，我们同这两个工会有联系吗？”对方回答说，这两次革命是不能相比的。但是这一回答只能**加强**发问者的立场。因为，说**无产阶级反对资产阶级的**革命应作长期准备而且说过几千遍的恰恰是布尔什维克（说这话不是为了在紧要关头的前夕把这一点忘掉）。现在邮电工会和铁路工会的政治生活和经济生活的特点，正是群众中的无产阶级分子同小资产阶级和资产阶级上层人物的**分离**。问题绝不在于一定要预先同这个或那个工会取得“联系”；问题在于，只有无产阶级和农民起义的胜利**才能**满足铁路和邮电职工大军中的**群众**的要求。

“……彼得格勒的粮食只够吃两三天。我们能给起义者粮食吗？……”

这是成千种怀疑意见中的一种（怀疑论者**永远**会“怀疑”，除非用经验，否则是驳不倒他们的），是一种诿罪于人的意见。

正是罗将柯之流，正是资产阶级在制造饥荒，利用饥荒来扼杀革命。除了农民在农村中举行反对地主的起义，除了工人在城市和首都战胜资本家，没有也**不可能**有摆脱饥荒的其他办法。不这样做，要从富人那里弄到粮食，要不顾他们的暗中破坏把粮食运出来，要粉碎受人收买的职员和发财致富的资本家的反抗，要实行严格的计算，都是**办不到**的。“民主派”粮食机构及“民主派”在粮食问题上弄得焦头烂额的经历就是证明，他们千百万次地**埋怨**资本家不该怠工，他们**哭诉**，**哀求**。

世界上，除胜利的无产阶级革命力量以外，没有一种力量能够不埋怨，不哀求，不流泪，而去从事**革命的事业**。无产阶级革命延误愈长久，事变或者动摇分子、惊慌失措分子的动摇使革命愈推迟，革命的牺牲就愈大，要**整顿好**粮食的运输和分配也就愈困难。

拖延起义等于自取灭亡，——对于那些具有可悲的“勇气”，眼看着经济破坏加剧、饥荒迫近，而**劝告**工人**不要**起义（**即劝告他们等待，仍旧信赖资产阶级**）的人们，就应当这样来回答。

———

“……前线情况也还没有危险。即使士兵自己缔结停战协定，也没有什么不好……”

可是，士兵是不会缔结停战协定的。要缔结停战协定，就必须有国家政权，而不起义是得不到政权的。士兵们都会**一跑**了之。前线来的报告都谈到了这一点。等待不可能不冒这样的风险：如果士兵们（**已经接近于绝望**）完全绝望，丢下一切听凭命运摆布而大批逃跑，等待就会帮助罗将柯同威廉勾结起来，并且使经济遭到**完全**破坏。

———

“……可是，如果我们取得了政权，却得不到停战，也得不到民主的和约，士兵就可能不愿去进行革命战争。那时怎么办呢？”

这个理由使人想起了一句谚语：一个傻瓜能够提出的问题，比十个聪明人能够解答的还要多十倍。

我们从来也没有否认过在帝国主义战争时期**政权**会遇到许多困难，但是我们始终还是**宣传**无产阶级和贫苦农民的专政。难道行动的时刻到了，我们反而要放弃这一点吗??

我们一直说，一国的无产阶级专政会使国际形势、国内经济、军队状况和士兵情绪都发生巨大的变化，难道现在我们应该让革命的“困难”吓倒而“忘记”这一切吗??

———

“……正如大家所说，群众还没有激奋到要冲上街头的情绪。暴行煽动者和黑帮的报纸发行份数大大增加，也是说明悲观有道理的一个迹象……”

当人们被资产阶级吓破了胆的时候，在他们看来，一切事物和现象自然都蒙上了一层黄色。第一，他们不用马克思主义的标准来衡量运动，而代之以知识分子印象主义的标准；他们**不**对全国的和整个国际环境的阶级斗争的发展以及事变的进程作政治上的分析，而代之以对情绪的主观印象。党的坚定的路线和不可动摇的决心**也**是情绪的**一个要素**，特别是在最紧要的革命关头，这一点人们当然“凑巧”忘掉了。有时人们还十分“凑巧”地忘掉：主要领导人的动摇和他们朝三暮四的倾向会使某些阶层的群众在情绪上也发生极不体面的动摇。

第二，这在目前是主要的一点，一些毫无气节的人讲到群众情绪时忘记了补充：

“大家”都说群众的情绪是高昂的，是焦急的；

“大家”同意：在苏维埃的号召下，为了保卫苏维埃，工人一定会万众一心地行动起来；

“大家”同意：工人对中央机关在明知不可避免的“最后的斗争”的问题上不果断非常不满；

“大家”一致认为最广大的群众的情绪已近于绝望，并且举出了正是在这个基础上无政府主义抬头的事实；

“大家”也承认，觉悟的工人不大愿意**只是**为了示威，**只是**为了局部的斗争而上街，因为从气氛中已经预感到即将来临的不是局部的战斗，而是整体的战斗，工人已经深刻地体会到和认识到靠个别罢工，靠示威，靠施加压力是没有什么希望的。

如此等等。

如果我们从我国革命半年来阶级斗争和政治斗争的整个发展

着眼，从事变的整个进程着眼来看待这种对群众情绪的评价，那我们就会明白：那些被资产阶级吓破了胆的人是怎样歪曲实际情况的。现在的情况恰巧跟4月20—21日前夜、6月9日前夜、7月3日前夜的情况不同，因为当时是**自发的激奋**，而我们作为一个政党，对此或者没有理解（如4月20日），或者是加以抑止而使它形成为和平的示威（如6月9日和7月3日）。当时我们清楚地知道，苏维埃**还**不是我们的，农民**还**相信李伯尔唐恩和切尔诺夫的道路，而不相信布尔什维克的道路（起义），所以大多数人民不会跟我们走，起义还为时过早。

当时，大多数觉悟工人根本**没有**想到最后的斗争的问题，党的任何一个委员会也没有提出过这个问题。而相当广泛的觉悟低的群众还没有高昂的斗志和拼命的决心，而只有自发的**激奋**，天真地希望单凭发起"行动"、单凭游行示威来"影响"克伦斯基之流和资产阶级。

起义所需要的不是这些，而是觉悟者自觉的、坚定的、不可动摇的、战斗到底的决心，这是一方面。另一方面需要广大群众高昂的拼命的情绪，他们**感到**，现在用不彻底的办法是无济于事了，要"影响"是无论如何影响不了的，**如果**布尔什维克不能在决战中领导饥民，那么他们"甚至会采取无政府主义行动，捣毁一切、粉碎一切"。

革命的发展实际上**既**使工人**也**使农民把觉悟者从经验中锻炼出来的高昂的斗志和广大群众对同盟歇业者、对资本家的那些近乎拼命的仇恨情绪这二者结合了起来。

正是在这个基础上也才能理解，为什么黑帮报刊的那些打着布尔什维主义幌子的恶棍能取得"成就"。黑帮分子看到资产阶级同无产阶级的决战即将到来就幸灾乐祸，这是向来如此的，这毫无例外地在任何革命中都可以看到，这是绝对不可避免的。如果被**这一**情况吓倒，那就不但应当放弃起义，而且应当根本放弃无产阶级革命。因为在资本主义社会里，无产阶级革命的增长**不**可能**不**引起黑帮的幸灾乐祸以及从中渔利的希望。

觉悟工人清楚地知道，黑帮和资产阶级在手携手地进行活动，工人一旦取得决定性的胜利（小资产者不相信，资本家害怕，黑帮有时出于幸灾乐祸倒希望看到这种胜利，因为他们相信布尔什维克保持不住政权），就会把黑帮彻底**粉碎**，布尔什维克一定**能够**牢牢地保持政权，为备受战争折磨、摧残的全人类谋最大的利益。

情况确实如此，**罗将柯之流**和苏沃林之流正在一唱一和，分担了不同的角色，这一点除了疯子有谁会怀疑呢？

难道事实没有证明，克伦斯基是按照罗将柯的指示行事的，而"俄罗斯共和国国家印刷厂"（这可不是说着玩的！）是用国家的钱来刊印"国家杜马"中黑帮分子发表的黑帮演说的吗？**连**《人民事业报》那些在"自己人"面前阿谀奉承的奴才不也揭露了这一事实吗？难道**各次**选举的经验没有证明：卖身投靠的、为沙皇地主"利益"所左右的《新时报》是全力支持立宪民主党的候选人名单的吗？

难道我们昨天没有读到，工商业资本（无党无派的，哦！不用说，当然是无党无派的，要知道维赫利亚耶夫、拉基特尼科夫、格沃兹杰夫和尼基京之流，上帝作证，绝不是和立宪民主党人联合，而是和**无党无派的**工商界联合的！）慷慨地给了立宪民主党人30万卢布吗？

如果不从情感出发，而从阶级的观点出发来看问题，那么所有黑帮的报刊无非是"里亚布申斯基—米留可夫公司"的**分**公司。资本一方面收买米留可夫、扎斯拉夫斯基、波特列索夫之流的人物，另一方面也收买黑帮分子。

除了**无产阶级的胜利**，再没有别的方法能根除黑帮的廉价毒品对人民的极其严重的毒害。

备受饥荒和连年战争折磨、摧残的民众"抓住"黑帮的毒品，这有什么奇怪呢？难道可以设想，在资本主义社会崩溃的前夕，被压迫的群众能**没有**绝望情绪吗？群众（其中有不少愚昧无知的人）的绝望能**不**表现在各种毒品的畅销上吗？

有人在讲到群众情绪的时候，把自己个人的毫无气节说成是群众的毫无气节，他们的这种立场是没有希望的。群众有自觉地等待的，也有会不自觉地陷入绝望的，但是被压迫的和挨饿的群众**绝不是**毫无气节的。

"……另一方面，马克思主义政党可不能把起义问题搞成军事密谋问题……"

马克思主义是非常深刻的和多方面的学说。因此，在那些背弃马克思主义的人提出的"理由"中，随时可以看到引自马克思著作的**只言片语**（特别是引证得**不**对头的时候），这是不足为奇的。**如果**策划军事密谋的不是一定阶级的政党，**如果**密谋的策划者没有估计到总的政治局势，特别是国际局势，**如果**这个政党没有赢得为客观事实所证明的大多数人民的同情，**如果**革命事变的发展没有在实践中打破小资产阶级妥协的幻想，**如果**像"苏维埃"这样的被公认为"全权的"或以别种方式发挥自己作用的革命斗争机关的大多数没有被争取过来，**如果**在军队中（假如事情是发生在战时）

对违背人民的意志拖延非正义战争的政府没有十分强烈的反对情绪，**如果**起义的口号（如“全部政权归苏维埃”、“土地归农民”、“立即向各交战国人民提出民主的和约，同时立即废除秘密条约和秘密外交”等）没有家喻户晓，**如果**先进的工人不相信群众已处于绝望的境地，对能否得到农村支持没有把握（这种支持已为巨大的农民运动，即反对地主、反对维护地主的政府的起义所证实），**如果**国内的经济状况还能使人们对用和平的和议会的手段来顺利解决危机抱有巨大的希望，**如果**这样，那么军事密谋就是布朗基主义。

大概够了吧？

我在《布尔什维克能保持国家政权吗？》这本小册子里（我希望这本小册子在日内就能出版）引用了马克思真正涉及起义问题的话，这些话指出了起义作为一种“艺术”所具有的特征[①]。

我敢打赌，如果请那些现在在俄国大喊反对军事密谋的空谈家打开话匣，请他们解释一下武装起义的“艺术”同应该受到指责的军事密谋之间的区别，那他们不是重复上述的一切，就是大出洋相，引起工人们哄堂大笑。亲爱的也是马克思主义者，请试一试吧！给我们唱一首**反**“军事密谋”的歌儿吧！

---

① 见本卷第325—326页。——编者注

后　记

星期二晚上8点，当我收到彼得格勒早晨的报纸，看到《新生活报》弗·巴扎罗夫先生的文章时，上面这篇东西已经写好了。弗·巴扎罗夫先生肯定地说："市内流传着一份以两个知名的布尔什维克的名义表示反对发起行动的手抄传单。"

如果这是真的，我请求收到这封信的同志们尽快地**把它刊印出来**，预计信最早也要到星期三中午才能送到。

这封信并不是为报刊写的，而只是为了和党员们笔谈。但是，如果《新生活报》那些不属于我们党的、而且由于他们可鄙的毫无气节而受到我们党千百次嘲笑的英雄（他们前天投票赞成布尔什维克，昨天又赞成孟什维克，并且在世界闻名的统一代表大会上，**几乎**把他们二者联合了起来），如果这班家伙拿到了我党党员鼓动反对起义的**传单**，那就决不能沉默了。应当进行**拥护**起义的鼓动。让匿名者在光天化日之下彻底暴露出来，让他们可耻的动摇受到应得的惩罚，哪怕只是受到全体觉悟工人的嘲笑也好。现在离发信到彼得格勒的时间只有一小时，我只能简短地指出没有头脑的"新生活派"那些可悲的英雄们所用的一种"手法"。弗·巴扎罗夫先生试图同梁赞诺夫同志争辩，因为梁赞诺夫同志说过，而且说得万分正确："为起义作准备的正是那些在群众中造成绝望情绪和冷漠情绪的人。"

可悲事业的可悲英雄"反问"道：

"难道绝望和冷漠曾经取得过胜利吗？"

啊，《新生活报》的可鄙的傻瓜！难道他们知道历史上有过**这样的**起义的先例：被压迫阶级群众在殊死战斗中取得胜利，而这些群众并没有被长期的苦难和各种极端严重的危机弄到绝望境地，对各种奴才式的预备议会、对毫无意义的革命游戏、对李伯尔唐恩之流把苏维埃从政权和起义机关贬为清谈馆的活动也并没有表示冷漠（漠不关心）？

或者，也许《新生活报》可鄙的傻瓜发现群众对……粮食问题、拖延战争问题、给农民以土地的问题表示**漠不关心**吧？

尼·列宁

载于1917年10月19、20、21日（11月1、2、3日）《工人之路报》第40、41、42号

译自《列宁全集》俄文第5版第34卷第398—418页

给布尔什维克党党员的信[136]

（1917 年 10 月 18 日〔31 日〕）

同志们！我还未能收到 10 月 18 日星期三的彼得格勒报纸。有人打电话把加米涅夫和季诺维也夫在非党的《新生活报》上发表的声明全文[137]告诉了我，当时我简直不敢相信。但是，怀疑毕竟是不行了，我只好利用这机会给党员们写这封信，希望在星期四晚上或者在星期五早上大家都能看到，因为对这种前所未闻的**工贼行为**保持沉默就是犯罪。

实践问题愈严重，犯有工贼行为的人愈负责、愈“知名”，工贼行为的危险性就愈大，驱逐这些工贼就应该愈坚决，念及这些工贼过去甚至有过“功劳”而犹豫不决也就愈不可饶恕。

真令人难以想象！党内都知道，党从 9 月份起就在讨论起义问题。谁也没听说这两个人中有谁写过一封信或一篇东西！现在可以说是到了苏维埃代表大会的前夕，这两个知名的布尔什维克却出来**反对**多数，显然也**反对中央委员会**。这一点没有明说，但这样对事业危害更大，因为含沙射影更加危险。

从加米涅夫和季诺维也夫声明的行文可以十分清楚地看出，他们是反对中央的，否则他们的声明就毫无意义了，可是他们究竟反对中央的**哪一个**决定，这点却没有说明。

为什么呢？

显然是因为中央没有公布那个决定。

这会造成什么结果呢?

两个"知名的布尔什维克"在10月20日这一紧要关头的前夕,就最重要的战斗问题,竟在一家**非**党的而且正好在这个问题上**同资产阶级携手反对工人政党**的报纸上,抨击党中央**没有**公布的决定!

这可是比普列汉诺夫1906—1907年在非党报刊上发表的那些受到党痛斥的言论[138]还要卑鄙千倍,**有害百万倍**!因为当时涉及的只是选举的问题,而现在涉及的是举行起义夺取政权的问题!

在这样的问题上,**在**中央作出决定**之后**,在罗将柯和克伦斯基之流面前,在非党的报纸上反对这项**没有公布的**决定,——难道还有比这更卑鄙的叛变活动,更可耻的工贼行为吗?

过去我同这两个从前的同志关系很密切,如果我因此犹豫不决,不去谴责他们,那我认为这是自己的耻辱。我直率地说,我不再把他们两个当做同志了,我将据理力争,要求中央和代表大会把他们两人开除出党。

因为,中央已经通过但还未公布的决定居然在非党报纸上遭到非议,从而在战士的队伍中引起动摇和混乱,这样的工人政党就没有能力解决实际生活愈来愈频繁地提到它面前的困难的起义任务。

让季诺维也夫先生和加米涅夫先生同几十个惊慌失措的分子或立宪会议的候选人去建立自己的政党吧。工人是不会加入这种政党的,因为它的第一个口号是:

> "在中央会议上讨论决战问题遭到失败的中央委员,都可以在非党的报纸上攻击党没有公布的决定。"

让他们去建立**这样的**党吧；这样，我们布尔什维克工人党只会得到好处。

将来所有文件都公布的时候，季诺维也夫和加米涅夫的工贼行为还会更清楚地暴露出来。暂时让工人把下面这个问题考虑一下：

> “假定全俄工会理事会经过一个月的讨论，以百分之八十以上的多数决定准备罢工，但是罢工日期等等暂不公布。假定有两个理事以‘不同意见’为借口，**在**决定通过**之后**不仅写信给各地组织，说要重新审查决定，而且允许把自己的信告知**非**党报纸。最后，假定他们本人还在非党的报纸上抨击甚至尚未公布的决定，并且在资本家面前诋毁罢工。
>
> 试问，工人会犹豫不决，不把这种工贼从自己的队伍中开除出去吗？”

* * *

现在离 10 月 20 日已经很近了，至于说到目前起义问题的情况，我从远方无法判断工贼在非党报纸上发表声明使事业究竟受了多大的损失。但毫无疑义，**实际的**危害是非常大的。要补救这一点，首先必须开除工贼以恢复布尔什维克阵线的统一。

把思想上的反对起义的理由愈充分地暴露在光天化日之下，这些理由的弱点就愈加明显。前几天我刚给《工人之路报》寄去一篇有关的文章，如果编辑部认为不能发表，也许可以让党员看到这篇文章的手稿①。

这些“思想上的”（姑且这样说）理由可以归结为两点：第一，

① 见本卷第 390—410 页。——编者注

“等待”立宪会议。等等再说，也许我们能熬过去，这就是全部理由。即使有饥荒、经济破坏、士兵忍无可忍的情绪，即使罗将柯采取把彼得格勒让给德国人的步骤，即使有同盟歇业，我们也许还能熬过去。

碰运气，这就是全部理由。

第二，大喊大叫的悲观主义。资产阶级和克伦斯基什么都好，我们什么都不好。资本家的一切都准备得好得出奇，工人的一切都不行。“悲观主义者”就问题的军事方面声嘶力竭地叫喊，而“乐观主义者”却默不作声，因为在罗将柯和克伦斯基面前泄露点什么，除了工贼恐怕未必会有人引以为快。

———

困难的时刻。艰巨的任务。严重的叛变。

但是任务总归会得到解决的，工人们会团结起来，农民起义和前线士兵忍无可忍的情绪一定会发生作用！我们把队伍团结得更紧密，无产阶级就必定胜利！

尼·列宁

载于1927年11月1日《真理报》第250号

译自《列宁全集》俄文第5版第34卷第419—422页

给俄国社会民主工党(布)中央委员会的信

(1917年10月19日〔11月1日〕)

亲爱的同志们:

一个有自尊心的政党决不能容忍自己队伍中发生工贼行为和有工贼存在。这是很明显的。对季诺维也夫和加米涅夫在非党报纸上发表的言论考虑得愈深,他们的行为是彻头彻尾的工贼行为这一点就愈无可争辩。加米涅夫在彼得格勒苏维埃会议上支吾搪塞的发言简直卑鄙到极点了,他说同托洛茨基意见完全一致。但是,托洛茨基除已经讲的以外,**不能**、没有权利、也不应当在敌人面前说得更多了,这难道不容易理解吗?党的**责任**,就是不让敌人知道**自己的**决定(说明武装起义的必要性,说明起义已经完全成熟,应从各方面作好准备,等等),这个决定**责成**我们在公开言论中必须把"过错"和起因都推在敌人身上,这难道不容易理解吗?只有小孩子才不懂得这一点。加米涅夫的支吾搪塞简直是欺骗行为。关于季诺维也夫的遁词,也应当这么说。至少季诺维也夫的"申辩"信(好像是给中央机关报的)是这样,而我看到的只有这封信(因为**资产阶级**报纸所渲染的不同意见,"所谓的不同意见",我这个中央委员**到现在为止**没有看到过)。季诺维也夫的"理由"之一就是:列宁"**在**通过任何决定**之前**"总是向四处写信,而你们没有表示反对。季诺维也夫就是这么写的,一字也不差,并在“**在……之前**”底下划了四条线。**在**中央尚未决定罢工问题**之前**,无论鼓动赞成罢工或者反对罢工都可以,可是作出罢工的决定**之后**(作出不让敌人知道这一点的补充决定之后),再煽动反对罢工,就是工贼行为,这难道还不容易理解吗?随便哪个工人都会懂得这一点。武装起义问题从9月份起就在中央展开讨论了。正是在那个时候,季诺维也夫和加米涅夫可以而且**应当**发表书面意见,好让**大家**都看到他们的理由,评论他们的张皇失措。**在**通过决定**之前**整整一个月里,对党隐瞒了自己的观点,而**在**作出决定**以后**又到处散布他们的不同意见,这就是工贼行为。

季诺维也夫假装不懂得这种差别,不懂得在中央作出罢工的决定以后,只有工贼才会向下级机关煽动反对中央的决定。任何一个工人都会懂得这一点。

可是,季诺维也夫无论在星期日的会议上[139](他和加米涅夫一票也没有得到),还是在现在的这封信中,恰恰进行了这样的煽动,破坏了中央的决定。季诺维也夫居然厚颜无耻地说:“没有向全党征求意见”,这样的问题“不是10个人所能决定的”。真令人难以想象。所有的中央委员都知道,出席这次有决定意义的会议的不止10个中央委员,**全会的大多数成员**都参加了,加米涅夫本人在这次会议上还说过:“这次会议是有决定意义的。”至于没有参加会议的中央委员,大家都清楚地知道,他们**大多数都不同意**季诺维也夫和加米涅夫的意见。在加米涅夫本人也承认**有决定意义的**会议上中央作出了决定**以后**,这位中央委员竟然恬不知耻地说:“没有向全党征求意见”,“这样的问题不是10个人所能决定的”;这就是彻头彻尾的工贼行为。在党代表大会之前,中央可以作出决定,而且也作出了决定。加米涅夫和季诺维也夫**在**作出决定**之前**,并没有提出书面意见,**在**作出决定**以后**,却又**反对**中央的决定。

这是彻头彻尾的工贼行为。既然是涉及立即**秘密**准备罢工的问题,那么作出决定之后,就决**不容许**再有任何异议。现在季诺维也夫居然恬不知耻地把"预先通知敌人"的罪名推在**我们**身上。还有比这更无耻的吗?用"预先通知敌人"的办法真正搞坏了事情、破坏了罢工的,不就是在**非党**报纸上发表文章的那些人吗?

竟然在一家在**这个**问题上同整个资产阶级一鼻孔出气的报纸上**反对**党的"具有决定意义的"决定。

如果容忍这一点,党就不可能存在,党就要被毁掉。

把巴扎罗夫所知道的并且在非党报纸上发表的东西称做"不同意见",那是对党的嘲弄。

加米涅夫和季诺维也夫在非党报纸上发表声明所以特别卑鄙,还因为党不能公开地驳斥他们**诬蔑性的谎话**。加米涅夫用自己和季诺维也夫的名义在报纸上声明:我不知道关于日期的决定(有了这样的声明之后,季诺维也夫要对加米涅夫的一切言行负全部责任)。

中央委员会怎么能够驳斥这一点呢?

我们根本不能对资本家说实话,说我们**已经决定**罢工,决定对**选定**的罢工**日期保守秘密**。

我们要驳斥季诺维也夫和加米涅夫的这种诬蔑性的谎话,就会**使事业遭到更大的损失**。这两个人的极端卑鄙和纯属叛卖的行为就在于,他们向资本家泄露了罢工者的计划;因为,既然我们在报刊上保持沉默,那么谁都可以猜到是**怎么**回事。

加米涅夫和季诺维也夫向罗将柯和克伦斯基**泄露了**自己党的

中央关于武装起义,关于武装起义的准备和选定的起义日期应对敌人保守秘密的决定。这是事实。无论怎样支吾搪塞也推翻不了这一事实。两个中央委员竟用诬蔑性的谎话把工人的决定**泄露**给资本家。对此只能而且应该作出这样的答复——由中央委员会马上作出决定:

"中央委员会认为季诺维也夫和加米涅夫在非党报纸上发表声明,是彻头彻尾的工贼行为,因此把他们两人开除出党。"

关于过去的亲密的同志,我写下这些话,是很难过的,但是我认为在这件事情上犹豫就是犯罪;因为,一个革命者的政党不惩罚知名的工贼就会**灭亡**。

武装起义问题即使因工贼向罗将柯和克伦斯基泄露而推迟较长时间,那也并没有被**撤销**,没有被党所撤销。如果在我们的队伍中**容忍**这种"知名的"工贼,怎么能够准备和筹划武装起义呢?名气愈大,就愈**危险**,就愈不能"宽恕"。法国人说:On n'est trahi que par les siens(只有**自己**人才能成为叛徒)。

工贼愈"**知名**",就愈有必要立刻用开除来惩罚他们。

只有这样,才能健全工人的政党,清除一批毫无气节的知识分子,团结革命者的队伍,**同革命工人一起**迎着巨大的、万分巨大的困难前进。

我们不能在报上说明真相:**在**中央的具有决定意义的会议**之后**,季诺维也夫和加米涅夫竟厚颜无耻地要求在星期日会议上**重新审议**。加米涅夫恬不知耻地喊道:"中央垮了,因为它一星期以来什么事也没有做成"(而我**不**能加以驳斥,因为我不能把我们**究竟做了些什么**说出去)。季诺维也夫装出一副天真的样子,提出了一项已被会议否决了的决议案:"在同10月20日将到这里参加苏维埃代表大会的布尔什维克磋商之前,不发起行动。”

真令人难以想象:在**中央机关**作出罢工问题的决定以后,竟向基层的大会建议推迟决定的执行,并把问题转给(在 10 月 20 日的代表大会以前,后来代表大会又延期了…… 季诺维也夫之流是相信李伯尔唐恩之流的)**这样一个**党章上没有规定的、**没有权力**管中央的、又**不**知道彼得格勒情况的集体去解决。

在此以后,季诺维也夫还恬不知耻地写道:“这样未必能加强党的统一。”

这只能叫做用分裂进行威胁,还能叫做别的吗?

我对这种威胁的答复是:一定要干到底,要争取到对工人讲话的自由,**无论如何**要给工贼季诺维也夫打上工贼的烙印。对于分裂的威胁,我的答复是:宣布要战斗到底,要把这两个工贼开除出党。

工会理事会经过**一个月的**辩论后作出决定,认为罢工不可避免而且时机已经成熟,但罢工的日期不能让老板知道。会后,有两个理事跑**到基层**,对这一决定表示异议,但是遭到了失败;于是他们索性在报纸上用诬蔑性的谎话把理事会的决定透露给资本家,用预先通知敌人的办法把罢工破坏了一半,或者把罢工延迟到极不利的时机举行。

这就是彻头彻尾的工贼行为。所以,我请求开除这两个工贼,并且保留在可以发表的时候发表**一切**的权利(因为他们用分裂来威胁)。

载于 1927 年 11 月 1 日《真理报》
第 250 号

译自《列宁全集》俄文第 5 版
第 34 卷第 423—427 页

社会革命党对农民的又一次欺骗

（1917年10月20日〔11月2日〕）

10月18日和19日，社会革命党在它的主要报纸《人民事业报》上，向全国人民郑重其事地宣称：农业部部长提出的新的土地法案"向实现党的土地纲领迈进了一大步"，"党中央坚决要求各级党组织大力宣传这个法案，使群众普遍都知道"。

其实，社会革命党人谢·列·马斯洛夫部长提出的、由《人民事业报》摘要刊载的这一法案，是**对农民的一种欺骗**。社会革命党欺骗了农民，因为它放弃了自己的土地法案，而接受了地主的即立宪民主党人的"公平议价"和保存地主土地所有制的计划。在第一次俄国革命（1905年）期间和第二次俄国革命（1917年）期间，社会革命党在几次代表大会上，都郑重其事地向全国人民保证，一定支持农民**没收**地主土地的要求，也就是把地主的土地**无偿地**交给农民的要求。可是，在谢·列·马斯洛夫先生现在的这个草案中不仅保留了地主土地所有制，甚至按"公平"议价订出的、农民"租用"土地的租金也必须**交给地主**。

谢·列·马斯洛夫先生的这个法案说明社会革命党彻底背叛了农民，而完全效忠于地主了。我们必须竭尽全力在农民中间进行尽可能广泛的宣传，使他们了解这一真相。

10月18日《人民事业报》刊载了谢·列·马斯洛夫草案的第

25—40条。这个草案基本的和最主要的内容就是：

(1)**不是全部**地主土地都列入拟将设立的“临时的备租土地”。

(2)地主的哪些土地列入备租土地，由根据李沃夫公爵的**地主**政府于1917年4月21日颁布的法律成立的**土地委员会**决定。

(3)农民租用地主土地的租金由土地委员会“按照纯收入”规定，在扣除各项支出后，全部交给“原主”，**即交给地主**。

这是社会革命党人对农民的三重欺骗，所以每一点都必须详细地讲一下。

8月19日《全俄农民代表苏维埃消息报》第88号登载了“一份示范委托书，它是根据1917年出席在彼得格勒召开的全俄农民代表苏维埃第一次代表大会的代表从各地带来的242份委托书写成的”。

各地农民选出的代表根据**242份委托书**写成的**这份综合委托书**，是判断**农民要求什么**的**最好的**材料。这份综合委托书十分清楚地证明，谢·列·马斯洛夫和社会革命党的草案是对农民的一种欺骗。

农民要求废除土地私有权；要求把**一切**私有的和其他的土地无偿地变为全民的财产；要求把经营水平高的农场(果园、种植园等等)变为“示范农场”，交给“国家和村社专用”；要求没收“**全部**耕畜和农具”，等等。

根据农民自己提出的242份地方委托书，农民的要求就是这样表达的，很明确。

可是，社会革命党不但不提出这些要求，反而同资产阶级(资本家)和地主“联合”(即结成同盟或达成协议)，参加资本家和地主的政府;现在又拟定了这样一个草案,主张**不废除地主所有制**,而**只是**把地主的**一部分**土地划为**临时的备租土地**!!

根据这个草案,果园、种植园和甜菜地等等**不**能列入备租土地!“为了满足原主本人及其家庭和职工的需要,以及为了饲养现有的家畜”所必需的土地,也**不**能列入备租土地!!

这就是说,有制糖厂、马铃薯淀粉厂、油坊、磨坊、果园和种植园以及数百头牲口和几十名职工的富有的地主,仍将拥有**大农场,而且是资本主义大农场**。看,社会革命党人就是这样卑鄙无耻地欺骗了农民!

地主的即草案所说的“私人所有的”土地,哪些划为备租土地,由**土地委员会**决定,而这些委员会是由**李沃夫公爵**之流的**地主**政府根据1917年4月21日所颁布的法律成立的,这个政府就是正好半年前被彼得格勒的工人和士兵用4月20—21日的运动搞垮的米留可夫和古契柯夫的政府,即帝国主义者和人民群众的掠夺者的政府。

不言而喻,这个地主政府关于土地委员会的法律远不是民主的(人民的)法律。相反地,这个法律有许多方面都令人极其愤慨地违背了民主制度。例如,这个法律的第11条“授权省土地委员会可以中止乡、县土地委员会决议的执行,直至最高土地委员会作出最后决定”。根据这一骗人的地主法律,各级委员会是这样组成的:县委员会比乡委员会更不民主,省委员会比县委员会更不民主,最高委员会又比省委员会更不民主!

乡土地委员会完全由乡民选举产生。而县委员会,按照法律规定,比如说,应有1个治安法官和5个“临时执行委员会”委员参加(在新的自治机关组成之前)。至于省委员会,那不仅有地方法院的法官和治安法官参加，而且还有部长**任命的**部代表以及其他人员参加。在最高土地委员会中有27名“临时政府邀请”的委员！此外，11个政党各派1名代表参加，其中大多数（11个中间有6个）是**立宪民主党人和比他们更右的分子**。难道这不是李沃夫、盛加略夫（他们签署了这个法律）及其伙伴们玩弄的骗术吗？难道这不是嘲弄民主制度，讨好地主吗？

这难道不是充分证明布尔什维克说得对吗？布尔什维克多次说，只有**劳动群众**选出的、群众随时可以撤换的**农民代表苏维埃**，才能正确表达和实现农民的意志。

社会革命党人利用农民的盲目信任，在全俄农民代表苏维埃执行委员会中占了多数，但是他们**背叛了**农民，**出卖了**农民苏维埃，**转到了地主那一边**，迁就了地主李沃夫公爵关于土地委员会的法律。这就是社会革命党对农民的第二个大欺骗。

因此我们工人政党必须更坚决地重申布尔什维克的要求：农村的全部政权归农民代表和农业工人代表苏维埃！

农民的委托书要求没收即**无偿**转让地主土地，没收养马场，没收私人的种畜场和种禽场，把经营水平高的农场交给国家使用，没收地主田庄里的全部耕畜和农具。

社会革命党人部长的草案不但不提出这些要求，反而用**保留租金**、使租金仍旧落入地主腰包的规定来款待农民！

社会革命党人草案的第33条说：“租金须交给委员会，委员会〈扣除官税等支出以后〉将余款交给原主。”

“社会革命党人”就是这样用堂皇的诺言欺骗了农民，把一个**地主立宪民主党人的**土地法案献给了农民！！

这纯属对农民的欺骗。

这里根本没有保留农民提出的各项没收的要求。这不是没收地主的地产，而是由“共和”政府**巩固**地主的地产，使地主**既能保留**耕畜和农具、维持“职工”生活所需的土地以及“占有者预定〈只要来一个“预定”就够了!!〉播种甜菜和其他经济作物的土地”，**又能保留**从转为备租土地的其余土地上收取的**租金**。土地委员会竟成了贵族地主老爷的**收租人**!!

地主所有制没有被社会革命党人消灭，反而被他们巩固了。他们投奔地主、背叛农民的真相现在已经暴露无遗。

不要受资本家和地主的忠实朋友狡猾的立宪民主党人的欺骗。立宪民主党人装出一副样子，说社会革命党人的草案非常“革命”。所有的资产阶级报纸都在吵吵闹闹地**反对**这个草案，各报都刊登了资产阶级部长（当然还有完全充当资产阶级走狗的克伦斯基之流）“**抵制**”这个“可怕的”法案的简讯。这一切是在做戏，在耍把戏，是做生意的商人在漫天要价，他看到社会革命党人毫无气节，希望再多要一点价。实际上，谢·列·马斯洛夫的法案是**为了**和地主妥协、**为了**挽救地主而写的“**地主的**”法案。

《人民事业报》在上述两号中把这个草案叫做“开始实行〈!〉伟大的〈!!〉土地社会化〈!!!〉改革的出色的土地法案”，而这纯粹是一种江湖骗术。这个法案没有丝毫的“社会化”（有的只是“社会”帮助地主一定获得租金）；甚至连一点“革命民主的”气息都没有，其中除了欧洲**资产阶级改良主义**那种通常的爱尔兰式的“改革”[140]以外，根本没有别的东西。

再说一遍，这是一个**意在**拯救地主、用保持地主手中的主要东西的微小让步来“平息”已经开始的农民起义的草案。

社会革命党人向政府提出这种可耻的草案，清楚地说明他们极其虚伪，同那些指责布尔什维克用政权转归苏维埃的计划“破坏”立宪会议的人一样虚伪。立宪民主党人、资本家、地主、孟什维克和社会革命党人虚伪地叫嚷：“离立宪会议只有40天了！”就在这种喧嚷声中，有人向政府提出了一项重大的土地法案，一项**欺骗**农民、把农民交给地主**盘剥**、**巩固**地主土地所有制的法案。

当需要支持地主反对日益扩大的农民起义的时候，即使在立宪会议召开前40天，甚至前30天也“**能够**”搬出一项重大的法案。

可是一谈到全部政权归苏维埃，**以便**把**全部**土地交给农民，以便**立即**废除地主土地所有制，**立即**提出公正的和约，哦，这时候，立宪民主党人、资本家、地主、孟什维克和社会革命党人都异口同声地发出反对布尔什维克的狂叫。

让农民知道，社会革命党是怎样欺骗他们，怎样把他们出卖给地主的。

让农民知道，只有**工人政党**，只有**布尔什维克**才是坚决彻底**反对**资本家、**反对**地主，保护**贫苦**农民和**一切**劳动者的利益的。

1917年10月20日

载于1917年10月24日(11月6日)《工人之路报》第44号

译自《列宁全集》俄文第5版第34卷第428—433页

"地主同立宪民主党人串通一气了"

(1917年10月20日〔11月2日〕以后)

这个说法并非出自我们之口。10月3日《人民事业报》第170号曾借用"一位外省工作人员"的这句话来描述俄国1917年夏秋两季发生的事件。人所共知,《人民事业报》是"社会革命"党主要的、正式的机关报。前部长切尔诺夫就是该报的一位编辑。

这家报纸的自白是极其可贵的。下面就是它的自白:

"按照一位外省工作人员的说法,地主同立宪民主党人串通一气了。如果翻译成比较准确的语言,那就是说,土地占有者在中央和地方得到了某些政府人士的同情和支持,从最初的惊恐中清醒过来,并且开始组织自己的力量了…… 对土地委员会的攻击开始了,而且一天比一天激烈,起初是数不胜数的起诉和叫嚣,说这是'抢劫掠夺'、'横行不法'、'残酷蹂躏'…… 继起诉之后是由上面下达各种限制性的指令,并对土地委员会进行司法追究,而在临近前线的地区,军事当局则以科尔尼洛夫将军的命令来横加干涉。甚至在彼得格勒这里,司法部也曾以追究最高土地委员会的刑事责任相威胁。

交付法庭、提起民事诉讼的一个最常用的借口,是废除了革命前的租约。地主及其同伙们异口同声地反复说:关于租约的法律并未废除,就是说一切租约仍然有效,因而'任何委员会、任何个人'都无权废除这些租约…… 于是'不谨慎的'委员会,便因废约、减租而纷纷遭到旧司法制度的打击。然而减租是根本无法避免的,恐怕无论哪里都没有一个租约能够原样不动。"

(接着援引了"最温和的卡布鲁柯夫教授"关于短期租地农民的处境还"**不如农奴**"的证明)……

"在这种情况下,废除革命前订立的苛刻租约,不仅不是犯罪,而且是政权机关应尽的职责…… 企图不顾一切地迫使部分租地农民依旧处于‘不如农奴’的境地，就是蓄意挑动暴乱，这种挑动是犯罪行为，尤其是因为这样做只符合农奴主阶级的利益，而且又适逢共和国和全国人民正遭遇严重灾难的时刻…… 事实上，恰恰是在把大批土地委员会交付法庭的坦波夫省，发生多起暴行和焚烧地主‘家园’的事件，这并不是偶然的……”

执政的社会革命党的正式机关报《人民事业报》就是这样说的！

应该把这些话在全国各地翻印出来，印成传单，在农民中间散发千百万份，因为其中包含了社会革命党人自己在维·切尔诺夫亲自主办的报纸上援引的证词，证明社会革命党人把农民**出卖**给地主**了**，社会革命党**背叛了**农民，这个党**同样**同地主“串通一气了”，或者说向地主**投降了**。

要让人民读，而且要反复读这几段自白。要让每一个有觉悟的农民、士兵和工人深入思考这些自白的含义。

革命过去7个月了。人民无数次地表示信任社会革命党人，使他们在竞选中赢得多数，人民对社会革命党说：你领导我们吧，我们授予你领导权！在工兵农代表苏维埃中，社会革命党自1917年3月以来便同**孟什维克**结成联盟（同盟），月复一月地拥有**多数**！社会革命党人和孟什维克，自5月6日以来便**同**“立宪民主党徒”**一起**，**同**“立宪民主党徒”**并肩携手**，**同**“立宪民主党徒”**联合起来一直担任着**部长和副部长！！

现在，同立宪民主党徒**以及地主**联合（结成同盟、达成协议）所造成的结果，已被《人民事业报》自己承认了。

革命过了7个月，民主共和国成立了7个月，社会革命党和孟什维克在苏维埃中统治了7个月，结果却是“大批”土地委员会委员**被交付法庭**——交付**旧司法制度**的法庭，旧的法庭，沙皇地主的法庭;结果却是逼得坦波夫等省的农民**起义**!

这就是农民信任社会革命党的结果。而社会革命党的部长谢·列·马斯洛夫的新土地草案又再一次表明(参看本文作者的《社会革命党对农民的又一次欺骗》一文[①]),社会革命党是怎样出卖农民的。

载于1917年10月24日(11月6日)《农村贫民报》第11号

译自《列宁全集》俄文第5版第54卷第377—379页

① 见本卷第420—425页。——编者注

给雅·米·斯维尔德洛夫的信

(1917年10月22日或23日〔11月4日或5日〕)

致斯维尔德洛夫同志。

昨天晚上我才知道,季诺维也夫**书面**否认自己参与了加米涅夫在《新生活报》上的声明。

怎么您什么也不给我寄来呢???

所有关于加米涅夫和季诺维也夫的信件,我**只**寄给了中央委员。这您是知道的;既然知道,您对此好像又有怀疑,这不是很奇怪吗?

看来,我无法参加全会,因为正在"抓"我。在季诺维也夫和加米涅夫事件上,如果**你们**(+斯大林、索柯里尼柯夫和捷尔任斯基)要求妥协[141],就请提出**不同意**我的意见的建议——把这一事件提交党的法庭审理(事实很清楚,季诺维也夫也蓄意**破坏过**):这样做将是拖延时日。

"加米涅夫的辞职已被接受"? 是退出中央委员会吗? 请把他的声明全文寄来。

哥萨克的游行示威被取消[142]是一个巨大的**胜利**。乌拉! **全力进攻**,几天之内我们一定会取得完全胜利! 致崇高的敬礼! 您的。

载于1957年苏联科学院出版社在莫斯科出版的《彼得格勒十月武装起义》一书

译自《列宁全集》俄文第5版第34卷第434页

给中央委员的信[143]

（1917年10月24日〔11月6日〕）

同志们：

我写这封信是在24日晚上，情况已经万分危急。非常清楚，现在拖延起义确实等于自取灭亡。

我力劝同志们相信，现在正是千钧一发的关头，目前提上日程的问题绝不是会议或代表大会（即使是苏维埃代表大会）所能解决的，而只有各族人民，只有群众，只有武装起来的群众的斗争才能解决。

资产阶级通过科尔尼洛夫分子发起的攻击、维尔霍夫斯基的离职都说明不能等待了。无论如何必须在今天晚上，今天夜里逮捕政府成员，解除士官生的武装（如果他们抵抗，就击败他们），如此等等。

不能等待了！！等待会丧失一切！！

立刻夺取政权的好处就是：能保护**人民**（不是代表大会，而是人民，首先是军队和农民）免遭科尔尼洛夫政府，即赶走维尔霍夫斯基、策划第二次科尔尼洛夫阴谋活动的政府的蹂躏。

谁应当取得政权呢？

目前这并不重要，让军事革命委员会[144]“或其他机关”取得政权吧，只要它声明，政权只交给真正代表人民利益、军队利益（立即提议媾和）、农民利益（立刻夺取土地，废除私有制）和饥民利益的人。

必须立刻把各区、各团、各种力量都动员起来，立即派遣代表团到军事革命委员会，到布尔什维克的中央委员会去，坚决要求：无论如何不能让克伦斯基一伙人手中的政权保留到25日，一定要在今天晚上或夜里解决问题。

历史不会饶恕那些延误时日的革命者，他们本来在今天可以获得胜利（而且一定能在今天胜利），却要拖到明天去，冒着丧失许多、丧失一切的危险。

我们今天夺取政权不是要反对苏维埃，而是为了把政权交给苏维埃。

夺取政权是起义的任务，起义的政治目的在夺取政权之后就会清楚的。

等待10月25日捉摸不定的表决，就是自取灭亡或拘泥于形式；人民有权利，也有义务不用表决，而用强力来解决这样的问题；在革命的紧要关头，人民有权利，也有义务指导自己的代表，甚至自己最优秀的代表，而不是等待他们。

这是各次革命的历史所证明了的，如果革命者明知**挽救革命**、提出媾和、挽救彼得格勒、摆脱饥饿、把土地交给农民等事业都取决于自己，可是放过了时机，那就是犯了滔天的大罪。

政府摇摇欲坠。必须不惜任何代价**彻底击溃**它！

拖延发动等于自取灭亡。

发表于1924年

译自《列宁全集》俄文第5版第34卷第435—436页

附　　录

备忘记事[145]

（1917年8月12日〔25日〕以后）

‖帽带（黑色带子）

牙粉（白色的。**白粉**）

‖理发推子（零号）

刮脸用的小刷子

刮脸用的碗（金属的）

刮脸用的粉（肥皂粉）

牙签（羽毛做的）

面包

赫尔辛福斯平面图

胶水：一小管

‖针和黑线

普通的信封

‖《社会民主党人报》第47号

红蓝铅笔

铅笔刀

化学铅笔

笔尖

笔杆

我的关于政治形势的提纲(向代表大会)[146]

‖通晓瑞典和芬兰语言的人

在苏维埃代表大会上关于战争问题的演说

《真理报》,《消息报》

《反杜林论》

《关于对7月3—4日事变的评价》?

社会主义工人党的雷恩施坦

奥托·鲍威尔??

斯皮里多诺娃的杂志[147]

(1)每周:哈帕兰达的地址

(2)暗号

(3)秘密约定的明信片。

载于1933年《列宁文集》俄文版第21卷

译自《列宁全集》俄文第5版第34卷第443—444页

同意做立宪会议代表候选人的两份声明[148]

（1917 年 10 月）

1

声　　明

（10 月 15 日〔28 日〕）

签字人弗拉基米尔·伊里奇·乌里扬诺夫，声明同意做波罗的海舰队的立宪会议代表候选人，不反对俄国社会民主工党（布尔什维克）海军组织提出的名单次序。

弗拉基米尔·伊里奇·乌里扬诺夫

地址：彼得堡斯莫尔尼学校 18 号房间

2

声　　明

（10 月 15 日〔28 日〕以后）

签字人弗拉基米尔·伊里奇·乌里扬诺夫，声明同意做北方面军的立宪会议代表候选人,不反对俄国社会民主工党(布尔什维克)陆军组织提出的名单次序。

弗拉基米尔·伊里奇·乌里扬诺夫

地址:彼得格勒宽街48号住宅24号

载于1931年《列宁文集》俄文版第18卷

译自《列宁全集》俄文第5版第34卷第445—446页

关于传单附录的设想[149]

(1917年10月20日〔11月2日〕)

传单拟增加下列附录：

放在**附录**里的有：

一、**农民希望什么**？

8月19日《农民代表消息报》第88号上刊登的《示范委托书》全文。

二、**社会革命党怎样欺骗了农民**？

照录10月18日《人民事业报》(第4版)所刊登的社会革命党人的草案即他们的马斯洛夫部长的草案的部分条文。

三、**布尔什维克为农民要求的是什么**。

俄国社会民主工党(布尔什维克)四月代表会议关于土地问题的决议全文。

四、**“地主同立宪民主党徒串通一气了”**——《**人民事业报**》**的可贵自白**

(即附上的这篇短文)。

载于1959年《列宁文集》俄文版第36卷

译自《列宁全集》俄文第5版第34卷第439页

注　释

1 《政治形势》这一提纲写于1917年7月10日(23日),在7月13—14日(26—27日)举行的有彼得堡委员会、中央委员会军事组织、莫斯科区域局、莫斯科委员会和莫斯科郊区委员会的代表参加的俄国社会民主工党(布)中央委员会扩大会议上讨论过。提纲曾以《政治情绪》为题,用文章形式发表在1917年7月20日(8月2日)的喀琅施塔得工兵代表苏维埃布尔什维克党团机关报《无产阶级事业报》第6号上。发表时删去了分节的数码和提纲的结尾(从"立即在各地……"起),并改动了一些字句,如把"武装起义"改成了"坚决斗争"等等。——1。

2 这里说的是七月事变以后的形势。

1917年七月事变是俄国1917年二月革命后,继四月危机和六月危机而发生的又一次危机,是达到全国性危机的一个新的重要的阶段。

俄国资产阶级临时政府所组织的前线进攻以惨败告终,激怒了彼得格勒的工人和陆海军士兵。1917年7月3日(16日),由第一机枪团带头,自发的游行示威从维堡区开始,并有发展成为反对临时政府的武装行动的趋势。鉴于当时俄国革命时机尚未成熟,布尔什维克党不赞成搞武装行动。7月3日(16日)下午4时,党中央决定劝阻群众。但是示威已经开始,制止已不可能。在这种情况下,当夜,布尔什维克党中央又同彼得堡委员会和军事组织一起决定参加游行示威,以便把它引导到和平的有组织的方向上去。当时正在内沃拉村休息的列宁,闻讯后于7月4日(17日)晨赶回彼得格勒。7月4日(17日)这天参加游行示威的共50多万人。列宁在克舍辛斯卡娅公馆的阳台上向游行的水兵发表了演说,要求群众沉着、坚定和警惕。示威群众派代表要求苏维埃中央执行委员会夺取政权,遭到社会革命党、孟什维克领袖的拒绝。军事当局派军队镇压和平的游行示威,示威群众在市内好几个地方同武装的反革命分子发生冲突,死56人,伤650人。在人民意志表达以后,布尔什维克党于5日发表了停止游行示威的号召书。莫斯科、下诺夫哥罗德等城市也发生了反政府的游行示威。临时政府在孟什维克和社会革命党所领导的中央执行委员会的支持下,随即对革命人民进行镇压。7月5—6日(18—19日),《真理报》编辑部和印刷厂以及布尔什维克党中央办公处所被捣毁。7月6日(19日),临时政府下令逮捕列宁。工人被解除武装。革命的彼得格勒卫戍部队被调出首都,派往前线。七月事变后,政权完全转入反革命的临时政府手中,苏维埃成了它的附属品,革命和平发展时期告终,武装起义的任务提上了日程。列宁对七月事变的评述,见《三次危机》(本版全集第30卷)、《俄国革命和国内战争》(本卷第166—180页)。——1。

3 立宪民主党(正式名称为人民自由党)是俄国自由主义君主派资产阶级的主要政党,1905年10月成立。中央委员中多数是资产阶级知识分子、地方自治人士和自由派地主。主要活动家有帕·尼·米留可夫、谢·安·穆罗姆采夫、瓦·阿·马克拉柯夫、安·伊·盛加略夫、彼·伯·司徒卢威、约·弗·盖森等。立宪民主党提出一条与革命道路相对抗的和平的宪政发展道路,主张俄国实行立宪君主制和资产阶级的自由。在土地问题上,主张将国家、皇室、皇族和寺院的土地分给无地和少地的农民;私有土地部分地转让,并且按"公平"价格给予补偿;解决土地问题的土地委员会由同等数量的地主和农民组成,并由官员充当他们之间的调解人。1906年春,曾同政府进行参加内阁的秘密谈判,后来在国家杜马中自命为"负责任的反对派"。第一次世界大战期间,支持沙皇政府的掠夺政策,曾同十月党等反动政党组成"进步同盟",要求成立责任内阁,即为资产阶级和地主所信任的政府,力图阻止革命并把战争进行到最后胜利。二月革命后,立宪民主党在资产阶级临时政府中居于领导地位,竭力阻挠土地问题、民族问题等基本问题的解决,并奉行继续帝国主义战争的政策。

1917年7月2日(15日),立宪民主党人(盛加略夫、亚·阿·曼努伊洛夫和德·伊·沙霍夫斯科伊三个部长)退出政府,表面上的理由是他们不同意临时政府当天通过的关于乌克兰问题的决定。而实际上他们是预料到社会革命党和孟什维克的首领们不敢单独执政，因而必定会向立宪民主党让步，会同意坚决推行扼杀革命的政策并把全部政权交给资产阶级临时政府。列宁在《立宪民主党人退出内阁有什么打算?》一文中揭露了他们这一手腕的反革命实质(见本版全集第30卷第381—382页)。七月事变后，支持科尔尼洛夫叛乱，阴谋建立军事独裁。

十月革命胜利后，苏维埃政府于1917年11月28日(12月11日)宣布立宪民主党为"人民公敌的党"。该党随之转入地下，继续进行反革命活动，并参与白卫将军的武装叛乱。国内战争结束后，该党上层分子大多数逃亡国外。1921年5月，该党在巴黎召开代表大会时分裂，作为统一的党不复存在。——1。

4 社会革命党人是俄国最大的小资产阶级政党社会革命党的成员。该党是1901年底—1902年初由南方社会革命党、社会革命党人联合会、老民意党人小组、社会主义土地同盟等民粹派团体联合而成的。成立时的领导人有马·安·纳坦松、叶·康·布列什柯-布列什柯夫斯卡娅、尼·谢·鲁萨诺夫、维·米·切尔诺夫、米·拉·郭茨、格·安·格尔舒尼等，正式机关报是《革命俄国报》(1901—1904年)和《俄国革命通报》杂志(1901—1905年)。社会革命党人的理论观点是民粹主义和修正主义思想的折中混合物。他们否认无产阶级和农民之间的阶级差别，抹杀农民内部的矛盾，否认无产阶级在资产阶级民主革命中的领导作用。在土地问题上，社会革命党人主张消灭土地私有制，按照平均使用原则将土地交村社支配，发展各种合作社。在策略方面，社会革命党人采用了社会民主党人进行群众性鼓动的方法，但主要斗争方法还是搞个人恐怖。为了进行恐怖活动，该党建立了事实上脱离该党中央的秘密战斗组织。

在1905—1907年俄国第一次革命中，社会革命党曾在农村开展焚烧地主庄园、夺取地主财产的所谓"土地恐怖"运动，并同其他政党一起参加武装起义和游击战，但也曾同资产阶级的解放社签订协议。在国家杜马中，该党动摇于社会民主党和立宪民主党之间。该党内部的不统一造成了1906年的分裂，其右翼和极左翼分别组成了人民社会党和最高纲领派社会革命党人联合会。在斯托雷平反动时期，社会革命党经历了思想上、组织上的严重危机。在第一次世界大战期间，社会革命党的大多数领导人采取了社会沙文主义的立场。1917年二月革命后，社会革命党中央实行妥协主义和阶级调和的政策，党的领导人亚·费·克伦斯基、尼·德·阿夫克森齐耶夫、切尔诺夫等参加了资产阶级临时政府。七月事变时期该党公开转向资产阶级方面。社会革命党中央的妥协政策造成党的分裂，左翼于1917年12月组成了一个独立政党——左派社会革命党。十月革命后，社会革命党人（右派和中派）公开进行反苏维埃的活动，在国内战争时期进行反对苏维埃政权的武装斗争，对共产党和苏维埃政权的领导人实行个人恐怖。内战结束后，他们在"没有共产党人参加的苏维埃"的口号下组织了一系列叛乱。1922年，社会革命党彻底瓦解。——1。

5　1917年7月4日（17日），一批从前线撤退回来的士兵在下诺夫哥罗德举行了和平的游行示威，并同军事当局派来弹压的士官生发生了武装冲突。游行示威者得到了两个步兵团的支持。下诺夫哥罗德的政权一度转到革命民主派手中。7月7日（20日），从莫斯科派来的讨伐队镇压了这场革命斗争。——1。

6　唐·吉诃德精神意思是徒怀善良愿望而行为完全脱离实际。唐·吉诃德是西班牙作家米·塞万提斯的同名小说中的主人公。他一心要做一个扶危济困、除暴安良的游侠骑士，但由于把现实中的一切都幻想成骑士小说中的东西，结果干出了许多荒唐可笑的事情。——8。

7　《真理报》（«Правда»）是俄国布尔什维克的合法报纸（日报），1912年4月22日（5月5日）起在彼得堡出版。《真理报》是群众性的工人报纸，依靠工人自愿捐款出版，拥有大批工人通讯员和工人作者（它在两年多时间内就刊载了17 000多篇工人通讯），同时也是布尔什维克党的实际上的机关报。《真理报》编辑部还担负着党的很大一部分组织工作，如约见基层组织的代表，汇集各工厂党的工作的情况，转发党的指示等。

在不同时期参加《真理报》编辑部工作的有斯大林、雅·米·斯维尔德洛夫、尼·尼·巴图林、维·米·莫洛托夫、米·斯·奥里明斯基、康·斯·叶列梅耶夫、米·伊·加里宁、尼·伊·波德沃伊斯基、马·亚·萨韦利耶夫、尼·阿·斯克雷普尼克、马·康·穆拉诺夫等。第四届国家杜马的布尔什维克代表积极参加了《真理报》的工作。列宁在国外领导《真理报》，他筹建编辑部，确定办报方针，组织撰稿力量，并经常给编辑部以工作指示。1912—1914 年，《真理报》刊登了 300 多篇列宁的文章。

《真理报》经常受到沙皇政府的迫害。仅在创办的第一年，编辑们就被起诉过 36 次，共坐牢 48 个月。1912—1914 年出版的总共 645 号报纸中，就有 190 号受到种种阻挠和压制。报纸被查封 8 次，每次都变换名称继续出版。1913 年先后改称《工人真理报》、《北方真理报》、《劳动真理报》、《拥护真理报》；1914 年相继改称《无产阶级真理报》、《真理之路报》、《工人日报》、《劳动的真理报》。1914 年 7 月 8 日（21 日），即在第一次世界大战前夕，沙皇政府下令禁止《真理报》出版。

1917 年二月革命后，《真理报》于 3 月 5 日（18 日）复刊，成为俄国社会民主工党中央委员会和彼得堡委员会的机关报。列宁于 4 月 3 日（16 日）回到俄国，5 日（18 日）就加入了编辑部，直接领导报纸工作。1917 年七月事变中，《真理报》编辑部于 7 月 5 日（18 日）被士官生捣毁。7 月 15 日（28 日），资产阶级临时政府正式下令查封《真理报》。7—10 月，该报不断受到资产阶级临时政府的迫害，先后改称《〈真理报〉小报》、《无产者报》、《工人日报》、《工人之路报》。1917 年 10 月 27 日（11 月 9 日），《真理报》恢复原名，继续作为俄国社会民主工党中央委员会的机关报出版。1918 年 3 月 16 日起，《真理报》改在莫斯科出版。——10。

8 《〈真理报〉小报》（«Листок«Правды»»）是布尔什维克合法日报《真理报》在遭受临时政府迫害时使用过的名称之一，1917 年 7 月 6 日（19 日）出了一号，以代替当天应出的《真理报》。——10。

9 《新时报》（«Новое Время»）是俄国报纸，1868—1917 年在彼得堡出版。

出版人多次更换，政治方向也随之改变。1872—1873年采取进步自由主义的方针。1876—1912年由反动出版家阿·谢·苏沃林掌握，成为俄国最没有原则的报纸。1905年起是黑帮报纸。1917年二月革命后，完全支持资产阶级临时政府的反革命政策，攻击布尔什维克。1917年10月26日（11月8日）被查封。——11。

10 《现代言论报》(«Живое Слово»)是俄国的黑帮报纸（日报），1916年起在彼得格勒出版，А.М.乌曼斯基任编辑。该报最初称为《新小报》，1917年3月8日（21日）起改称《现代言论报》，1917年8月起改名《言论报》，后又改为《新言论报》。该报反对布尔什维克，1917年10月被彼得格勒苏维埃军事革命委员会查封。——11。

11 指孟什维克和社会革命党在二月革命和十月革命之间的三次危机中的表现。

1917年4月18日（5月1日），临时政府外交部长帕·尼·米留可夫照会英、法两国政府，保证临时政府将遵守沙皇政府缔结的一切条约，并把战争进行到最后胜利。这一照会引起了彼得格勒工人和士兵的极大愤慨。他们于4月20—21日（5月3—4日）举行群众性集会和游行示威，抗议临时政府的帝国主义政策。当时，资产阶级临时政府既没有群众支持，也没有足够的军事力量，苏维埃完全能够把政权夺到自己手里而不会受到来自任何方面的抵抗。但是，苏维埃中的妥协派多数却在这种形势下直接同资产阶级串通。孟什维克和社会革命党人把持的彼得格勒苏维埃执行委员会表示，只要临时政府对米留可夫照会作出“解释”，苏维埃就保证给它以支持。4月21日（5月4日）晚，彼得格勒苏维埃执行委员会讨论了临时政府解释照会的公告，宣布“解释令人满意”，“事件已经结束”。随后，孟什维克、社会革命党等妥协主义政党的代表于5月5日（18日）参加了第一届联合临时政府，挽救了摇摇欲坠的资产阶级政府。

1917年6月初，为抗议临时政府拖延战争、准备在前线发动进攻以及粮食匮乏，彼得格勒工人和士兵自发地上街游行。布尔什维克党中央决定在6月10日（23日）举行有组织的和平游行示威。这一决定引起临时政府以及孟什维克和社会革命党的惊慌。为了阻挠这一游行示威，6月9日(22日)晚，由孟什维克和社会革命党领导的全俄工兵代表苏维埃第一次代表大会通过了在三天内禁止举行任何游行示威的决议。孟什维克领袖伊·格·策列铁里公然诬蔑准备在6月10日举行的游行示威是布尔什维克"夺取政权的阴谋"，要求解除工人的武装。

在1917年的七月危机中，孟什维克和社会革命党领导的全俄中央执行委员会宣布7月4日群众游行示威是"布尔什维克的阴谋"，拒绝了群众向它提出的由它夺取全部政权的要求。中央执行委员会还事先知道并同意临时政府派反革命的士官生和哥萨克部队对这次游行示威进行武力镇压。(参看注2)——11。

12 《论立宪幻想》一文最初在《工人和士兵报》发表时，该报编辑部曾对文章作了一些修改，如把"如果不推翻反革命资产阶级(首先是立宪民主党人)的政权"删去，把"无情地镇压反革命资产阶级，首先是立宪民主党人和军队中的高级将领"改为"同反革命资产阶级进行坚决的斗争"，把"阶级斗争、群众斗争以至群众的武装斗争"改为"阶级斗争、群众斗争以至它们的最后形式"(见本卷第21、24页)。1917年，该文以《论当前局势》为题出版单行本时，仍保留了这些改动。《列宁全集》俄文第2—5版都是按列宁手稿刊印的。——17。

13 俄国资产阶级临时政府在1917年3月2日(15日)曾宣布要召开立宪会议，但一直拖延选举的准备工作。在六月危机的影响下，不得不于6月14日(27日)宣布立宪会议选举定于9月17日(30日)举行。8月9日(22日)，临时政府又把立宪会议选举日期推延到11月12日(25日)。

立宪会议是议会式机关。召开立宪会议的要求是十二月党人最早提出的，以后在反对沙皇专制制度的斗争中得到了广泛的传播。俄国社会民主工党1903年纲领也列入了这项要求。

1917年二月革命后，一方面，小资产阶级和资产阶级政党用召开立宪会议的诺言诱使群众放弃革命斗争，断言立宪会议能通过立法方法解决一切经济和政治问题，而另一方面，资产阶级临时政府害怕比社会革命党左的农民将在立宪会议中占多数，又阻挠立宪会议的召开。布尔什维克党在不否定召开立宪会议的主张的同时，号召群众进行革命斗争，指出在资产阶级民主革命向社会主义革命发展的条件下，现实生活和革命本身将把立宪会议推到后台。

十月革命后，布尔什维克党采取让小资产阶级群众通过自身经验来消除资产阶级立宪幻想的方针。1917 年 10 月 27 日(11 月 9 日)，人民委员会认可了上述立宪会议选举日期。选举于 11—12 月举行，在某些边远地区于 1918 年 1 月举行。社会革命党在选举中得到了多数席位。反革命势力提出了“全部政权归立宪会议!”的口号来反对苏维埃政权。虽然如此，布尔什维克党仍决定召开立宪会议。1918 年 1 月 5 日(18 日)，立宪会议在彼得格勒塔夫利达宫开幕。以维·米·切尔诺夫为首的社会革命党中派在会上占优势。立宪会议的反革命多数派拒绝讨论全俄中央执行委员会提出的《被剥削劳动人民权利宣言》，不承认全俄工兵代表苏维埃第二次代表大会通过的苏维埃政权的法令。布尔什维克党团当即退出了会议。随后，左派社会革命党人和一部分穆斯林代表也退出了会议。全俄中央执行委员会于 1918 年 1 月 6 日(19 日)通过法令，解散了立宪会议。——17。

14　第一届国家杜马(维特杜马)是根据沙皇政府大臣会议主席谢·尤·维特制定的条例于 1906 年 4 月 27 日(5 月 10 日)召开的。

在 1905 年十月全俄政治罢工的冲击下，沙皇尼古拉二世被迫发表了 10 月 17 日宣言，宣布召开具有立法职能的国家杜马以代替布里根咨议性杜马，借以把国家引上君主立宪的发展道路。1905 年 12 月 11 日，沙皇政府公布了《关于修改国家杜马选举条例的命令》，这一命令原封不动地保留了为选举布里根杜马而制定的以财产资格和阶级不平等为基础的选举制度，只是在原来的三个选民团——土地占有者(地主)选民团、城市(资产阶级)选民团、农民选民团之外，新增了工人选民团。就分得的复选人数额来说，各选民团的权利不是平等的。地主的 1 票相当于城市资产阶级的 3 票、农民的 15 票、工人的 45 票。工人选民团的复选人只占国家杜马全部复选人的 4%。选举不是普遍的。全体妇女、不满 25 岁的青年、游牧民族、军人、学生、小企业(50 人以下的企业)的工人、短工、小手工业者、没有土地的农民都被剥夺了选举权。选举也不是直接的。一般是二级选举制，而为工人规定了三级选举制，为农民规定了四级选举制。

十二月起义失败后，沙皇政府一再限制曾经宣布过的杜马的权力。1906 年 2 月 20 日的诏书给了国务会议以批准或否决国家杜马所通过的法案的权力。1906 年 4 月 23 日(5 月 6 日)又颁布了经尼古拉二世批准的《国家根本法》，将国家政策的最重要问题置于杜马管辖之外。

第一届国家杜马选举于 1906 年 2—3 月举行。布尔什维克宣布抵制，但是没能达到搞垮这次选举的目的。当杜马终究召集起来时，列宁要求利用杜马来进行革命的宣传鼓动并揭露杜马的本质。

第一届国家杜马的代表共 478 人，其中立宪民主党 179 人，自治派 63 人(包括波兰、乌克兰、爱沙尼亚、拉脱维亚、立陶宛等民族的资产阶级集团的成员)，十月党 16 人，无党派人士 105 人，劳动派 97 人，社会民主党 18 人。主席是立宪民主党人谢·安·穆罗姆采夫。

第一届国家杜马讨论过人身不可侵犯、废除死刑、信仰和集会自由、公民权利平等等问题，但是中心问题是土地问题。在杜马会议上提出的土地纲领主要有两个：一个是立宪民主党人于 5 月 8 日提出的由 42 名代表签署的法案，它力图保持地主土地占有制，只允许通过“按公平价格”赎买的办法来强制地主转让主要用农民的耕畜和农具耕种的或已出租的土地；另一个是劳动派于 5 月 23 日提出的“104 人法案”，它要求建立全民土地资产，把超过劳动土地份额的地主土地及其他私有土地收归国有，按劳动份额平均使用土地。

第一届国家杜马尽管很软弱，它的决议尽管很不彻底，但仍不符合政府的愿望。1906 年 7 月 9 日(22 日)，沙皇政府解散了第一届国家杜马。——18。

15　指全俄农民第一次代表大会。

全俄农民第一次代表大会于 1917 年 5 月 4—28 日(5 月 17 日—6 月 10 日)在彼得格勒举行。出席代表大会的有由各省农民代表大会和军队农民组织选出的代表 1 115 名，其中社会革命党人 537 名，社会民主党人 103 名(大部分是孟什维克，布尔什维克党团只有 9 人)，人民社会党人4名，劳动派分子6名，无党派人士136名（其中由米·瓦·伏龙芝组织的“14名无党派人士集团”完全支持布尔什维克），党派背景不详的329名。列入大会议程的有联合临时政府问题、粮食问题、战争与和平问题、土地问题等。

在大会的主要问题——土地问题上，布尔什维克和社会革命党人展开了特别尖锐的斗争。列宁十分重视农民代表大会，直接领导了布尔什维克党团的工作。他以布尔什维克党团的名义向大会提出的决议草案和他发表的讲话产生了巨大影响。社会革命党人为了避免他们自己的关于土地问题的决议案遭到否决，不得不在他们已经准备好的决议草案中写上“一切土地应当毫无例外地交土地委员会管理”（第2条）。在他们的操纵下大会表示支持资产阶级临时政府的政策，赞成社会党人参加联合政府，主张把战争继续进行“到最后胜利”和在前线发动进攻，同意社会革命党人关于把土地问题拖延到召开立宪会议时再解决的主张。大会选出了由社会革命党人把持的农民代表苏维埃执行委员会。——19。

16 《言语报》（«Речь»）是俄国立宪民主党的中央机关报（日报），1906年2月23日（3月8日）起在彼得堡出版，实际编辑是帕·尼·米留可夫和约·弗·盖森。积极参加该报工作的有马·莫·维纳维尔、帕·德·多尔戈鲁科夫、彼·伯·司徒卢威等。1917年二月革命后，该报积极支持资产阶级临时政府的对内对外政策，反对布尔什维克。1917年10月26日（11月8日）被查封。后曾改用《我们的言语报》、《自由言语报》、《时代报》、《新言语报》和《我们时代报》等名称继续出版，1918年8月最终被查封。——20。

17 《人民意志报》（«Воля Народа»）是俄国社会革命党右翼的机关报（日报），1917年4月29日起在彼得格勒出版。参加编辑工作的有皮·亚·索罗金、叶·康·布列什柯-布列什柯夫斯卡娅等。1917年11月被查封后，曾以《意志报》、《自由的意志报》、《人民的意志报》、《国家意志报》、《独立意志报》等名称出版。1918年2月最终被查封。——20。

18 《俄罗斯意志报》（«Русская Воля»）是俄国资产阶级报纸（日报），由沙皇政府内务大臣亚·德·普罗托波波夫创办，1916年12月起在彼得格勒出版。该报靠大银行出钱维持。1917年二月革命后，该报诽谤布尔什维克。1917年10月25日被查封。——20。

19 指法兰克福议会。

法兰克福议会是德国1848年三月革命以后召开的全德国民议会，1848年5月18日在美因河畔法兰克福正式开幕。法兰克福议会的选举由各邦自行办理，代表中资产阶级自由派占多数。由于自由派的怯懦和动摇以及小资产阶级左派的不坚定和不彻底，法兰克福议会害怕接管国家的最高权力，没有成为真正统一德国的机构，最后变成了一个没有实际权力，只能导致群众离开革命斗争的纯粹的争论俱乐部。直至1849年3月27日，议会才通过了帝国宪法，而这时反动势力已在奥地利和普鲁士得胜。法兰克福议会制定的宪法尽管很保守，但毕竟主张德国统一，有些自由主义气味，因此普鲁士、奥地利、巴伐利亚等邦纷纷宣布予以拒绝，并从议会召回自己的代表。留在议会里的小资产阶级左派不敢领导已经兴起的人民群众保卫宪法的斗争，于1849年5月30日把法兰克福议会迁至持中立立场的符腾堡的斯图加特。6月18日，法兰克福议会被符腾堡军队解散。——21。

20 《工人报》(«Рабочая Газета»)是俄国孟什维克报纸(日报)，1917年3月7日(20日)—11月30日(12月13日)在彼得格勒出版，8月30日(9月12日)起是孟什维克中央机关报。参加报纸工作的有帕·波·阿克雪里罗得、波·奥·波格丹诺夫、库·安·格沃兹杰夫、费·伊·唐恩、尔·马尔托夫、亚·尼·波特列索夫、伊·格·策列铁里、尼·谢·齐赫泽、涅·切列万宁等。该报采取护国主义立场，支持资产阶级临时政府，反对布尔什维克党，对十月革命和苏维埃政权抱敌对态度。——21。

21 国民公会是法兰西第一共和国的最高立法机关和执行机关，存在于1792年9月21日—1795年10月26日。国民公会的代表由年满21岁的全体男性公民普遍选举产生。在雅各宾派执政时期(1793年6月2日—1794年7月27日)，国民公会是雅各宾专政的最高机关。这一专政完成了革命的最重要的任务，如组织全国力量战胜反革命，清除农村中的封建关系，通过1793年民主宪法等。——21。

22 彼拉多是罗马帝国驻犹太行省的总督。据《新约全书·路加福音》说，犹太教的当权者判处耶稣死刑后，彼拉多明知耶稣无罪，但迫于犹太教派的压力，只好予以批准。但在批准时，他按古代犹太习俗，在众人面前洗手，表示这一罪行与己无关。——28。

23 《人民事业报》(«Дело Народа»)是俄国社会革命党的报纸(日报)，1917年3月15日(28日)起在彼得格勒出版，1917年6月起成为该党中央机关报。先后担任编辑的有B.B.苏霍姆林、维·米·切尔诺夫、弗·米·晋季诺夫等，撰稿人有尼·德·阿夫克森齐耶夫、阿·拉·郭茨、亚·费·克伦斯基等。该报反对布尔什维克党，号召工农群众同资本家和地主妥协、继续帝国主义战争、支持资产阶级临时政府。该报对十月革命持敌对态度，鼓动用武力反抗革命力量。1918年1月14日(27日)被苏维埃政府查封。以后曾用其他名称及原名(1918年3—6月)出版。1918年10月在捷克斯洛伐克军和白卫社会革命党叛乱分子占领的萨马拉出了4号。1919年3月20—30日在莫斯科出了10号后被查封。——29。

24 在精选团里发生的事，是指布尔什维克在一个精选团发表演说反对在当时发起行动。

精选团是由特别挑选的士兵组成的团队，属于俄国军队的一个兵种。精选部队渊源于掷弹兵，因此其帽徽、纽扣和皮带扣都饰有一枚冒烟的手榴弹。——29。

25 到卡诺萨去意为屈辱求降。卡诺萨是意大利北部的一个古城堡。传说神圣罗马帝国皇帝亨利四世在和教皇格列高利七世争夺授职权的斗争中被开除教籍、废黜帝位以后，曾于1077年1月身着罪衣，冒着严寒，立于这个城堡门口三昼夜，向格列高利七世祈求赦免。——31。

26 这里说的是俄国资产阶级临时政府为动员反革命力量粉碎革命而筹备

召开的国务会议。召开这一会议的主张得到了社会革命党和孟什维克的完全支持。由于对彼得格勒的革命工人有所畏惧,资产阶级决定在莫斯科开这个会。

莫斯科国务会议于1917年8月12—15日(25—28日)在莫斯科大剧院举行。参加会议的有2 500人左右,其中有历届国家杜马代表、农民代表苏维埃和工兵代表苏维埃的代表、市杜马代表、陆海军代表、合作社代表、工商界和银行界代表、工会代表以及地方自治机关、知识分子、民族组织和宗教界等方面的代表。苏维埃代表团是由孟什维克和社会革命党人组成的,布尔什维克完全被排除在外。国务会议的主席是亚·费·克伦斯基,他在开幕词中声称政府的主要任务是继续进行战争,在军队中和国内建立秩序,组织强有力的政权。拉·格·科尔尼洛夫将军、阿·马·卡列金将军、帕·尼·米留可夫、瓦·维·舒利金等在发言中要求取缔各级苏维埃,取消军队中的社会团体,把战争进行到胜利结束等,实际上提出了一个镇压革命的纲领。孟什维克和社会革命党人的首领在发言中为临时政府的政策辩护,并谴责群众的革命行动。

布尔什维克党中央委员会在8月6日(19日)通过决议,要求党的组织揭露这一会议的反人民性质,号召工人、士兵和农民进行群众性的抗议。国务会议开幕那天,莫斯科及其郊区的工人举行了为期一天的总罢工,参加罢工的有40多万人。基辅、哈尔科夫、叶卡捷琳堡、弗拉基米尔、萨拉托夫、下诺夫哥罗德等城市也都举行了罢工和抗议集会。

召开莫斯科国务会议是俄国反革命力量准备实行反革命专政的一个重要步骤。会议以后,反革命势力就着手实施自己的计划了。——31。

27 这篇文章在1917年7月26日和27日《工人和士兵报》第3号和第4号上发表时用的标题是:《尼·列宁的答复》。——33。

28 1917年6月29日—7月4日(7月12—17日),列宁因极度疲劳曾在彼得格勒附近内沃拉村弗·德·邦契-布鲁耶维奇的别墅里稍事休息。——33。

29 指俄国社会民主工党(布)中央委员会、彼得堡委员会、俄国社会民主工党区联委员会、俄国社会民主工党(布)中央委员会军事组织和工兵代表苏维埃工人部委员会呼吁彼得格勒工人、士兵举行和平的有组织的游行示威的号召书。号召书写于7月3日(16日)深夜,印成传单后于7月4日(17日)在彼得格勒工人区散发。七月游行示威后的次日,即7月5日(18日),《人民事业报》以《文件》为题刊登了传单全文。——34。

30 德雷福斯案件指1894年法国总参谋部尉级军官犹太人阿·德雷福斯被法国军界反动集团诬控为德国间谍而被军事法庭判处终身服苦役一案。法国反动集团利用这一案件煽动反犹太主义和沙文主义,攻击共和制和民主自由。在事实证明德雷福斯无罪后,当局仍坚决拒绝重审,引起广大群众强烈不满。法国社会党人和资产阶级民主派进步人士(包括埃·左拉、让·饶勒斯、阿·法朗士等)发动了声势浩大的运动,要求重审这一案件。在社会舆论压力下,1899年瓦尔德克-卢梭政府撤销了德雷福斯案件,由共和国总统赦免了德雷福斯。但直到1906年7月,德雷福斯才被上诉法庭确认无罪,恢复了军职。

贝利斯案件是沙皇政府和黑帮分子迫害俄国一个砖厂的营业员犹太人门·捷·贝利斯的冤案。贝利斯被控出于宗教仪式的目的杀害了信基督教的俄国男孩A.尤辛斯基,而真正的杀人犯却在司法大臣伊·格·舍格洛维托夫的庇护下逍遥法外。贝利斯案件的侦查工作从1911年持续到1913年。黑帮分子企图利用贝利斯案件进攻民主力量,并策动政变。俄国先进的知识分子以及一些外国社会活动家则仗义执言,为贝利斯辩护。1913年9—10月在基辅对贝利斯案件进行审判。俄国许多城市举行了抗议罢工。布尔什维克还作好准备,一旦贝利斯被判刑,就在彼得堡举行总罢工。贝利斯终于被宣告无罪。——34。

31 指俄国社会民主工党(布)中央委员会、彼得堡委员会、俄国社会民主工党区联委员会、俄国社会民主工党(布)中央委员会军事组织和工兵代表苏维埃工人部委员会关于停止游行示威的号召书。号召书刊登于1917年7月5日(18日)《真理报》第99号。由于7月5日(18日)凌晨《真理报》编辑部和印刷厂被士官生捣毁,这一号报纸只发行了几百份。——35。

32 《无产阶级事业报》(«Пролетарское Дело»)是俄国喀琅施塔得工兵代表苏维埃布尔什维克党团的机关报,1917年7月14日—10月27日(7月27日—11月9日)出版。它的前身是七月事变时被临时政府查封的《真理呼声报》。——35。

33 《交易所小报》(«Биржевка»)即《交易所新闻》(«Биржевые Ведомости»),是俄国资产阶级温和自由派报纸,1880年在彼得堡创刊。起初每周出两次,后来出四次,从1885年起改为日报,1902年11月起每天出两次。这个报纸的特点是看风使舵,趋炎附势,没有原则。1905年该报成为立宪民主党人的报纸,曾改用《自由人民报》和《人民自由报》的名称。从1906年起,它表面上是无党派的报纸,实际上继续代表资产阶级利益。1917年二月革命后,攻击布尔什维克党和列宁。1917年10月底因进行反苏维埃宣传被查封。——38。

34 统一派是俄国极右的孟什维克护国派分子和一些前取消派分子联合组成的集团,因出版《统一报》而得名。1914年出现,1917年3月正式形成。除彼得格勒外,莫斯科、巴库等地也有它的组织。格·瓦·普列汉诺夫以及前取消派分子安·法·布里扬诺夫和尼·伊·约尔丹斯基在统一派中起领导作用。统一派否认社会主义在俄国有胜利的可能,无条件地支持资产阶级临时政府,主张把帝国主义战争继续进行"到最后胜利",并与资产阶级和黑帮报刊一起攻击布尔什维克。在彼得格勒区杜马选举中统一派独自提出候选人名单,有时则与孟什维克和社会革命党等结成联盟。该派参加一切护国主义的示威游行,欢迎六月前线进攻。七月事变后,它鼓吹建立"坚强的政权",即军事独裁。统一派对十月革命和苏维埃政权持敌对态度,1918年夏在组织上瓦解。——42。

35 《钟声》杂志(«Die Glocke»)是德国社会民主党党员、社会沙文主义者亚·李·帕尔乌斯办的刊物(双周刊),1915—1925年先后在慕尼黑和柏林出版。——42。

36 《社会民主党人报》(«Социал-Демократ»)是俄国社会民主工党秘密发行的中央机关报。1908年2月在俄国创刊,第2—32号(1909年2月—1913年12月)在巴黎出版,第33—58号(1914年11月—1917年1月)在日内瓦出版,总共出了58号,其中5号有附刊。根据俄国社会民主工党第五次代表大会选出的中央委员会的决定,该报编辑部由布尔什维克、孟什维克和波兰社会民主党人的代表组成。实际上该报的领导者是列宁。1911年6月孟什维克尔·马尔托夫和费·伊·唐恩退出编辑部,同年12月起《社会民主党人报》由列宁主编。该报先后刊登过列宁的80多篇文章和短评。在斯托雷平反动时期和新的革命高涨年代,该报同取消派、召回派和托洛茨基分子进行斗争,宣传布尔什维克的路线,加强了党的统一和党与群众的联系。第一次世界大战期间,该报同国际机会主义、民族主义和沙文主义进行斗争,反对帝国主义战争,团结各国坚持国际主义立场的社会民主党人,宣传布尔什维克在战争、和平和革命等问题上提出的口号,联合并加强了党的力量。该报在俄国国内和国外传播很广,影响很大。列宁在《〈反潮流〉文集序言》中写道,“任何一个觉悟的工人,如果想**了解**国际社会主义革命思想的发展及其在1917年10月25日的第一次胜利”,《社会民主党人报》上的文章“是不可不看的”(见本版全集第34卷第116页)。——42。

37 乌克兰解放协会是乌克兰资产阶级民族主义组织,于1914年第一次世界大战初期建立,领导人为德·顿佐夫、А.Ф.斯科罗皮西-约尔图霍夫斯基和马·伊·美列涅夫斯基。该协会指望沙皇俄国在战争中被摧毁,力图使乌克兰从俄国分离出去,建立一个受德国保护的资产阶级和地主的乌克兰君主国。——42。

38 切尔诺夫“案件”指资产阶级报刊指控俄国社会革命党领袖、临时政府部长维·米·切尔诺夫于战争初期在国外写过失败主义文章和参加过由德国出钱办刊物一事。由于这一指控,切尔诺夫于7月20日(8月2日)退出了临时政府,并宣称只有在彻底恢复名誉之后他才会重返政府。工兵代表苏维埃中央执行委员会和全俄农民代表苏维埃执行委员会赞同切尔诺夫的这一行动。社会革命党中央委员会要求临时政府在三天内查清切尔诺夫案件。7 月 24 日(8 月 6 日),临时政府司法部长宣布,对切尔诺夫的指控完全没有根据。于是,切尔诺夫又参加了亚·费·克伦斯基新组成的政府,仍任农业部长。——44。

39 指俄国第二届联合临时政府。

俄国第二届联合临时政府是在三个立宪民主党人部长和临时政府总理格·叶·李沃夫相继辞职以后,于 1917 年 7 月 24 日(8 月 6 日)组成的。在此以前,亚·费·克伦斯基已被任命为总理兼陆海军部长,社会革命党和孟什维克把持的苏维埃中央执行委员会宣布克伦斯基政府是“拯救革命的政府”,承认它有无限权力。

第二届联合临时政府实际上由立宪民主党人掌握,其成员是:总理兼陆海军部长克伦斯基(社会革命党人)、副总理兼财政部长尼·维·涅克拉索夫(激进民主党人,原属立宪民主党)、内务部长尼·德·阿夫克森齐耶夫(社会革命党人)、外交部长米·伊·捷列先科(无党派人士)、司法部长亚·谢·扎鲁德内(人民社会党人)、教育部长谢·费·奥登堡(立宪民主党人)、工商业部长谢·尼·普罗柯波维奇(“无派别社会民主党人”)、农业部长维·米·切尔诺夫(社会革命党人)、邮电部长 A.M.尼基京(孟什维克)、劳动部长马·伊·斯柯别列夫(孟什维克)、粮食部长阿·瓦·彼舍霍诺夫(人民社会党人)、国家救济部长伊·尼·叶弗列莫夫(激进民主党人)、交通部长 П.П.尤列涅夫(立宪民主党人)、正教院总监安·弗·卡尔塔舍夫(立宪民主党人)、国家监察长费·费·科科什金(立宪民主党人)。

7 月 25 日(8 月 7 日),工兵代表苏维埃中央执行委员会和农民代表苏维埃执行委员会联席会议通过决议,要求给予新成立的联合政府以最积极的支持。——45。

40 指资产阶级临时政府在七月事变后于 1917 年 7 月 8 日(21 日)发表的宣言。为了安抚群众,临时政府在宣言里提出了一系列诺言,包括在 9 月 17 日(30 日)如期进行立宪会议选举,尽快在普遍、直接、平等、无记名选举的基础上实行城市和地方自治，取消等级制度，采取必要措施制止经济破坏，制定关于八小时工作制、劳动保护和社会保险的法律以及草拟供立宪会议审议的土地改革法案。这些诺言一项也没有兑现。——45。

41 《彼得格勒工兵代表苏维埃消息报》(«Известия Петроградского Совета Рабочих и Солдатских Депутатов»)于1917年2月28日(3月13日)在彼得格勒创刊，最初称《彼得格勒工人代表苏维埃消息报》，从3月2日(15日)第3号起成为彼得格勒工兵代表苏维埃的机关报。编辑部成员起初有：波·瓦·阿维洛夫、弗·亚·巴扎罗夫、弗·德·邦契-布鲁耶维奇、约·彼·戈尔登贝格和格·弗·策彼罗维奇。由于编辑部内部意见分歧，阿维洛夫、邦契-布鲁耶维奇和策彼罗维奇于4月12日(25日)退出了编辑部，孟什维克和社会革命党人费·伊·唐恩、弗·萨·沃伊京斯基、A.A.郭茨、伊·瓦·切尔内绍夫随后进入编辑部。在全俄苏维埃第一次代表大会成立了工兵代表苏维埃中央执行委员会以后，该报成为中央执行委员会的机关报，从1917年8月1日(14日)第132号起，用《中央执行委员会和彼得格勒工兵代表苏维埃消息报》的名称出版。决定该报政治方向的是当时在执行委员会中占多数的社会革命党—孟什维克联盟的代表人物。

十月革命后，该报由布尔什维克领导。在全俄苏维埃第二次代表大会以后，即从1917年10月27日(11月9日)起，该报更换了编辑部成员，成为苏维埃政权的正式机关报。1918年3月该报迁至莫斯科出版。从1923年7月14日起，成为苏联中央执行委员会和全俄中央执行委员会的机关报。从1938年1月26日起，改称《苏联劳动人民代表苏维埃消息报》。——47。

42 俄国临时政府于1917年7月12日(25日)在前线恢复死刑。按照沙皇时代战地法庭的样式，军队在师一级建立了“军事革命法庭”，其判决在公布以后立即生效，并必须立即执行。——51。

43 指1917年3月2日(15日)成立的俄国资产阶级临时政府。这个政府是国家杜马临时委员会同把持彼得格勒工兵代表苏维埃执行委员会的社会革命党和孟什维克领导人协议成立的，起初称“第一届社会内阁”，3月10日(23日)定名为临时政府。这个政府的组成是：总理兼内务部长格·叶·李沃夫公爵(立宪民主党人)、外交部长帕·尼·米留可夫(立宪民主党人)、陆海军部长亚·伊·古契柯夫(十月党人)、交通部长尼·维·涅克拉索夫(立宪民主党人)、工商业部长亚·伊·柯诺瓦洛夫(进步党人)、财政部长米·伊·捷列先科(无党派人士)、教育部长亚·阿·曼努伊洛夫(立宪民主党人)、农业部长安·伊·盛加略夫(立宪民主党人)、司法部长亚·费·克伦斯基(劳动派)、正教院总监B.H.李沃夫、国家监察长И.B.戈德涅夫(十月党人)。——53。

44 劳动派分子是俄国国家杜马中的农民代表和民粹派知识分子代表组成的小资产阶级民主派集团劳动派(劳动团)的成员。劳动派于1906年4月成立，领导人是阿·费·阿拉季因、斯·瓦·阿尼金等。劳动派要求废除一切等级限制和民族限制，实行自治机关的民主化，用普选制选举国家杜马。劳动派的土地纲领要求建立由官地、皇族土地、皇室土地、寺院土地以及超过劳动土地份额的私有土地组成的全民地产，由农民普选产生的地方土地委员会负责进行土地改革，这反映了全体农民的土地要求，同时它又容许赎买土地，则是符合富裕农民阶层利益的。在国家杜马中，劳动派动摇于立宪民主党和布尔什维克之间。布尔什维克党支持劳动派的符合农民利益的社会经济要求，同时批评它在政治上的不坚定，可是劳动派始终没有成为彻底革命的农民组织。六三政变后，劳动派在地方上停止了活动。第一次世界大战期间，劳动派多数采取沙文主义立场。二月革命后，劳动派积极支持资产阶级临时政府，1917年6月与人民社会党合并为劳动人民社会党。十月革命后，劳动派站在资产阶级反革命势力方面。——56。

45 联络委员会是1917年3月8日(21日)由孟什维克和社会革命党人把持的彼得格勒工兵代表苏维埃执行委员会建立的，成员有马·伊·斯柯别列夫、尤·米·斯切克洛夫、尼·苏汉诺夫、B.H.菲力波夫斯基和尼·谢·齐赫泽，后又增加维·米·切尔诺夫和伊·格·策列铁里。联络委员会名义上是要“影响”和“监督”临时政府的活动，但实际上它的作用却是帮助临时政府利用苏维埃的威信来掩饰其反革命政策，并制止群众进行争取政权转归苏维埃的革命斗争。1917 年 4 月中，联络委员会被取消，其职能由执行委员会常务委员会执行。——56。

46 指俄国作家伊·安·克雷洛夫的寓言《乌鸦和狐狸》。狐狸看到乌鸦噙着一块乳酪停在树上，就用各种赞美的词句诱骗它唱歌。乌鸦被恭维得忘乎所以，不禁张嘴大叫。乳酪立时从乌鸦嘴里掉了下来，被狐狸叼走。——57。

47 埃尔泽鲁姆即埃尔祖鲁姆，是土耳其东部山区的最大城市，第一次世界大战期间曾被俄国军队占领。

特拉布宗是土耳其东北部的一个城市，黑海东岸的一个港口。——61。

48 科尔尼洛夫叛乱是发生在 1917 年 8 月的一次俄国资产阶级和地主的反革命叛乱。叛乱的头子是俄军最高总司令、沙俄将军拉·格·科尔尼洛夫。叛乱的目的是要消灭革命力量，解散苏维埃，在国内建立反动的军事独裁，为恢复君主制作准备。立宪民主党在这一反革命阴谋中起了主要作用。临时政府首脑亚·费·克伦斯基是叛乱的同谋者，但是在叛乱发动后，他既害怕科尔尼洛夫在镇压布尔什维克党的同时也镇压小资产阶级政党，又担心人民群众在扫除科尔尼洛夫的同时也把他扫除掉，因此就同科尔尼洛夫断绝了关系，宣布其为反对临时政府的叛乱分子。

叛乱于 8 月 25 日(9 月 7 日)开始。科尔尼洛夫调动第 3 骑兵军扑向彼得格勒，彼得格勒市内的反革命组织也准备起事。布尔什维克党是反对科尔尼洛夫叛乱的斗争的领导者和组织者。按照列宁的要求，布尔什维克党在反对科尔尼洛夫的同时，并不停止对临时政府及其社会革命党、孟什维克仆从的揭露。彼得格勒工人、革命士兵和水兵响应布尔什维克党中央的号召，奋起同叛乱分子斗争，三天内有 15 000 名工人参加赤卫队。叛军推进处处受阻，内部开始瓦解。8 月 31 日(9 月 13 日)，叛乱正式宣告平息。在群众压力下，临时政府被迫下令逮捕科尔尼洛夫及其同伙，交付法庭审判。——64。

49 1917年4月下半月，同德国社会沙文主义者有联系的丹麦社会民主党人弗·伯格比尔来到彼得格勒，以丹麦、挪威、瑞典三国工人党联合委员会的名义，建议俄国各社会党参加定于1917年5月在斯德哥尔摩召开的有关签订和约问题的各交战国和中立国国际社会党代表会议。4月23日（5月6日），伯格比尔在彼得格勒苏维埃执行委员会会议上作报告，公然声称德国政府"会同意"德国社会民主党在社会党代表会议上将要提出的媾和条件。4月25日（5月8日），执行委员会听取各党派有关这一问题的声明。布尔什维克宣读了四月代表会议在当天通过的《关于伯格比尔的建议的决议》（参看《苏联共产党代表大会、代表会议和中央全会决议汇编》1964年人民出版社版第1分册第442—444页），表示坚决反对参加这一会议。波兰和拉脱维亚的社会民主党的代表赞同布尔什维克的意见。劳动派、崩得分子和孟什维克赞成参加会议。执行委员会最后通过了孟什维克提出的决议，根据这个决议，彼得格勒苏维埃执行委员会将承担召集代表会议的发起工作并将为此成立一个专门委员会。苏维埃全会批准了这一决议。

8月6日（19日），在中央执行委员会会议讨论关于筹备召开斯德哥尔摩代表会议的问题时，列·波·加米涅夫发言认为必须参加这个会议，并说应重新审查布尔什维克关于这个问题的决定。加米涅夫发言后，布尔什维克代表彼·伊·斯塔罗斯京当即指出加米涅夫发言只代表他个人，布尔什维克党团对这个会议的态度没有改变。8月16日（29日），布尔什维克党中央委员会讨论了斯德哥尔摩代表会议问题，重申了不参加这次代表会议的决定。斯德哥尔摩代表会议后来没有开成。

列宁对加米涅夫这次发言的批评，除这篇文章外，还见他在1917年8月17—30日（8月30日—9月12日）给中央委员会国外局的信（本版全集第47卷第462号文献）。——66。

50 《新生活报》（«Новая Жизнь»）是由一批孟什维克国际主义者和聚集在《年鉴》杂志周围的作家创办的俄国报纸（日报），1917年4月18日（5月1日）起在彼得格勒出版，1918年6月1日起增出莫斯科版。出版人是阿·谢列布罗夫（阿·尼·吉洪诺夫），编辑部成员有马·高尔基、谢列布罗夫、瓦·阿·杰斯尼茨基、尼·苏汉诺夫，撰稿人有弗·亚·巴扎罗夫、波·瓦·阿维洛夫、亚·亚·波格丹诺夫等。在1917年9月2—8日(15—21日)被克伦斯基政府查封期间，曾用《自由生活报》的名称出版。十月革命以前，该报的政治立场是动摇的，时而反对临时政府，时而反对布尔什维克。该报对十月革命和建立苏维埃政权抱敌对态度。1918年7月被查封。——69。

51 指俄国社会民主工党(布)第六次代表大会通过的关于党的统一的决议(参看《苏联共产党代表大会、代表会议和中央全会决议汇编》1964年人民出版社版第1分册第499—500页)。

俄国社会民主工党(布)第六次代表大会于1917年7月26日—8月3日(8月8—16日)在彼得格勒举行。出席大会的有157名有表决权的代表和110名有发言权的代表，共代表17万多名党员。大会在半公开状态下开幕，报刊上报道了大会的召开，但会议地点未宣布。7月29日(8月11日)起大会秘密进行。列宁当选为大会名誉主席。他当时匿居在拉兹利夫，通过中央委员会特地派出的人员和彼得格勒保持着联系，从而领导了大会工作，参与了重大决议案的起草。大会的主要议程有:组织局的报告;中央委员会的报告;各地的工作报告;当前形势(战争和国际形势，政治形势和经济状况);修改党纲;组织问题;立宪会议选举;党的统一;工会运动等。斯大林受党中央的委托，向代表大会作了中央委员会政治报告和关于政治形势的报告。雅·米·斯维尔德洛夫作了中央委员会组织工作报告。

大会认为，七月事变后，革命的和平发展已告结束，政权实际上已转入反革命资产阶级之手。大会遵照列宁指示暂时撤回了“全部政权归苏维埃!”的口号，提出了彻底推翻反革命资产阶级专政，由无产阶级同贫苦农民结成联盟通过武装起义夺取政权的口号。大会决议特别强调无产阶级和贫苦农民联盟是社会主义革命胜利的最重要条件这一列宁主义原理。大会讨论并批准了布尔什维克的经济纲领，其要点是:没收地主土地并将全部土地收归国有，把银行收归国有并加以集中，把大工业收归国有，对生产和分配实行工人监督，正确组织城乡交换。大会的材料说明，布尔什维克党在组织上有很大发展，从四月代表会议以来党员已从8万增至24万，党组织已由78个增至162个。大会通过了新的党章，规定一切组织应按民主集中制原则建立。格·康·奥尔忠尼启则就列宁是否出庭受审的问题作了报告。大会经过集体讨论，一致通过决议：反对列宁出庭受审，强烈抗议资产阶级和警察对无产阶级革命领袖的迫害，并向列宁致函慰问。

代表大会选出了由21名委员和10名候补委员组成的新的中央委员会。——71。

52 《无产者报》(«Пролетарий»)是俄国布尔什维克党的中央机关报(日报)，1917年8月13—24日(8月26日—9月6日)在彼得格勒出版，以代替被临时政府查封的《真理报》。该报共出了10号。——71。

53 1917年8月21日(9月3日)，德军突破俄军防线后攻占了里加。列宁的这封信附在《关于里加沦陷的传单》后面，根据内容判断，是写给俄国社会民主工党(布)中央委员会的。《关于里加沦陷的传单》没有发表过，其作者可能也是列宁。——82。

54 引自尼·阿·涅克拉索夫的诗《温良的诗人是幸福的》(见《涅克拉索夫作品集》1950年俄文版第18页)。——86。

55 《日报》(«День»)是俄国自由派资产阶级的报纸(日报)，1912年在彼得堡创刊。孟什维克取消派参加了该报的工作。该报站在自由派和孟什维克的立场上批评沙皇制度和资产阶级地主政党。第一次世界大战期间持护国主义立场。从1917年5月30日起，成为孟什维克的机关报，支持资产阶级临时政府，反对布尔什维克。1917年10月26日(11月8日)被查封。——88。

56 七月事变后，俄国临时政府在前线恢复了死刑。1917年8月18日(31日)，彼得格勒工兵代表苏维埃全体会议讨论这个问题时，孟什维克领袖伊·格·策列铁里坚决反对在前线废除死刑的决议案。会议以多数票通过了抗议实行死刑的决议。——90。

57 葡萄是酸的！一语出自俄国作家伊·安·克雷洛夫的寓言《狐狸和葡

萄》。狐狸想吃葡萄够不着,就宽慰自己说:“这葡萄看上去挺好,其实都没熟,全是酸的!”——91。

58 巴塞尔宣言即1912年11月24—25日在巴塞尔举行的国际社会党非常代表大会一致通过的《国际局势和社会民主党反对战争危险的统一行动》决议,德文本称《国际关于目前形势的宣言》。宣言谴责了各国资产阶级政府的备战活动,揭露了即将到来的战争的帝国主义性质,号召各国人民起来反对帝国主义战争。宣言斥责了帝国主义的扩张政策,号召社会党人为反对一切压迫小民族的行为和沙文主义的表现而斗争。宣言写进了1907年斯图加特代表大会决议中列宁提出的基本论点:帝国主义战争一旦爆发,社会党人就应该利用战争所造成的经济危机和政治危机,来加速资本主义的崩溃,进行社会主义革命。——96。

59 德国独立社会民主党是中派政党,1917年4月在哥达成立。代表人物是卡·考茨基、胡·哈阿兹、鲁·希法亭、格·累德堡等。基本核心是中派组织“工作小组”。该党以中派言词作掩护,宣传同公开的社会沙文主义者“团结”,放弃阶级斗争。1917年4月—1918年底,斯巴达克派曾参加该党,但保持组织上和政治上的独立,继续进行秘密工作,并帮助工人党员摆脱中派领袖的影响。1920年10月,德国独立社会民主党在该党哈雷代表大会上发生了分裂,很大一部分党员于1920年12月同德国共产党合并。右派分子单独成立了一个党,仍称德国独立社会民主党,存在到1922年。——96。

60 《全俄农民代表苏维埃消息报》(«Известия Всероссийского Совета Крестьянских Депутатов»)是全俄农民代表苏维埃的正式机关报(日报),1917年5月9日(22日)—1918年1月在彼得格勒出版,编辑为瑙·雅·贝霍夫斯基。该报代表社会革命党右翼的观点,敌视十月革命,被苏维埃政权查封。——104。

61 司徒卢威主义即合法马克思主义,是19世纪90年代出现在俄国自由派知识分子中的一种思想政治流派,主要代表人物是彼·伯·司徒卢威。司徒卢威主义利用马克思经济学说中能为资产阶级所接受的个别论点为俄国资本主义的发展作论证。在批判小生产的维护者民粹派的同时，司徒卢威赞美资本主义，号召人们“承认自己的不文明并向资本主义学习”，而抹杀资本主义的阶级矛盾。司徒卢威主义者起初是社会民主党的暂时同路人，后来彻底转向资产阶级自由主义。到1900年《火星报》出版时，司徒卢威主义作为思想流派已不再存在。——107。

62 人民社会党人是1906年从俄国社会革命党右翼分裂出来的小资产阶级政党人民社会党的成员。人民社会党的领导人有尼·费·安年斯基、韦·亚·米雅柯金、阿·瓦·彼舍霍诺夫、弗·格·博哥拉兹、谢·雅·叶尔帕季耶夫斯基、瓦·伊·谢美夫斯基等。人民社会党提出“全部国家政权应归人民”，即归从无产者到资产阶级知识分子的全体劳动者，主张对地主土地进行赎买和实行土地国有化，但不触动份地和经营“劳动经济”的私有土地。在俄国1905—1907年革命趋于低潮时，该党赞同立宪民主党的路线，六三政变后，因没有群众基础，实际上处于瓦解状态。第一次世界大战期间，持社会沙文主义立场。二月革命后，该党开始恢复组织。1917年6月，同劳动派合并为劳动人民社会党。这个党代表富农利益，积极支持资产阶级临时政府，十月革命后参加反革命阴谋活动和武装叛乱，1918年后不复存在。——113。

63 指1906年4月10—25日（4月23日—5月8日）在斯德哥尔摩召开的俄国社会民主工党第四次（统一）代表大会。关于这次代表大会，参看列宁的《关于俄国社会民主工党统一代表大会的报告（给彼得堡工人的信）》（本版全集第13卷）。——114。

64 《工人日报》（«Рабочий»）是俄国布尔什维克党的中央机关报，1917年8月25日—9月2日（9月7—15日）在彼得格勒出版，以代替被临时政府查封的《真理报》。该报共出了12号（包括号外）。——117。

65 指刊登在1917年8月26日（9月8日）《工人日报》第2号上的弗·沃洛达尔斯基的信《致全体同志》。这封信指出，《新生活报》等报纸报道他在8月24日（9月6日）工兵代表苏维埃中央执行委员会和农民代表苏维埃执行委员会联席会议上关于前线形势的发言时说他讲了“护国是当前最重要的事情”这样一句话，是无中生有的捏造。沃洛达尔斯基写道，他在发言中阐述了布尔什维克党团关于德军突破里加战线问题的宣言的论点，而该宣言尖锐地遣责了临时政府的帝国主义政策，号召用革命方法摆脱帝国主义战争。——117。

66 指1917年8月19—26日(9月1—8日)在彼得格勒举行的俄国孟什维克“统一代表大会”。代表大会的目的是把各孟什维克团体联合成一个统一的党。出席大会的有孟什维克护国派(普列汉诺夫分子和波特列索夫分子)、孟什维克国际主义派(马尔托夫派)和《新生活报》的代表。代表大会以多数票通过决议，主张把战争进行到“最后胜利”，赞同社会党人参加资产阶级临时政府，并表示信任临时政府。代表大会选举了中央委员会，其成员有帕·波·阿克雪里罗得、费·伊·唐恩、尔·马尔托夫、伊·格·策列铁里、尼·谢·齐赫泽等。但是在大会进行过程中，与会者之间就呈现出极端涣散的状态，因此把孟什维克统一起来的目的实际上没有达到。——120。

67 指六三政变。

六三政变是指俄国沙皇政府在1907年6月3日(16日)发动的反动政变，史称六三政变。政变前，沙皇政府保安部门捏造罪名，诬陷社会民主党国家杜马党团准备进行政变。沙皇政府随之要求审判社会民主党杜马代表，并且不待国家杜马调查委员会作出决定，就于6月2日(15日)晚逮捕了他们。6月3日(16日)，沙皇政府违反沙皇1905年10月17日宣言中作出的非经国家杜马同意不得颁布法律的诺言，颁布了解散第二届国家杜马和修改国家杜马选举条例的宣言。依照新的选举条例，农民和工人的复选人减少一半(农民复选人由占总数44%减到22%，工人复选人由4%减到2%)，而地主和资产阶级的复选人则大大增加(地主和大资产阶级复选人共占总数65%，其中地主复选人占49.4%)，这就保证了地主资产阶级的反革命同盟在第三届国家杜马中居统治地位。新的选举条例还剥夺了俄国亚洲部分土著居民以及某些省份的突厥民族的选举权，并削减了民族地区的杜马席位(高加索由29席减为10席，波兰王国由37席减为14席)。六三政变标志着

1905—1907年革命的失败和反革命的暂时胜利，斯托雷平反动时期由此开始。——125。

68 在1917年5月底—6月初举行的彼得格勒区杜马选举中，布尔什维克得票数占总票数的20%，社会革命党人和孟什维克得票数占总票数的58%。在1917年8月20日(9月2日)彼得格勒市杜马选举中，布尔什维克得票数增加到33%，而社会革命党人和孟什维克得票数则下降为44%。——127。

69 指由于俄国临时政府建立了督政府，革命和平发展的可能性已随之消失。

科尔尼洛夫叛乱被粉碎后，俄国临时政府再次陷入危机。在改组临时政府时，孟什维克和社会革命党人害怕完全失去群众的信任，宣布拒绝加入有立宪民主党人参加的政府。1917年9月1日(14日)，临时政府决定成立由亚·费·克伦斯基、亚·伊·维尔霍夫斯基、德·尼·韦尔杰列夫斯基、A.M.尼基京和米·伊·捷列先科组成的督政府，在内阁组成前管理国家事务。这个督政府班子形式上没有立宪民主党人参加，实际上是同立宪民主党人幕后协议组成的。然而孟什维克和社会革命党人却在9月2日(15日)举行的工兵代表苏维埃中央执行委员会和农民代表苏维埃执行委员会联席会议上提出了支持新政府的决议案，从而再次帮助了地主和资本家掌握政权。

9月25日(10月8日)组成的第三届联合临时政府，仍有立宪民主党人参加，而且实际上是由一批立宪民主党人部长和工业家部长操纵的。——136。

70 《党纲问题》这一文件是准备提交原定于1917年9月3日(16日)召开的党中央委员会全体会议讨论的。但是从中央委员会记录看，9月3日召开的不是全会，而是例会，会上没有讨论这个问题。

1917年二月资产阶级民主革命后，列宁就提出了修改党纲的问题。1917年4月，俄国社会民主工党(布)第七次全国代表会议(四月代表会议)讨论了这个问题。1917年7—8月举行的俄国社会民主工党(布)第六次代表大会确认了四月代表会议关于修改党纲的决议，并决定召开专门的代表大会来制定新党纲。1917 年 9 月 20 日(10 月 3 日),中央委员会讨论了召开党的紧急代表大会的问题,党中央组织局发表公告,宣布紧急代表大会定于 1917 年 10 月 17 日(30 日)召开,其议程为:(1)修改党纲;(2)组织问题。党中央委员会就代表大会的筹备和代表选举问题向党组织发了通告信。1917 年 10 月 5 日,中央委员会会议决定推迟召开大会,并成立了以列宁为首的委员会,负责起草向代表大会提出的党纲草案。1917 年 10 月,列宁发表了《论修改党纲》一文(见本卷第 344—372 页)。由于准备和实行十月武装起义,党的紧急代表大会没有开成。十月革命后,1918 年 3 月举行的第七次党代表大会讨论了党纲问题,决定制定新的党纲,以确定党在建设社会主义社会中的任务。代表大会委托以列宁为首的委员会起草新党纲。1919 年 3 月举行的党的第八次代表大会通过了新党纲,党纲草案的所有主要部分都是列宁起草的。——137。

71 《斯巴达克》杂志(«Спартак»)是俄国社会民主工党莫斯科区域局、莫斯科委员会和莫斯科郊区委员会(从第 2 期起)的理论刊物,1917 年 5 月 20 日—10 月 29 日(6 月 2 日—11 月 11 日)在莫斯科出版。该刊编辑是尼·伊·布哈林。参加该刊工作的有米·斯·奥里明斯基、尼·列·美舍利亚科夫、伊·伊·斯克沃尔佐夫-斯捷潘诺夫、恩·奥新斯基、叶·米·雅罗斯拉夫斯基等。——137。

72 《齐美尔瓦尔德问题》这一文件是准备提交原定于 1917 年 9 月 3 日(16 日)举行的中央委员会全体会议讨论的。从 1917 年俄国社会民主工党(布)中央委员会记录看,这个文件没有在中央会议或中央全会上讨论过。

早在 1917 年 4 月,列宁在《无产阶级在我国革命中的任务》这本小册子中就谈到了齐美尔瓦尔德问题。他指出,齐美尔瓦尔德的多数派持中派立场,应该立刻和这一国际断绝关系,留在齐美尔瓦尔德只应该是为了了解情况,否则就会阻碍和拖延第三国际的建立(参看本版全集第 29 卷第 175—176 页)。俄国社会民主工党(布)第七次全国代表会议(四月代表会议)通过了《国际的现状和俄国社会民主工党(布)的任务》这一决议，说布尔什维克党仍然留在齐美尔瓦尔德联盟是要在那里捍卫齐美尔瓦尔德左派的策略，并决定派代表参加齐美尔瓦尔德第三次代表会议。列宁不同意这一决议。他在 1917 年 5 月 28 日（6 月 10 日）写的《无产阶级在我国革命中的任务》这本小册子的《后记》中指出：事变的进程会很快地纠正代表会议在这个问题上所犯的错误；代表会议以后，中央委员会通过的并刊登在 5 月 12 日（25 日）《真理报》上的决议，把错误纠正了一半（同上书，第 183—184 页）。中央的这项决议说，应当派遣一名代表出席即将召开的齐美尔瓦尔德代表会议，并给他一个委托：如果代表会议主张同社会沙文主义者接近或者和他们共同讨论问题，不论情形如何，就应当立即离开会场并退出齐美尔瓦尔德联盟（参看本版全集第 30 卷第 66 页）。8 月 16 日（29 日），中央委员会会议确定参加齐美尔瓦尔德代表会议的代表人选时，重申了这一决议。齐美尔瓦尔德第三次代表会议于 1917 年 9 月 5—12 日在斯德哥尔摩举行。关于这次会议，可参看列宁的《我党在国际中的任务》一文（本卷第 264—266 页）。——139。

73 由于改选彼得格勒工兵代表苏维埃，1917 年 8 月 23 日（9 月 5 日）苏维埃工人部会议提出了修改苏维埃选举制度的问题。根据原来的选举制度，工人每 1 000 人产生 1 名代表，而士兵每个分队、每个连就产生 1 名代表。这样，士兵在苏维埃中的代表人数就大大超过了工人。工人部以多数票通过了布尔什维克提出的决议案，认为应按比例选举制的原则修改选举制度，每 1 000 名选举人产生 1 名代表。然而 8 月 25 日（9 月 7 日）举行的士兵部会议没有通过这项建议，而通过了社会革命党人提出的保留原来的选举制度的决议案。——141。

74 《关于目前政治形势的决议草案》是为原定于 1917 年 9 月 3 日（16 日）举行的俄国社会民主工党（布）中央委员会全体会议准备的。但 9 月 3 日召开的不是中央全会，而是例会，会上没有讨论目前政治形势问题。从俄国社会民主工党（布）中央委员会记录看，这个草案没有在中央委员会讨论过。——142。

75 “野蛮师”是沙皇俄国在第一次世界大战期间组建的高加索土著骑兵师

的绰号。该师由北高加索的山地居民组成,辖6个冠以民族名称的骑兵团以及若干附属单位,军官中既有当地的资产阶级分子和封建主,也有俄罗斯人,主要是近卫军军官。二月革命后,该师由沙俄将军德·巴·巴格拉季昂任师长。拉·格·科尔尼洛夫将军于1917年8月举行反革命叛乱时,利用这个师广大士兵缺乏政治觉悟,把它作为反革命的支柱。布尔什维克派遣山地民族代表前往该师进行工作,挫败了科尔尼洛夫的这一阴谋。——144。

76 指全俄民主会议

全俄民主会议是根据孟什维克和社会革命党人把持的工兵代表苏维埃中央执行委员会和农民代表苏维埃执行委员会的决议召开的,1917年9月14—22日(9月27日—10月5日)在彼得格勒举行。参加会议的有苏维埃、工会、陆海军组织、合作社和民族机关等方面的代表共1 582人。这个会议是为解决政权问题而召开的。在科尔尼洛夫叛乱被粉碎以后,妥协主义政党的领导人失去了在苏维埃中的多数地位,他们便伪造民主会议,企图以此代替全俄工兵代表苏维埃第二次代表大会,并建立新的联合临时政府,使政权继续留在资产阶级手里。他们力图把国家纳入资产阶级议会制的轨道,阻止资产阶级民主革命向社会主义革命发展。布尔什维克参加了民主会议,目的是利用会议的讲坛来揭露孟什维克和社会革命党人。9月20日(10月3日),民主会议主席团通过决定,由组成会议各集团分别派出名额为其人数15%的代表组成常设机关——预备议会,以履行民主会议的职能。成立预备议会是企图造成俄国已经建立了议会制度的假象。根据临时政府批准的条例,预备议会仅仅是它的咨询机关。

俄国社会民主工党(布)中央于9月21日(10月4日)决定从民主会议主席团召回布尔什维克,但不退出会议,同时以9票对8票决定不参加预备议会。由于双方票数大体相等,问题又交给民主会议布尔什维克党团会议讨论,结果却以77票对50票作出了参加预备议会的决议,并经中央批准。列宁批评了布尔什维克在对待民主会议问题上的策略错误,坚决要求布尔什维克退出预备议会,集中力量准备起义。布尔什维克党中央讨论了列宁的建议,不顾列·波·加米涅夫、阿·伊·

李可夫等人的反对,作出了退出预备议会的决定。10月7日(20日),在预备议会开幕那天,布尔什维克代表宣读声明后退出。10月25日(11月7日),预备议会被赤卫队解散。——149。

77 《俄罗斯言论报》(«Русское Слово»)是俄国报纸(日报),1895年起在莫斯科出版(第1号为试刊号,于1894年出版)。出版人是伊·德·瑟京,撰稿人有弗·米·多罗舍维奇(1902年起实际上为该报编辑)、亚·瓦·阿姆菲捷阿特罗夫、彼·德·博博雷金、弗·阿·吉利亚罗夫斯基、瓦·伊·涅米罗维奇-丹琴科等。该报表面上是无党派报纸,实际上持资产阶级自由派立场。1917年后完全支持资产阶级临时政府,并曾拥护科尔尼洛夫叛乱。十月革命后不久被查封,其印刷厂被没收。1918年1月起,该报曾一度以《新言论报》和《我们的言论报》的名称出版,1918年7月最终被查封。——156。

78 列宁说的是他在全俄工兵代表苏维埃第一次代表大会上关于对临时政府的态度的讲话(参看本版全集第30卷第237—238页)。

全俄工兵代表苏维埃第一次代表大会于1917年6月3—24日(6月16日—7月7日)在彼得格勒举行。出席大会的代表共1 090名,代表305个工兵农代表联合苏维埃,53个区、州和省苏维埃,21个作战部队组织,8个后方军队组织和5个海军组织。绝大多数代表属于孟什维克—社会革命党人联盟和支持它的一些小集团,当时在苏维埃中占少数的布尔什维克只有105名代表。列入代表大会议程的有革命民主和政权问题、对战争的态度问题、立宪会议的筹备问题、民族问题、土地问题等12项。列宁在会上就对临时政府的态度问题和战争问题发表了讲话。孟什维克和社会革命党人在会上号召加强军队纪律、在前线发动进攻、支持临时政府,并试图证明苏维埃不能掌握政权。列宁代表布尔什维克党指出,布尔什维克党时刻准备掌握全部政权。布尔什维克充分利用大会讲台揭露临时政府的帝国主义政策以及孟什维克和社会革命党人的妥协策略,对每个主要问题都提出并坚持自己的决议案。在社会革命党人和孟什维克把持下通过的代表大会决议支持临时政府、赞成前线的进攻、反对政权转归苏维埃。代表大会选出了由320人组成的中央执行委员会，其中孟什维克 123 名，社会革命党人 119 名，布尔什维克 58 名，统一社会革命党人 13 名、其他党派代表 7 名。孟什维克尼·谢·齐赫泽是中央执行委员会主席。——159。

79 旺代是法国西部的一个省。1793 年 3 月，该省经济落后地区的农民在贵族和僧侣的唆使和指挥下举行反对法国大革命的暴动，暴动于 1795 年被平定，但是在 1799 年和以后的年代中，这一地区的农民又多次试图叛乱。旺代因此而成为反革命叛乱策源地的代名词。——171。

80 9 月 12 日是全俄民主会议原定的开幕日期。会议后来改在 9 月 14 日（27 日）开幕。——177。

81 《大难临头，出路何在？》这篇著作是 1917 年 9 月在芬兰赫尔辛福斯写的，1917 年 10 月由波涛出版社印成了小册子。在此以前，它的最后两章《消除经济破坏和战争问题》、《革命民主派和革命无产阶级》曾发表于 1917 年 10 月 1 日（14 日）《工人之路报》第 25 号。——181。

82 基特·基特奇（季特·季特奇·勃鲁斯科夫）是俄国剧作家亚·尼·奥斯特罗夫斯基的喜剧《无端遭祸》中的一个专横霸道、贪婪成性的富商，这里用做工商界大亨的代称。——187。

83 卡德里尔舞是一种有四人参加、分为两对的民间舞蹈，在欧洲颇为流行。——202。

84 《自由生活报》（«Свободная Жизнь»）即《新生活报》。1917 年 9 月 2—8 日（15—21 日）《新生活报》被临时政府查封期间，曾用这个名称继续出版。——210。

85 我们死后哪怕洪水滔天这句话据说出自法国国王路易十五。路易十五在位时横征暴敛，榨取全国钱财来维持宫廷奢侈生活，根本不顾人民死活，曾说他这一辈子已经足够，死后管它洪水滔天。——215。

86 指布尔什维克提出的政治决议案首次在两个首都的苏维埃中获得通过。1917 年 8 月 31 日（9 月 13 日），彼得格勒苏维埃全体会议以 279

票赞成、115 票反对、50 票弃权通过了布尔什维克党团提出的决议案。决议案坚决否定同资产阶级妥协的政策，号召将全部政权转交给苏维埃，并提出了在国内进行革命改造的纲领。几天后，9 月 5 日（18 日），莫斯科苏维埃也以 355 票的多数通过了类似的决议案。9 月 25 日（10 月 8 日），彼得格勒苏维埃执行委员会进行改选，苏维埃选出的主席团基本上由布尔什维克组成。列·达·托洛茨基当选为彼得格勒苏维埃主席，取代了孟什维克尼·谢·齐赫泽。同时，维·巴·诺根当选为莫斯科苏维埃主席，取代了孟什维克列·米·欣丘克。——224。

87 《布尔什维克应当夺取政权》和《马克思主义和起义》是列宁给布尔什维克党中央委员会的两封信。1917 年 9 月 15 日（28 日），党中央委员会会议讨论了这两封信，决定于最近期间召开会议来讨论策略问题。列·波·加米涅夫提出了下述决议案："中央讨论了列宁的信，不接受信中提出的实际建议，号召所有组织只遵循中央的指示，并重申中央认为目前任何上街的行动都是完全不能容许的。中央同时要求列宁同志专门写一本小册子，详细分析他在信中提出的对目前形势的估计问题和党的政策问题。"决议案被会议否决。——232。

88 这句话出自《德国的革命和反革命》（见《马克思恩格斯文集》第 2 卷）。

《德国的革命和反革命》是恩格斯所写的一组论述德国 1848—1849 年革命的文章。1851 年 8 月初，《纽约每日论坛报》向马克思约稿。马克思因忙于经济学研究工作，转请恩格斯为该报写一些关于德国革命的文章。恩格斯在写这些文章时利用了《新莱茵报》和马克思向他提供的一些补充材料，并经常同马克思交换意见。文章寄发之前也都经马克思看过。文章发表时署名卡尔·马克思。马克思、恩格斯在世时，这些文章没有重新出版过。以后出版的一些单行本也都用马克思的名义。直到 1913 年马克思和恩格斯的来往书信发表后，才知道这组文章是恩格斯写的。——234。

89 亚历山大剧院是 1917 年 9 月全俄民主会议会址。

彼得罗巴甫洛夫卡即彼得保罗要塞，位于彼得格勒市中心，隔涅瓦河与冬宫相望，拥有一个大军火库，是彼得格勒的战略要地。沙皇时代是政治犯监狱。——240。

90 《论进行伪造的英雄和布尔什维克的错误》一文在1917年9月24日(10月7日)《工人之路报》第19号上发表时,文中批评布尔什维克在对待民主会议问题上的错误以及格·叶·季诺维也夫和列·波·加米涅夫的错误的部分被删去,标题也被改为《论进行伪造的英雄》。删去的文字是:(1)从"如果革命士兵和工人产生以下想法,恐怕并不奇怪"到"至于克伦斯基、立宪民主党人和科尔尼洛夫分子,让我们自己来对付吧!"(见本卷第246页);(2)从"布尔什维克应当从自己的136名代表中留下两三个人"到"欺骗人民的明显的骗局**缠住自己**"(见本卷第247页);(3)从"这次滑稽剧式的会议显然只是"到"要有益、紧迫、重要和实在百万倍"(见本卷第247—249页);(4)从"为什么这些无产阶级代表团"到全文结束(见本卷第249—250页)。列宁在《危机成熟了》一文的第6节中说,中央机关报删去了他文章中指出"布尔什维克……不可容忍的错误"的内容(见本卷第278页),显然首先是指这件事。——242。

91 李伯尔唐恩由孟什维克米·伊·李伯尔和费·伊·唐恩两人的姓氏缀合而成,出自俄国诗人杰·别德内依的同名讽刺诗,是诗人给十月革命前夕鼓吹同资产阶级联合的李伯尔和唐恩及其一伙起的绰号。——242。

92 合作社派指合作社工作者。在俄国,合作社运动始于19世纪60年代。到1917年1月,俄国有各种类型的合作社63 000个,社员2 400万人。1917年二月革命后,合作社派的领袖们支持资产阶级临时政府。1917年3月25—28日(4月7—10日)在莫斯科举行的全俄合作社代表大会表示赞同临时政府的政策。1917年9月,资产阶级合作社派参加了全俄民主会议的工作。十月革命后,合作社派的领袖们敌视苏维埃政权,拒绝同苏维埃政权合作,遭到了中、下层合作社人员的反对。在苏维埃政权的领导下,革命前的小资产阶级合作社逐步转变为广大劳动群众参加的社会主义的合作社。——243。

93 《工人之路报》(«Рабочий Путь»)是俄国布尔什维克党的中央机关报(日报),1917年9月3日—10月26日(9月16日—11月8日)在彼得格勒出版,以代替被临时政府查封的《真理报》。该报共出了46号。从10月27日(11月9日)起,《真理报》用本名继续出版。——248。

94 《社会民主党人报》(«Социал-Демократ»)是俄国社会民主工党(布)中央莫斯科区域局和莫斯科委员会的机关报,稍后也是莫斯科郊区委员会的机关报,1917年3月7日(20日)—1918年3月15日在莫斯科出版,总共出了292号。在不同时期参加该报编辑部的有:尼·伊·布哈林、米·斯·奥里明斯基、恩·奥新斯基、伊·伊·斯克沃尔佐夫-斯捷潘诺夫、阿·亚·索尔茨、叶·米·雅罗斯拉夫斯基等。1918年3月,由于苏维埃政府和俄共(布)中央由彼得格勒迁至莫斯科,《社会民主党人报》同俄共(布)中央机关报《真理报》合并。——249。

95 布里根杜马即沙皇政府宣布要在1906年1月中旬前召开的咨议性国家杜马。1905年8月6日(19日)沙皇颁布了有关建立国家杜马的诏书,与此同时,还颁布了《关于建立国家杜马的法令》和《国家杜马选举条例》。这些文件是受沙皇之托由内务大臣亚·格·布里根任主席的特别委员会起草的,所以这个拟建立的国家杜马被人们称做布里根杜马。根据这些文件的规定,在杜马选举中,只有地主、资本家和农民户主有选举权。居民的大多数——工人、贫苦农民、雇农、民主主义知识分子被剥夺了选举权。妇女、军人、学生、未满25岁的人和许多被压迫民族都被排除在选举之外。杜马只能作为沙皇属下的咨议性机构讨论某些问题,无权通过任何法律。布尔什维克号召工人和农民抵制布里根杜马。孟什维克则认为可以参加杜马选举并主张同自由派资产阶级合作。1905年十月全俄政治罢工迫使沙皇颁布10月17日宣言,保证召开立法杜马。这样布里根杜马没有召开就被革命风暴扫除了。——253。

96 伊诺炮台在俄国芬兰边界线上,和喀琅施塔得共同构成彼得格勒的屏障。根据俄罗斯联邦与芬兰社会主义工人共和国缔结的条约,为了保卫这两个社会主义共和国的共同利益,伊诺炮台归属俄罗斯联邦。芬兰革命失败后，芬兰资产阶级政府在德帝国主义者支持下，要求把伊诺炮台移交给芬兰。苏俄军队在撤离前，遵照喀琅施塔得要塞司令的命令，炸毁和破坏了该炮台的主要工事。1918 年 5 月，芬兰军队占领了伊诺炮台。——259。

97　指芬兰议会议员卡·维克。1917 年 8 月，列宁在去赫尔辛福斯的途中，曾到马尔姆车站他的别墅逗留一天。——262。

98　指俄国社会民主工党莫斯科工业区区域局 1917 年出版的文集《修改党纲的材料》。文集载有弗·巴·米柳亭、维·索柯里尼柯夫、阿·洛莫夫、弗·米·斯米尔诺夫的文章。列宁在《论修改党纲》一文（见本卷第 344—372 页）中详细分析和批评了索柯里尼柯夫和斯米尔诺夫的文章。——263。

99　齐美尔瓦尔德第三次代表会议原定于 1917 年 5 月 31 日召开，后一再延期，最终于 1917 年 9 月 5—12 日在斯德哥尔摩举行。这是齐美尔瓦尔德联盟最后一次代表会议。派代表参加这次会议的有各国社会党左派（瑞典左派、美国社会主义宣传同盟、由边疆区执行委员会统一的波兰社会民主党、奥地利左派、斯巴达克派、丹麦社会民主主义青年团），中派（德国独立社会民主党、瑞士社会民主党、芬兰社会民主党、罗马尼亚党、孟什维克国际主义派、保加利亚独立工会）和社会沙文主义派（以帕·波·阿克雪里罗得为首的俄国孟什维克）。俄国社会民主工党（布）第七次代表会议（四月代表会议）以多数票通过了派代表参加齐美尔瓦尔德代表会议的决议。列宁投了反对票，他认为，布尔什维克应和齐美尔瓦尔德联盟断绝关系，立即着手组织第三国际。他只同意为了解情况而参加齐美尔瓦尔德代表会议。代表布尔什维克出席会议的是瓦·瓦·沃罗夫斯基和尼·亚·谢马什柯。代表会议是秘密举行的。主要议程有：国际社会党委员会的报告；罗·格里姆事件（指原国际社会党委员会主席格里姆充当瑞士部长阿·霍夫曼的密使，在俄国进行有利于德国帝国主义的单独媾和的试探一事）；对斯德哥尔摩和平代表会议的态度；为在各国争取和平和开展齐美尔瓦尔德运动而斗争。由于参加这次代表会议的代表成分非常复杂，会议的决议和宣言也就具有模棱两可的妥协性质。

沃罗夫斯基代表俄国社会民主工党(布)中央委员会、中央委员会国外局和波兰社会民主党,要求代表会议表明对俄国孟什维克的态度。他指出,孟什维克作为齐美尔瓦尔德联盟的成员,派代表参加了俄国卡芬雅克式的人物亚·费·克伦斯基的政府,应对这个政府镇压革命的一切罪行负完全责任。一些代表对与会的布尔什维克表示支持,但以胡·哈阿兹为首的多数派借口对俄国情况不熟悉,拒绝就这个问题通过决议。

代表会议的宣言号召各国工人举行反对战争和保卫俄国革命的国际总罢工,但是没有写进革命社会民主党关于变帝国主义战争为国内战争、使各交战国政府遭到失败等口号。代表会议通过决议,声援被捕的奥地利社会民主党人弗·阿德勒以及囚禁在克伦斯基监狱中的俄国布尔什维克亚·米·柯伦泰等。

列宁文中所说的会议日期系引自孟什维克《火星报》,有误。——264。

100 《火星报》(«Искра»)是俄国孟什维克国际主义派的报纸,1917 年 9 月 26 日—12 月 4 日(10 月 9 日—12 月 17 日)在彼得格勒出版。——264。

101 《政治报》(«Politiken»)是瑞典社会民主党左派的报纸,1916 年 4 月 27 日起在斯德哥尔摩出版。最初为每两天出版一次,后改为日报。1917 年 11 月起改名为《人民政治日报》。1916—1918 年图·涅尔曼任编辑,1918—1920 年弗·斯特勒姆任编辑。德、俄、法和其他一些国家的齐美尔瓦尔德左派曾为该报撰稿。1917 年,瑞典社会民主党左派组成了瑞典左派社会民主党。1921 年,在该党改称瑞典共产党以后,该报成为瑞典共产党的机关报。1945 年停刊。

《工人日报》(«Työmies»)是芬兰社会民主党的报纸,1895 年 3 月—1918 年在赫尔辛福斯出版。——264。

102 《国际主义者周报》(«The Internationalist»)是美国左翼社会党人的报纸,1917 年初由美国社会主义宣传同盟在波士顿出版。——265。

103 紧密派即保加利亚社会民主工党(紧密社会党人),因主张建立紧密团结的党而得名,1903年保加利亚社会民主工党分裂后成立。紧密派的创始人和领袖是季·布拉戈耶夫,后来的领导人为格·约·基尔科夫、格·米·季米特洛夫、瓦·彼·柯拉罗夫等。第一次世界大战期间,紧密派反对帝国主义战争。1919年,紧密派加入共产国际并创建了保加利亚共产党。

宽广派即保加利亚社会民主工党(宽广社会党人),1903年保加利亚社会民主工党分裂后成立,领导人是扬·伊·萨克佐夫。宽广派力求把党变成包括资产阶级在内的所有"生产阶层"的宽广组织。第一次世界大战期间,宽广派持社会沙文主义立场。1918—1923年宽广派领袖曾参加资产阶级政府和灿科夫法西斯政府。——265。

104 《危机成熟了》一文写于维堡,全文共6节,第6节不供发表,只"**分发给中央委员会、彼得堡委员会、莫斯科委员会以及苏维埃的委员**"。

这篇文章最初在1917年10月7日(20日)《工人之路报》第30号上发表时,只有4节,即漏掉了第4节,而把第5节改为第4节。现存手稿只有第5和第6两节,第4节手稿没有找到,《列宁全集》俄文各版第4节均付阙如。

俄国各地的布尔什维克报刊普遍地转载了列宁的这篇文章。——267。

105 指发生在1917年8月的德国水兵起义。这次起义由以"弗里德里希大帝"号军舰水兵马克斯·赖希皮奇和阿尔宾·克比斯为首的革命水兵组织领导。6月中旬,这个组织通过了争取民主和平和准备起义的决议。8月初开始公开行动。停泊在威廉港的"卢伊特波尔德摄政王"号战列舰上的水兵自行登岸,要求释放早些时候因罢工而被捕的同志。8月16日,"威斯特伐利亚"号军舰上的司炉拒绝工作。与此同时,正在海上航行的"纽伦堡"号巡洋舰全体人员举行了起义。水兵运动还扩大到了威廉港几个分舰队的舰艇。这次起义遭到残酷镇压,领导人赖希皮奇和克比斯被枪决,约有50名积极参加者被判处服长期苦役。——267。

106 指来自前线的军官杜巴索夫在1917年9月21日(10月4日)彼得格勒苏维埃会议上的发言。他在发言中说:"现在士兵们要的不是自由,也不是土地。他们要的只是一样,那就是结束战争。不管你们在这里怎么说,士兵们不会再打下去了。"——273。

107 《俄罗斯新闻》(«Русские Ведомости»)是俄国报纸,1863—1918年在莫斯科出版。它反映自由派地主和资产阶级的观点,主张在俄国实行君主立宪,撰稿人是一些自由派教授。至19世纪70年代中期成为俄国影响最大的报纸之一。80—90年代刊登民主主义作家和民粹主义者的文章。1898年和1901年曾经停刊。从1905年起成为右翼立宪民主党人的机关报。1917年二月革命后支持资产阶级临时政府。十月革命后被查封。——273。

108 指俄国铁路和邮电员工要求增加工资的斗争。由于纸卢布贬值,实际工资剧减,铁路和邮电员工于1917年夏开展了要求增加工资的斗争。斗争持续了几个月,毫无结果。铁路员工决定举行全俄铁路总罢工。罢工从9月23日(10月6日)夜开始,在临时政府部分地满足了铁路员工的要求以后,于9月26日(10月9日)夜结束。

俄国社会民主工党(布)中央委员会于9月24日(10月7日)讨论了铁路罢工问题,在《工人之路报》上发表了关于支援铁路员工的号召书。——274。

109 这是列·达·托洛茨基等的主张。——276。

110 《布尔什维克能保持国家政权吗?》一文是在维堡写的,最初发表于布尔什维克的理论刊物《启蒙》杂志1917年10月第1—2期合刊。——282。

111 1917年6月4日(17日),在全俄工兵代表苏维埃第一次代表大会的会议上,临时政府部长、孟什维克伊·格·策列铁里在发言中说:"现在俄国没有一个政党会说:你们把政权交给我们,你们走开吧,我们将取而代之。俄国没有这样的政党。"列宁当即在席位上代表布尔什维克党反驳说:“有的!”接着又在自己发言时讲到这个问题,宣布布尔什维克党随时都“准备夺取全部政权”(见本版全集第30卷第240页)。——283。

112 通体漂亮的太太是俄国作家尼·瓦·果戈理的小说《死魂灵》中一个以制造流言、搬弄是非为能事的女人。——289。

113 《劳动旗帜报》(«Знамя Труда»)是俄国社会革命党的政治和文学报纸(日报),1917年8月23日(9月5日)起在彼得格勒出版。担任该报编辑的有B.B.伊万诺夫-拉祖姆尼克、波·达·卡姆柯夫和玛·亚·斯皮里多诺娃等。该报起初是社会革命党彼得格勒委员会机关报,1917年11月1日(14日)第59号起成为社会革命党彼得格勒委员会和全俄苏维埃第二次代表大会中央执行委员会左派社会革命党党团机关报,1917年12月28日(1918年1月10日)第105号起成为左派社会革命党中央机关报。1918年3月15日迁往莫斯科。1918年7月左派社会革命党人发动叛乱后被查封。——291。

114 套中人是俄国作家安·巴·契诃夫的同名小说的主人公别利科夫的绰号。此人对一切变动担惊害怕,忧心忡忡,一天到晚总想用一个套子把自己严严实实地包起来。后被喻为因循守旧、害怕变革的典型。——312。

115 我们把这一切都改了是法国作家让·巴·莫里哀的喜剧《不得已的医生》中的一句台词。剧中,一个樵夫冒充医生给财主女儿治病,竟把心脏和肝脏的位置说颠倒了。在事情败露之后,他又说什么“以前确是心在左面,肝在右面,不过我们把这一切都改了”。这句话后来就被用来讽刺对问题一窍不通而硬充内行的人那种强词夺理、护短遮丑的行为。——326。

116 莫尔恰林是俄国作家亚·谢·格里鲍耶陀夫的喜剧《智慧的痛苦》中的主人公,他热衷于功名利禄,一心依附权贵,为了得到赏识和提拔,在上司面前总是唯唯诺诺,寡言少语。他夸耀自己有两种长处:“温和和谨慎”。——327。

117 2月28日(3月13日)指二月资产阶级民主革命;9月30日(10月13日)是临时政府最初规定的召开立宪会议的日期,这个日期后来被它改为11月28日(12月11日)。——330。

118 这句话出自《新生活报》上刊登的俄国孟什维克尼·苏汉诺夫的《雷声又响了》一文。

斯莫尔尼学校即斯莫尔尼宫。1917年8月4日(17日),全俄中央执行委员会和彼得格勒苏维埃从塔夫利达宫迁到这里。它的一个房间是全俄中央执行委员会布尔什维克党团办公处。1917年10月成立的彼得格勒苏维埃军事革命委员会也设在此地。列宁在这里领导了伟大的十月社会主义革命。——330。

119 1917年10月5日(18日),俄国社会民主工党(布)彼得堡委员会讨论了列宁的这封信。会议由米·伊·加里宁主持。大多数与会者支持列宁提出的武装起义方针。弗·沃洛达尔斯基和米·拉舍维奇反对列宁的方针,受到加里宁、埃·阿·拉希亚、马·扬·拉齐斯等人的坚决驳斥。

在莫斯科,俄国社会民主工党(布)莫斯科委员会召开党的领导干部会议讨论了这封信。10月7日(20日),莫斯科委员会通过决议,提出了立即开展夺取政权斗争的任务。10月10日(23日)举行的布尔什维克莫斯科市代表会议在决议中责成莫斯科委员会采取措施,使一切革命力量都作好战斗的准备。——332。

120 《在彼得堡组织代表会议10月8日会议上的报告以及决议草案和给党代表大会代表的委托书的提纲》全文首次发表于《列宁全集》俄文第5版。在《列宁全集》俄文第1版第14卷第2册和第4版第26卷中,没有发表提纲的第三部分。《列宁全集》俄文第2、3版第21卷发表了这一部分,但不完全。

俄国社会民主工党(布)彼得格勒第三次全市代表会议于1917年10月7—11日(20—24日)在斯莫尔尼宫举行。出席会议的有92名有表决权的代表和 40 名有发言权的代表。会议选举列宁为名誉主席。代表会议通过了关于目前形势、关于赤卫队、关于“7 月 3—5 日(16—18 日)案件”的政治犯在狱中的绝食斗争等决议。代表会议在决议中声明,必须以工农革命政府取代克伦斯基政府,因为只有工农政府才能把土地交给农民,才能使国家摆脱战争和经济破坏的困境。代表会议的决议强调指出“我们正处在大规模无产阶级起义的前夕”,表示坚信这次起义必将胜利。代表会议还讨论了立宪会议的选举问题。在 10 月 11 日(24 日)的会议上,宣读了列宁给代表会议的信(见本卷第 340—343 页)。这次代表会议对于准备伟大的十月社会主义革命具有重大的意义。——335。

121　区联派(联合派)是俄国联合社会民主党人区联组织的成员。区联组织于 1913 年 11 月出现于彼得堡,起初称俄国社会民主工党区联工作委员会,1914 年底起改称区联委员会。参加这个组织的有托洛茨基分子、一部分孟什维克护党派、前进派和对机会主义分子持调和态度而离开了党的布尔什维克。区联派企图把彼得堡的布尔什维克组织和孟什维克组织联合起来,建成“统一的俄国社会民主工党”。第一次世界大战期间,区联派持中派立场,反对社会沙文主义,但没有与孟什维主义完全决裂。1917 年二月革命后,区联组织与护国派决裂,声明赞成布尔什维克党的路线。同年 5—6 月彼得格勒区杜马选举时,布尔什维克与区联派结成联盟。当时,弗·沃洛达尔斯基、阿·阿·越飞、阿·瓦·卢那察尔斯基、德·扎·曼努伊尔斯基、列·达·托洛茨基、莫·索·乌里茨基、康·康·尤列涅夫等人都是区联派。区联派代表参加了筹备召开俄国社会民主工党(布)第六次代表大会的组织局。在这次代表大会上,区联组织(约 4 000 名成员)集体加入了布尔什维克党。——338。

122　厄塞尔是波罗的海里加湾蒙海峡群岛中最大的岛,现称萨列马岛,属爱沙尼亚。第一次世界大战期间,厄塞尔于 1917 年 10 月 3 日(16 日)被德军攻占。——340。

123　指俄国北方区域苏维埃代表大会。代表大会原定于 1917 年 10 月 8 日

(21日)在芬兰赫尔辛福斯召开。10月5日(18日),俄国社会民主工党(布)中央委员会决定将这次会议延期至10月10日(23日)并改在彼得格勒召开。代表大会于10月11—13日(24—26日)在斯莫尔尼宫举行。出席代表大会的有彼得格勒、莫斯科、诺夫哥罗德、旧鲁萨、博罗维奇、雷瓦尔、尤里耶夫、阿尔汉格尔斯克、喀琅施塔得、加契纳、皇村、谢斯特罗列茨克、维堡、赫尔辛福斯等地苏维埃的代表,共94人,其中布尔什维克有51人。由于孟什维克和社会革命党人把持的苏维埃中央执行委员会宣称这次代表大会只是某些苏维埃的非正式会议,孟什维克党团示威性地退出了代表大会。代表大会的议程是:各地的报告;目前形势;土地问题;国内的军事政治形势;全俄苏维埃代表大会;立宪会议;组织问题。列宁很重视这次代表大会。10月8日(21日),他写了《给参加北方区域苏维埃区域代表大会的布尔什维克同志的信》(见本卷第376—382页)。布尔什维克党团于10月11日(24日)讨论了这封信。代表大会通过的关于目前形势的决议强调:只有立即把全部政权交给中央和各地苏维埃,才能拯救国家和革命。代表大会通过对农民的号召书,要求他们支持无产阶级夺取政权的斗争。代表大会选出了由17人组成的北方区域委员会,其中11人是布尔什维克,6人是左派社会革命党人。这次代表大会的决议在组织和动员一切力量夺取伟大的十月社会主义革命的胜利方面起了巨大的作用。——341。

124　彼得格勒苏维埃士兵部于1917年10月6日(19日)通过决议,坚决反对临时政府拟从彼得格勒迁到莫斯科。决议说,如果"临时政府不能保卫彼得格勒,它就应该或者缔结和约,或者让位给另一个政府"。士兵部的抗议得到了首都工人和士兵的支持,迫使临时政府不得不留在彼得格勒。——341。

125　指俄国社会民主工党(布)第七次全国代表会议。

俄国社会民主工党(布)第七次全国代表会议(四月代表会议)是布尔什维克党在合法条件下召开的第一次代表会议,1917年4月24—29日(5月7—12日)在彼得格勒举行。

由于中央内部在对革命的估计、革命的前途以及党的任务问题上有分歧，根据中央的一致决定，全党在代表会议召开以前，围绕列宁的《四月提纲》，就这些问题进行了公开争论。这样，地方组织就有可能预先讨论议程中的问题，并弄清普通党员对它们的态度。出席代表会议的有151名代表，其中133名有表决权，18名有发言权，他们代表78个大的党组织的约8万名党员。出席会议的还有前线和后方军事组织的代表，拉脱维亚、立陶宛、波兰、芬兰和爱沙尼亚等民族组织的代表。这次代表会议具有充分的代表性，因而起到了党代表大会的作用。代表会议的议程是：目前形势(战争和临时政府等)；和平会议；对工兵代表苏维埃的态度；修改党纲；国际的现状和党的任务；同国际主义的社会民主党组织的联合；土地问题；民族问题；立宪会议；组织问题；各地的报告；选举中央委员会。列宁是主席团的成员，他领导了会议的全部工作，作了目前形势、修改党纲和土地问题等主要报告，发言20多次，起草了代表会议的几乎全部决议草案。斯大林作了民族问题的报告。代表会议以《四月提纲》为基础，规定了党在战争和革命的一切基本问题上的路线，确定了党争取资产阶级民主革命转变为社会主义革命的方针和"全部政权归苏维埃"的口号。列·波·加米涅夫作了关于目前形势的副报告，他和阿·伊·李可夫认为俄国资产阶级民主革命还未结束，社会主义革命尚不成熟，只能由孟什维克和社会革命党人领导的苏维埃监督资产阶级临时政府。在讨论民族问题时，格·列·皮达可夫反对各民族有自决直至分离的权利的口号。他们的错误观点受到了会议的批判。在讨论国际的现状和党的任务时，会议通过了格·叶·季诺维也夫提出的继续留在齐美尔瓦尔德联盟里和参加齐美尔瓦尔德第三次代表会议的决议案，列宁投票反对这一决议案。代表会议以无记名投票选举了党的中央委员会，列宁、季诺维也夫、加米涅夫、弗·巴·米柳亭、维·巴·诺根、雅·米·斯维尔德洛夫、伊·捷·斯米尔加、斯大林、Г.Ф.费多罗夫共9人当选为中央委员。这次会议的决议，参看《苏联共产党代表大会、代表会议和中央全会决议汇编》1964年人民出版社版第1分册第430—456页。——344。

126　列宁在这里指的是斯巴达克派的纲领性文件《指导原则》的第5条，其中说："在这猖狂的帝国主义的时代，不可能再有任何民族战争了。民族利益只是欺骗的工具，驱使劳动人民群众为其死敌——帝国主义效劳。”

斯巴达克派（国际派）是德国左派社会民主党人的革命组织，第一次世界大战初期形成，创建人和领导人有卡·李卜克内西、罗·卢森堡、弗·梅林、克·蔡特金、尤·马尔赫列夫斯基、莱·约吉希斯（梯什卡）、威·皮克等。1915年4月，卢森堡和梅林创办了《国际》杂志，这个杂志是团结德国左派社会民主党人的主要中心。1916年1月1日，全德左派社会民主党人代表会议在柏林召开，会议决定正式成立组织，取名为国际派。代表会议通过了一个名为《指导原则》的文件，作为该派的纲领，这个文件是在卢森堡主持和李卜克内西、梅林、蔡特金参与下制定的。1916年至1918年10月，该派定期出版秘密刊物《政治书信》，署名斯巴达克，因此该派也被称为斯巴达克派。1917年4月，斯巴达克派加入了德国独立社会民主党，但保持组织上和政治上的独立。斯巴达克派在群众中进行革命宣传，组织反战活动，领导罢工，揭露世界大战的帝国主义性质和社会民主党机会主义领袖的叛卖行为。斯巴达克派在理论和策略问题上也犯过一些错误，列宁曾屡次给予批评和帮助。1918年11月，斯巴达克派改组为斯巴达克联盟，12月14日公布了联盟的纲领。1918年底，联盟退出了独立社会民主党，并在1918年12月30日—1919年1月1日举行的全德斯巴达克派和激进派代表会议上创建了德国共产党。——354。

127 论坛派是1907—1918年荷兰左派社会民主党人的称谓，因办有《论坛报》而得名。领导人为戴·怀恩科普、赫·哥尔特、安·潘涅库克、罕·罗兰-霍尔斯特等。1907—1909年，论坛派是荷兰社会民主工党内的左翼反对派，反对该党领导人的机会主义。1909年2月，《论坛报》编辑怀恩科普等人被荷兰社会民主工党开除。同年3月，论坛派成立了荷兰社会民主党。第一次世界大战期间，论坛派基本上持国际主义立场。1918年11月，论坛派创建了荷兰共产党。——369。

128 社会主义宣传同盟是美国社会党内一个有自己党证和自行收交党费的独立的派别，根据美国国际主义者和以荷兰侨民塞·尤·鲁特格尔斯为首的一批政治流亡者的倡议于1915年在波士顿成立。在帝国主义世界大战问题上，社会主义宣传同盟持与齐美尔瓦尔德左派纲领相近的立场。俄国十月社会主义革命以后，该同盟支持年轻的苏维埃共和国，并在各工会组织中开展社会主义宣传活动。1918年，同盟加入了美国社会党的左翼。——369。

129 美国社会主义工人党是由第一国际美国支部和美国其他社会主义团体合并而成的，1876年7月在费城统一代表大会上宣告成立，当时称美国工人党，1877年起改用现名。绝大多数党员是侨居美国的德国社会主义运动参加者，同本地工人联系很少。19世纪70年代末，党内领导职务由拉萨尔派掌握，他们执行宗派主义和教条主义政策，不重视在美国工人群众组织中开展工作，一部分领导人热衷于议会选举活动，轻视群众的经济斗争，另一些领导人则转向工联主义和无政府主义。党的领导在思想上和策略上的摇摆削弱了党。90年代初，以丹·德莱昂为首的左派领导该党，党的工作有一些活跃。从90年代末起，宗派主义和无政府工团主义倾向又在党内占了上风，表现在放弃争取实现工人局部要求的斗争，拒绝在改良主义工会中进行工作，致使该党更加脱离群众性的工人运动。第一次世界大战期间，该党倾向于国际主义。在俄国十月革命的影响下，党内一部分最革命的分子退出了党，积极参加建立美国共产党。此后美国社会主义工人党成了一个人数很少、主要和知识分子有联系的集团。——369。

130 1917年夏季，捷克和摩拉维亚的一些城市（布拉格、比尔森、布隆、维特科维采等）爆发了罢工。罢工者先是反对征收食品并将其运往德国和维也纳，进而要求制止战争和释放政治犯。有些地方的运动明显具有群众革命起义的性质。在布隆，进行了好几天的武装斗争。斗争遭到了残暴镇压。

1917年8月21日，意大利都灵市因严重缺粮而爆发游行示威。次日工人举行罢工。罢工很快发展为总罢工，有4万多人参加。罢工者在市内修筑了街垒，运动开始具有反战的政治性质。8月23日，都灵郊区已为起义者所控制。为了镇压这次运动，政府调来了军队并宣布戒严。8月27日，都灵的总罢工结束。——376。

131 1917年10月10日(23日)的俄国社会民主工党(布)中央委员会会议是七月事变以后列宁参加的第一次党中央会议。会议在卡尔波夫卡32号住宅31号内秘密举行。住宅的主人Г.К.苏汉诺娃(弗拉克谢尔曼)是布尔什维克，在党中央书记处工作，她的丈夫是孟什维克尼·苏汉诺夫，当时不在家。参加这次会议的有格·叶·季诺维也夫、列·波·加米涅夫、列·达·托洛茨基、斯大林、雅·米·斯维尔德洛夫、莫·索·乌里茨基、费·埃·捷尔任斯基、亚·米·柯伦泰、安·谢·布勃诺夫、格·雅·索柯里尼柯夫、阿·洛莫夫(奥波科夫)。候补中央委员瓦·尼·雅柯夫列娃作记录。会议由斯维尔德洛夫主持。会议的议程是：罗马尼亚战线；立陶宛人；明斯克和北方战线；目前形势；区域代表大会；撤出军队。列宁作了关于目前形势的报告。会议以10票赞成，2票反对通过了列宁的决议案(见本卷第385页)，把立即准备武装起义的任务提到日程上来。投反对票的是季诺维也夫和加米涅夫。为了对起义实行政治领导，在这次会议上成立了由列宁、季诺维也夫、加米涅夫、托洛茨基、斯大林、索柯里尼柯夫、布勃诺夫7人组成的政治局。——383。

132 指雅·米·斯维尔德洛夫在俄国社会民主工党(布)中央委员会1917年10月10日(23日)会议上就第3项议程“明斯克和北方战线”所作的报告。斯维尔德洛夫在报告中说：明斯克在技术上有举行武装起义的可能性；明斯克方面提出由它派遣一个军的革命部队援助彼得格勒。——384。

133 1917年10月16日(29日)的俄国社会民主工党(布)中央委员会扩大会议在米·伊·加里宁任主席的彼得格勒列斯诺伊区杜马举行。除了中央委员以外，出席会议的还有彼得堡委员会执行委员会、俄国社会民主工党(布)中央委员会军事组织、彼得格勒苏维埃、工会、工厂委员会、铁路职工和彼得格勒郊区委员会的代表。会议由雅·米·斯维尔德洛夫主持。列宁就中央委员会10月10日(23日)会议通过的决议作了报告。列·波·加米涅夫和格·叶·季诺维也夫再次表示反对起义，他们认为布尔什维克的力量十分薄弱，因此应该等待立宪会议的召开。发言支持中央委员会决议的有费·埃·捷尔任斯基、加里宁、埃·阿·拉希亚、斯维尔德洛夫、尼·阿·斯克雷普尼克、斯大林等。会议以19票赞成、2票反对、4票弃权通过了列宁提出的决议案。季诺维也夫提出的决议案以6票赞成、15票反对、3票弃权被否决。在随后举行的中央委员会秘密会议上成立了由中央委员安·谢·布勃诺夫、捷尔任斯基、斯维尔德洛夫、斯大林和莫·索·乌里茨基组成的军事革命总部。中央委员会的决议指出，党的军事革命总部的成员同时也是苏维埃军事革命委员会的成员。——386。

134 指1917年10月16日(29日)举行的党中央委员会扩大会议。列宁参加了这次会议，但由于他当时处于秘密状态，所以假托一个同志通知了他关于会议的情况，并把会议日期说成是10月15日(28日)。——390。

135 1917年9月，俄国坦波夫省的农民运动达到了很大的规模。农民抢占地主的土地，捣毁和焚烧庄园，夺取地主的粮食。9月份，全俄境内有82处地主庄园被捣毁，其中32处在坦波夫省。全省记录在案的农民起事有166次。慑于农民运动的威势，地主们纷纷大量外运粮食，把所有车站都堆满了。为了镇压农民运动，莫斯科军区司令把军队调到坦波夫省，并宣布该省戒严。但是农民争取土地的革命斗争仍然不断地发展和扩大。——392。

136 1917年10月11日(24日)，在布尔什维克党中央会议通过举行武装起义决议的次日，格·叶·季诺维也夫和列·波·加米涅夫向中央提出一个声明，并给俄国社会民主工党(布)彼得堡委员会、莫斯科委员会、莫斯科区域委员会、芬兰区域委员会以及苏维埃中央执行委员会和北方区域苏维埃代表大会的布尔什维克党团写了一封名为《论时局》的信，申述他们反对立即举行起义的理由。他们的信曾在10月15日(28日)彼得堡委员会扩大会议上宣读过。但是，不论在彼得堡委员会扩大会议上，还是在10月16日(29日)中央委员会扩大会议上，他们都没有得到支持。在这种情况下，季诺维也夫和加米涅夫仍坚持自己的错误立场。加米涅夫于10月18日(31日)在半孟什维克报纸《新生活报》上用他们两人名义发表了反对武装起义的声明。列宁对此极为愤慨,当天写了《给布尔什维克党党员的信》,第二天又写了《给俄国社会民主工党(布)中央委员会的信》。在这两封信中,列宁将加米涅夫和季诺维也夫称做工贼,要求把他们开除出党。

1917年10月20日(11月2日),党中央委员会会议讨论了列宁《给俄国社会民主工党(布)中央委员会的信》,决定接受加米涅夫退出中央委员会的辞呈,并责成季诺维也夫和加米涅夫不得发表任何反对中央委员会的决定和它规定的工作路线的声明。中央委员会还决定,任何中央委员都不得反对中央通过的决议。

列宁不同意中央关于季诺维也夫和加米涅夫的决定。在给雅·米·斯维尔德洛夫的信中,他把这个决定称做妥协(见本卷第429页)。——411。

137 1917年10月18日(31日)《新生活报》第156号以《尤·加米涅夫谈"发起行动"》为题发表了列·波·加米涅夫的声明,全文如下:

"弗·巴扎罗夫昨天的文章提到了以两个知名的布尔什维克的名义发出的一份反对发起行动的传单。

尤·加米涅夫就此宣布:鉴于发起行动的问题在加紧讨论,我和季诺维也夫同志给在彼得格勒、莫斯科和芬兰的我们党的各大组织写了一封信,信中表示坚决反对我们党在最近期间主动发起任何武装行动。

应当说,我并不知道我们党有什么定于某某时间举行某某行动的决议。

党的这样的决议是没有的。大家懂得,在目前的革命形势下,并不是搞什么类似'武装游行示威'的事情的问题。问题只能是武装夺取政权,而对无产阶级负有责任的人不会不懂得,只有清楚明确地给自己提出了武装起义的任务,才能举行某种群众性'行动'。不仅仅我和季诺维也夫同志,并且还有许多从事实际工作的同志都认为,在目前,在现在的社会力量对比下,撇开苏维埃代表大会,在苏维埃代表大会召开的前几天,主动发起武装起义,是一种不能允许的、对无产阶级和革命极端危险的步骤。

任何一个党，尤其是我们这个越来越集中着群众希望和信任的党，决不会不力图掌握政权，通过国家政权的手段实现自己的纲领。任何一个革命的党，尤其是我们的党，无产阶级、城乡贫民的党，决不会也无权利放弃起义、起誓永不起义。举行起义来反对祸国的政权，是劳动群众的不可剥夺的权利，而在某种时刻也是那些得到群众信任的政党的神圣义务。但是，按照马克思的说法，起义是艺术。正因为如此，我们认为，现在，在目前形势下，我们有责任反对一切主动发起武装起义的企图，因为这种起义是注定要失败的，会给党、给无产阶级、给革命的命运带来极其严重的后果的。把一切都押在近日发起行动这张牌上，这就是采取绝望的举动。而我们党是强有力的，是有远大前途的，决不会采取这种绝望的举动。”——411。

138　指1906—1907年格·瓦·普列汉诺夫在叶·德·库斯柯娃出版的接近左派立宪民主党人的《同志报》上发表言论，主张在选举第二届杜马时同立宪民主党人结成联盟。——412。

139　列宁在这里以及在本卷第418页上所说的“星期日会议”都是指俄国社会民主工党（布）中央委员会1917年10月16日（29日）扩大会议。——416。

140　指英国自由党格莱斯顿内阁为缓和爱尔兰佃农和英国地主间的矛盾，在爱尔兰实行的改良主义的土地改革。1881年，英国议会通过了爱尔兰土地法，该法规定：对佃农进行的土壤改良给予一定补偿；成立专门土地法庭来确定所谓“公平”租金，15年不变，在此期间地主不得驱逐佃农等。此后又颁布一系列土地购买条例，规定佃农可以用分年付款的办法购买土地，即先由政府以公债券形式将地价垫付给地主，然后由购地农民在49年内分年加利息摊还。关于爱尔兰的土地改革，还可参看列宁的《英国自由党人和爱尔兰》一文（本版全集第24卷）。——424。

141　指雅·米·斯维尔德洛夫、斯大林、费·埃·捷尔任斯基、格·雅·索柯里尼柯夫在俄国社会民主工党（布）中央委员会1917年10月20日

(11月2日)会议讨论列宁给中央委员会的信时的发言。当时的记录如下：

“捷尔任斯基同志提议要求加米涅夫完全退出政治活动，同时注意到季诺维也夫本来就隐蔽着的，没有参加党的工作。

斯大林同志认为，列宁同志的提议应当由全会解决，建议目前不作决定。

……

斯维尔德洛夫同志证明，在加米涅夫和伊里奇的行为之间有巨大的差别；他认为加米涅夫的行为是无论如何也不能认为是正确的；但是中央委员会无开除出党之权；他认为问题应当现在解决，会议具有足够的权威，应当既对列宁的声明也对加米涅夫关于退出中央委员会的声明作出回答。加米涅夫的辞职应予接受。

……

斯大林同志认为，加米涅夫和季诺维也夫会服从中央委员会决定的，他证明，我们的整个处境是矛盾的；他认为，开除出党不是办法，需要保持党的统一；他建议责令这两位同志服从，但把他们留在中央委员会里。

索柯里尼柯夫同志说明，他没有参与编辑部就季诺维也夫的信发表声明等事，认为这一声明是错误的。”——429。

142 哥萨克的游行示威即哥萨克的“宗教游行”，原定于1917年10月22日(11月4日)在彼得格勒举行。反革命势力把这次游行示威看做是对自己力量的一次检阅。布尔什维克在哥萨克中做了大量的工作，号召他们拒绝参加这次游行示威。彼得格勒工兵代表苏维埃发出了对哥萨克的号召书。各哥萨克团代表应邀出席了彼得格勒苏维埃10月21日(11月3日)在斯莫尔尼宫召开的各团委员会会议。会上，哥萨克声明他们决不反对工人和士兵。当天夜里，临时政府被迫取消了哥萨克的“宗教游行”。——429。

143 列宁写完这封信以后，于当天深夜秘密地来到斯莫尔尼宫，承担起了直接领导武装起义的职责。——430。

144 指彼得格勒苏维埃军事革命委员会。

彼得格勒苏维埃军事革命委员会是十月革命准备和实行期间的公开的军事作战司令部。十月起义就是以军事革命委员会的名义夺取政权的。

彼得格勒苏维埃于1917年10月9日(22日)决定成立军事革命委员会。委员会最初是以巩固城防的名义建立的,曾称做彼得格勒城防革命委员会。彼得格勒苏维埃执行委员会10月12日(25日)通过的军事革命委员会条例也规定,由军事革命委员会确定保卫首都所必需的不得撤离的战斗部队的数量,统计和登记卫戍部队全体人员和装备,制定城防计划等。但是军事革命委员会的主要任务是由布尔什维克党中央决议规定的,这就是动员一切力量举行武装起义,保证起义的军事技术准备,统一赤卫队、卫戍部队士兵和波罗的海舰队水兵的作战行动。

军事革命委员会的活动是在布尔什维克党中央和列宁直接领导下进行的(列宁是军事革命委员会委员)。在10月16日(29日)中央委员会会议上成立的由安·谢·布勃诺夫、费·埃·捷尔任斯基、雅·米·斯维尔德洛夫、斯大林、莫·索·乌里茨基组成的军事革命总部参加了军事革命委员会。参加军事革命委员会的还有党的彼得堡委员会,党的军事组织,彼得格勒苏维埃,工厂委员会,工会,芬兰陆军、海军和工人区域委员会,波罗的海舰队中央委员会,喀琅施塔得苏维埃,铁路工会,邮电工会,左派社会革命党人等组织的代表。军事革命委员会主席最初是帕·叶·拉济米尔(当时是左派社会革命党人,1918年起是布尔什维克),后改由尼·伊·波德沃伊斯基担任。

十月革命胜利后,军事革命委员会的主要任务是打击反革命和维护革命秩序。在全俄中央执行委员会派13名代表加入后,曾正式改称为全俄中央执行委员会军事革命委员会。随着苏维埃机关的建立和巩固,军事革命委员会逐步把所属机构人员移交给了全俄中央执行委员会、人民委员会和彼得格勒苏维埃的相应部门。1917年12月5日(18日),军事革命委员会宣布停止活动。——430。

145 《备忘记事》这一材料,最初发表在《列宁文集》俄文版第21卷,标题为《临去赫尔辛福斯时委托同志们办理的事项清单》。可是,从材料内容看，它其实是列宁自己的一张备忘记事单。

材料中有很大一部分已被划掉，没有划掉的有以下这些：

“帽带(黑色带子)

针和黑线

《社会民主党人报》第47号

通晓瑞典和芬兰语言的人

《真理报》、《消息报》

《关于对7月3—4日事变的评价》?

(1)每周：哈帕兰达的地址

(2)暗号

(3)秘密约定的明信片。”——433。

146 此处是指列宁在1917年7月10日(23日)写的提纲《政治形势》(见本卷第1—5页)，还是指他专为俄国社会民主工党(布)第六次代表大会写的提纲，尚未查明。——434。

147 指俄国左派社会革命党人玛·亚·斯皮里多诺娃主编的《我们之路》杂志。1917年8月12日(25日)，《人民事业报》报道了该杂志创刊号出版的消息。看来，列宁是要别人给他寄来这一期杂志。——434。

148 列宁作为俄国社会民主工党(布)中央委员会的代表共在五个区被列入立宪会议代表候选人名单。这五个区是：彼得格勒—首都区、彼得格勒省、乌法、波罗的海舰队和北方面军。

列宁关于同意做北方面军的立宪会议代表候选人的声明是由别人按规定格式填写的，列宁签了名并写了地址。关于同意做波罗的海舰队的候选人的声明也是由别人填写、列宁签名的。——435。

149 列宁拟加附录的传单没有发表。十月革命以后出版的、署名尼·列宁的小册子《社会革命党人怎样欺骗人民，布尔什维克的新政府给了人民什么》(《士兵和农民丛书》之一)收入了打算作为传单附录的个别文件。这本小册子编入了：(1)发表于1917年10月18日《人民事业报》的临时政府农业部长、社会革命党人谢·列·马斯洛夫的土地法草案(第

25—40 条);(2)列宁的文章《社会革命党对农民的又一次欺骗》(见本卷第 420—425 页);(3)全俄工兵代表苏维埃第二次代表大会通过的土地法令,标题是:《这就是布尔什维克政府给人民的东西》。列宁为小册子写了序言(见本版全集第 33 卷)。——437。

人名索引

A

阿德勒,弗里德里希(Adler,Friedrich 1879—1960)——奥地利社会民主党右翼领袖之一,"奥地利马克思主义"理论家,第二半国际和社会主义工人国际的组织者和领袖之一;维·阿德勒的儿子。1907—1911年任苏黎世大学理论物理学讲师。1910—1911年任瑞士社会民主党机关报《民权报》编辑,1911年起任奥地利社会民主党书记。在哲学上是经验批判主义的信徒,主张以马赫主义哲学"补充"马克思主义。第一次世界大战期间主张社会民主党对帝国主义战争保持"中立"和促使战争早日结束。1914年8月辞去书记职务。1916年10月21日因枪杀奥匈帝国首相卡·施图尔克伯爵被捕。1918年11月获释后重新担任党的书记,走上改良主义道路。1919年当选为全国工人代表苏维埃执行委员会主席。1923—1939年任社会主义工人国际书记。——265、267。

阿德勒,维克多(Adler,Victor 1852—1918)——奥地利社会民主党创建人和领袖之一。早年是资产阶级激进派,19世纪80年代中期参加工人运动。1883年和1889年曾与恩格斯会晤,1889—1895年同恩格斯有通信联系。是1888年12月31日—1889年1月1日奥地利社会民主党成立大会上通过的党纲的主要起草人之一。在克服奥地利社会民主主义运动的分裂和建立统一的党方面做了许多工作。在党的一系列重要政策问题上(包括民族问题)倾向改良主义立场。1886年创办《平等》周刊,1889年起任奥地利社会民主党中央机关报《工人报》编辑。1905年起为议员。第一次世界大战期间持中派立场,鼓吹阶级和平,反对工人阶级的革命发动。1918年11月短期担任奥地利资产阶级共和国外交部长。——42。

阿夫克森齐耶夫,尼古拉·德米特里耶维奇(Авксентьев,Николай Дмитриевич 1878—1943)——俄国社会革命党领袖之一,该党中央委员。1905年为彼得堡工人代表苏维埃委员。斯托雷平反动时期和新的革命高涨年代参加社会革命党右翼,任社会革命党中央机关刊物《劳动旗帜报》编委。第一次世界大战期间是社会沙文主义者,为护国派刊物《在国外》、《新闻报》、《号召报》撰稿。1917年二月革命后任彼得格勒苏维埃执行委员会委员、全俄农民代表苏维埃执行委员会主席、第二届联合临时政府内务部长,10月任俄罗斯共和国临时议会(预备议会)主席。十月革命后是反革命叛乱的策划者之一。1918年是所谓乌法督政府的主席。后流亡国外,继续反对苏维埃政权。——45、48、70、72、78、80、99、100、101、107、110、125、196、286、377、391、401。

阿克雪里罗得,帕维尔·波里索维奇(Аксельрод,Павел Борисович 1850—1928)——俄国孟什维克领袖之一。19世纪70年代是民粹派分子。1883年参与创建劳动解放社。1900年起是《火星报》和《曙光》杂志编辑部成员。这一时期在宣传马克思主义的同时,也在一系列著作中把资产阶级民主制和西欧社会民主党议会活动理想化。1903年在俄国社会民主工党第二次代表大会上是《火星报》编辑部有发言权的代表,属火星派少数派,会后是孟什维主义的思想家。1905年提出召开广泛的工人代表大会的取消主义观点。1906年在党的第四次(统一)代表大会上代表孟什维克作了关于国家杜马问题的报告,宣扬无产阶级同资产阶级实行政治合作的机会主义思想。斯托雷平反动时期和新的革命高涨年代是取消派的思想领袖,参加孟什维克取消派《社会民主党人呼声报》编辑部。1912年加入"八月联盟"。第一次世界大战期间表面上是中派,实际持社会沙文主义立场;曾参加齐美尔瓦尔德代表会议和昆塔尔代表会议,属于右翼。1917年二月革命后任彼得格勒苏维埃执行委员会委员,支持资产阶级临时政府。十月革命后侨居国外,反对苏维埃政权,鼓吹武装干涉苏维埃俄国。——265。

阿列克谢耶夫,米哈伊尔·瓦西里耶维奇(Алексеев,Михаил Васильевич 1857—1918)——沙俄将军。第一次世界大战期间任西南方面军参谋长、西北方面军司令;1915年8月—1917年3月任最高总司令尼古拉二世的参谋长。1917年3—5月任临时政府最高总司令,8月30日(9月12日)起任最高总司令克伦斯基的参谋长。十月革命后逃往新切尔卡斯克,纠集反革命力量于1917年11月建立了所谓阿列克谢耶夫军官组织,该组织后来成为白卫志愿军的核心。1918年8月起为白卫志愿军最高领导人。——145、150、162、166。

阿列克辛斯基,格里戈里·阿列克谢耶维奇(Алексинский,Григорий Алексеевич 1879—1967)——俄国社会民主党人,后蜕化为反革命分子。1905—1907年革命期间是布尔什维克。第二届国家杜马彼得堡工人代表,社会民主党党团成员,参加了杜马的失业工人救济委员会、粮食委员会和土地委员会,并就斯托雷平在杜马中宣读的政府宣言,就预算、土地等问题发了言。作为社会民主党杜马党团代表参加了俄国社会民主工党第五次(伦敦)代表大会的工作。斯托雷平反动时期是召回派分子、派别性的卡普里党校(意大利)的讲课人和"前进"集团的组织者之一。第一次世界大战期间是社会沙文主义者,曾为多个资产阶级报纸撰稿。1917年加入孟什维克统一派,持反革命立场;七月事变期间伙同特务机关伪造文件诬陷列宁和布尔什维克。1918年逃往国外,投入反动营垒。——26、30、31、33、37、41、42、43、327、339。

B

巴格拉季昂,德米特里·巴甫洛维奇(Багратион,Дмитрий Павлович 生于1863年)——沙俄将军,公爵。1917年二月革命后任高加索土著师师长,科尔尼洛夫叛乱的骨干分子。——150、162。

巴索克——见美列涅夫斯基,马里安·伊万诺维奇。

巴扎罗夫,弗·(**鲁德涅夫,弗拉基米尔·亚历山德罗维奇**)(Базаров,В.(Руднев,Владимир Александрович)1874—1939)——俄国哲学家和经济学家。1896年参加社会民主主义运动。1904—1907年是布尔什维克,曾为布尔什维克报刊撰稿。1907—1910年斯托雷平反动时期背弃布尔什维主义,宣传造神说和经验批判主义,是用马赫主义修正马克思主义的主要代表人物之一。1917年是孟什维克国际主义者,半孟什维克的《新生活报》的编辑之一;反对十月革命。1921年起在国家计划委员会工作。和伊·伊·斯克沃尔佐夫-斯捷潘诺夫合译了《资本论》(第1—3卷,1907—1909年)及马克思的其他一些著作。晚年从事文艺和哲学著作的翻译工作。其经济学著作涉及经济平衡表问题。哲学著作追随马赫主义，主要著作有《无政府主义的共产主义和马克思主义》(1906)、《两条战线》(1910)等。——308—309、310—311、409、417。

白里安，阿里斯蒂德(Briand，Aristide 1862—1932)——法国国务活动家，外交家；职业是律师。19 世纪 80 年代参加法国社会主义运动，1898 年加入法国独立社会党人联盟，一度属社会党左翼；1902 年参加改良主义的法国社会党，同年被选入议会。1906 年参加资产阶级政府，任教育部长，因此被开除出社会党；后同亚·米勒兰、勒·维维安尼等人一起组成独立社会党人集团(1911 年取名"共和社会党")。1909—1911 年任"三叛徒(白里安、米勒兰、维维安尼)内阁"的总理。1910 年宣布对铁路实行军管，残酷镇压铁路工人的罢工。1913 年任总理，1915—1917 年、1921—1922 年任总理兼外交部长，1924 年任法国驻国际联盟代表。1925 年参与签订洛迦诺公约。1925—1931 年任外交部长。1931 年竞选总统失败后退出政界。——300。

鲍勃凌斯基，阿列克谢·亚历山德罗维奇(Бобринский，Алексей Александрович 1852—1927)——俄国大地主和大糖厂主，伯爵，反动的政治活动家。1884 年起多年任彼得堡省贵族代表。1906 年当选为农奴主-地主组织"贵族联合会"主席。第三届国家杜马基辅省代表。1912 年起为国务会议成员，1916 年任农业大臣。十月革命后参加君主派的俄国国家统一委员会，1919 年起为白俄流亡分子。——196。

鲍勃凌斯基，弗拉基米尔·阿列克谢耶维奇(Бобринский，Владимир Алексеевич 1868—1927)——俄国大地主和大糖厂主，伯爵，反动的政治活动家。1895—1898 年任图拉省博戈罗季茨克县地方自治局主席。第二届、第三届和第四届国家杜马图拉省代表，在杜马中属于右翼。作为极端的民族主义者，主张在俄国少数民族边疆地区强制推行俄罗斯化。十月革命后参加君主派的俄国国家统一委员会，1919 年起为白俄流亡分子。——196。

鲍勃凌斯基，Ан. А.(Бобринский，Ан. А.)——俄国大地主和大糖厂主，伯爵，反动的政治活动家。——196。

鲍威尔，奥托(Bauer，Otto 1882—1938)——奥地利社会民主党和第二国际领袖之一，"奥地利马克思主义"理论家。同卡·伦纳一起提出资产阶级民族主义的民族文化自治论。1907 年起任社会民主党议会党团秘书,同年参与创办党的理论刊物《斗争》杂志。1912 年起任党中央机关报《工人报》编辑。第一次世界大战期间应征入伍,在俄国前线被俘。俄国 1917 年二月革命后在彼得格勒,同年 9 月回国。敌视俄国十月革命。1918 年 11 月—1919 年 7 月任奥地利共和国外交部长,赞成德奥合并。1920 年在维也纳出版反布尔什维主义的《布尔什维主义还是社会民主主义?》一书。1920 年起为国民议会议员。第二半国际和社会主义工人国际的组织者和领袖之一。曾参与制定和推行奥地利社会民主党的机会主义路线,使奥地利工人阶级的革命斗争遭受严重损失。晚年修正了自己的某些改良主义观点。——434。

彼得罗夫斯基,格里戈里·伊万诺维奇(Петровский,Григорий Иванович 1878—1958)——1897 年参加俄国社会民主主义运动。俄国第一次革命期间是叶卡捷琳诺斯拉夫工人运动的领导人之一。第四届国家杜马叶卡捷琳诺斯拉夫省工人代表,布尔什维克杜马党团主席。1912 年被增补为党中央委员。因进行反对帝国主义战争的革命活动,1914 年 11 月被捕,1915 年流放图鲁汉斯克边疆区,在流放地继续进行革命工作。积极参加十月革命。1917—1919 年任俄罗斯联邦内务人民委员,1919—1938 年任全乌克兰中央执行委员会主席。1922—1937 年为苏联中央执行委员会主席之一,1937—1938 年任苏联最高苏维埃主席团副主席。在党的第十至第十七次代表大会上当选为中央委员,1926—1939 年为中央政治局候补委员。1940 年起任国家革命博物馆副馆长。——338。

彼舍霍诺夫,阿列克谢·瓦西里耶维奇(Пешехонов,Алексей Васильевич 1867—1933)——俄国社会活动家和政论家。19 世纪 90 年代为自由主义民粹派分子。《俄国财富》杂志撰稿人,1904 年起为该杂志编委;曾为自由派资产阶级的《解放》杂志和社会革命党的《革命俄国报》撰稿。1903—1905 年为解放社成员。小资产阶级政党"人民社会党"的组织者(1906)和领袖之一,该党同劳动派合并后(1917 年 6 月),参加劳动人民社会党中央委员会。1917 年二月革命后任彼得格勒工兵代表苏维埃执行委员会委员,同年 5—8 月任临时政府粮食部长,后任预备议会副主席。十月革命后反对苏维埃政权,参加了反革命组织"俄罗斯复兴会"。1922 年被驱逐出境,成为白俄流亡分子。——59、110、147、162、163、164、179、209、210、301、322—323。

别尔纳茨基,米哈伊尔·弗拉基米罗维奇(Бернацкий,Михаил Владимирович 生于1876年)——俄国政治经济学教授。1917年9月起任临时政府财政部长,后在邓尼金和弗兰格尔反革命政府中仍任财政部长。白俄流亡分子。——194。

波克罗夫斯基,米哈伊尔·尼古拉耶维奇(Покровский,Михаил Николаевич 1868—1932)——1905年加入俄国社会民主工党,历史学家。曾参加1905—1907年革命,任党的莫斯科委员会委员。1907年在党的第五次(伦敦)代表大会上当选为候补中央委员。1908—1917年侨居国外。斯托雷平反动时期参加召回派和最后通牒派,后加入"前进"集团,1911年与之决裂。第一次世界大战期间持国际主义立场,从事布尔什维克书刊的出版工作,曾编辑出版列宁的《帝国主义是资本主义的最高阶段》一书。1917年8月回国,参加了莫斯科武装起义,是莫斯科河南岸区革命司令部的成员。1917年11月—1918年3月任莫斯科苏维埃主席。布列斯特和约谈判期间是第一个苏俄代表团的成员,一度持"左派共产主义者"立场。1918年5月起任俄罗斯联邦副教育人民委员。1923—1927年积极参加反对托洛茨基主义的斗争。在不同年代曾兼任共产主义科学院、共产主义科学院历史研究所、红色教授学院、中央国家档案馆、马克思主义历史学家协会等单位的领导人。1929年起为科学院院士。1930年起为党中央监察委员会委员。多次当选为全俄中央执行委员会和苏联中央执行委员会委员。写有《俄国古代史》(五卷本,1910—1913)、《俄国文化史概论》(上下册,1915—1918)、《俄国历史概要》(上下册,1920)等著作。——339。

波洛夫采夫,彼得·亚历山德罗维奇(Половцев,Петр Александрович 1874—1964)——俄国将军,1917年夏任彼得格勒军区司令。七月事变期间指挥枪杀彼得格勒的和平示威群众和捣毁《真理报》编辑部。十月革命后为白俄流亡分子。——30、31。

波拿巴,路易——见拿破仑第三。

波拿巴,拿破仑——见拿破仑第一。

波特列索夫,亚历山大·尼古拉耶维奇(Потресов,Александр Николаевич

1869—1934)——俄国孟什维克领袖之一。19 世纪 90 年代初参加马克思主义小组。1896 年加入彼得堡工人阶级解放斗争协会,后被捕,1898 年流放维亚特卡省。1900 年出国,参与创办《火星报》和《曙光》杂志。在俄国社会民主工党第二次代表大会上是《火星报》编辑部有发言权的代表,属火星派少数派,会后是孟什维克刊物的主要撰稿人和领导人。斯托雷平反动时期和新的革命高涨年代是取消派思想家,在《复兴》杂志和《我们的曙光》杂志中起领导作用。第一次世界大战期间是社会沙文主义者。1917 年在反布尔什维克的资产阶级《日报》中起领导作用。十月革命后侨居国外,为克伦斯基的《白日》周刊撰稿,攻击苏维埃政权。——159、163、167、174、175、178、192、244、407。

伯恩施坦,爱德华(Bernstein,Eduard 1850—1932)——德国社会民主党和第二国际右翼领袖之一,修正主义的代表人物。1872 年加入社会民主党,曾是欧·杜林的信徒。1879 年和卡·赫希柏格、卡·施拉姆在苏黎世发表《德国社会主义运动的回顾》一文,指责党的革命策略,主张放弃革命斗争,适应俾斯麦制度,受到马克思和恩格斯的严厉批评。1881—1890 年任党的中央机关报《社会民主党人报》编辑。从 90 年代中期起完全同马克思主义决裂。1896—1898 年以《社会主义问题》为题在《新时代》杂志上发表一组文章,1899 年发表《社会主义的前提和社会民主党的任务》一书,从经济、政治和哲学方面对马克思主义的理论和策略作了全面的修正。1902 年起为国会议员。第一次世界大战期间持中派立场。1917 年参加德国独立社会民主党,1919 年公开转到右派方面。1918 年十一月革命失败后出任艾伯特—谢德曼政府的财政部长助理。——235。

柏肯盖姆,亚历山大·莫伊谢耶维奇(Беркенгейм,Александр Моисеевич 1880—1932)——俄国社会革命党人,合作社活动家。1917 年二月革命后任莫斯科粮食委员会主席。十月革命后,作为中央消费合作总社代表出国工作,在国外期间,进行反对苏维埃国家的活动。1922 年移居国外。1926—1932 年任波兰中央犹太人合作总社主席。——286。

勃拉姆桑,列昂季·莫伊谢耶维奇(Брамсон,Леонтий Моисеевич 1869—1941)——俄国人民社会党人,政论家;职业是律师。第一届国家杜马中劳动派的创建人之一。1917 年代表人民社会党人和劳动派参加彼得格勒工兵代表苏维埃执行委员会。支持资产阶级临时政府。十月革命后移居国外。——80。

勃朗，路易(Blanc，Louis 1811—1882)——法国小资产阶级社会主义者，历史学家。19世纪30年代成为巴黎著名的新闻工作者，1838年创办自己的报纸《进步评论》。1848年二月革命期间参加临时政府，领导所谓研究工人问题的卢森堡委员会，推行妥协政策。1848年六月起义失败后流亡英国，是在伦敦的小资产阶级流亡者的领导人之一。1870年回国。1871年当选为国民议会议员，对巴黎公社抱敌视态度。否认资本主义制度下阶级矛盾的不可调和性，反对无产阶级革命，主张同资产阶级妥协，幻想依靠资产阶级国家帮助建立工人生产协作社来改造资本主义社会。主要著作有《劳动组织》(1839)、《十年史，1830—1840》(1841—1844)、《法国革命史》(12卷，1847—1862)等。——23、78、161。

布·——见布哈林，尼古拉·伊万诺维奇。

布勃利科夫，亚历山大·亚历山德罗维奇(Бубликов，Александр Александрович 生于1875年)——俄国工商业资产阶级代表人物；职业是工程师。第四届国家杜马代表，资产阶级进步党党员。1917年8月参加莫斯科国务会议，在会上支持资产阶级同孟什维克联合。十月革命后移居国外。——187、202。

布哈林，尼古拉·伊万诺维奇(布·)(Бухарин，Николай Иванович(Б.) 1888—1938)——1906年加入俄国社会民主工党。1907年进入莫斯科大学法律系经济学专业学习。1908年起任党的莫斯科委员会委员。1909—1910年几度被捕，1911年从流放地逃往欧洲。在国外开始著述活动，参加欧洲工人运动。1917年二月革命后回国，当选为莫斯科苏维埃执行委员会委员、党的莫斯科委员会委员，任《社会民主党人报》和《斯巴达克》杂志编辑。在党的第六至第十六次代表大会上当选为中央委员。1917年10月起任莫斯科军事革命委员会委员，参与领导莫斯科的武装起义。同年12月起任《真理报》主编。1918年初反对签订布列斯特和约，是"左派共产主义者"集团的领袖。1919年3月当选为党中央政治局候补委员。1919年共产国际成立后任共产国际执行委员会委员和主席团委员。1920—1921年工会问题争论期间领导"缓冲"派。1924年6月当选为中央政治局委员。1926—1929年主持共产国际的工作。1929年被作为“右倾派别集团”的领袖受到批判,同年被撤销《真理报》主编、中央政治局委员、共产国际执行委员会委员和主席团委员职务。1931年起任苏联最高国民经济委员会主席团委员。1934—1937年任《消息报》主编。1934年当选为候补中央委员。1937年3月被开除出党。1938年3月13日被苏联最高法院军事审判庭以“参与托洛茨基的恐怖、间谍和破坏活动”的罪名判处枪决。1988年平反并恢复党籍。——137、344、363—364、367—369。

布坎南,乔治·威廉(Buchanan,George William 1854—1924)——英国外交家。1910—1918年任驻俄大使,支持反动势力阻止革命的爆发。1917年8月支持科尔尼洛夫反革命叛乱。俄国十月革命后协助白卫分子,参与策划反革命阴谋和协约国对苏维埃俄国的武装干涉。1919—1921年任驻意大利大使,1921年辞职。——175、387。

布兰亭,卡尔·亚尔马(Branting,Karl Hjalmar 1860—1925)——瑞典社会民主党和第二国际创建人和领袖之一,持机会主义立场。1887—1917年(有间断)任瑞典社会民主党中央机关报《社会民主党人报》编辑。1896年起为议员。1907年当选为党的执行委员会主席。第一次世界大战期间是社会沙文主义者。1917年参加埃登的自由党—社会党联合政府,支持武装干涉苏维埃俄国。1920年、1921—1923年、1924—1925年领导社会民主党政府,1921—1923年兼任外交大臣。曾参与创建和领导伯尔尼国际。——98、99、101、265。

布列什柯-布列什柯夫斯卡娅,叶卡捷琳娜·康斯坦丁诺夫娜(Брешко-Брешковская,Екатерина Константиновна 1844—1934)——俄国社会革命党的组织者和领导人之一,属该党极右翼。19世纪70年代初参加革命运动,是“到民间去”活动的参加者。1874—1896年服苦役和流放。1899年参与创建俄国政治解放工人党,该党于1902年并入社会革命党。曾参加1905—1907年革命。多次当选为社会革命党中央委员。1917年二月革命后极力支持资产阶级临时政府,主张把帝国主义战争继续进行到“最后胜利”。十月革命后反对苏维埃政权。1919年去美国,后住在法国。在国外继续反对苏维埃俄国,主张策划新的武装干涉,参加了巴黎白俄流亡分子的《白日》周刊的工作。——174、180、244、255、293—294、306、307、321、

322、323、342、378。

布龙佐夫,佩尔菲里·瓦西里耶维奇(Бронзов,Перфирий Васильевич)——1917 年第一届苏维埃中央执行委员会委员。——80。

C

策列铁里,伊拉克利·格奥尔吉耶维奇(Церетели,Ираклий Георгиевич 1881—1959)——俄国孟什维克领袖之一。1902 年参加社会民主主义运动。第二届国家杜马代表,在杜马中领导社会民主党党团,参加土地委员会,就斯托雷平在杜马中宣读的政府宣言以及土地等问题发了言。作为社会民主党杜马党团的代表参加了俄国社会民主工党第五次(伦敦)代表大会的工作。斯托雷平反动时期和新的革命高涨年代是取消派分子。第一次世界大战期间是中派分子。1917 年二月革命后任彼得格勒苏维埃执行委员会委员、第一届中央执行委员会主席团委员,护国派分子。1917 年 5—7 月任临时政府邮电部长,七月事变后任内务部长,极力反对布尔什维克争取政权的斗争。十月革命后领导立宪会议中的反苏维埃联盟;是格鲁吉亚孟什维克反革命政府首脑之一。1921 年格鲁吉亚建立苏维埃政权后流亡法国。1923 年是社会主义工人国际的组织者之一。1940 年移居美国。——2、9、10、11、20、31、33、34、35、41、43、44、45、46、58、59—60、68、70、74、75、76、78、80、90—93、98、99、107、120、125、139、161、178、186、209、210、218、137、242、243—245、247、248、249、253、254、255、256、272、283、290、298、299、306、307、315、316、321、328、336。

柴可夫斯基,尼古拉·瓦西里耶维奇(Чайковский,Николай Васильевич 1851—1926)——俄国民粹派分子,后为社会革命党人、人民社会党人。早年参加柴可夫斯基派小组,小组被破坏后,1874—1906 年流亡国外。1904 年参加社会革命党,1910 年与该党决裂。第一次世界大战期间是社会沙文主义者,全俄城市联合会领导人之一。1917 年二月革命后是劳动人民社会党中央委员、彼得格勒工兵代表苏维埃和全俄农民代表苏维埃执行委员会委员。十月革命后支持外国武装干涉苏维埃政权并策划反苏维埃叛乱,是美国和英法武装干涉者在俄国北部的傀儡。1918 年是反革命组织“俄罗斯复兴会”的组织者之一。1918 年 8 月起是社会革命党在阿尔汉格尔斯克建立的反革命的北方区域临时政府首脑。1919 年流亡巴黎。1920 年初为邓尼金政府成员。邓尼金被击溃后逃往伦敦。——286。

D

丹东,若尔日·雅克(Danton,Georges-Jacques 1759—1794)——18 世纪末法国资产阶级革命活动家,雅各宾派右翼领袖;职业是律师。1792 年 8 月参加了推翻君主制的起义,起义后任吉伦特派政府司法部长。8—9 月间在普奥干涉军进逼巴黎的危急关头,发表了"为了战胜敌人,必须勇敢、勇敢、再勇敢!"的著名演说,号召人民奋起保卫革命的祖国。同年 9 月被选入国民公会,和罗伯斯比尔等人一起组成国民公会中的山岳派,为该派领袖之一。1793 年 4 月参加雅各宾派政府——第一届公安委员会,成了实际上的领导人。由于力图调和雅各宾派和吉伦特派之间的斗争,同年 7 月被排除出改组后的公安委员会。当年 11 月重返国民公会,主张温和妥协,反对罗伯斯比尔派政府实行革命专政的各项政策。1794 年 3 月 31 日夜被捕,经革命法庭审判,于 4 月 5 日被处决。——326、374、375。

杜巴索夫(Дубасов)——俄国非布尔什维克军官,在前线作战的军人。——273、279、330、332。

E

恩格斯,弗里德里希(Engels,Friedrich 1820—1895)——科学共产主义创始人之一,世界无产阶级的领袖和导师,马克思的亲密战友。——10、25、110、130、234、235、239、320、325—326、353、373—374、375、408。

F

弗·米—亭——见米柳亭,弗拉基米尔·巴甫洛维奇。

G

盖得,茹尔(**巴西尔,马蒂厄**)(Guesde, Jules (Basile, Mathieu) 1845—1922)——法国工人运动和国际工人运动活动家,法国工人党创建人之一,第二国际的组织者和领袖之一。19 世纪 60 年代是资产阶级共和主义者。

拥护 1871 年的巴黎公社。公社失败后流亡瑞士和意大利，一度追随无政府主义者。1876 年回国。在马克思和恩格斯影响下逐步转向马克思主义。1877 年 11 月创办《平等报》，宣传社会主义思想，为 1879 年法国工人党的建立作了思想准备。1880 年和拉法格一起在马克思和恩格斯指导下起草了法国工人党纲领。1880—1901 年领导法国工人党，同无政府主义者和可能派进行坚决斗争。1889 年积极参加创建第二国际的活动。1893 年当选为众议员。1899 年反对米勒兰参加资产阶级内阁。1901 年与其拥护者建立了法兰西社会党，该党于 1905 年同改良主义的法国社会党合并，盖得为统一的法国社会党领袖之一。20 世纪初逐渐转向中派立场。第一次世界大战一开始即采取社会沙文主义立场，参加了法国资产阶级政府。1920 年法国社会党分裂后，支持少数派立场，反对加入共产国际。——95。

盖森，约瑟夫·弗拉基米罗维奇（Гессен，Иосиф Владимирович 1866—1943）——俄国资产阶级政论家，法学家，立宪民主党创建人和领袖之一，该党中央委员。先后参与编辑立宪民主党机关报《人民自由报》和《言语报》。第二届国家杜马代表，杜马司法委员会主席。十月革命后反对苏维埃政权，外国武装干涉和国内战争时期竭力支持反革命首领尤登尼奇，后为白俄流亡分子。1920 年起在柏林出版白卫报纸《舵轮报》，1921 年起出版《俄国革命文库》。写过不少攻击布尔什维克的政论文章。——87、88、89。

格沃兹杰夫，库兹马·安东诺维奇（Гвоздев，Кузьма Антонович 生于 1883 年）——俄国孟什维克取消派分子。第一次世界大战期间是社会沙文主义者，中央军事工业委员会工人团主席。主持了军事工业委员会第一次候选人大会，护国派在会上失败后，又和亚·伊·古契柯夫筹划了第二次选举。1917 年二月革命后任彼得格勒苏维埃执行委员会委员，在临时政府中先后任劳动部副部长和部长。——272、299、406。

古契柯夫，亚历山大·伊万诺维奇（Гучков，Александр Иванович 1862—1936）——俄国大资本家，十月党的组织者和领袖。1905—1907 年革命期间支持政府镇压工农。1907 年 5 月作为工商界代表被选入国务会议，同年 11 月被选入第三届国家杜马；1910 年 3 月—1911 年 3 月任杜马主席。

第一次世界大战期间是中央军事工业委员会主席和国防特别会议成员。1917 年 3—5 月任临时政府陆海军部长。同年 8 月参与策划科尔尼洛夫叛乱。十月革命后反对苏维埃政权,1918 年起为白俄流亡分子。——60、155、172、173、255、422。

H

海德门,亨利·迈尔斯(Hyndman,Henry Mayers 1842—1921)——英国社会党人。1881 年创建民主联盟(1884 年改组为社会民主联盟),担任领导职务,直至 1892 年。曾同法国可能派一起夺取 1889 年巴黎国际工人代表大会的领导权,但未能得逞。1900—1910 年是社会党国际局成员。1911 年参与创建英国社会党,领导该党机会主义派。第一次世界大战期间是社会沙文主义者。1916 年英国社会党代表大会谴责他的社会沙文主义立场后,退出社会党。敌视俄国十月革命,赞成武装干涉苏维埃俄国。——95。

胡顿宁,埃韦尔特·约翰·瓦尔德马尔(Huttunen,Evert Johan Waldemar 1884—1924)——芬兰社会民主党人,1917 年起为议员。曾任芬兰工人报《劳动报》主编。1917 年 9 月列宁从赫尔辛福斯转移到维堡时,曾住在胡顿宁的寓所。——262。

J

基什金,尼古拉·米哈伊洛维奇(Кишкин,Николай Михайлович 1864—1930)——俄国立宪民主党领袖之一;职业是医生。1917 年二月革命后任临时政府驻莫斯科委员。在最后一届临时政府中任国家救济部长。1917 年 10 月 25 日(11 月 7 日)被任命为在彼得格勒"建立秩序"的临时政府特命全权代表;当天同临时政府其他成员一起在冬宫被捕,但很快获释。1919 年是莫斯科反革命"战术中心"的骨干分子。1921 年加入全俄赈济饥民委员会,同委员会中其他反苏维埃成员,利用该组织进行反革命活动,后被捕。获释后在俄罗斯联邦卫生人民委员部工作。——256、276、294、316。

季诺维也夫(**拉多梅斯尔斯基**),格里戈里·叶夫谢耶维奇(Зиновьев(Радомысльский),Григорий Евсеевич 1883—1936)——1901 年加入俄国

社会民主工党，党的第二次代表大会后是布尔什维克。在党的第五至第十四次代表大会上当选为中央委员。1908—1917 年侨居国外，参加布尔什维克《无产者报》编辑部和党的中央机关报《社会民主党人报》编辑部。斯托雷平反动时期对取消派、召回派和托洛茨基分子采取调和主义态度。1912 年后和列宁一起领导中央委员会俄国局。第一次世界大战期间持国际主义立场。1917 年 4 月回国，进入《真理报》编辑部。十月革命前夕反对举行武装起义的决定。1917 年 11 月主张成立有孟什维克和社会革命党人参加的联合政府，遭到否决后声明退出党中央。1917 年 12 月起任彼得格勒苏维埃主席。1919 年共产国际成立后任共产国际执行委员会主席。1919 年当选为党中央政治局候补委员，1921 年当选为中央政治局委员。1925 年参与组织“新反对派”，1926 年与托洛茨基结成“托季联盟”。1926 年被撤销中央政治局委员和共产国际的领导职务。1927 年 11 月被开除出党，后来两次恢复党籍，两次被开除出党。1936 年 8 月 25 日被苏联最高法院军事审判庭以“参与暗杀基洛夫、阴谋刺杀斯大林及其他苏联领导人”的罪名判处枪决。1988 年 6 月苏联最高法院为其平反。——35、41、248、388—389、411—413、415—419、429。

加加林，А.В.(Гагарин，А.В.)——沙俄将军，公爵。1917 年二月革命后任高加索土著师的旅长，科尔尼洛夫叛乱的骨干分子。——150、162。

加米涅夫(**罗森费尔德**)，列夫·波里索维奇(Каменев(Розенфельд)，Лев Борисович 1883—1936)——1901 年加入俄国社会民主工党，党的第二次代表大会后是布尔什维克。是高加索联合会出席党的第三次代表大会的代表。1905—1907 年在彼得堡从事宣传鼓动工作，为党的报刊撰稿。1908 年底出国，任布尔什维克的《无产者报》编委。斯托雷平反动时期对取消派、召回派和托洛茨基分子采取调和主义态度。1914 年初回国，在《真理报》编辑部工作，曾领导第四届国家杜马布尔什维克党团。1914 年 11 月被捕，在沙皇法庭上宣布放弃使沙皇政府在帝国主义战争中失败的布尔什维克口号，次年 2 月被流放。1917 年二月革命后反对列宁的《四月提纲》。从党的第七次全国代表会议(四月代表会议)起多次当选为中央委员。十月革命前夕反对举行武装起义的决定。在全俄苏维埃第二次代表大会上当选为全俄中央执行委员会第一任主席。1917 年 11 月主张成立有孟什维克和社会革命党人参加的联合政府,遭到否决后声明退出党中央。1918 年起任莫斯科苏维埃主席。1922 年起任人民委员会副主席,1924—1926 年任劳动国防委员会主席。1923 年起为列宁研究院第一任院长。1919—1925 年为党中央政治局委员。1925 年参与组织"新反对派",1926 年 1 月当选为中央政治局候补委员,同年参与组织"托季联盟",10 月被撤销政治局候补委员职务。1927 年 12 月被开除出党,后来两次恢复党籍,两次被开除出党。1936 年 8 月 25 日被苏联最高法院军事审判庭以"参与暗杀基洛夫、阴谋刺杀斯大林及其他苏联领导人"的罪名判处枪决。1988 年 6 月苏联最高法院为其平反。——10、66—68、88、248、411—413、415—419、429。

加涅茨基(**菲尔斯滕贝格**),雅柯夫·斯坦尼斯拉沃维奇(Ганецкий(Фюрстенберг),Яков Станиславович 1879—1937)——波兰和俄国革命运动活动家。1896 年加入社会民主党。1903—1909 年为波兰王国和立陶宛社会民主党总执行委员会委员。1907 年在俄国社会民主工党第五次(伦敦)代表大会上缺席当选为中央委员。在波兰王国和立陶宛社会民主党第六次代表大会上,因在党内一系列问题上持不同意见,退出总执行委员会。1912 年波兰王国和立陶宛社会民主党分裂后,是最接近布尔什维克的所谓分裂派的领导人之一。第一次世界大战期间参加齐美尔瓦尔德左派。1917 年是俄国社会民主工党(布)中央委员会国外局成员。十月革命后历任财政人民委员部部务委员、人民银行委员和行长、对外贸易人民委员部和外交人民委员部部务委员等职。1935 年起任国家革命博物馆馆长。——42、43。

捷尔任斯基,费利克斯·埃德蒙多维奇(Дзержинский,Феликс Эдмундович 1877—1926)——波兰和俄国革命运动活动家,波兰王国和立陶宛社会民主党的组织者和领导人之一。1895 年在维尔诺加入立陶宛社会民主党组织,1903 年当选为波兰王国和立陶宛社会民主党总执行委员会委员。积极参加 1905—1907 年革命,领导波兰无产阶级的斗争。1907 年在俄国社会民主工党第五次(伦敦)代表大会上被缺席选入中央委员会。屡遭沙皇政府迫害,度过十年以上的监禁、苦役和流放生活。1917 年二月革命后在莫斯科做党的工作。在党的第六次代表大会上当选为中央委员，进入党中央书记处。十月革命期间是彼得格勒军事革命委员会委员和党的军事革命总部成员。十月革命后当选为全俄中央执行委员会委员和主席团委员。1917年12月起任全俄肃反委员会（1923年起为国家政治保卫总局）主席。1918年初在布列斯特和约问题上一度采取“左派共产主义者”的立场。1919—1923年兼任内务人民委员，1921—1924年兼任交通人民委员，1924年起兼任最高国民经济委员会主席。1920年4月起为党中央组织局候补委员，1921年起为中央组织局委员，1924年6月起为中央政治局候补委员。——429。

捷列先科，米哈伊尔·伊万诺维奇（Терещенко，Михаил Иванович 1886—1956）——俄国最大的糖厂主，百万富翁。曾参加进步党，是第四届国家杜马代表。1917年二月革命后先后任临时政府财政部长和外交部长，积极推行把战争继续进行到“最后胜利”的帝国主义政策。十月革命后是反革命叛乱和外国武装干涉苏维埃国家的策划者之一，白俄流亡分子。——45、187、194、196、202、212、244。

K

卡布鲁柯夫，尼古拉·阿列克谢耶维奇（Каблуков，Николай Алексеевич 1849—1919）——俄国经济学家和统计学家，民粹主义者。1874—1879年在莫斯科省地方自治局统计处工作，1885—1907年任统计处处长。1894—1919年在莫斯科大学教书，1903年起为教授。在著述中宣扬小农经济稳固，把村社理想化，认为它是防止农民分化的一种形式，反对马克思主义的阶级斗争学说。1917年在临时政府最高土地委员会工作。十月革命后在中央统计局工作。主要著作有《农业工人问题》（1884）、《农业经济学讲义》（1897）、《论俄国农民经济发展的条件》（1899）、《政治经济学》（1918）等。——426。

卡芬雅克，路易·欧仁（Cavaignac，Louis-Eugène 1802—1857）——法国将军，资产阶级共和党人。1831—1848年参与侵占阿尔及利亚的战争，以野蛮的作战方式著称。1848年二月革命后任阿尔及利亚总督；5月任法国陆军部长，镇压巴黎工人的六月起义。1848年6—12月任法兰西第二共和国政府首脑。卡芬雅克的名字已成为军事独裁者、屠杀工人的刽子手的通称。——1、8、9、10—11。

卡列金,阿列克谢·马克西莫维奇(Каледин,Алексей Максимович 1861—1918)——沙俄将军,顿河哥萨克军阿塔曼(统领)。第一次世界大战期间任骑兵师师长、步兵第12军军长、西南方面军第8集团军司令。1917年6月被选为顿河哥萨克军阿塔曼(统领),领导反革命的顿河军政府。1917年8月在莫斯科国务会议上提出镇压革命运动的纲领,积极参加科尔尼洛夫叛乱。十月革命期间在外国干涉者的支持下,在顿河流域组建白卫志愿军并策动反革命叛乱。1918年2月叛乱被革命军队粉碎。叛军覆灭前,卡列金于1918年1月29日(2月11日)在哥萨克军政府会议上承认处境绝望,宣布辞职。当日开枪自杀。——70、72、124—125、127、155、162、171—172。

卡姆柯夫(卡茨),波里斯·达维多维奇(Камков(Кац),Борис Давидович 1885—1938)——俄国社会革命党人,左派社会革命党的组织者和领袖之一。第一次世界大战期间侨居法国、瑞典,属国际主义派。1917年二月革命后回国,当选为社会革命党彼得格勒委员会委员;反对战争,主张政权归苏维埃。在全俄苏维埃第二次代表大会上当选为全俄中央执行委员会委员,在左派社会革命党第一次代表大会上当选为中央委员。1918年反对签订布列斯特和约,是刺杀德国大使威·米尔巴赫的主谋和莫斯科左派社会革命党人叛乱的策划者之一。因进行反革命活动被军事法庭判处三年徒刑。后在统计部门工作。——127、400、401。

卡特柯夫,米哈伊尔·尼基福罗维奇(Катков,Михаил Никифорович 1818—1887)——俄国地主,政论家。开始政治活动时是温和的贵族自由派的拥护者。1851—1855年编辑《莫斯科新闻》,1856—1887年出版《俄罗斯通报》杂志。60年代初转入反动营垒,1863—1887年编辑和出版《莫斯科新闻》,该报从1863年起成了君主派反动势力的喉舌。自称是“专制制度的忠实警犬”,他的名字已成为最无耻的反动势力的通称。——92。

考茨基,卡尔(Kautsky,Karl 1854—1938)——德国社会民主党和第二国际的领袖和主要理论家之一。1875年加入奥地利社会民主党,1877年加入德国社会民主党。1881年与马克思和恩格斯相识后,在他们的影响下逐渐转向马克思主义。从19世纪80年代到20世纪初写过一些宣传和解释马克思主义的著作:《卡尔·马克思的经济学说》(1887)、《土地问题》(1899)等。但在这个时期已表现出向机会主义方面摇摆,在批判伯恩施坦时作了很多让步。1883—1917年任德国社会民主党理论刊物《新时代》杂志主编。曾参与起草1891年德国社会民主党纲领(爱尔福特纲领)。1910年以后逐渐转到机会主义立场,成为中派领袖。第一次世界大战前夕提出超帝国主义论,大战期间打着中派旗号支持帝国主义战争。1917年参与建立德国独立社会民主党,1922年拥护该党右翼与德国社会民主党合并。1918年后发表《无产阶级专政》等书,攻击俄国十月革命,反对无产阶级专政。——96、266、355。

柯伦泰,亚历山德拉·米哈伊洛夫娜(Коллонтай, Александра Михайловна 1872—1952)——19世纪90年代参加俄国社会民主主义运动。1906—1915年是孟什维克,1915年加入布尔什维克党。曾参加1905—1907年革命。1908—1917年侨居国外。第一次世界大战一开始即持革命的国际主义立场;受列宁委托,在斯堪的纳维亚国家和美国进行团结社会民主党国际主义左派的工作。1917年二月革命后回国,被选入彼得格勒苏维埃执行委员会,在波罗的海舰队水兵和彼得格勒卫戍部队士兵中开展工作。1917年七月事变时被临时政府逮捕入狱。在俄国社会民主工党(布)第六次代表大会上当选为中央委员。在彼得格勒参加十月武装起义。十月革命后参加第一届人民委员会,任国家救济人民委员。1918年持"左派共产主义者"立场。1920年起任党中央妇女部部长。1920—1921年工会问题争论期间是工人反对派的骨干分子。1921—1922年任共产国际国际妇女书记处书记。1923年起在外交部门担任负责工作,历任驻挪威、墨西哥全权代表和商务代表,驻瑞典公使和大使等职。——31。

科尔尼洛夫,拉甫尔·格奥尔吉耶维奇(Корнилов, Лавр Георгиевич 1870—1918)——沙俄将军,君主派分子。第一次世界大战期间曾任师长和军长。1917年二月革命后任彼得格勒军区司令,5—7月任第8集团军和西南方面军司令。1917年7月19日(8月1日)—8月27日(9月9日)任最高总司令。8月底发动叛乱,进军彼得格勒,企图建立反革命军事专政。叛乱很快被粉碎,本人被捕入狱。11月逃往新切尔卡斯克,和米·瓦·阿列克谢耶夫一起组建和领导白卫志愿军。1918年4月在进攻叶卡捷琳诺达尔时被击毙。——45、64、116、117、120、125、144、145、147、150、155、162、166、169—171、172、175、176、194、218、229、244、279、280、281、299、315、317、323、341、342、379、380、381、382、386、396、430。

克雷连柯，尼古拉·瓦西里耶维奇（Крыленко，Николай Васильевич 1885—1938）——1904年加入俄国社会民主工党。1905—1906年是彼得堡学生运动领袖之一，在彼得堡布尔什维克组织中工作。1907年脱党。1911年又回到布尔什维克组织中工作，先后为《明星报》和《真理报》撰稿。1913年12月被捕。第一次世界大战期间，1914—1915年侨居国外，后在军队服役。1917年二月革命后在《士兵真理报》工作，同年6月参加俄国社会民主工党（布）前线和后方军事组织全国代表会议，被选入党中央委员会全俄军事组织局。积极参加十月革命，是彼得格勒军事革命委员会委员。十月革命后参加第一届人民委员会，任陆海军事务委员会委员，1917年11月被任命为最高总司令。1918年3月起在司法部门工作。1922—1931年任全俄中央执行委员会最高革命法庭庭长、俄罗斯联邦副司法人民委员、检察长。1931年起任俄罗斯联邦司法人民委员，1936年起任苏联司法人民委员。1927—1934年为党中央监察委员会委员。全俄中央执行委员会主席团委员。——338。

克列姆博夫斯基，弗拉基斯拉夫·拿破仑诺维奇（Клембовский，Владислав Наполеонович 1860—1921）——沙俄将军，1917年5月起任北方面军总司令，科尔尼洛夫叛乱的骨干分子。十月革命后在红军中任职。——145、150、162、342。

克伦斯基，亚历山大·费多罗维奇（Керенский，Александр Федорович 1881—1970）——俄国政治活动家，资产阶级临时政府首脑。1917年3月起为社会革命党人。第四届国家杜马代表，劳动派党团领袖。第一次世界大战期间是护国派分子。1917年二月革命后任彼得格勒工兵代表苏维埃副主席、国家杜马临时委员会委员。在临时政府中任司法部长（3—5月）、陆海军部长（5—9月）、总理（7月21日起）兼最高总司令（9月12日起）。执政期间继续进行帝国主义战争，七月事变时镇压工人和士兵，迫害布尔什维克。1917年11月7日彼得格勒爆发武装起义时，从首都逃往前线，纠集部队向彼得格勒进犯,失败后逃亡巴黎。在国外参加白俄流亡分子的反革命活动,1922—1932年编辑《白日》周刊。1940年移居美国。——1、11、31、35、36、44、45、48、56、57、60—61、62、70、72、83、84、85、116、117、120、123、125、135、136、145、150、152、162、177、180、194、196、202、210、211、212、218、225、232、233、234、237、242、243、244、245、246、247、248、249、252、254、255、256、258、259、260、261、271—272、274、276、277—278、279—281、292、294、299、314—315、316—317、323、329、330、333、335、336、340、341—343、377—378、379—381、385、394、396、398、400、405、406、412、414、417、418、424、431。

克舍辛斯卡娅,马蒂尔达·费利克索夫娜(Кшесинская, Матильда Феликсовна 1872—1971)——俄国芭蕾舞演员。尼古拉二世赐予她一座在彼得堡的府第,被称为克舍辛斯卡娅公馆。十月革命后移居国外。——35、36。

库斯柯娃,叶卡捷琳娜·德米特里耶夫娜(Кускова, Екатерина Дмитриевна 1869—1958)——俄国社会活动家和政论家,经济派代表人物。19世纪90年代中期在国外接触马克思主义,与劳动解放社关系密切,但在伯恩施坦主义影响下,很快走上修正马克思主义的道路。1899年所写的经济派的纲领性文件《信条》,受到以列宁为首的一批俄国马克思主义者的严厉批判。1905—1907年革命前夕加入自由派的解放社。1906年参与出版半立宪民主党、半孟什维克的《无题》周刊,为左派立宪民主党人的《同志报》撰稿。呼吁工人放弃革命斗争,力图使工人运动服从自由派资产阶级的政治领导。十月革命后反对苏维埃政权。1921年进入全俄赈济饥民委员会,同委员会中其他反苏维埃成员利用该组织进行反革命活动。1922年被驱逐出境。——286。

L

拉基特尼科夫,尼古拉·伊万诺维奇(Ракитников, Николай Иванович 生于1864年)——俄国民粹派分子,后为社会革命党人;新闻工作者。1901年起为社会革命党中央委员,在俄国许多城市和国外从事活动,为社会革命党的报刊撰稿。1916年回国,为《萨拉托夫通报》撰稿。1917年二月革命后任临时政府农业部副部长。十月革命后参加萨马拉的反革命立宪会议委员会的活动。1919年退出社会革命党中央委员会,承认苏维埃政权。后脱离政治活动。——9、406。

拉林,尤·(**卢里叶,米哈伊尔·亚历山德罗维奇**)(Ларин,Ю.(Лурье,Михаил Александрович)1882—1932)——1900年参加俄国社会民主主义运动,在敖德萨和辛菲罗波尔工作。1904年起为孟什维克。1905年是俄国社会民主工党彼得堡孟什维克委员会委员。1906年进入党的统一的彼得堡委员会;是党的第四次(统一)代表大会有表决权的代表。维护孟什维克的土地地方公有化纲领,支持召开"工人代表大会"的取消主义思想。党的第五次(伦敦)代表大会波尔塔瓦组织的代表。斯托雷平反动时期和新的革命高涨年代是取消派领袖之一,参加了"八月联盟"。第一次世界大战期间是中派分子。1917年二月革命后领导出版《国际》杂志的孟什维克国际主义派。1917年8月加入布尔什维克党。在彼得格勒参加十月武装起义。十月革命后主张成立有孟什维克和社会革命党人参加的联合政府。在苏维埃和经济部门工作,曾任最高国民经济委员会主席团委员、国家计划委员会主席团委员等职。1920—1921年工会问题争论期间先后支持布哈林和托洛茨基的纲领。——338—339、371—372。

雷恩施坦,波里斯·И.(Рейнштейн,Борис И.1866—1947)——1884年参加俄国革命运动。侨居美国后,在美国社会主义工人党中工作,任该党驻第二国际代表。1917年回国后,加入孟什维克国际主义派。1918年4月加入布尔什维克党。主要在共产国际和红色工会国际工作。——434。

李伯尔(**戈尔德曼**),米哈伊尔·伊萨科维奇(Либер(Гольдман),Михаил Исаакович 1880—1937)——崩得和孟什维克领袖之一。1898年起为社会民主党人,1902年起为崩得中央委员。1903年率领崩得代表团出席俄国社会民主工党第二次代表大会,在会上采取极右的反火星派立场,会后成为孟什维克。1907年在党的第五次(伦敦)代表大会上代表崩得被选入中央委员会,是崩得驻中央委员会国外局的代表。斯托雷平反动时期是取消派分子,1912年是"八月联盟"的骨干分子,第一次世界大战期间是社会沙文主义者。1917年二月革命后任彼得格勒工兵代表苏维埃执行委员会委员和第一届中央执行委员会主席团委员,采取孟什维克立场,支持资产阶级联合内阁,敌视十月革命。后脱离政治活动,从事经济工作。——80、

125、242、243—245、247、249、253、254、276、277、298、332、395、396、400、401、405、410、419。

李卜克内西，卡尔（Liebknecht，Karl 1871—1919）——德国工人运动和国际工人运动活动家，德国社会民主党左翼领袖之一，德国共产党创建人之一；威·李卜克内西的儿子；职业是律师。1900年加入社会民主党，积极反对机会主义和军国主义。1912年当选为帝国国会议员。第一次世界大战期间持国际主义立场，反对支持本国政府进行掠夺战争。1914年12月2日是国会中唯一投票反对军事拨款的议员。是国际派（后改称斯巴达克派和斯巴达克联盟）的组织者和领导人之一。1916年因领导五一节反战游行示威被捕入狱。1918年10月出狱，领导了1918年十一月革命，与卢森堡一起创办《红旗报》，同年底领导建立德国共产党。1919年1月柏林工人斗争被镇压后，于15日被捕，当天惨遭杀害。——95、100、267、377、399。

李沃夫，格奥尔吉·叶夫根尼耶维奇（Львов，Георгий Евгеньевич 1861—1925）——俄国公爵，大地主，地方自治运动活动家，立宪民主党人。1903—1906年任图拉县地方自治局主席，曾参加1904—1905年地方自治人士代表大会。第一届国家杜马代表，是负责安置远东移民和救济饥民的地方自治机关全国性组织的领导人。第一次世界大战期间是全俄地方自治机关联合会主席以及全俄地方自治机关和城市联合会军需供应总委员会的领导人之一。1917年3—7月任临时政府总理兼内务部长，是七月事变期间镇压彼得格勒工人和士兵的策划者之一。十月革命后逃亡法国，参与策划对苏维埃俄国的武装干涉。——14—16、421、422、423。

里亚布申斯基，帕维尔·巴甫洛维奇（Рябушинский，Павел Павлович 1871—1924）——俄国莫斯科大银行家和企业主，反革命首领之一。曾积极参与创建资产阶级的进步党，出版反映大资产阶级利益的《俄国晨报》。1917年8月扬言要以饥饿手段窒息革命，是科尔尼洛夫叛乱的策划者和领导人之一。十月革命后逃亡法国，继续进行反对苏维埃俄国的活动。——155、172、173、175、187、406。

梁赞诺夫（**戈尔登达赫**），达维德·波里索维奇（Рязанов（Гольдендах），Давид Борисович 1870—1938）——1889年参加俄国革命运动。曾在敖德萨和基什尼奥夫开展工作。1900年出国，是著作家团体斗争社的组织者之一；该社反对《火星报》制定的党纲和列宁的建党组织原则。俄国社会民主工党第二次代表大会反对斗争社参加大会的工作，并否决了邀请梁赞诺夫作为该社代表出席大会的建议。代表大会后是孟什维克。1905—1907年在国家杜马社会民主党党团和工会工作。后再次出国，为《新时代》杂志撰稿。1909年在“前进”集团的卡普里党校（意大利）担任讲课人，1911年在隆瑞莫党校（法国）讲授工会运动课。曾受德国社会民主党委托从事出版《马克思恩格斯全集》和第一国际史的工作。第一次世界大战期间是中派分子，为孟什维克的《呼声报》和《我们的言论报》撰稿。1917年二月革命后参加区联派，在俄国社会民主工党（布）第六次代表大会上随区联派集体加入布尔什维克党。十月革命后从事工会工作。1918年初因反对签订布列斯特和约一度退党。1920—1921年工会问题争论期间持错误立场，被解除工会职务。1921年参与创建马克思恩格斯研究院，担任院长直到1931年。1931年2月因同孟什维克国外总部有联系被开除出党。——409。

列宁，弗拉基米尔·伊里奇（**乌里扬诺夫，弗拉基米尔·伊里奇**；伊万诺夫，康·；伊万诺夫，康斯坦丁·彼得罗维奇；列宁，尼·）（Ленин，Владимир Ильич（Ульянов，Владимир Ильич，Иванов，К.，Иванов，Константин Петрович，Ленин，Н.）1870—1924）——26、33、35、41—42、65、73、82、86、113—114、115、117—118、126、131、135、159、168、196、200、201、226、229、234、241、247、258—259、261—263、265、278、282、283、284、295—296、302、304、312—314、315、330、331、334、340、344—345、347、348、357—363、365、366、367、368—370、371、373、377、379—380、381、382、383、386—389、390、391、394、408、409、410、411—414、415、418、419、429、430、434、435、436。

列诺得尔，皮埃尔（Renaudel，Pierre 1871—1935）——法国社会党右翼领袖之一。1899年参加社会主义运动。1906—1915年任《人道报》编辑，1915—1918年任社长。1914—1919年和1924—1935年为众议员。第一次世界大战期间是社会沙文主义者。反对社会党参加共产国际，主张社会党人参加资产阶级政府。1927年辞去社会党领导职务，1933年被开除出党。——95、100、399。

林杰，Ф.Ф.（Линде，Ф.Ф.1881—1917）——俄国彼得格勒第一届工兵代表苏维埃执行委员会委员。1917 年 4 月曾参加士兵的游行示威，后任临时政府派驻西南方面军的委员。在试图说服士兵去打仗时，被打死。——168。

路易-拿破仑——见拿破仑第三。

伦施，保尔（Lensch，Paul 1873—1926）——德国社会民主党人。1905—1913 年任德国社会民主党左翼机关报《莱比锡人民报》编辑。第一次世界大战爆发后转向社会沙文主义立场。战后任鲁尔工业巨头主办的《德意志总汇报》主编。1922 年根据德国社会民主党普通党员的要求被开除出党。——217。

罗将柯，米哈伊尔·弗拉基米罗维奇（Родзянко，Михаил Владимирович 1859—1924）——俄国大地主，十月党领袖之一，君主派分子。20 世纪初曾任叶卡捷琳诺斯拉夫省地方自治局主席。1911—1917 年先后任第三届和第四届国家杜马主席，支持沙皇政府的反动政策。1917 年二月革命期间力图保持君主制度，组织并领导了国家杜马临时委员会，后参与策划科尔尼洛夫叛乱。十月革命后投靠科尔尼洛夫和邓尼金，企图联合一切反革命势力颠覆苏维埃政权。1920 年起为白俄流亡分子。——116、244—245、342、396、397、400、401、402、403、406、412、414、417、418。

罗洛维奇（**罗霍维奇，Г.Я.**）（Ролович（Рохович，Г.Я.））——全国粮食委员会委员（1917）。——211。

罗维奥，古斯塔夫·谢苗诺维奇（Ровио（Rovio），Густав Семенович 1887—1938）——1905 年加入俄国社会民主工党；职业是旋工。1910 年底起在芬兰居住和工作。加入芬兰社会民主党，任党的鼓动员；1913—1915 年任芬兰社会民主青年联盟中央委员会书记。1917 年 4 月发生革命事变后，被工人组织推选为赫尔辛福斯民警局局长。1917 年 8—9 月间列宁从彼得格勒转移到芬兰后，曾住在他家。参加芬兰 1918 年革命；后来担任联共（布）中央委员会西北局芬兰支部书记、西部少数民族共产主义大学列宁格勒分校副校长。1929 年 7 月起任联共（布）卡累利阿州州委书记。——262、263。

洛贝尔图斯-亚格措夫，约翰·卡尔（Rodbertus-Jagetzow，Johann Karl 1805—1875）——德国经济学家，国家社会主义理论家，资产阶级化的普鲁士贵族利益的表达者，大地主。认为劳动和资本的矛盾可以通过普鲁士容克王朝实行的一系列改革得到解决。由于不了解剩余价值产生的根源和资本主义基本矛盾的实质，认为经济危机的原因在于人民群众的消费不足；地租是由于农业中不存在原料的耗费而形成的超额收入。主要著作有《关于我国国家经济状况的认识》(1842)、《给冯·基尔希曼的社会问题书简》(1850—1851、1884)等。——351。

洛莫夫，阿·(**奥波科夫，格奥尔吉·伊波利托维奇**)(Ломов, А.(Оппоков, Георгий Ипполитович)1888—1938)——1903 年加入俄国社会民主工党。曾在彼得堡、伊万诺沃-沃兹涅先斯克、莫斯科、萨拉托夫做党的工作，屡遭沙皇政府迫害。1917 年二月革命后任党的莫斯科区域局和莫斯科委员会委员、莫斯科工人代表苏维埃副主席。十月革命期间任莫斯科军事革命委员会委员。十月革命后参加第一届人民委员会，任司法人民委员。1918 年是"左派共产主义者"。1918—1921 年任最高国民经济委员会主席团委员和副主席，林业总委员会主席，1921—1931 年在党的机关和经济部门担任领导工作，1931—1933 年任苏联国家计划委员会副主席。在党的第六、第七和第十四次代表大会上当选为候补中央委员，第十五次和第十六次代表大会上当选为中央委员。历届苏联中央执行委员会委员。——344。

M

马尔托夫，尔·(**策杰尔包姆，尤利·奥西波维奇**)(Мартов, Л.(Цедербаум, Юлий Осипович)1873—1923)——俄国孟什维克领袖之一。1895 年参与组织彼得堡工人阶级解放斗争协会。1896 年被捕并流放图鲁汉斯克三年。1900 年参与创办《火星报》，为该报编辑部成员。在俄国社会民主工党第二次代表大会上是《火星报》组织的代表，领导机会主义少数派，反对列宁的建党原则；从那时起成为孟什维克中央机关的领导成员和孟什维克报刊的编辑。曾参加党的第五次(伦敦)代表大会的工作。斯托雷平反动时期和新的革命高涨年代是取消派分子，编辑《社会民主党人呼声报》，参与组织"八月联盟"。第一次世界大战期间是中派分子，参加齐美尔瓦尔德代表会议和昆塔尔代表会议。曾参加孟什维克组织委员会国外书记处，为书记处编辑机关刊物。1917 年二月革命后领导孟什维克国际主义派。十月革命后反对镇压反革命和解散立宪会议。1919 年当选为全俄中央执行委员会委员，1919—1920 年为莫斯科苏维埃代表。1920 年 9 月侨居德国。参与组织第二半国际，在柏林创办和编辑孟什维克杂志《社会主义通报》。——28、75—81、92、127、135、139、149、296—297、400、401。

马卡久布，马尔克·绍洛维奇（帕宁）（Макадзюб，Марк Саулович（Панин）生于 1876 年）——俄国社会民主党人，孟什维克。1901—1903 年在俄国南部社会民主党组织中工作。在俄国社会民主工党第二次代表大会上是克里木联合会的代表，属火星派少数派。1905 年 5 月参加了在日内瓦召开的孟什维克代表会议，被选入孟什维克领导中心——组织委员会。支持阿克雪里罗得关于召开广泛的工人代表大会的取消主义观点。斯托雷平反动时期和新的革命高涨年代是取消派分子，为孟什维克取消派的《我们的曙光》杂志撰稿。1917 年二月革命后任彼得格勒工兵代表苏维埃执行委员会委员。十月革命后脱离政治活动。1921 年起在苏联驻国外的木材出口机关工作。1931 年起侨居国外。——265。

马克拉柯夫，瓦西里·阿列克谢耶维奇（Маклаков，Василий Алексеевич 1870—1957）——俄国立宪民主党领袖之一，地主。1895 年起为律师，曾为多起政治诉讼案出庭辩护。1906 年起为立宪民主党中央委员。第二届、第三届和第四届国家杜马代表。1917 年二月革命后任国家杜马临时委员会驻司法部委员；支持帕·尼·米留可夫，主张把帝国主义战争进行到"最后胜利"。同年 7 月起任临时政府驻法国大使。十月革命后为白俄流亡分子。——155、173、340、342、397。

马克林，约翰（Maclean，John 1879—1923）——英国工人运动活动家；职业是教师。1903 年加入英国社会民主联盟。曾在苏格兰工人中从事革命启蒙工作。第一次世界大战前加入英国社会党左翼，是该党在苏格兰的领袖之一。大战期间持国际主义立场，积极进行革命的反战宣传，参与组织和领导群众游行示威和罢工，为此屡遭英国政府迫害。1916 年 4 月被选为英国社会党领导成员。1918 年苏俄外交人民委员部委任他为苏俄驻格拉斯哥领事，但英国政府对他进行迫害，使他无法执行任务。晚年脱离政治活动。——95、100、267。

马克思，卡尔（Marx，Karl 1818—1883）——科学共产主义的创始人，世界无产阶级的领袖和导师。——22、24、111、121、234、235、239、295—296、312、325—326、371、373—374、375、407、408。

马斯洛夫，谢苗·列昂季耶维奇（Маслов, Семен Леонтьевич 1873—1938）——俄国右派社会革命党人。1917年二月革命后任全俄农民代表苏维埃执行委员会委员，9月起任临时政府农业部长。早先主张土地社会化，但1917年提出一个法案，主张地主土地所有制保持不变，甚至按“公平”议价订出的、农民“租用”土地的租金也必须交给地主。十月革命后在经济部门和科研机关工作。写有一些关于土地问题的著作。——420—421、424、428、437。

麦克马洪，帕特里斯·莫里斯（Mac-Mahon, Patrice-Maurice 1808—1893）——法国国务活动家和军事活动家，保皇党分子。1859年法意反奥战争中被封为元帅。1870—1871年普法战争期间在色当会战中指挥一个主力军团，兵败被俘。1871年任凡尔赛军队司令，残酷镇压巴黎公社。1873—1879年任法兰西共和国总统。曾参与策划恢复帝制的政变，失败后辞职。——134。

美列涅夫斯基，马里安·伊万诺维奇（巴索克）（Меленевский, Мариан Иванович(Басок) 1879—1938）——乌克兰小资产阶级民族主义者，孟什维克，乌克兰社会民主联盟（“斯皮尔卡”）的领导人之一。1912年参加了托洛茨基在维也纳召开的反布尔什维克的八月代表会议。第一次世界大战期间是资产阶级民族主义组织“乌克兰解放协会”的骨干分子。十月革命后从事经济工作。——114。

米留可夫，帕维尔·尼古拉耶维奇（Милюков, Павел Николаевич 1859—1943）——俄国立宪民主党领袖，俄国自由派资产阶级思想家，历史学家和政论家。1886年起任莫斯科大学讲师。90年代前半期开始政治活动，1902年起为资产阶级自由派的《解放》杂志撰稿。1905年10月参与创建立宪民主党，后任该党中央委员会主席和中央机关报《言语报》编辑。第三届和第四届国家杜马代表。第一次世界大战期间为沙皇政府的掠夺政策辩护。1917年二月革命后任第一届临时政府外交部长，推行把战争进行到“最后胜利”的帝国主义政策；同年8月积极参与策划科尔尼洛夫叛乱。十月革命后同白卫分子和武装干涉者合作。1920年起为白俄流亡分子，在巴黎出版《最新消息报》。著有《俄国文化史概要》、《第二次俄国革命史》及《回忆录》等。——26、45、87、88、89、113、116、155、172—173、175、178、194、218、255、406—407、422。

米柳亭，弗拉基米尔·巴甫洛维奇（弗·米—亭）（Милютин，Владимир Павлович（В.М—н）1884—1937）——1903 年参加俄国社会民主主义运动，起初是孟什维克，1910 年起为布尔什维克。曾在库尔斯克、莫斯科、奥廖尔、彼得堡和图拉做党的工作，屡遭沙皇政府迫害。1917 年二月革命后任俄国社会民主工党（布）萨拉托夫委员会委员、萨拉托夫苏维埃主席。在党的第七次全国代表会议（四月代表会议）和第六次代表大会上当选为中央委员。十月革命后参加第一届人民委员会，任农业人民委员。1917 年 11 月主张成立有孟什维克和社会革命党人参加的联合政府，遭到否决后声明退出党中央和人民委员会。1918—1921 年任最高国民经济委员会副主席。1922 年任西北地区经济会议副主席。1924 年起历任工农检查人民委员部部务委员、中央统计局局长、国家计划委员会副主席、苏联中央执行委员会学术委员会主席等职。1920—1922 年为候补中央委员。1924—1934 年为中央监察委员会委员。写有一些关于经济问题的著作。——117、344、388。

姆格拉泽，弗拉斯·Д.（特里亚）（Мгеладзе，Влас Д.（Триа）生于 1868 年）——俄国孟什维克，1905—1907 年革命的参加者。斯托雷平反动时期和新的革命高涨年代是取消派分子，1912 年曾参加托洛茨基在维也纳召开的反布尔什维克的八月代表会议。第一次世界大战期间接近资产阶级民族主义组织“乌克兰解放协会”。1918—1920 年是格鲁吉亚孟什维克反革命政府的成员。1921 年格鲁吉亚建立苏维埃政权后成为白俄流亡分子。——114。

N

拿破仑第一（**波拿巴**）（Napoléon I（Bonaparte）1769—1821）——法国皇帝，资产阶级军事家和政治家。法国资产阶级革命时期参加革命军。1799 年发动雾月政变，自任第一执政，实行军事独裁统治。1804 年称帝，建立法兰西第一帝国，颁布《拿破仑法典》，巩固资本主义制度。多次粉碎反法同盟，沉重打击了欧洲封建反动势力。但对外战争逐渐变为同英俄争霸和掠夺、奴役别国的侵略战争。1814 年欧洲反法联军攻陷巴黎后，被流放厄尔巴岛。1815 年重返巴黎，再登皇位。滑铁卢之役战败后，被流放大西洋圣赫勒拿岛。——62、222。

拿破仑第三(**波拿巴，路易；路易-拿破仑**)(Napoléon III(Bonaparte，Louis，Louis-Napoléon)1808—1873)——法国皇帝(1852—1870)，拿破仑第一的侄子。法国 1848 年革命失败后被选为法兰西共和国总统。1851 年 12 月 2 日发动政变，1852 年 12 月称帝。在位期间，对外屡次发动侵略战争，包括同英国一起发动侵略中国的第二次鸦片战争。对内实行警察恐怖统治，强化官僚制度，同时以虚假的承诺、小恩小惠和微小的改革愚弄工人。1870 年 9 月 2 日在普法战争色当战役中被俘，9 月 4 日巴黎革命时被废黜。——62、93、245。

尼古拉二世(**罗曼诺夫**)(Николай II(Романов)1868—1918)——俄国最后一个皇帝，亚历山大三世的儿子。1894 年即位，1917 年二月革命时被推翻。1918 年 7 月 17 日根据乌拉尔州工兵代表苏维埃的决定在叶卡捷琳堡被枪决。——19、51、54、57、61、83、121、125、141、152、222、227、243、255、280。

尼基京，A.M.(Никитин，A.M.生于 1876 年)——俄国孟什维克，法学家。1917 年七月事变后任临时政府邮电部长。——272、274、299、316、406。

涅克拉索夫，尼古拉·维萨里昂诺维奇(Некрасов，Николай Виссарионович 1879—1940)——俄国立宪民主党左派领袖之一，教授。第三届和第四届国家杜马代表，1916 年 11 月被选为杜马副主席。第一次世界大战期间任全俄地方自治机关和城市联合会军需供应总委员会副主席。1917 年二月革命后参加临时政府，历任交通部长、不管部部长和财政部长。1917 年夏退出立宪民主党，加入激进民主党。十月革命后在中央消费合作总社工作。——45、194。

P

帕尔钦斯基，彼得·伊阿基莫维奇(Пальчинский，Петр Иакимович 1875—1929)——俄国工程师，煤炭辛迪加的创办人，与银行界关系密切。1917

年二月革命后任临时政府工商业部副部长，鼓动企业主怠工，破坏民主组织。1917 年 11 月 7 日是临时政府所在地冬宫的守卫队长。十月革命后在工业部门组织破坏活动。1929 年被枪决。——59、162、163、209—210。

帕尔乌斯（**格尔方德，亚历山大·李沃维奇**）（Парвус（Гельфанд，Александр Львович）1869—1924）——生于俄国，19 世纪 80 年代移居国外。90 年代末起在德国社会民主党内工作，属该党左翼；曾任《萨克森工人报》编辑。写有一些世界经济问题的著作。20 世纪初参加俄国社会民主工党的工作，为《火星报》撰稿。俄国社会民主工党第二次代表大会后支持孟什维克的组织路线。1905 年回到俄国，曾担任彼得堡工人代表苏维埃执行委员会委员，为孟什维克的《开端报》撰稿；同托洛茨基一起提出"不断革命论"，主张参加布里根杜马，坚持同立宪民主党人搞交易。斯托雷平反动时期脱离俄国社会民主工党，后移居德国。第一次世界大战期间是社会沙文主义者和德国帝国主义的代理人。1915 年起在柏林出版《钟声》杂志。1918 年脱离政治活动。——42、43。

帕宁——见马卡久布，马尔克·绍洛维奇。

帕宁娜，索菲娅·弗拉基米罗夫娜（Панина，Софья Владимировна）——俄国立宪民主党中央委员，伯爵夫人。1917 年 6 月起任临时政府国家救济部副部长，8 月起任国民教育部副部长。十月革命后移居国外。——52。

佩列韦尔泽夫，帕维尔·尼古拉耶维奇（Переверзев，Павел Николаевич）——俄国律师，劳动派分子，接近社会革命党人。1917 年二月革命后任第一届联合临时政府司法部长。1917 年 7 月公布了格·阿·阿列克辛斯基伙同特务机关伪造的诬陷列宁和布尔什维克的文件。——30、327。

皮罗戈夫，尼古拉·伊万诺维奇（Пирогов，Николай Иванович 1810—1881）——俄国外科学家，解剖学家，教育家，战地外科学和外科解剖学的奠基人，彼得堡科学院通讯院士。克里木战争期间曾参加塞瓦斯托波尔保卫战。1856 年从前线返回后，先后担任敖德萨学区和基辅学区督学。对当时的教育制度提出尖锐的批评，主张普及教育，反对按等级或民族限制受教育的权利；但在另一些问题上持错误观点，如赞成对学生实行体罚。1861 年因试图对教育体制实行改革而被解职。1862—1866 年住在国外。回国后住在农村，直到终年。写有许多赢得世界声誉的科学著作。

——93。

蒲鲁东,皮埃尔·约瑟夫(Proudhon,Pierre-Joseph 1809—1865)——法国政论家,经济学家,社会学家,小资产阶级思想家,无政府主义理论的创始人之一。1840年出版《什么是财产?》一书,从小资产阶级立场出发批判大资本主义所有制,幻想使小私有制永世长存。主张由专门的人民银行发放无息贷款,帮助工人购置生产资料,使他们成为手工业者,再由专门的交换银行保证劳动者"公平地"销售自己的劳动产品,而同时又不触动生产工具和生产资料的资本主义所有制。认为国家是阶级矛盾的主要根源,提出和平"消灭国家"的空想主义方案,对政治斗争持否定态度。1846年出版《经济矛盾的体系,或贫困的哲学》,阐述其小资产阶级的哲学和经济学观点。马克思在《哲学的贫困》一书中对该书作了彻底的批判。1848年革命时期被选入制宪议会后,攻击工人阶级的革命发动,赞成1851年12月2日的波拿巴政变。——361。

普兰松,А.А.(Плансон,А.А.)——俄国人民社会党人;职业是律师。1917年二月革命后是孟什维克和社会革命党人控制的全俄铁路工会执行委员会领导人之一。——401。

普里列扎耶夫,И.А.(Прилежаев,И.А.1881—1947)——俄国社会革命党人,曾为社会革命党的《人民事业报》撰稿。1917年12月起为社会革命党中央委员。——164。

普列汉诺夫,格奥尔吉·瓦连廷诺维奇(Плеханов,Георгий Валентинович 1856—1918)——俄国早期的马克思主义理论家,后来成为孟什维克和第二国际机会主义领袖之一。19世纪70年代参加民粹主义运动,是土地和自由社成员及土地平分社领导人之一。1880年侨居瑞士,逐步同民粹主义决裂。1883年在日内瓦创建俄国第一个马克思主义团体——劳动解放社。翻译和介绍了马克思和恩格斯的许多著作,对马克思主义在俄国的传播起了重要作用;写过不少优秀的马克思主义著作,批判民粹主义、合法马克思主义、经济主义、伯恩施坦主义、马赫主义。20世纪初是《火星报》和《曙光》杂志编辑部成员。曾参与制定俄国社会民主工党纲领草案和参加党的第二次代表大会的筹备工作。在代表大会上是劳动解放社的代表,属火星派多数派,参加了大会常务委员会,会后逐渐转向孟什维克。1905—

1907年革命时期反对列宁的民主革命的策略，后来在孟什维克和布尔什维克之间摇摆。在俄国社会民主工党第四次(统一)代表大会上作了关于土地问题的报告，维护马斯洛夫的孟什维克方案；在国家杜马问题上坚持极右立场，呼吁支持立宪民主党人的杜马。斯托雷平反动时期和新的革命高涨年代反对取消主义，领导孟什维克护党派。第一次世界大战期间持社会沙文主义立场。1917年二月革命后支持资产阶级临时政府。对十月革命持否定态度，但拒绝支持反革命。最重要的理论著作有《社会主义与政治斗争》(1883)、《我们的意见分歧》(1885)、《论一元论历史观之发展》(1895)、《唯物主义史论丛》(1896)、《论个人在历史上的作用》(1898)、《没有地址的信》(1899—1900)，等等。——42、95、96、101、159、163、167、174、175、178、192、218、244、255、293—294、321、322、323、342、412。

普罗柯波维奇，谢尔盖·尼古拉耶维奇(Прокопович，Сергей Николаевич 1871—1955)——俄国经济学家和政论家。曾参加国外俄国社会民主党人联合会，是经济派的著名代表人物，伯恩施坦主义在俄国最早的传播者之一。1904年加入资产阶级自由派的解放社，为该社骨干分子。1905年为立宪民主党中央委员。1906年参与出版半立宪民主党、半孟什维克的《无题》周刊，为左派立宪民主党人的《同志报》积极撰稿。1917年8月任临时政府工商业部长，9—10月任粮食部长。1921年在全俄赈济饥民委员会工作，同反革命地下活动有联系。1922年被驱逐出境。——194、299。

Q

切尔诺夫，维克多·米哈伊洛维奇(Чернов，Виктор Михайлович 1873—1952)——俄国社会革命党领袖和理论家之一。1902—1905年任社会革命党中央机关报《革命俄国报》编辑。曾撰文反对马克思主义，企图证明马克思的理论不适用于农业。第一次世界大战期间持社会沙文主义立场，曾参加齐美尔瓦尔德代表会议和昆塔尔代表会议。1917年5—8月任临时政府农业部长，对夺取地主土地的农民实行残酷镇压。敌视十月革命。1918年1月任立宪会议主席；曾领导萨马拉的反革命立宪会议委员会，参与策划反苏维埃叛乱。1920年流亡国外，继续反对苏维埃政权。在他的理论著作中，主观唯心主义和折中主义同修正主义和民粹派的空想混合在一起；企图以资产阶级改良主义的“结构社会主义”对抗科学社会主义。——1、2、9、10、11、19、31、44、45、46、52、58、60、68、75、76、78、80、83、87、88、98、99、107、110、125、146、161、162—163、179、186、203、210、218、237、242、243—245、249、253、254、255、294、298、316、321、400、405、426、427。

R

饶尔丹尼亚，诺伊·尼古拉耶维奇（Жордания，Ной Николаевич 1869—1953）——俄国社会民主党人。19世纪90年代开始政治活动，加入格鲁吉亚第一个社会民主主义团体“麦撒墨达西社”，领导该社的机会主义派。1903年在俄国社会民主工党第二次代表大会上是有发言权的代表，属火星派少数派，会后为高加索孟什维克的领袖。1905年编辑孟什维克的《社会民主党人报》（格鲁吉亚文），反对布尔什维克在资产阶级民主革命中的策略。第一届国家杜马代表，社会民主党党团领袖。1907—1912年为俄国社会民主工党中央委员（代表孟什维克）。斯托雷平反动时期和新的革命高涨年代形式上参加孟什维克护党派，实际上支持取消派。1914年为托洛茨基的《斗争》杂志撰稿。第一次世界大战期间是社会沙文主义者。1917年二月革命后任梯弗利斯工人代表苏维埃主席。1918—1921年是格鲁吉亚孟什维克政府主席。1921年格鲁吉亚建立苏维埃政权后成为白俄流亡分子。——294。

S

萨文柯夫，波里斯·维克多罗维奇（Савинков，Борис Викторович 1879—1925）——俄国社会革命党领袖之一，作家。在彼得堡大学学习时开始政治活动，接近经济派-工人思想派，在工人小组中进行宣传，为《工人事业》杂志撰稿。1901年被捕，后被押送沃洛格达省，从那里逃往国外。1903年加入社会革命党，1903—1906年是该党“战斗组织”的领导人之一，多次参加恐怖活动。1909年和1912年以维·罗普申为笔名先后发表了两部浸透神秘主义和对革命斗争失望情绪的小说：《一匹瘦弱的马》和《未曾有过的东西》。1911年侨居国外。第一次世界大战期间是社会沙文主义者。

1917年二月革命后回国，任临时政府驻最高总司令大本营的委员、西南方面军委员、陆军部副部长、彼得格勒军事总督；根据他的提议在前线实行了死刑。十月革命后参加克伦斯基—克拉斯诺夫叛乱，参与组建顿河志愿军，建立地下反革命组织“保卫祖国与自由同盟”，参与策划反革命叛乱。1921—1923年在国外领导反对苏维埃俄国的间谍破坏活动。1924年偷越苏联国境时被捕，被判处死刑，后改为十年监禁。在狱中自杀。——45、244。

绍特曼，亚历山大·瓦西里耶维奇（Шотман，Александр Васильевич 1880—1937）——1899年加入俄国社会民主工党，布尔什维克；旋工。1899—1902年是彼得堡工人阶级解放斗争协会会员，参加了1901年“奥布霍夫防卫战”，任维堡区党的组织员。在俄国社会民主工党第二次代表大会上是彼得堡委员会的代表，属火星派多数派；会后在科斯特罗马和伊万诺沃-沃兹涅先斯克工作，任党的北方委员会委员。在彼得堡和敖德萨参加1905—1907年革命。1911—1912年任芬兰社会民主党赫尔辛福斯委员会委员。在1913年有党的工作者参加的俄国社会民主工党中央委员会波罗宁会议上被增补为中央委员和中央委员会俄国局成员，同年11月被捕并流放西伯利亚。在托木斯克参加1917年二月革命。1917年6月起任党的彼得堡郊区委员会委员；7月起是党中央委员会和列宁之间的联络员，8月受党中央委托，安排列宁从拉兹利夫转移到芬兰。积极参加十月革命，十月革命后历任最高国民经济委员会主席团委员、西伯利亚国民经济委员会主席、卡累利阿苏维埃社会主义自治共和国中央执行委员会主席等职。1926—1937年在最高国民经济委员会和全俄中央执行委员会主席团工作。1924—1934年为党中央监察委员会委员。——388。

盛加略夫，安德列·伊万诺维奇（Шингарев，Андрей Иванович 1869—1918）——俄国立宪民主党人，地方自治运动活动家；职业是医生。立宪民主党沃罗涅日省委员会主席，1907年起为立宪民主党中央委员。第二届、第三届和第四届国家杜马代表，立宪民主党杜马党团副主席。1917年二月革命后在第一届和第二届临时政府中分别任农业部长和财政部长。——194、301、423。

施泰因贝格，С.（Штейнберг，С.）——俄国侨民，斯德哥尔摩俄侨委员会委员，该组织于 1917 年二月革命后为帮助政治流亡者返回俄国而成立。——42。

施图尔克，卡尔(Stürgkh，Karl 1859—1916)——奥地利国务活动家，伯爵，奥地利大地主代表人物。1890 年起是奥地利国会议员。1908—1911 年任奥匈帝国教育大臣，1911—1916 年任奥匈帝国政府首相。积极参与策划和发动第一次世界大战。战争前夕解散了奥地利国会，大战初期又解散了匈牙利国会，在国内建立军事独裁统治，残酷镇压日益强大的反战和革命运动。1916 年 10 月被奥地利社会民主党人弗·阿德勒枪杀。——265。

斯大林(**朱加施维里**)，约瑟夫·维萨里昂诺维奇(Сталин(Джугашвили)，Иосиф Виссарионович 1879—1953)——苏联共产党和国家领导人，国际共产主义运动活动家。1898 年加入俄国社会民主工党，党的第二次代表大会后是布尔什维克。曾在梯弗利斯、巴统、巴库和彼得堡做党的工作。多次被捕和流放。1912 年 1 月在党的第六次(布拉格)全国代表会议选出的中央委员会会议上，被缺席增补为中央委员并被选入中央委员会俄国局；积极参加布尔什维克《真理报》的编辑工作。1917 年二月革命后从流放地回到彼得格勒，参加党中央委员会俄国局。在党的第七次全国代表会议(四月代表会议)以及此后的历次代表大会上当选为中央委员。在十月革命的准备和进行期间参加领导武装起义的彼得格勒军事革命委员会和党总部。在全俄苏维埃第二次代表大会上当选为全俄中央执行委员会委员；参加第一届人民委员会，任民族事务人民委员。1919 年 3 月起兼任国家监察人民委员，1920 年起为工农检查人民委员。国内战争时期任共和国革命军事委员会委员和一些方面军的革命军事委员会委员。1922 年 4 月起任党中央总书记。1941 年起同时担任苏联人民委员会主席，1946 年起为部长会议主席。1941—1945 年卫国战争时期任国防委员会主席、国防人民委员和苏联武装力量最高统帅。1919—1952 年为中央政治局委员，1952—1953 年为苏共中央主席团委员。1925—1943 年为共产国际执行委员会委员。——429。

斯柯别列夫，马特维·伊万诺维奇(Скобелев，Матвей Иванович 1885—1938)——1903 年参加俄国社会民主主义运动，孟什维克；职业是工程师。1906

年侨居国外,为孟什维克出版物撰稿,参加托洛茨基的维也纳《真理报》编辑部。第四届国家杜马代表,社会民主党杜马党团领袖之一。第一次世界大战期间是中派分子。1917 年二月革命后任彼得格勒工兵代表苏维埃副主席、第一届中央执行委员会副主席;同年 5—8 月任临时政府劳动部长。十月革命后脱离孟什维克,先后在合作社系统和对外贸易人民委员部工作。1922 年加入俄共(布),在经济部门担任负责工作。1936—1937 年在全苏无线电委员会工作。——59、60、68、70、72、83、99、100、101、102、107、120、125、196、210、249。

斯米尔加,伊瓦尔·捷尼索维奇(Смилга,Ивар Тенисович 1892—1938)——1907 年加入俄国社会民主工党,布尔什维克。曾在莫斯科和彼得堡做党的工作。1917 年二月革命后任党的喀琅施塔得委员会委员,芬兰陆军、海军和工人区域执行委员会主席。从党的第七次全国代表会议(四月代表会议)起多次当选为中央委员和候补中央委员。十月革命后历任俄罗斯联邦人民委员会驻芬兰全权代表,共和国革命军事委员会委员,以及一些方面军的革命军事委员会委员。在党的第七次和第八次代表大会上当选为中央委员。1920—1921 年工会问题争论期间支持托洛茨基的纲领。1921—1923 年任最高国民经济委员会副主席和燃料总管理局局长,后任国家计划委员会副主席。1927 年在联共(布)第十五次代表大会上作为托洛茨基反对派的骨干分子被开除出党。1930 年恢复党籍,后被再次开除出党。——258—263。

斯米尔诺夫,弗拉基米尔·米哈伊洛维奇(Смирнов,Владимир Михайлович 1887—1937)——1907 年加入俄国社会民主工党。1917 年二月革命后在莫斯科工作,任布尔什维克报刊《社会民主党人报》和《斯巴达克》杂志编委。十月革命后任最高国民经济委员会主席团委员。1918 年是"左派共产主义者"。国内战争期间担任几个集团军的革命军事委员会委员。1919 年在党的第八次代表大会上是军事反对派的首领之一。1920—1921 年是民主集中派的骨干分子。1921—1922 年任国家计划委员会主席团委员。1923 年属托洛茨基反对派。1926 年被开除出党,不久恢复党籍,1927 年被再次开除出党。——344、363—364、367。

斯米特-法尔克涅尔,玛丽亚·纳坦诺夫娜(斯米特,玛·)(Смит-Фалькнер,

Мария Натановна(Смит,М.)1878—1968)——苏联经济学家和统计学家。1897年参加革命运动。1917年二月革命后一度为半孟什维克的《新生活报》撰稿,加入区联派。1918年7月加入布尔什维克党。十月革命后在一些高等院校和科研机关工作,写有资本主义和社会主义政治经济学问题、统计理论和资本主义条件下工人阶级状况等方面的学术著作。1939年起为苏联科学院通讯院士。——210。

斯皮里多诺娃,玛丽亚·亚历山德罗夫娜(Спиридонова,Мария Александровна 1884—1941)——俄国社会革命党领袖之一。1906年因刺杀策划黑帮暴行、镇压坦波夫省农民起义的首领加·尼·卢热诺夫斯基而被判处终身苦役。1917年二月革命后是左派社会革命党的组织者之一,12月起为该党中央委员。十月革命后为全俄中央执行委员会委员。反对签订布列斯特和约,参加1918年7月左派社会革命党人的叛乱。被捕后由全俄中央执行委员会赦免。后脱离政治活动。——127、135、149、434。

斯塔罗斯京(Старостин)——67。

斯陶宁格,托尔瓦德·奥古斯特·马里努斯(Stauning,Thorvald August Marinus 1873—1942)——丹麦国务活动家,丹麦社会民主党和第二国际右翼领袖之一,政论家。1905年起为议员。1910年起任丹麦社会民主党主席和该党议会党团主席。第一次世界大战期间持社会沙文主义立场。1916—1920年任丹麦资产阶级政府不管部大臣。1924—1926年和1929—1942年任首相,先后领导社会民主党政府以及资产阶级激进派和右派社会民主党人的联合政府。从30年代中期起推行投降法西斯德国的政策,1940年起推行同法西斯占领者合作的政策。——98、99、100、101、102、265、266。

斯托雷平,彼得·阿尔卡季耶维奇(Столыпин,Петр Аркадьевич 1862—1911)——俄国国务活动家,大地主。1884年起在内务部任职。1902年任格罗德诺省省长。1903—1906年任萨拉托夫省省长,因镇压该省农民运动受到尼古拉二世的嘉奖。1906—1911年任大臣会议主席兼内务大臣。1907年发动"六三政变",解散第二届国家杜马,颁布新选举法以保证地主、资产阶级在杜马中占统治地位,残酷镇压革命运动,大规模实施死刑,开始了"斯托雷平反动时期"。实行旨在摧毁村社和培植富农的土地改革。

1911年被社会革命党人Д.Г.博格罗夫刺死。——254、316。

斯维尔德洛夫，雅柯夫·米哈伊洛维奇(Свердлов,Яков Михайлович 1885—1919)——1901年加入俄国社会民主工党。曾在下诺夫哥罗德、索尔莫沃、科斯特罗马、喀山、莫斯科、彼得堡等地从事革命工作。1905—1907年革命期间领导乌拉尔布尔什维克组织。1912年俄国社会民主工党第六次(布拉格)全国代表会议后被增补为中央委员，参加中央委员会俄国局。曾参加《真理报》编辑部，是《真理报》领导人之一。第四届国家杜马布尔什维克党团领导人之一。屡遭沙皇政府迫害，在狱中和流放地度过十二年。1917年二月革命后是乌拉尔党组织领导人之一。在党的第七次全国代表会议(四月代表会议)上当选为中央委员，会后被选为中央委员会书记。党的第六次代表大会后领导中央书记处的工作。积极参加十月革命的准备和组织工作，任领导武装起义的彼得格勒军事革命委员会委员和党总部成员。1917年11月8日(21日)当选为全俄中央执行委员会主席。1918年发起成立全俄中央执行委员会鼓动员和指导员训练班，该训练班于1919年7月改组为斯维尔德洛夫共产主义大学。——429。

司徒卢威，彼得·伯恩哈多维奇(Струве,Петр Бернгардович 1870—1944)——俄国经济学家，哲学家，政论家，合法马克思主义主要代表人物，立宪民主党领袖之一。19世纪90年代编辑合法马克思主义者的《新言论》杂志和《开端》杂志。1896年参加第二国际第四次代表大会。1898年参加起草《俄国社会民主工党宣言》。在1894年发表的第一部著作《俄国经济发展问题的评述》中，在批判民粹主义的同时，对马克思的经济学说和哲学学说提出“补充”和“批评”。20世纪初同马克思主义和社会民主主义彻底决裂，转到自由派营垒。1902年起编辑自由派资产阶级刊物《解放》杂志，1903年起是解放社的领袖之一。1905年起是立宪民主党中央委员，领导该党右翼。1907年当选为第二届国家杜马代表。第一次世界大战爆发后鼓吹俄国的帝国主义侵略扩张政策。十月革命后敌视苏维埃政权，是邓尼金和弗兰格尔反革命政府成员，后逃往国外。——298。

苏汉诺夫，尼·(**吉姆美尔，尼古拉·尼古拉耶维奇**)(Суханов,Н.(Гиммер,Николай Николаевич)1882—1940)——俄国经济学家和政论家。早年是民粹派分子，1903年起是社会革命党人，1917年起是孟什维克。曾为《俄国财富》、《同时代人》等杂志撰稿；企图把民粹主义和马克思主义结合起来。第一次世界大战期间自称是国际主义者，为《年鉴》杂志撰稿。1917年二月革命后任彼得格勒苏维埃执行委员会委员、半孟什维克的《新生活报》编辑之一；支持资产阶级临时政府。曾参加马尔托夫的孟什维克集团。十月革命后在苏维埃经济机关工作。1922—1923年发表《革命札记》(共七卷)，宣扬俄国没有实现社会主义的经济前提，受到列宁的尖锐批判。1931年因参加孟什维克地下组织被判刑。——119—120、122、123、124、126、400、401。

苏緬松，E.M.(Суменсон，E.M.)——俄国彼得格勒的一个普通居民，同俄国和国际工人运动毫无联系。检查机关把他与住在斯德哥尔摩的雅·斯·加涅茨基之间的商务通信说成是预约的密码文件，妄图以此作为诬告列宁的材料。——43。

苏沃林，阿列克谢·谢尔盖耶维奇(Суворин，Алексей Сергеевич 1834—1912)——俄国新闻工作者，出版家。1858年在外省报界开始新闻活动，后移居莫斯科和彼得堡，为《祖国纪事》和《同时代人》等杂志撰稿。1875年以前他的新闻活动带有自由主义、民主主义性质，1876年购买《新时报》成了大企业主后，急剧转向反动派。1876—1912年是《新时报》的所有人和发行人，在他主持下该报成了最无原则的报纸，反动贵族和官僚集团的喉舌。1917年《新时报》由他的儿子米·阿·苏沃林和波·阿·苏沃林以及其他人编辑出版。——406。

索·——见索柯里尼柯夫，格里戈里·雅柯夫列维奇。

索柯里尼柯夫(**布里利安特**)，格里戈里·雅柯夫列维奇(索·；维·索柯里尼柯夫)(Сокольников(Бриллиант)，Григорий Яковлевич(С.，В.Сокольников)1888—1939)——1905年加入俄国社会民主工党。1905—1907年在莫斯科做宣传鼓动工作。1907年被捕，流放西伯利亚，后从流放地逃走。1909—1917年住在国外，第一次世界大战期间为托洛茨基的《我们的言论报》撰稿。1917年二月革命后是党的莫斯科委员会和莫斯科区域局成员、《真理报》编委。在党的第六、第七、第十一至第十五次代表大会上当选为中央委员。1924—1925年为政治局候补委员。1930—1936年为候补中央委员。十月革命后从事苏维埃、军事和外交工作。1918—1920年任几个集团军革命军事委员会委员。1920年8月—1921年3月任土耳其斯坦方面军革命军事委员会委员和方面军司令、全俄中央执行委员会和俄罗斯联邦人民委员会土耳其斯坦事务委员会主席。1921年起任财政人民委员部部务委员、副财政人民委员，1922年起任财政人民委员，1926年起任国家计划委员会副主席。1932年任副外交人民委员。1925年参加“新反对派”，后加入“托季联盟”。1936年被开除出党。1937年1月被苏联最高法院军事审判庭以“进行叛国、间谍、军事破坏和恐怖活动”的罪名判处十年监禁。1939年死于狱中。1988年6月苏联最高法院为其平反。——344、345—362、429。

T

唐恩（**古尔维奇**），费多尔·伊里奇（Дан（Гурвич），Федор Ильич 1871—1947）——俄国孟什维克领袖之一；职业是医生。1894年参加社会民主主义运动，加入彼得堡工人阶级解放斗争协会。1896年8月被捕，监禁两年左右，1898年流放维亚特卡省，为期三年。1901年夏逃往国外，加入《火星报》柏林协助小组。1902年作为《火星报》代办员参加了俄国社会民主工党第二次代表大会的筹备会议，会后再次被捕，流放东西伯利亚。1903年9月逃往国外，成为孟什维克。俄国社会民主工党第四次（统一）代表大会和第五次（伦敦）代表大会及一系列代表会议的参加者。斯托雷平反动时期和新的革命高涨年代在国外领导取消派，编辑取消派的《社会民主党人呼声报》。第一次世界大战期间是社会沙文主义者。1917年二月革命后任彼得格勒苏维埃执行委员会委员和第一届中央执行委员会主席团委员，支持资产阶级临时政府。十月革命后反对苏维埃政权，1922年被驱逐出境，在柏林领导孟什维克进行反革命活动。1923年参与组织社会主义工人国际。同年被取消苏联国籍。——9、37、45、78、80、87、88、89、125、218、242、243—245、247、249、253、254、276、277、298、316、332、395、396、400、401、405、410、419。

特里亚——见姆格拉泽，弗拉斯·Д.。

特鲁尔斯特拉，彼得·耶莱斯（Troelstra，Pieter Jelles 1860—1930）——荷兰工人运动活动家，右派社会党人。荷兰社会民主工党创建人和领袖之一。

1897—1925年(有间断)任该党议会党团主席。20世纪初转向极端机会主义立场,反对党内的左派论坛派,直至把论坛派开除出党。第一次世界大战期间是亲德的社会沙文主义者。1918年11月在荷兰工人运动高潮中一度要求将政权转归社会主义者,但不久放弃这一立场。列宁曾严厉批判他的机会主义政策。——98、100。

托洛茨基(**勃朗施坦**),列夫·达维多维奇(Троцкий(Бронштейн),Лев Давидович 1879—1940)——1897年参加俄国社会民主主义运动。在俄国社会民主工党第二次代表大会上是西伯利亚联合会的代表,属火星派少数派。1905年同亚·帕尔乌斯一起提出和鼓吹"不断革命论"。斯托雷平反动时期和新的革命高涨年代,打着"非派别性"的幌子,实际上采取取消派立场。1912年组织"八月联盟"。第一次世界大战期间持中派立场。1917年二月革命后参加区联派,在党的第六次代表大会上随区联派集体加入布尔什维克党,当选为中央委员。参加十月武装起义的领导工作。十月革命后任外交人民委员,1918年初反对签订布列斯特和约,同年3月改任共和国革命军事委员会主席、陆海军人民委员等职。参与组建红军。1919年起为党中央政治局委员。1920年起历任共产国际执行委员会候补委员、委员。1920—1921年挑起关于工会问题的争论。1923年起进行派别活动。1925年初被解除革命军事委员会主席和陆海军人民委员职务。1926年与季诺维也夫结成"托季联盟"。1927年被开除出党,1929年被驱逐出境,1932年被取消苏联国籍。在国外组织第四国际。死于墨西哥。——35、256、315、338、415。

W

威廉二世(**霍亨索伦**)(Wilhelm II(Hohenzollern)1859—1941)——普鲁士国王和德国皇帝(1888—1918)。——378、397、403。

维·索柯里尼柯夫——见索柯里尼柯夫(布里利安特),格里戈里·雅柯夫列维奇。

维尔霍夫斯基,亚历山大·伊万诺维奇(Верховский,Александр Иванович 1886—1938)——俄国军事活动家,少将(1917)。曾参加日俄战争和第一次世界大战。1917年7—9月任莫斯科军区司令,曾参与平定科尔尼洛夫叛乱。1917年8月30日(9月12日)起任临时政府陆军部长。因预备议会否决了他提出的俄国退出战争和复员军队的提案,于10月22日(11月4日)辞职。十月革命后一度反对革命,后转向苏维埃政权;1919年2月参加红军。1921—1930年在工农红军军事学院任教,1927年起为教授。1930—1932年任北高加索军区参谋长,后在高级步兵学校、总参谋部和总参谋部学院任职。——430。

维赫利亚耶夫,潘捷莱蒙·阿列克谢耶维奇(Вихляев, Пантелеймон Алексеевич 1869—1928)——俄国统计学家和农学家,自由主义民粹派分子,后为社会革命党人。1896—1898年主持特维尔地方自治局经济处的工作,1907—1917年主持莫斯科地方自治局统计处的工作。写过一些有关沙俄时期农民经济方面的统计著作,否认农民的阶级分化,赞扬村社制度。1917年二月革命后在临时政府中任农业部副部长。十月革命后在中央统计局工作,同时在莫斯科大学和莫斯科其他高等院校任教。——406。

沃洛达尔斯基,弗·(**戈尔德施泰因,莫伊塞·马尔科维奇**;沃洛—基)(Володарский, В.(Гольдштейн, Моисей Маркович, Вол—ий) 1891—1918)——1905年加入崩得,开始革命活动,后加入孟什维克。多次被捕,1911年流放阿尔汉格尔斯克省。1913年流亡北美,参加美国社会党。第一次世界大战期间是国际主义者。1917年5月回到彼得格勒,参加区联派,后加入布尔什维克。曾在彼得格勒进行鼓动工作,任党的彼得格勒委员会委员、彼得格勒工兵代表苏维埃主席团委员、第一届中央执行委员会委员。积极参加十月武装起义。十月革命后任出版、宣传和鼓动事务委员,彼得格勒《红色日报》编辑。曾任全俄中央执行委员会主席团委员。1918年6月20日被社会革命党人杀害。——115、117。

沃洛—基——见沃洛达尔斯基,弗·。

沃伊诺夫,伊万·阿夫克森齐耶维奇(Воинов, Иван Авксентьевич 1884—1917)——1909年加入俄国社会民主工党,布尔什维克,工人。《明星报》和《真理报》的通讯员。出身于雅罗斯拉夫尔省一个贫苦农民家庭。迁居彼得堡后,曾在一些企业和尼古拉耶夫铁路工作,同铁路上的布尔什维克组织建立了联系。多次被捕和流放。1917年二月革命后回到彼得格勒,在印刷《真理报》的劳动印刷所工作，并为报社撰写通讯稿。7月6日(19日)，在散发《〈真理报〉小报》时，被哥萨克和士官生在什帕列拉街杀害。——10、16、30、39。

X

希法亭，鲁道夫(Hilferding,Rudolf 1877—1941)——奥地利社会民主党、德国社会民主党和第二国际机会主义领袖之一，“奥地利马克思主义”理论家。1907—1915年任德国社会民主党中央机关报《前进报》编辑。1910年发表《金融资本》一书，对研究垄断资本主义起了一定的积极作用，但书中有理论错误。第一次世界大战期间是中派分子，主张同社会帝国主义者统一。战后公开修正马克思主义，提出“有组织的资本主义”的理论，为国家垄断资本主义辩护。1917年起为德国独立社会民主党领袖之一。敌视苏维埃政权和无产阶级专政。1920年取得德国国籍。1924年起为国会议员。1923年和1928—1929年任魏玛共和国财政部长。法西斯分子上台后流亡法国。——359。

谢德曼，菲力浦(Scheidemann,Philipp 1865—1939)——德国社会民主党右翼领袖之一。1903年起参加社会民主党国会党团。1911年当选为德国社会民主党执行委员会委员，1917—1918年是执行委员会主席之一。第一次世界大战期间是社会沙文主义者。1918年10月参加巴登亲王马克斯的君主制政府，任国务大臣。1918年十一月革命期间参加所谓的人民代表委员会，借助旧军队镇压革命。1919年2—6月任魏玛共和国联合政府总理。1933年德国建立法西斯专政后流亡国外。——95、98、99、100、101、102、217、399。

Y

亚历山大三世(**罗曼诺夫**)(Александр III(Романов) 1845—1894)——俄国皇帝(1881—1894)。——92。

叶弗列莫夫，伊万·尼古拉耶维奇(Ефремов,Иван Николаевич 生于1866年)——俄国大地主，第一届、第三届和第四届国家杜马代表。和平革新党组织者之一，后为资产阶级的进步党领袖。1917年二月革命后任国家杜马临时委员会委员，七月事变后参加临时政府，任国家救济部长。——35。

伊万诺夫，康·；伊万诺夫，康斯坦丁·彼得罗维奇——见列宁，弗拉基米尔·伊里奇。

Z

扎鲁德内，亚历山大·谢尔盖耶维奇(Зарудный，Александр Сергеевич 1863—1934)——俄国律师。1917年二月革命后加入人民社会党。1917年7—8月任临时政府司法部长。十月革命后脱离政治活动。——47、79、245、246、247、248、249—250。

扎斯拉夫斯基，达维德·约瑟福维奇(Заславский，Давид Иосифович 1880—1965)——苏联新闻工作者，著作家。1900年参加革命运动，1903年加入崩得。第一次世界大战期间是社会沙文主义者。1917年被选入崩得中央委员会。1917—1918年激烈反对布尔什维克。1919年改变了自己的政治观点，转而拥护苏维埃政权。曾为《列宁格勒真理报》、《红色日报》和《消息报》撰稿。1928年起在《真理报》编辑部工作，是《真理报》撰稿人。1934年加入联共(布)。——87、88、89、407。

文 献 索 引

安德列耶夫，尼·《7 月 4 日彼得格勒街头的反革命》（Андреев，Н. Контрреволюция на улицах Петрограда 4 июля.（По личным наблюдениям）.—«Рабочая Газета»，Пг.，1917，№100，7 июля，стр. 3—4）——35、168。

巴扎罗夫，弗·《布尔什维克和政权问题》（Базаров，В. Большевики и проблема власти.—«Новая Жизнь»，Пг.，1917，№138（132），27 сентября（10 октября），стр.1）——308—311。

—《对起义的马克思主义态度》（Марксистское отношение к восстанию.—«Новая Жизнь»，Пг.，1917，№155（149），17（30）октября，стр. 1）——409—410。

别德内依，杰米扬《科尔尼洛夫（仅仅是科尔尼洛夫吗？）案件的一个侦查员所受的苦难》（Демьян Бедный. Страдания следователя по корниловскому（только ли?）делу）——297—298。

—《李伯尔唐恩》（Либердан）——242、243、244、245、247、249、253、254、276、332、395、400、401、419。

布哈林，尼·伊·《论修改党纲》（Бухарин，Н. И. К пересмотру партийной программы.—«Спартак»，М.，1917，№4，10 августа，стр. 4—7）——137、344、363—369。

丹东《1792 年 9 月 2 日在立法会议上的演说》——见《国民议会公报》。

恩格斯，弗·《德国的革命和反革命》（俄文版）（Энгельс，Ф. Революция и контрреволюция в Германии. Август 1851 г.—сентябрь 1852 г.）——234、235、239、241、374、375、408。

—《德国农民战争》（Крестьянская война в Германии. Лето 1850 г.）——25。

—《法德农民问题》（Крестьянский вопрос во Франции и Германии. 15—22

ноября 1894 г.)——110。

—《反杜林论》(Анти-Дюринг. Переворот в науке, произведенный господином Евгением Дюрингом. Сентябрь 1876 г.—июнь 1878 г.)——434。

—《给弗·阿·左尔格的信》(1888年2月22日)(Письмо Ф.-А. Зорге. 22 февраля 1888 г.)——320。

—《家庭、私有制和国家的起源》(Происхождение семьи, частной собственности и государства. В связи с исследованиями Льюиса Г. Моргана. Конец марта—26 мая 1884 г.)——10。

—《流亡者文献》(Эмигрантская литература. Май 1874 г.—апрель 1875 г.)——130。

—《未来的意大利革命和社会党》(Будущая итальянская революция и социалистическая партия. (Письмо Турати). 26 января 1894 г.)——130。

—《1891年社会民主党纲领草案批判》(К критике проекта социал-демократической программы 1891 года. Между 18 и 29 июня 1891 г.)——353。

[恩格斯,弗·]《德国的革命和反革命》(德文版)([Engels,F.]Revolution und Konterrevolution in Deutschland. 2. Aufl. Stuttgart, Dietz, 1907. 141 S.)——325—326。

福格尔施泰因,泰·《资本主义工业的金融组织和垄断组织的形成》(Vogelstein, Th. Die finanzielle Organisation der kapitalistischen Industrie und die Monopolbildungen.—In: Grundriß der Sozialökonomik. Abt. VI. Industrie, Bergwesen, Bauwesen. Buch III. B. I. Tübingen, Mohr(Siebeck), 1914, S.187—246)——357—358。

格里鲍耶陀夫,亚·谢·《智慧的痛苦》(Грибоедов, А. С. Горе от ума)——327、329。

果戈理,尼·瓦·《钦差大臣》(Гоголь, Н. В. Ревизор)——80。

—《死魂灵》(Мертвые души)——289、325、328。

[季诺维也夫,格·叶·]《不该这么办》([Зиновьев, Г. Е.] Чего не делать.—

«Рабочий»,Пг.,1917,№8 ,12 сентября(30 августа),стр.2)——248。

—《农民和"联合"》(Крестьянство и «коалиция».—«Рабочий Путь»,Пг.,1917,№19,7 октября(24 сентября),стр. 1—2)——291。

—《我们的胜利和我们的任务》(Наша победа и наши задачи.—«Рабочий Путь»,Пг.,1917,№9 ,26 (13) сентября,стр. 1—2)——248。

[加米涅夫,列·波·]《尤·加米涅夫的声明》([Каменев,Л.Б.] Заявление Ю. Каменева.—«Известия Центрального Исполнительного Комитета и Петроградского Совета Рабочих и Солдатских Депутатов»,1917,№142,12 августа,стр. 6. Под общ. загл.: К делу Ю. Каменева. Подпись: Ю. Каменев)——88。

—《尤·加米涅夫谈"发起行动"》(Ю. Каменев о «выступлении».—«Новая Жизнь»,Пг.,1917,№156(150),18 (31) октября,стр.3)——411—414、415—419、429。

晋季诺夫,弗·米·《奇异的矛盾》(Зензинов,В. М. Странные противоречия.—«Дело Народа»,Пг.,1917,№114,30 июля,стр. 2)——406。

克劳塞维茨,卡·《论战争和用兵的遗著》(Clausewitz, K. Hinterlassene Werke über Krieg und Kriegführung. Bd. 1, T. 1. Vom Kriege. Berlin, Dümmler,1832. XXVIII,371 S.)——222。

克雷洛夫,伊·安·《乌鸦和狐狸》(Крылов,И. А. Ворона и Лисица)——57。

拉林,尤·《广泛的工人党和工人代表大会》(Ларин,Ю. Широкая рабочая партия и рабочий съезд. [М.], «Новый Мир», [1907]. 96 стр.)——338—339。

—《我们党纲中的工人的要求》(Рабочие требования нашей программы.—«Рабочий Путь»,Пг.,1917,№31,21 (8)октября,стр.2)——371—372。

列宁,弗·伊·《必须揭露资本家》(Ленин, В. И. Надо разоблачать капиталистов.—«Правда», Пг., 1917, №67, 9 июня (27 мая), стр. 2)——198。

—《布尔什维克能保持国家政权吗?》(Удержат ли большевики государственную власть? Пб.,«Прибой»,1917. 40 стр. (РСДРП). Перед загл. авт.: Н. Ленин)——282、408。

—《布尔什维克能保持国家政权吗?》[第 2 版](Удержат ли большевики государственную власть? [2-е изд.] Пб., тип. «Сельского Вестни ка», 1918,40 стр. (Солдатская и крестьянская б-ка). Перед загл. кн. авт.: Н. Ленин)——282。

—[《布尔什维克能保持国家政权吗?》一书]《再版序言》(Предисловие ко 2-му изданию [книги «Удержат ли большевики государственную власть?»].—В кн.: [Ленин, В. И.] Удержат ли большевики государственную власть? [2-е изд.]. Пб., тип. «Сельского Вестника», 1918, стр. 1. (Солдатская и крестьянская б-ка). Перед загл. кн. авт.: Н. Ленин)——282。

—《布尔什维克应当夺取政权》(Большевики должны взять власть. Письмо Центральному Комитету, Петроградскому и Московскому комитетам РСДРП(б). 12—14(25—27) сентября 1917 г.)——258。

—《大难临头,出路何在?》(Грозящая катастрофа и как с ней бороться. Пг., тип. «Сов. раб. и солд. деп. Вас. Остр.», 1917. 32 стр. (РСДРП. Солдатская и крестьянская б-ка. №13). Перед загл. авт.: Н. Ленин)——301—302。

—《帝国主义是资本主义的最高阶段》——见列宁,弗·伊·《帝国主义是资本主义的最新阶段》。

—《帝国主义是资本主义的最新阶段》(Империализм, как новейший этап капитализма. (Популярный очерк). Пг., «Жизнь и Знание», 1917. [3], 130 стр. Перед загл. авт.: Н. Ленин (Вл. Ильин))——357—358。

—《对俄国社会民主工党(布)第七次全国代表会议(四月代表会议)党纲小组的意见的看法》——见列宁,弗·伊·《对上述意见的看法》。

—《对上述意见的看法》(Соображения по поводу предыдущих замечаний.—В кн.: Материалы по пересмотру партийной программы. Под ред. и с предисл. Н. Ленина. Пг., «Прибой», 1917, стр. 11 — 12 (РСДРП). Подпись: Н.Ленин)——345。

—《堕落到了极点》(У последней черты.—«Социал-Демократ», Женева, 1915, №48, 20 ноября, стр.2)——42。

—《俄国的政党和无产阶级的任务》(Политические партии в России и задачи пролетариата. Пг.,«Жизнь и Знание»,1917.29 стр. (Дешевая б-ка. Кн.III-я). Перед загл. кн. авт.: Н. Ленин)——226。

—《革命的教训》(Уроки революции. Конец июля 1917 г.)——64—65。

—《给巴索克的信》(1914 年 12 月 30 日(1915 年 1 月 12 日))(Письмо Баску. 30 декабря 1914 г.(12 января 1915 г.))——114。

—《给同志们的信》(Письмо к товарищам.—«Рабочий Путь»,Пг.,1917,№40,1 ноября (19 октября),стр.2—3;№41,2 ноября (20 октября),стр. 2—3;№42,3 ноября (21 октября),стр. 2. Подпись: Н. Ленин)——413。

—《关于伯格比尔的建议》[1917 年俄国社会民主工党(布)第七次全国代表会议(四月代表会议)通过的决议](О предложении Боргбьерга. [Резолюция, принятая на Седьмой (Апрельской) Всероссийской конференции РСДРП(б).1917 г.].—«Правда»,Пг.,1917,№41,9 мая (26 апреля), стр. 1. Под общ. загл.: Резолюция Всероссийской конференции РСДРП)——67。

—《关于对临时政府的态度》[1917 年俄国社会民主工党(布)彼得格勒市代表会议通过的决议](Об отношении к Временному правительству. [Резолюция, принятая на Петроградской общегородской конференции РСДРП(б).1917г.].—«Правда»,Пг.,1917,№35,1 мая(18 апреля), стр. 3. Под общ. загл.: Российская социал-демократическая рабочая партия)——296。

—《关于对临时政府的态度的讲话》(6 月 4 日(17 日))——见列宁,弗·伊·《列宁同志在全俄工兵代表苏维埃代表大会上的讲话》。

—《关于工兵代表苏维埃的决议[1917 年俄国社会民主工党(布)第七次全国代表会议(四月代表会议)通过]》(Резолюция о Советах рабочих и солдатских депутатов,[принятая на Седьмой (Апрельской) Всероссийской конференции РСДРП(б).1917 г.].—«Правда»,Пг.,1917,№46,15(2)мая,стр.3)——296。

—《关于修改党纲》(О пересмотре партийной программы.—«Солдатская

Правда»,Пг.,1917,№13,16(3)мая. Приложение к газете«Солдатская Правда»,стр.4)——344。

—《关于战争》(О войне. Речь т. Ленина на съезде Советов.—«Правда», Пг.,1917,№95,13 июля(30 июня),стр. 2—3; №96,14(1) июля,стр. 2—3;№97,15(2) июля,стр. 2—3)——434。

—《关于战争的讲话》(6 月 9 日(22 日))——见列宁,弗·伊·《关于战争》。

—《关于召开有社会沙文主义者参加的所谓的社会党人国际代表会议》(О созыве международной якобы социалистической конференции с участием социал-шовинистов.—«Правда»,Пг.,1917,№55,25 (12) мая,стр. 2)——66—68。

—《国家与革命》(Государство и революция. Учение марксизма о государстве и задачи пролетариата в революции. Вып. I.Пг.,«Жизнь и Знание»,1918. 115 стр. (Б-ка обществоведения. Кн. 40-я). Перед загл. авт.: В.Ильин (Н. Ленин))——295—296。

—《决议[1917 年 10 月 10 日(23 日)俄国社会民主工党(布)中央委员会会议通过]》(Резолюция,[принятая на заседании Центрального Комитета РСДРП(б) 10(23) октября 1917 г.])——386—389、411—412、415、416、417—418。

—《列宁起草的党纲的理论、政治及其他一些部分的修改草案》(Проект изменений теоретической, политической и некоторых других частей программы, составленный Н. Лениным.—В кн.: Материалы по пересмотру партийной программы. Под ред. и с предисл. Н. Ленина. Пг.,«Прибой»,1917,стр. 4—8 (РСДРП))——345、356—360、367、369—371。

—《列宁同志在全俄工兵代表苏维埃代表大会上的讲话》(Речь т. Ленина на Всероссийском съезде Советов р. и с. д.—«Правда»,Пг.,1917,№82, 28(15) июня,стр.2—3; №83,29 (16) июня,стр.2—3)——159。

—《论口号》(К лозунгам. Изд. Кроншт. комит. РСДРП. Б. м.,1917.16 стр. (РСДРП). Перед загл. авт.:Н. Ленин)——395。

—《论无产阶级在这次革命中的任务》(О задачах пролетариата в данной революции.—«Правда»,Пг.,1917,№26,7 апреля,стр.1—2. Подпись: Н. Ленин)——296。

—《马克思主义和起义》(Марксизм и восстание. Письмо Центральному Комитету РСДРП(б).13—14(26—27)сентября 1917 г.)——258。

—《尼·列宁同志的答复》(Ответ тов. Н. Ленина.—«Пролетарское Дело»,Кронштадт,1917,№16,14(1)августа,стр.2—3; №18,16(3) августа,стр. 2—3 . Подпись: Н. Ленин)——168。

—《实施社会主义,还是揭露盗窃国库的行为?》(Введение социализма или раскрытие казнокрадства? —«Правда»,Пг.,1917,№77,22(9)июня, стр. 1)——200。

—《无产阶级在我国革命中的任务(无产阶级政党的行动纲领草案)》(Задачи пролетариата в нашей революции. (Проект платформы пролетарской партии). Пб.,«Прибой»,сентябрь 1917. 38 стр.(РСДРП). Перед загл. авт.: Н.Ленин)——265。

—《新旧党纲文本》(Старый и новый тексты программы.—В кн.: Материалы по пересмотру партийной программы. Под ред. и с предисл. Н. Ленина. Пг.,«Прибой»,1917,стр.18—32.(РСДРП). Подпись: Н. Ленин)——362—363。

—[《在1917年6月4日(17日)全俄工兵代表苏维埃第一次代表大会上对伊·格·策列铁里发言的插话》]([Реплика во время речи И. Г.Церетели на I Всероссийском съезде Советов рабочих и солдатских депутатов 4 (17) июня 1917 г.].—«Известия Петроградского Совета Рабочих и Солдатских Депутатов»,1917,№84,6 июня,стр.9)——283。

—《怎样同反革命作斗争》(Как бороться с контрреволюцией.—«Правда», Пг.,1917,№84,30(17) июня,стр. 2—3)——228—229。

—《纸上的决议》(Бумажные резолюции.—«Рабочий», Пг., 1917, №2, 8 сентября (26 августа),стр.1—2)——201。

—《资本家先生们是怎样把利润隐藏起来的(关于监督问题)》(Как прячут прибыли господа капиталисты. (К вопросу о контроле).—«Правда»,

Пг.,1917,№94,12 июля(29 июня),стр.2)——198。

罗森布吕姆,Д.(菲尔索夫)《土地转归土地委员会管理》(Розенблюм,Д.(Фирсов). Передача земли в ведение земельных комитетов.—«Дело Народа»,Пг.,1917,№183,18 октября,стр.1)——424。

马尔托夫,尔·《现在怎么样呢?》(Мартов,Л. Что же теперь? —«Новая Жизнь»,Пг.,1917,№76,16(29) июля,стр.1)——28。

马克思,卡·《法兰西内战》(Маркс,К. Гражданская война во Франции. Воззвание Генерального Совета Международного Товарищества Рабочих. Апрель—май 1871 г.)——295—296。

—《给路·库格曼的信》(1871 年 4 月 12 日)(Письмо Л. Кугельману. 12 апреля 1871 г.)——312。

—《路易·波拿巴的雾月十八日》(Восемнадцатое брюмера Луи Бонапарта. Декабрь 1851 г.—март 1852 г.)——22、24。

[米柳亭,弗·巴·]《半年来资产阶级政策的总结》([Милютин,В. П.]Полугодовой итог буржуазной политики.—«Рабочий»,Пг.,1917, №4,10 сентября(28 августа),стр. 1—2 . Подпись: В. М—н)——117。

纳德松,谢·雅·《帷幕已经扯掉》(Надсон,С. Я. «Завеса сброшена»)——148—149。

涅克拉索夫,尼·阿·《温良的诗人是幸福的》(Некрасов,Н. А. Блажен незлобивый поэт)——86、288。

普里列扎耶夫,И.《粮食部粮食政策的危机》(Прилежаев,И. Кризис продовольственной политики министерства продовольствия.—«Дело Народа»,Пг.,1917,№147,6 сентября,стр.1)——164。

契诃夫,安·巴·《套中人》(Чехов,А. П. Человек в футляре)——312。

桑多米尔斯基,А.《为组织好工业而斗争》(Сандомирский,А. Борьба за организацию промышленности. (Из Донецкого бассейна).—«Новая Жизнь»,Пг.,1917,№61,29 июня (12 июля),стр.1)——209。

斯米尔诺夫,弗·《论修改最低经济纲领》(Смирнов,В. О пересмотре экономической программы-минимум.—В кн.: Материалы по пересмотру партийной программы. Сборник статей: В. Милютина и др. М.,Обл.

бюро Моск. пром. района РСДРП，1917，стр.34—40.（РСДРП））——363—367。

［斯米特-法尔克涅尔，玛·纳·］《民主派的呼声》（［Смит-Фалькнер，М. Н.］Голос демократии.—«Свободная Жизнь»，Пг.，1917，№1，2（15）сентября，стр.2. Подпись：М. Смит）——210—211。

苏汉诺夫，尼·《关于取消争取和平的斗争》（Суханов，Н. К ликвидации борьбы за мир.—«Новая Жизнь»，Пг.，1917，№106，20 августа（2 сентября），стр.1）——119—126。

—《雷声又响了》（Гром снова грянул.—«Новая Жизнь»，Пг.，1917，№142（136），1（14）октября，стр.1）——330。

［索柯里尼柯夫，格·雅·］《关于修改党纲》（［Сокольников，Г. Я.］К пересмотру партийной программы.（Введение и программа-максимум）.—В кн.：Материалы по пересмотру партийной программы. Сборник статей：В. Милютина и др. М.，Обл. бюро Моск. пром. района РСДРП，1917，стр. 8—22.（РСДРП）. Подпись：В. Сокольников）——345—362。

沃洛达尔斯基，弗·《彼得格勒和俄国》（Володарский，В. Петроград и Россия.—«Рабочий»，Пг.，1917，№3，9 сентября（27 августа），стр. 2—3）——117。

—《致全体同志！》（К всем товарищам！（Письмо в редакцию）.—«Рабочий»，Пг.，1917，№2，8 сентября（26 августа），стр.2）——117。

希法亭，鲁·《金融资本》（Гильфердинг，Р. Финансовый капитал. Новейшая фаза в развитии капитализма. Авторизов. пер. с нем. и вступит. статья И. Степанова. М.，Знаменский，1912. XXIX，576，3 стр.）——359。

С—ий，С.《9 月 24 日和 6 月 25 日的城市选举》（С—ий，С. Городские выборы 24-го сентября и 25-го июня.（Статистическая справка）.—«Русские Ведомости»，М.，1917，№220，27 сентября（10 октября），стр. 5）——273—274。

Ш.《令人担忧的日子》（Ш. Тревожные дни. Впечатления 4 июля.—«Рабочая Газета»，Пг.，1917，№100，7 июля，стр.3）——36—37、168。

* * *

《报刊评论》(载于1917年8月25日(9月7日)《工人日报》第1号)(Обзор печати.—«Рабочий», Пг., 1917, №1, 7 сентября (25 августа), стр. 2)——117。

《报刊评论》(载于1917年8月26日(9月8日)《工人日报》第2号)(Обзор печати.—«Рабочий», Пг., 1917, №2, 8 сентября (26 августа), стр. 2)——117。

《报刊评论》(载于1917年8月27日(9月9日)《工人日报》第3号)(Обзор печати.—«Рабочий», Пг., 1917, №3, 9 сентября (27 августа), стр. 2)——117。

彼得格勒,7月6日(19日)。《形势逼人》[社论](Петроград, 6 (19) июля. Момент обязывает. [Передовая].—«Дело Народа», Пг., 1917, №93, 6 июля, стр.1)——168。

彼得格勒,7月11日。(Петроград, 11 июля.—«Речь», Пг., 1917, №160 (3902), 11(24) июля, стр. 1—2)——20。

彼得格勒,7月29日(8月11日)。《各部门的革新与民主》(Петроград, 29 июля (11 августа). Обновление ведомств и демократия.—«Дело Народа», Пг., 1917, №113, 29 июля, стр.1)——160。

彼得格勒,8月20日。《城市的选举》(Петроград, 20 августа. Городские выборы.—«Русская Воля», Пг., 1917, №197, 20 августа, стр.2)——113。

彼得格勒,8月24日(9月6日)。《中央杜马的选举》(Петроград, 24 августа (6 сент.). Выборы в центральную думу.—«Дело Народа», Пг., 1917, №135, 24 августа, стр.1)——328。

彼得格勒,9月16日。[社论](Петроград, 16 сентября. [Передовая].—«Речь», Пг., 1917, №218 (3960), 16(29) сентября, стр. 2)——283、287—288。

彼得格勒,9月21日(10月3日)。《妥协的道路》(Петроград, 21 сентября (3 окт.). Пути соглашения.—«Дело Народа», Пг., 1917, №160, 21 сентября, стр.1)——284—285、286、289、294。

彼得格勒,9 月 29 日(10 月 12 日)。《先安抚,后改革》(Петроград,29 сентября(12 окт.). Сначала успокоение,потом реформы.—«Дело Народа»,Пг.,1917,№167,29 сентября,стр.1)——271、274、275、315—317、378。

彼得格勒,9 月 30 日(10 月 13 日)。《是新的革命,还是立宪会议?》(Петроград,30 сентября (13 окт.). Новая революция или Учредительное собрание? —«Дело Народа»,Пг.,1917,№168,30 сентября,стр.1)——279—281、315—316、379。

《彼得格勒的防御》[社论](Оборона Петрограда. [Передовая].—«Рабочий»,Пг.,1917,№6,11 сентября(29 августа),стр.1)——117。

《彼得格勒工兵代表苏维埃关于废除死刑的决议》——见《在工兵代表苏维埃里》(彼得格勒工兵代表苏维埃 8 月 18 日会议)。

《彼得格勒工兵代表苏维埃士兵部》(Солдатская секция Петроградского Совета р. и с. д.—«Известия Центрального Исполнительного Комитета и Петроградского Совета Рабочих и Солдатских Депутатов»,1917,№154,26 августа,стр.4)——141、175。

《彼得格勒工兵代表苏维埃同临时政府达成的协议》——见《工兵代表苏维埃 3 月 2 日的会议记录摘要》。

《彼得格勒工兵代表苏维埃消息报》(«Известия Петроградского Совета Рабочих и Солдатских Депутатов»,1917,№4,3 марта,стр.1,4)——56、57、63、123。

—1917,№59,6 мая,стр.1.——58。

—1917,№84,6 июня,стр.9.——283。

—1917,№85,7 июня,стр.11—16.——164、301。

—1917,№91,14 июня,стр.8.——61。

—1917,№96,20 июня,стр. 1,2.——62。

—1917,№115,12 июля,стр. 2—3 .——14—16。

—1917,№119,16 июля,стр.4.——26、28、30—31、125。

—1917,№126,25 июля,стр. 2.——47。

—1917,№127,26 июля,стр.6.——45。

—1917,№128,27 июля,стр.2.——47。

《彼得格勒工人和士兵同志们!》[关于和平的有组织的游行示威的号召书。1917年7月4日(17日)](Товарищи рабочие и солдаты Петрограда! [Воззвание о мирной и организованной демонстрации. 4 (17) июля 1917 г. Листовка. Б. м., 1917 г.]. 1 стр. Подписи: ЦК РСДРП, Петербургский комитет РСДРП, Межрайонный комитет РСДРП, Военная организация при ЦК РСДРП, Комиссия рабочей секции Совета рабочих и солдатских депутатов)——29、34、143。

[《彼得格勒工人和士兵同志们!》(关于和平的有组织的游行示威的号召书。1917年7月4日(17日))]([Товарищи рабочие и солдаты Петрограда! Воззвание о мирной и организованной демонстрации. 4(17) июля 1917 г.].——«Дело Народа», Пг., 1917, №92, 5 июля, стр. 1. Под общ. загл.: Документы)——34。

《[彼得格勒苏维埃士兵部反对政府撤离彼得格勒的]决议》(Резолюция [солдатской секции Петроградского Совета против ухода правительства из Питера].—«Известия Центрального Исполнительного Комитета Советов Рабочих и Солдатских Депутатов», Пг., 1917, №191, 7 октября, стр. 4 Под общ. загл.: В солдатской секции Петроградского Совета р. и с. д.)——341—342。

《布尔什维克的过错》(Виноваты большевики.—«Правда», Пг., 1917, №92, 10 июля (27 июня), стр. 2)——20。

《布尔什维克和斯德哥尔摩》[社论](Большевики и Стокгольм. [Передовая].—«Новая Жизнь», Пг. , 1917, №97, 10(23) августа, стр. 1)——97—103。

《德国社会民主党爱尔福特代表大会会议记录》(1891年10月14—20日)(Protokoll über die Verhandlungen des Parteitages der Sozial-demokratischen Partei Deutschlands. Abgehalten zu Erfurt vom 14. bis 20. Oktober 1891. Berlin, «Vorwärts», 1891. 368 S.)——353。

《对7月3—5日事件的反应》(Отклики событий 3—5 июля.—«Речь», Пг., 1917, №164(3906), 15(28) июля, стр. 5)——38。

《俄国社会民主工党第六次代表大会》(6-ой съезд РСДРПартии. Последний день.—«Пролетарий»,Пг.,1917,№7 ,2 сентября (20 августа),стр. 3)——97。

《俄国社会民主工党纲领》(Программа Российской социал-демократической рабочей партии.—В кн.: Программа и устав Российской с.-д. рабочей партии,принятые на 2-м съезде партии 1903 г. с поправками,принятыми на Объединительном съезде в Стокгольме 1906 г. Пг.,«Прибой»,б. г., стр. 3—13. (РСДРП))——5、108—109、344—356、369—370。

《俄国社会民主工党组织章程(党的第二次代表大会通过)》(Организационный устав Российской соц.-дем. рабочей партии, принятый на Втором съезде партии.—В кн.: Второй очередной съезд Росс. соц.-дем. рабочей партии. Полный текст протоколов. Изд. ЦК. Genève, тип. партии, [1904],стр. 7—9. (РСДРП))——419。

《俄罗斯共和国苏维埃》(Совет Российской республики.—«Дело Народа», Пг.,1917,№175,8 октября,стр.2)——378。

《俄罗斯新闻》(莫斯科)(«Русские Ведомости»,М.,1917,№198,30 августа (12 сентября),стр. 5)——154—155、210、212、213、244—245。

—1917,№220,27 сентября(10 октября),стр.5.——273—274。

《俄罗斯言论报》(莫斯科) («Русское Слово»,М.)——156、228、229、333。

《俄罗斯意志报》(彼得格勒)(«Русская Воля»,Пг.)——113、250。

—1917,№167,16 июля,стр.5.——20。

—1917,№186,8 августа,стр. 6.——66—68。

—1917,№197,20 августа,стр.2,6.——113、127—129。

《告彼得格勒的全体劳动者、全体工人和士兵》[俄国社会民主工党(布)中央委员会关于取消示威的决定](Ко всем трудящимся,ко всем рабочим и солдатам Петрограда. [Постановление ЦК РСДРП (б) об отмене демонстрации].—«Правда», Пг., 1917, №78, 23 (10) июня, стр. 1) ——61。

《革命的半年》[社论](Полугодовщина революции. [Передовая].—«Рабочий»,Пг.,1917,№3,9 сентября(27 августа),стр.1)——117。

《格·叶·李沃夫公爵论当前的任务》(Князь Г. Е. Львов о задачах

момента.—«Известия Петроградского Совета Рабочих и Солдатских Депутатов», 1917, №115, 12 июля, стр. 2—3)——14—16。

《给陆海军的命令》(1917 年 6 月 16 日)(Приказ армии и флоту.16 июня 1917 г. Действующая армия.—«Известия Петроградского Совета Рабочих и Солдатских Депутатов», 1917, №96, 20 июня, стр.1)——62。

《给陆海军的命令》(1917 年 7 月 15 日)(Приказ армии и флоту. 15-го июля 1917 г.—«Известия Петроградского Совета Рабочих и Солдатских Депутатов», 1917, №119, 16 июля, стр.4)——26—27、28—29、30、125。

《工兵代表苏维埃 3 月 2 日的会议记录摘要》(Из протокола заседания Совета рабочих и солдатских депутатов 2-го марта.—«Известия Петроградского Совета Рабочих и Солдатских Депутатов», 1917, №4, 3 марта, стр. 4) ——57、63、123。

《工兵代表苏维埃执行委员会的声明》(От Исполнительного комитета Совета рабочих и солдатских депутатов.—«Известия Петроградского Совета Рабочих и Солдатских Депутатов», 1917, №4, 3 марта, стр. 1. Подпись: Исполн. комитет Сов. солд. и раб. депутатов)——56、123。

《工兵代表苏维埃中央执行委员会会议》(Заседание Центр. Исполнит. Комитета С. р. и с. д.—«Известия Центрального Исполнительного Комитета и Петроградского Совета Рабочих и Солдатских Депутатов», 1917, №180, 24 сентября, стр. 2—3)——257、258。

《工兵代表苏维埃中央执行委员会消息报》(彼得格勒)(«Известия Центрального Исполнительного Комитета Советов Рабочих и Солдатских Депутатов», Пг., 1917, №191, 7 октября, стр.4)——341、342。

《工人报》(彼得格勒)(«Рабочая Газета», Пг.)——10、88、124、197、226、248。

—1917, №100, 7 июля, стр.3—4.——35、36—37、168。

—1917, №112, 21 июля, стр.1.——21。

—1917, №152, 5 сентября, стр. 4 .——155。

《工人日报》(彼得格勒)(«Рабочий», Пг., 1917, №№1—6)——117。

—1917, №1, 7 сентября (25 августа), стр.1, 2.——117。

—1917, №2, 8 сентября (26 августа), стр. 1—2 .——117、201。

—1917,№3,9 сентября (27 августа),стр.1,2—3.——117。

—1917,№4,10 сентября (28 августа),стр. 1—2 .——117。

—Второй экстренный вып.,Пг.,1917,№5,10 сентября(28 августа),стр. 1.——117。

—1917,№6,11 сентября(29 августа),стр.1.——117。

—1917,№8,12 сентября(30 августа),стр. 2.——248。

《工人日报》(赫尔辛基)(«Työmies»,Helsinki)——264。

《工人之路报》(彼得格勒)(«Рабочий Путь»,Пг.)——248、252。

—1917,№9,26(13)сентября,стр. 1—2 .——248。

—1917,№18,6 октября (23 сентября),стр.3.——273、279—280、330、332。

—1917,№19,7 октября (24 сентября),стр. 1—2 .——291。

—1917,№22,11 октября (28 сентября),стр. 1—2 .——264。

—1917,№26,16(3)октября,стр. 1.——366。

—1917,№31,21(8)октября,стр. 2.——371—372。

—1917,№34,25(12)октября,стр.1.——392。

—1917,№40,1 ноября (19 октября),стр. 2—3; №41,2 ноября (20 октября),стр. 2—3;№42,3 ноября (21 октября),стр.2.——413。

—1917,№44,6 ноября (24 октября),стр.1.——427—428。

《关于6月18日示威》(К демонстрации 18 июня.—«Известия Петроградского Совета Рабочих и Солдатских Депутатов»,1917,№91,14 июня,стр. 8)——61。

《关于示威游行》[俄国社会民主工党(布)中央委员会关于停止示威游行的号召书(1917年7月5日(18日))](О демонстрации. [Воззвание ЦК РСДРП(б) о прекращении демонстрации. 5 (18) июля 1917 г.].—«Правда»,Пг.,1917,№99,18(5)июля,стр.4)——30、34。

《关于提高粮食价格问题》(К вопросу о повышении хлебных цен. «Рабочая Газета»,Пг.,1917,№152,5 сентября,стр. 4)——155。

《关于统一的决议[俄国社会民主工党(布)第六次代表大会通过]》(Резолюция об объединении,[принятая на VI съезде РСДРП(б)].—«Пролетарий»,Пг.,1917,№4,30(17) августа,стр.3. Под общ. загл.:

6-й съезд РСДРП)——71。

《关于土地问题的决议》(1917 年 5 月 25 日)(Постановление по аграрному вопросу.(25 мая 1917 г.).—«Известия Всероссийского Совета Крестьянских Депутатов»,Пг.,1917,№15,26 мая,стр.7)——60。

《关于土地问题的决议[1917 年俄国社会民主工党(布)第七次全国代表会议(四月代表会议)通过]》(Резолюция по аграрному вопросу,[принятая на Седьмой (Апрельской) Всероссийской конференции РСДРП (б). 1917г.].—«Солдатская Правда»,Пг.,1917,№13,16 (3) мая. Приложение к газете «Солдатская Правда»,стр. 2. Под общ. загд.:Резолюции Всероссийской конференции Российской социал-демократической рабочей партии,состоявшейся 24—29 апреля 1917 года)——437。

《关于阴谋的谣言》(Слухи о заговоре.—«Новая Жизнь»,Пг.,1917,№103,17 (30)августа,стр.3)——69—72。

《关于争取和平的斗争》[齐美尔瓦尔德第三次代表会议宣言(1917 年)](К борьбе за мир. [Манифест III Циммервальдской конференции.1917 г.].—«Искра», Пг., 1917, №1, 26 сентября, стр. 2. Под общ. загл.: Международное совещание циммервальдистов в Стокгольме)—264。

《关于政治形势》[俄国社会民主工党(布)第六次代表大会通过的决议](О политическом положении. [Резолюция,принятая на VI съезде РСДРП (б)].—«Пролетарий»,Пг.,1917,№3,29(16) августа,стр. 4. Под общ. загл.: 6-й съезд РСДРП)——142。

《国际的现状和俄国社会民主工党的任务)[1917 年俄国社会民主工党(布)第七次全国代表会议(四月代表会议)通过的决议](Положение в Интернационале и задачи РСДРП. [Резолюция,принятая на Седьмой (Апрельской) Всероссийской конференции РСДРП(б). 1917 г.].—«Солдатская Правда», Пг., 1917), №13, 16(3) мая. Приложение к газете «Солдатская Правда», стр. 3. Под общ. загл.: Резолюции Всероссийской конференции Российской социал-демократической рабочей партии,состоявшейся 24—29 апреля 1917 года)——97、265—266。

《国际关于目前形势的宣言[巴塞尔国际社会党非常代表大会通过]》(Manifest der Internationale zur gegenwärtigen Lage,[angenommen auf dem Außerordentlichen Internationalen Sozialistenkongreß zu Basel].—In: Außerordentlicher Internationaler Sozialistenkongreß zu Basel am 24.und 25.November 1912.Berlin,Buchh.«Vorwärts»,1912,S 23—27)——96。

《国际主义者周报》(波士顿)(«The Internationalist»,Boston)——265。

《国民报或总汇通报》(巴黎)(«Gazette Nationale,ou le Moniteur Universel», Paris,1792,N.248,4 septembre,p.1051)——326、374、375。

《国民议会公报》(Bulletin de l'assemblée nationale. Première législature.—«Gazette Nationale, ou le Moniteur Universel », Paris, 1792, N. 248, 4 septembre,p.1051)——326、374、375。

《黄色工会》[社论](Союз желтых. [Передовая].—«Рабочий», Пг., 1917, №1,7сентября(25 августа),стр.1)——117。

《火星报》(彼得格勒)(«Искра»,Пг.,1917,№1,26 сентября,стр.2)——264。

《将要举行的示威游行》(Предстоящая манифестация.—«Власть Народа», М.,1917,№42,16 июня,стр. 2,в отд.: Петроград)——20。

《交易所新闻》(彼得格勒)(«Биржевые Ведомости»,Пг.)——88、166、211、228、229。

—Вечерний вып.,Пг.,1917,№16317,4(17) июля,етр. 2—3.——38。

—Вечерний вып.,Пг.,1917,№16430,7(20) сентября,стр.2.——166。

《解散议会》(Роспуск сейма.—«Рабочая Газета»,Пг.,1917,№112,21 июля, стр.1)——21。

《军官杜巴索夫代表前线发表的声明》——见《在工兵代表苏维埃里》。

《劳动旗帜报》(彼得格勒)(«Знамя Труда»,Пг.,1917,№25,22 сентября,стр. 2)——291。

《立宪民主党(人民自由党)纲领》(Программа конституционно-демократической партии или партии народной свободы.—В кн.: Программы политических партий. Пг.,Ясный-Попов,1917,стр.12—16)——420。

《临时政府的决定》(Постановление Временного правительства.—«Известия Центрального Исполнительного Комитета и Петроградского Совета Рабочих и Солдатских Депутатов»,1917,№140,10 августа,стр. 4. Под общ. загл.: Во Врем.правительстве)——124—125。

《临时政府的决定[关于禁止土地买卖]》(1917年7月12日)(Постановление Временного правительства [о воспрещении земельных сделок]. 12 июля 1917 г.—«Вестник Временного Правительства»,Пг.,1917,№104(150),14(27) июля,стр.1,в отд.: Действия правительства)——52、60。

《临时政府的声明》(载于1917年3月7日(20日)《临时政府通报》第2号(总第47号))(От Временного правительства.—«Вестник Временного Правительства», Пг., 1917, №2(47), 7(20) марта, стр. 1, в отд.: Действия правительства)——18。

《临时政府的声明》(载于1917年5月6日(19日)《临时政府通报》第49号(总第95号))(От Временного правительства. [Декларация]. 5 мая 1917г.—«Вестник Временного Правительства», Пг., 1917, №49(95), 6(19) мая, стр. 1, в отд.: Действия правительства)——58—59、186—187、201。

《临时政府的声明》(载于1917年7月9日(22日)《临时政府通报》第100号(总第146号))(От Временного правительства. [Декларация]. 8 июля 1917 г.—«Вестник Временного Правительства», Пг., 1917, №100(146), 9(22) июля, стр. 1, в отд.: Действия правительства)——18、45、280—281、316。

《临时政府的声明》[关于禁止土地买卖的法律](1917年7月12日)(От Временного правительства. [К закону о воспрещении земельных сделок]. 12 июля 1917г.—«Вестник Временного Правительства»,Пг.,1917,№104(150),14(27) июля,стр. 1,в отд.:Действия правительства)——52、60。

《临时政府关于成立土地委员会的决定》(1917年4月21日)(Постановление Временного правительства об учреждении земельных комитетов. 21 апреля 1917 г.—«Вестник Временного Правительства», Пг., 1917, №38(84),23 апреля(6 мая),стр.1)——421、422—423。

[《临时政府关于恢复死刑的决定》(1917年7月12日)]([Постановление Временного правительства о восстановлении смертной казни. 12 июля 1917 г.].—«Вестник Временного Правительства», Пг., 1917, №103

(149),13(26)июля,стр.1)——31、51、125。

[《临时政府关于推迟立宪会议选举的决定》(1917 年 8 月 9 日)]([Постановление Временного правительства об отсрочке выборов в Учредительное собраняе. 9 августа 1917 г.].—«Известия Центрального Исполнительного Комитета и Петроградского Совета Рабочих и Солдатских Депутатов»,1917,№140,10 августа,стр. 3. Под общ. загл.: Отсрочка Учредительного собрания)——316。

[《临时政府关于召开立宪会议的日期的决定》(1917 年 6 月 14 日)]([Постановление Временного правительства о сроке созыва Учредительного собрания. 14 июня 1917 г.].—«Вестник Временного Правительства», Пг., 1917, №80(126), 15(28) июня, стр. 1, в отд.: Действия правительства)——18、19—20、52。

《临时政府陆军部长克伦斯基的电报》(Телеграмма военного министра Керенского Времен. правит.—«Известия Петроградского Совета Рабочих и Солдатских Депутатов»,1917,№96,20 июня,стр. 2. Под общ. загл.: Русская армия перешла в наступление)——62。

《临时政府通报》(彼得格勒)(«Вестник Временного Правительства», Пг., 1917,№2(47),7 (20) марта,стр.1)——18。

—1917,№38(84),23 апреля(6 мая),стр.1.——421、422—423。

—1917,№49(95),6(19)мая,стр.1.——58—59、186、201。

—1917,№80(126),15(28)июня,стр.1.——18、20、52。

—1917,№100(146),9(22)июля,стр.1.——18、45、280—281、316。

—1917,№103(149),13(26)июля,стр.1.——31、51、125。

—1917,№104(150),14(27)июля,стр.1.——52、60。

—1917,№151(197),12(25)сентября,стр.3.——196。

《论固定价格》(О твердых ценах.—«Известия Центрального Исполнительного Комитета и Петроградского Совета Рабочих и Солдатских Депутатов», 1917, №164, 7 сентября, стр. 7)——186、187、188、189—191、193、194、196、206—207、210—212、342。

《论联合》[社论](О коалиции. [Передовая].—«Известия Центрального

Исполнительного Комитета и Петроградского Совета Рабочих и Солдатских Депутатов»,1917,№164,7 сентября,стр.1)——179。

《论实行糖业垄断》(К введению сахарной монополии.—«Вестник Временного Правительства», Пг., 1917, №151 (197), 12 (25) сентября, стр. 3) ——196。

《面包!》(Хлеба! —«Рабочий Путь»,Пг.,1917,№34,25(12) октября,стр. 1)——392。

《民主议会》(Демократический совет. (Конец заседания 23 сентября)—«Дело Народа»,Пг.,1917,№164,26 сентября,стр.2—3)——294。

《莫斯科国务会议》(Государственное совещание в Москве.—«Речь»,Пг., 1917,№190(3932),15(28) августа,стр. 2—4)——70、124。

《涅瓦大街的枪声》(Стрельба на Невском.—«Биржевые Ведомости».Вечерний вып.,Пг.,1917,№16317,4(17)июля,стр.2—3)——38。

《农民对联合问题的意见》(Голос крестьянства по вопросу о коалиции.—«Знамя Труда»,Пг.,1917,№25,22 сентября,стр. 2. Подпись: А. Б.) ——291。

《7月3日和4日事件调查委员会》(Следственная комиссия о событиях 3-го и 4-го июля.—«Дело Народа»,Пг.,1917,№93,6 июля,стр.3)——29。

《7月3日和4日首都的街头》(На улицах столицы 3-го и 4-го июля. (Заметки очевидца).—«Пролетарское Дело», Кронштадт, 1917, №7, 3 августа (21 июля),стр. 2)——35。

《齐美尔瓦尔德国际社会党第三次代表会议宣言》[1917年](Манифест 3-ей Циммервальдской международной социалистической конференции. [1917 г.].—«Рабочий Путь», Пг., 1917, №22, 11 октября (28 сентября),стр.1—2)——264。

《[全俄工兵代表苏维埃代表大会]会议》([1917年]6月5日)(Заседание [Всероссийского съезда Советов рабочих и солдатских депутатов]. 5 июня [1917 г.].—«Известия Петроградского Совета Рабочих и Солдатских Депутатов»,1917,№85,7 нюня,стр. 11—16)——164、301。

《全俄民主会议》(载于1917年9月15日《中央执行委员会和彼得格勒工兵

代表苏维埃消息报》第 171 号)(Всероссийское демократическое совещание.—«Известия Центрального Исполнительного Комитета и Петроградского Совета Рабочих и Солдатских Депутатов»,1917,№171,15 сентября,стр.1—6)——248。

《全俄民主会议》(载于 1917 年 9 月 17 日《中央执行委员会和彼得格勒工兵代表苏维埃消息报》第 173 号)(Всероссийское демократическое совещание.—«Известия Центрального Исполнительного Комитета и Петроградского Совета Рабочих и Солдатских Депутатов»,1917,№173,17 сентября,стр.1—6)——245—246、247、248、249—250、322—324。

《全俄农民代表苏维埃消息报》(彼得格勒)(«Известия Всероссийского Совета Крестьянских Депутатов»,Пг.,1917,№15,26 мая,стр.7)——60。

—1917,№88,19 августа,стр. 3—4.——104—112、153、421—422、423、424、437。

《人民权力报》(莫斯科)(«Власть Народа»,М.,1917,№42,16 июня,стр.2)——20。

《人民事业报》(彼得格勒)(«Дело Народа»,Пг.)——10、124、160、226、244、248、323、342、392、437。

—1917,№92,5 июля,стр.1,2.——29、34、168。

—1917,№93,6 июля,стр.1,3.——29、168。

—1917,№96,9 июля,стр. 4.——38。

—1917,№113,29 июля,стр.1.——160。

—1917,№114,30 июля,стр.2.——406。

—1917,№135,24 августа,стр.1.——328。

—1917,№147,6 сентября,стр.1.——158、164。

—1917,№160,21 сентября,стр.1.——284—285、286、289、294。

—1917,№164,26 сентября,стр.2—3.——294。

—1917,№167,29 сентября,стр.1.——271、274、275、315—317、378。

—1917,№168,30 сентября,стр.1.——279—281、315—316、379。

—1917,№170,3 октября,стр.2.——426—428。

—1917,№175,8 октября,стр.2.——378。

—1917,№183,18 октября,стр.1,4.——420—425、426—428、437。

—1917,№184,19 октября,стр.1.——420。

《人民意志报》(彼得格勒)(«Воля Народа»,Пг.)——294。

—1917,№67,16 июля,стр.3.——20。

[《人民自由党顿河畔罗斯托夫委员会的决议》]([Резолюция Ростовского-на-Дону комитета партии народной свободы].—«Речь»,Пг.,1917,№210(3952),7(20)сентября,стр. 5,в отд.:По России. Под загл.:Партия народной свободы)——166—167、176—178。

《日报》(彼得格勒)(«День»,Пг.)——88、173、193、244。

—1917,№(16105)144,24 августа,стр.1.——328。

《伤亡者名单》(Убитые и раненые.—«Дело Народа»,Пг.,1917,№96,9 июля,стр.4)——38。

《社会革命党纲领和组织章程(党的第一次代表大会批准)》(Программа и организационный устав партии социалистов-революционеров, утвержденные на первом партийном съезде. Изд. центрального комитета п. с.-р. Б. м.,тип. партии соц.-рев.,1906. 32 стр.(Партия социалистов-революционеров))——420。

《社会革命党中央委员会的决定》(Постановление центрального комитета п. с.-р.—«Дело Народа»,Пг.,1917,№184,19 октября,стр.1)——420。

《社会民主党人报》(日内瓦)(«Социал-Демократ»,Женева)

—1915,№47,13 октября. 2 стр.——433。

—1915,№48,20 ноября,стр.2.——42。

《社会民主党人报》(莫斯科)(«Социал-Демократ»,М.)——248—249。

《社会主义者工程师协会》(Союз инженеров-социалистов.—«Известия Центрального Исполнительного Комитета и Петроградского Совета Рабочих и Солдатских Депутатов»,1917,№182,27 сентября,стр. 7,в отд.:На фабриках и заводах)——304。

《示范委托书》(Примерный наказ. Составленный на основании 242 наказов,доставленных с мест депутатами на I-й Всероссийский съезд Советов крестьянских депутатов в Петрограде в 1917 году.—«Известия

Всероссийского Совета Крестьянских Депутатов», Пг., 1917, №88, 19 августа, стр. 3—4)——104—112、153、421、422、423—424、437。

《士兵真理报》(彼得格勒)(«Солдатская Правда», Пг., 1917, №13, 16(3) мая. Приложение к газете «Солдатская Правда», стр. 2, 3, 4)——97、265—266、344、437。

《斯巴达克》杂志(莫斯科)(«Спартак», М., 1917, №4, 10 августа, стр. 4—7)——137、344、363—369。

《斯德哥尔摩代表会议问题》(Вопрос о Стокгольмской конференции. (Заседание Исп. ком. Сов. раб. и солд. деп.).—«Русская Воля», Пг., 1917, №186, 8 августа, стр. 6)——66—68。

《苏维埃代表大会和立宪会议》(载于1917年10月1日(14日)《新生活报》第142号)(Съезд Советов и Учредительное собрание.—«Новая Жизнь», Пг., 1917, №142(136), 1 (14) октября, стр. 1)——325—330。

《苏维埃代表大会和立宪会议》(载于1917年10月3日(16日)《工人之路报》第26号)(Съезд Советов и Учредительное собрание.—«Рабочий Путь», Пг., 1917, №26, 16(3) октября, стр. 1)——366。

《苏维埃多数派[在民主会议上]的宣言》(Декларация советского большинства [на Демократическом совещании].—«Известия Центрального Исполнительного Комитета и Петроградского Совета Рабочих и Солдатских Депутатов», 1917, №175, 19 сентября, стр. 5)——296、302。

《提高固定价格》(Повышение твердых цен. От Временного правительства. 29 августа 1917 г.—«Русские Ведомости», М., 1917, №198, 30 августа (12 сентября), стр. 5)——155、210、212、212—213、245。

《统一报》(彼得格勒)(«Единство», Пг.)——173、193、243、249、294、323。

《土地委员会调整土地和农业关系条例》(Правила об урегулировании земельными комитетами земельных и сельскохозяйственных отношений.—«Дело Народа», Пг., 1917, №183, 18 октября, стр. 4)——420—425、437。

《推迟召开立宪会议》(载于1917年7月16日《俄罗斯意志报》第167号)(Отсрочка созыва Учред. собрания.—«Русская Воля», Пг., 1917, №167,

16 июля, стр. 5. Под общ. загл.: К созыву Учредительного собрания) ——20。

《推迟召开立宪会议》(载于 1917 年 7 月 16 日《人民意志报》第 67 号) (Отсрочка созыва Учредительного собрания.—«Воля Народа», Пг., 1917, №67, 16 июля, стр.3)——20。

《维护公正的裁判》(В защиту правосудия.—«Известия Петроградского Совета Рабочих и Солдатских Депутатов», 1917, №128, 27 июля, стр.2) ——47。

《我们的要求》[社论](Мы требуем. [Передовая].—«Рабочий», Пг., 1917, №4, 10 сентября (28 августа), стр.1)——117。

《我们提出真诚的联合》[社论](Честная коалиция, которую предлагаем мы. [Передовая].—«Рабочий», Пг., 1917, №2, 8 сентября(26 августа), стр. 1)——117。

《我们之路》杂志(圣彼得堡—莫斯科)(«Наш Путь», Спб.—М.)——434。

《无产阶级事业报》(喀琅施塔得)(«Пролетарское Дело», Кронштадт)

—1917, №7, 3 августа (21 июля), стр.2.——35。

—1917, №16, 14(1) августа, стр. 2—3; №18, 16 (3) августа, стр. 2—3.——168。

《无产者报》(彼得格勒)(«Пролетарий», Пг., 1917, №3, 29 (16) августа, стр. 4)——142。

—1917, №4, 30(17) августа, стр.3.——71。

—1917, №7, 2 сентября(20 августа), стр.3.——97。

《牺牲品》(Жертвы.—«Речь», Пг., 1917, №159 (3901), 9(22) июля, стр. 3. Под общ. загл.: Ликвидация мятежа)——38。

《现代言论报》(彼得格勒)(«Живое Слово», Пг.)——11。

《新生活报》(彼得格勒)(«Новая Жизнь», Пг.)——99—100、102、119、120、124、283、296、417。

—1917, №61, 29 июня(12 июля), стр.1.——209。

—1917, №76, 16(29) июля, стр.1.——28。

—1917, №93, 5(18) августа, стр. 3.——75—80。

—1917,№97,10(23)августа,стр.1.——97—103。

—1917,№103,17(30)августа,стр.3.——69—72。

—1917,№106,20 августа(2 сентября),стр. 1.——119—125。

—1917,№135(129),23 сентября (6 октября),стр. 1.——285—287、289—319。

—1917,№138(132),27 сентября(10 октября),стр. 1,3.——259、308—311。

—1917,№142(136),1(14)октября,стр.1.——325—330。

—1917,№155(149),17(30)октября,стр.1.——409—410。

—1917,№156(150),18(31)октября,стр.3.——411—414、415—419、429。

《新时报》(彼得格勒)(«Новое Время»,Пг.)——11、30、228、229、406。

《修改党纲的材料》(弗·米柳亭等人文集)(Материалы по пересмотру партийной программы. Сборник статей: В.Милютина и др. М.,Обл. бюро Моск. пром. района РСДРП,1917. 40 стр.(РСДРП))——263、344、345—367。

《修改党纲的材料》(尼·列宁编辑并作序)(Материалы по пересмотру партийной программы. Под ред. и с предисл. Н. Ленина. Пг.,«Прибой»,1917. 32 стр.(РСДРП))——344、345、356—360、362—363、367、369—370。

《选举结果》(Итоги выборов.—«День»,Пг.,1917,№(16105)144,24 августа,стр. 1,в отд.:Муниципальные заметки. Подпись:Res.)——328。

《言语报》(彼得格勒)(«Речь»,Пг.)——26、44、83、117、156、167、173、211、228、229、283。

—1917,№156(3898),6(19)июля,стр.3.——38。

—1917,№159(3901),9(22)июля,стр.3.——38。

—1917,№160(3902),11(24)июля,стр.1—2.——20。

—1917,№164(3906),15(28)июля,стр.5.——38。

—1917,№190(3932),15(28)августа,стр.2—4.——70、124。

—1917,№194(3936),19 августа(1 сентября),стр.5.——90—93。

—1917,№210(3952),7(20)сентября,стр.5.——166—167、176—178。

—1917,№218(3960),16(29)сентября,стр.2.——284、287—288。

《徭役制》(Барщина.(От нашего корреспондента).Г. Екатеринбург.—«Русская Воля»,Пг.,1917,№197,20 августа,стр. 6,в отд.:На местах)——127—129。

《1914年11月23日—12月1日在斯德哥尔摩继续举行的瑞典社会民主工党第九次代表大会会议记录》(Protokoll fran Sveriges Socialdemokratiska Arbetarpartis(fortsatta)nionde kongress i Stockholm den 23 nov.—1 dec.1914.—In:Protokoll fran Sveriges Socialdemokratiska Arbetarpartis(ajournerade och fortsatta)nionde kongress i Stockholm den 3—4 aug. samt den 23 nov.—1 dec. 1914. Stockholm, 1915, S. 19—244)——338。

《1917年5月25日—6月4日在莫斯科召开的社会革命党第三次代表大会通过的决议》(Резолюции,принятые на 3-м съезде п. с.-р.,состоявшемся в Москве 25 мая—4 июня 1917 г. М.,«Земля и Воля»,[1917]. 16 стр.)——420。

《阴谋在继续》[社论](Заговор продолжается. [Передовая].—«Рабочий». Второй экстренный вып.,Пг.,1917,№5,10 сентября(28 августа),стр.1)——117。

《在工兵代表苏维埃里》(载于1917年8月19日(9月1日)《言语报》第194号(总第3936号))(В Совете рабочих и солдатских депутатов.—«Речь»,Пг.,1917,№194(3936),19 августа (1 сентября),стр.5)——90—93。

《在工兵代表苏维埃里》(彼得格勒工兵代表苏维埃8月18日会议)(载于1917年8月19日《中央执行委员会和彼得格勒工兵代表苏维埃消息报》第148号)(В Совете раб. и солдат.депутатов. Заседание Петр. Сов. р. и с. д. 18 авг.—«Известия Центрального Исполнительного Комитета и Петроградского Совета Рабочих и Солдатских Депутатов»,1917,№148,19 августа,стр. 4—5)——90—92。

《在工兵代表苏维埃里》(载于1917年9月23日(10月6日)《工人之路报》第18号)(В Совете рабочих и солдатских депутатов.—«Рабочий Путь»,Пг.,1917,№18,6 октября(23 сентября),стр. 3)——273、279—280、

330、332—333。

《在临时政府里》(Во Временном правительстве.—«Биржевые Ведомости». Вечерний вып.,Пг.,1917,№16430,7(20) сентября,стр.2)——166。

《在全俄立宪会议选举委员会里》(Во Всероссийской комиссии по делам о выборах в Учредительное собрание.—«Известия Центрального Исполнительного Комитета и Петроградского Совета Рабочих и Солдатских Депутатов»,1917,№140,10 августа,стр. 6)——316。

《在市杜马里》(В городской думе.—«Речь»,Пг.,1917,№156(3898),6(19) июля,стр.3)——38。

《在政权的压制下》(В тисках власти.—«Новая Жизнь»,Пг.,1917,№135 (129),23 сентября (6 октября),стр.1)——285—287、289—319。

《在中央执行委员会里》(В Центральном Исполнительном Комитете.—«Новая Жизнь»,Пг.,1917,№93,5(18) августа,стр.3)——75—80。

《真理报》(彼得格勒)(«Правда»,Пг.)——10、16、18、26、29、30、31、34—35、125、170、172、277—278、371、415、434。

—1917,№26,7 апреля,стр. 1—2 .——296。

—1917,№35,1 мая(18 апреля),стр.3.——296。

—1917,№41,9 мая (26 апреля),стр.1.——67。

—1917,№46,15(2) мая,стр. 3.——296。

—1917,№55,25(12) мая,стр. 2.——66—67。

—1917,№67,9 июня(27 мая),стр.2.——198。

—1917,№77,22(9) июня,стр.1.——200。

—1917,№78,23(10) июня,стр.1.——61。

—1917,№82,28(15) июня,стр. 2—3; №83,29(16) нюня,стр. 2—3.——159。

—1917,№84,30(17) июня,стр. 2—3.——229。

—1917,№92,10 июля (27 июня),стр.2.——20。

—1917,№94,12 июля (29 июня),стр.2.——198。

—1917,№95,13 июля (30 июня),стр. 2—3; №96,14(1)июля,стр.2—3;№97,15(2) июля,стр. 2—3.——434。

—1917,№99,18(5) июля,стр.4.——30、34—35。
《〈真理报〉小报》(彼得格勒)(«Листок Правды»,Пг.)——10、16、30。
《政权的危机》(Кризис власти. В Таврическом дворце.—«Известия Петроградского Совета Рабочих и Солдатских Депутатов»,1917,№126, 25 июля,стр.2)——47。
《政权问题与立宪会议》[社论](Проблема власти и Учредительное собрание. [Передовая].—«Дело Народа»,Пг.,1917,№147,6 сентября,стр.1. Под общ. загл.: Петроград,6(19) сентября)——158。
《政治报》(斯德哥尔摩)(«Politiken»,Stockholm)——264。
《执行委员会的声明》(Заявление Исполнительного комитета.—«Известия Петроградского Совета Рабочих и Солдатских Депутатов»,1917,№59,6 мая,стр.1. Под общ. загл.: На каких условиях наши товарищи вступили в правительство?)——58。
《中央执行委员会和彼得格勒工兵代表苏维埃消息报》(«Известия Центрального Исполнительного Комитета и Петроградского Совета Рабочих и Солдатских Депутатов»)——155、342、434。
—1917,№140,10 августа,стр.3,4,6.——125、316—317。
—1917,№142,12 августа,стр.6.——88。
—1917,№148,19 августа,стр. 4—5.——90—92。
—1917,№154,26 августа,стр.4.——141、175。
—1917,№164,7 сентября,стр.1,7.——179、186、187、188、189—191、193、194、196、206—207、211—212、342。
—1917,№171,15 сентября,стр. 1—6.——248。
—1917,№173,17 сентября,стр. 1—6.——245—246、247、248、249—250、322—323。
—1917,№175,19 сентября,стр. 5.——296—297、301—303。
—1917,№180,24 сентября,стр. 2—3.——257、258。
—1917,№182,27 сентября,стр. 7.——304。
《中央执行委员会经济部关于提高粮食价格的决议》——见《论固定价格》。
《钟声》杂志(慕尼黑—柏林)(«Die Glocke»,München—Berlin)——42。

《自由生活报》(彼得格勒)(«Свободная Жизнь», Пг., 1917, №1, 2(15) сентября, стр.2)——210—211。

《总结》(Итоги.—«Дело Народа», Пг., 1917, №92, 5 июля, стр. 2)——29、34、168。

《总理告俄国公民书》(Обращение министра-председателя к гражданам России.—«Известия Петроградского Совета Рабочих и Солдатских Депутатов», 1917, №127, 26 июля, стр. 6)——45。

《最低经济纲领修改草案》(Проект изменения экономической программы-минимум.—В кн.: Материалы по пересмотру партийной программы. Под ред. и с предисл. Н. Ленина. Пг., «Прибой», 1917, стр. 13—16. (РСДРП))——371。

《最新的消息》(Последние известия.—«Новая Жизнь», Пг., 1917, №138 (132), 27 сентября (10 октября), стр.3)——260。

年　　表

（1917 年 7 月—10 月）

1917 年

7 月 5 日—10 月 24 日（7 月 18 日—11 月 6 日）

列宁处于地下状态，同党中央保持密切联系，指导党的活动，继续为各家布尔什维克报刊撰稿，研究社会主义革命最重要的理论问题，领导武装起义的准备工作。

7 月 9 日（22 日）夜

离开彼得格勒老工人党员谢·雅·阿利卢耶夫家，秘密前往拉兹利夫车站附近镇上工人尼·亚·叶梅利亚诺夫家。

7 月 10 日—8 月 8 日（7 月 23 日—8 月 21 日）

起初匿居在尼·亚·叶梅利亚诺夫家，不久搬到叶梅利亚诺夫在拉兹利夫湖对岸搭起的窝棚里，装成一个芬兰割草人。通过党中央委派的格·康·奥尔忠尼启则、维·伊·佐夫、亚·瓦·绍特曼和埃·阿·拉希亚同党中央保持联系；为各家布尔什维克报刊撰稿。撰写《国家与革命》一书。

7 月 10 日（23 日）

写《政治形势》一文，深刻分析七月事变后反革命取得国家政权、小资产阶级政党彻底叛变、无产阶级和布尔什维克党遭到镇压的急剧变化的政治形势，明确提出布尔什维克党的准备举行武装起义夺取政权的新的策略路线。

7 月 10 日和 16 日（23 日和 29 日）之间

俄国社会民主工党（布）彼得堡委员会讨论列宁的《政治形势》一文。

7 月 11 日(24 日)

列宁的《给〈新生活报〉编辑部的信》在该报第 71 号和《土地和自由报》第 86 号上发表。

临时政府军队第三次搜查列宁的姐姐安娜的住所。

不早于 7 月 11 日(24 日)

芬兰社会民主党人卡·维克和古·谢·罗维奥在赫尔辛福斯商讨彼得格勒提请安排列宁在芬兰匿居的问题。

7 月 12 日和 19 日(7 月 25 日和 8 月 1 日)之间

列宁写《感谢格·叶·李沃夫公爵》一文。

7 月 13 日—14 日(26 日—27 日)

俄国社会民主工党(布)中央委员会举行扩大会议(彼得堡委员会、俄国社会民主工党(布)中央委员会军事组织、莫斯科区域局、莫斯科委员会和莫斯科郊区委员会的代表列席会议),讨论列宁的《政治形势》一文。会议的决议反映了列宁关于新的政治形势和党的策略的结论,但对“全部政权归苏维埃!”这个口号,没有作出明确的答复。会议决定,列宁不出席反革命临时政府法庭受审。

7 月 15 日(28 日)

列宁的《给〈无产阶级事业报〉编辑部的信》和《立宪民主党人退出内阁有什么打算?》一文在《无产阶级事业报》第 2 号上发表。

7 月中

会见格·康·奥尔忠尼启则;听取他关于彼得格勒的局势、关于工人和士兵的情绪、关于布尔什维克组织的活动的汇报;指出苏维埃由于不愿取得政权而使自己威信扫地;表示相信武装起义将不会晚于今年 9、10 月份发生并取得胜利;对俄国社会民主工党(布)中央委员会的工作作了指示;托付奥尔忠尼启则转寄自己的文章和书信。

写《论口号》一文,说明在实际政权已经转到军事独裁者手中以后,“全部政权归苏维埃!”这个革命和平发展的口号已经不正确了,必须取消,认为用和平的方法已经不可能取得政权,唯一的办法,就是进行坚决的斗争,战胜实际的执政者。文章于 1917 年由俄国社会民主工党(布)喀琅施塔得委员会出版单行本。

俄国社会民主工党(布)中央委员会决定把列宁转移到芬兰,转移事宜委托亚·瓦·绍特曼办理。

列宁同前来拉兹利夫的亚·瓦·绍特曼见面;听取他关于彼得格勒局势的汇报;谈到俄国革命发展的几种可能的道路;商议秘密转移芬兰的事宜;把《论口号》一文的手稿交给绍特曼送去发表。

7 月 19 日(8 月 1 日)

列宁的《感谢格·叶·李沃夫公爵》一文在《无产阶级事业报》第 5 号上发表,《三次危机》一文在《女工》杂志第 7 期上发表。

7 月 20 日(8 月 2 日)

《政治形势》一文以《政治情绪》为题在《无产阶级事业报》第 6 号上发表。

7 月 22 日(8 月 4 日)

各报刊登由彼得格勒高等法院检察官发出的关于审理 7 月 3—5 日事件和传讯列宁出庭受审的通告。

7 月 22 日和 26 日(8 月 4 日和 8 日)之间

列宁写《答复》一文。

7 月 26 日(8 月 8 日)或 7 月 5 日和 26 日(7 月 18 日和 8 月 8 日)之间

写《论立宪幻想》一文。

7 月 26 日和 27 日(8 月 8 日和 9 日)

《答复》一文在《工人和士兵报》第 3 号和第 4 号上发表。

7 月 26 日—8 月 3 日(8 月 8 日—16 日)

列宁处于地下状态,不能亲自出席俄国社会民主工党(布)第六次代表大会,只能从隐藏地通过党中央特派人员同彼得格勒保持联系,领导大会的工作。准备代表大会的一些最重要的决议草案。

代表大会选举列宁为名誉主席并写信慰问。代表大会一致通过关于列宁不出庭受审的决议。

7 月 27 日或 28 日(8 月 9 日或 10 日)

列宁写《波拿巴主义的开始》一文。

7 月 29 日(8 月 11 日)

列宁在俄国社会民主工党(布)第六次代表大会上当选为中央委员。

为列宁办妥通过俄芬边境所需的证件,证件上填写的是谢斯特罗列茨克工厂工人康斯坦丁·彼得罗维奇·伊万诺夫。

《波拿巴主义的开始》一文在《工人和士兵报》第6号上发表。

7月底

列宁写《革命的教训》一文。

7月或8月

写便条(收件人没有查明),请帮助找到为撰写《国家与革命》一书所急需的马克思和恩格斯的《共产党宣言》和马克思的《哲学的贫困》这两本书的德文版和俄文版。

7月—9月

撰写《国家与革命》一书以及该书的提纲和纲要。

8月3日(16日)

俄国社会民主工党(布)第六次代表大会提名列宁为立宪会议代表候选人。

8月4日和5日(17日和18日)

《论立宪幻想》一文在《工人和士兵报》第11号和第12号上发表。

8月5日和18日(8月18日和31日)之间

列宁写《只见树木不见森林》一文。

8月8日(21日)夜

列宁离开窝棚,由亚·瓦·绍特曼、埃诺·拉希亚和尼·亚·叶梅利亚诺夫护送,步行十公里,到达季布内车站,然后同拉希亚和绍特曼一起,乘火车到达皇族车站,在"阿伊瓦兹"工厂的芬兰工人埃·卡尔斯克家里住了一夜并度过第二天。

8月9日(22日)晚

列宁化装成工人,戴上假发,持填写谢斯特罗列茨克工厂工人康斯坦丁·彼得罗维奇·伊万诺夫名字的证件,乘火车秘密前往芬兰。在皇族车站登上司机胡·埃·雅拉瓦驾驶的机车司机室,装做司炉,越过俄芬边境到达泰里约基车站。

8月10日—10月7日(8月23日—10月20日)

列宁隐藏在芬兰。

8月10日—9月17日(8月23日—9月30日)

列宁在去赫尔辛福斯之前暂住亚尔卡拉村(离泰里约基车站12公里)芬

兰工人彼·帕尔维艾宁家里,通过这位工人的女儿莉·帕尔维艾宁与彼得格勒保持联系。

后来列宁化装成牧师,由派来接他的两个芬兰同志护送,离亚尔卡拉村乘火车到拉赫蒂市(离赫尔辛福斯130公里)。

根据安排,列宁从拉赫蒂进入赫尔辛福斯以前,先在马尔姆车站下车,在离火车站不远的芬兰议会议员卡·维克的别墅逗留一天,随后由维克陪同,前往赫尔辛福斯。

通过维克开始同当时设在瑞典的俄国社会民主工党(布)中委员会国外局进行秘密通信联系。

在赫尔辛福斯时,起初住在芬兰社会民主党人古·谢·罗维奥处,后来又先后住在芬兰工人阿·乌塞尼乌斯和阿·布卢姆奎斯特家。继续写作《国家与革命》一书,给布尔什维克报刊写文章,给党中央委员会、彼得堡委员会和莫斯科委员会写信,给娜·康·克鲁普斯卡娅写信和便条。秘密会见芬兰革命运动的一些领导人。

8月12日(25日)以后

作备忘记事,开列所需的物品以及书籍和材料。

8月中和9月中之间

娜·康·克鲁普斯卡娅曾两次前往赫尔辛福斯探望列宁。

8月16日(29日)

《论加米涅夫在中央执行委员会上关于斯德哥尔摩代表会议的发言》一信在《无产者报》第3号上发表。

不晚于8月17日(30日)

列宁草拟给俄国社会民主工党(布)中央委员会国外局的信的提纲。

8月17日、18日、20日和25日(8月30日、31日、9月2日和7日)

写信给俄国社会民主工党(布)中央委员会国外局,要求对资产阶级掀起的卑劣诽谤国际主义者的运动作斗争。他指出,参加斯德哥尔摩代表会议就是对社会主义事业的背叛,坚持立即召开左派代表会议成立第三国际即共产国际。

8月18日—19日(8月31日—9月1日)

写《关于阴谋的谣言》一文。

8 月 19 日(9 月 1 日)

同芬兰社会民主党人卡·维克见面,并由古·谢·罗维奥和卡·维克陪同到卡·维克另外找到的住处芬兰工人阿·乌塞尼乌斯家。

《只见树木不见森林》一文在《无产者报》第 6 号上发表,署名:尼·卡尔波夫。

8 月 19 日和 21 日(9 月 1 日和 3 日)之间

写《政论家札记(农民和工人)》一文。

8 月 19 日和 26 日(9 月 1 日和 8 日)之间

写《纸上的决议》一文。

8 月 20 日和 28 日(9 月 2 日和 10 日)之间

写《政论家札记》一文。

8 月 20 日和 30 日(9 月 2 日和 12 日)之间

写《论诽谤者》一文。

8 月 22 日(9 月 4 日)以后

就印发《关于里加沦陷的传单》一事写信给俄国社会民主工党(布)中央委员会。

8 月 24 日(9 月 6 日)

《政治讹诈》一文在《无产者报》第 10 号上发表。

8 月 24 日(9 月 6 日)以后

列宁摘录 1917 年 8 月 24 日(9 月 6 日)《日报》刊登的有关彼得格勒市杜马选举的材料,后来在撰写《布尔什维克能保持国家政权吗?》一文时使用了这些材料。

8 月 25 日(9 月 7 日)

晚上会见卡·维克,并请他把给中央委员会国外局的信寄往斯德哥尔摩。

8 月 26 日(9 月 8 日)

《纸上的决议》和《论斯德哥尔摩代表会议》两篇文章在《工人日报》第 2 号上发表。

8 月 29 日(9 月 11 日)

《政论家札记(农民和工人)》一文在《工人日报》第 6 号上发表。

8月30日(9月12日)

《论诽谤者》一文在《工人日报》第8号上发表。

写信给俄国社会民主工党(布)中央委员会,认为科尔尼洛夫叛乱以后形势变化了,党的策略也要随之改变。

8月30日和31日(9月12日和13日)

《革命的教训》一文在《工人日报》第8号和第9号上发表。

8月31日(9月13日)

《政论家札记》一文的第二部分《徭役制和社会主义》在《士兵报》第15号上发表。

8月—9月

撰写《国家与革命》一书。

9月1日(14日)

《政论家札记》一文在《工人日报》第10号上发表。

9月1日和3日(14日和16日)

写《论妥协》一文,指出在科尔尼洛夫叛乱被平定以后,在俄国革命进程中再一次出现革命和平发展的可能性,为了利用这种可能性,认为布尔什维克可以而且应当与其他政党实行妥协。

不晚于9月3日(16日)

积极参加定于9月3日(16日)举行的俄国社会民主工党(布)中央委员会全体会议的准备工作。给中央委员会写三封信,谈党纲问题、齐美尔瓦尔德问题和群众组织中违反民主的现象。起草关于目前政治形势的决议。

9月3日(16日)

列宁8月30日(9月12日)写的《给俄国社会民主工党中央委员会的信》在党中央会议上宣读。

9月6日(19日)

写《革命的任务》一文。

列宁在俄国社会民主工党(布)中央委员会会议上被提名为民主会议代表候选人。

为小册子《革命的教训》写后记。小册子于1917年由波涛出版社出版。

《论妥协》一文在《工人之路报》第3号上发表。

9月7日(20日)

写《革命的一个根本问题》一文，着重指出国家政权问题是一切革命的主要问题。

9月8日和9日(21日和22日)

写《俄国革命和国内战争(有人用国内战争来吓唬人)》一文。

9月10日—14日(23日—27日)

撰写小册子《大难临头，出路何在?》，论证布尔什维克党的经济纲领。小册子于1917年10月由波涛出版社出版。

9月11日(24日)

彼得格勒工兵代表苏维埃选举列宁为民主会议代表。

俄国社会民主工党(布)莫斯科区域局提名列宁为立宪会议代表候选人。

9月12日(25日)以前

列宁写《怎样保证立宪会议的成功(关于出版自由)》一文。

9月12日—14日(25日—27日)

给俄国社会民主工党(布)中央委员会、彼得堡委员会和莫斯科委员会写《布尔什维克应当夺取政权》一信。

9月12日和14日(25日和27日)之间

阅读各报刊登的关于财政部长把实行食糖垄断法案提交临时政府审批的报道。在撰写小册子《大难临头，出路何在?》时使用了这一材料。

9月13日(26日)

通过娜·康·克鲁普斯卡娅同生活与知识出版社代表弗·德·邦契-布鲁耶维奇签订出版《社会民主党在1905—1907年俄国第一次革命中的土地纲领》、《帝国主义是资本主义的最高阶段》和《国家与革命》等七部著作的合同。

9月13日—14日(26日—27日)

给俄国社会民主工党(布)中央委员会写《马克思主义和起义》一信。

9月13日(26日)以后

写便条给《国家与革命》一书的出版者。

9月14日(27日)

《革命的一个根本问题》一文在《工人之路报》第10号上发表。

9月15日(28日)

俄国社会民主工党(布)中央委员会会议讨论列宁的信《布尔什维克应当夺取政权》和《马克思主义和起义》。

《怎样保证立宪会议的成功(关于出版自由)》一文在《工人之路报》第11号上发表。

9月16日(29日)

《俄国革命和国内战争(有人用国内战争来吓唬人)》一文在《工人之路报》第12号上发表。

不晚于9月17日(30日)

列宁会见芬兰社会民主党中央委员会委员库·曼纳,交谈芬兰工人运动问题。

在离开赫尔辛福斯的前夕,会见芬兰社会民主党领导人之一奥·威·库西宁;建议芬兰左派社会民主党人在议会里支持芬兰同俄国临时政府脱离关系,赞同芬兰社会民主党人抵制克伦斯基的命令、不承认解散芬兰议会的合法性,指出布尔什维克党赞成芬兰独立。

9月17日(30日)

为了及时了解局势和取得同党中央委员会更密切的联系,列宁从赫尔辛福斯秘密转移到维堡。到达后先在芬兰工人报纸《劳动报》主编埃·胡顿宁家休息,当晚转移到居住在维堡的工人区塔利卡拉的芬兰新闻记者尤·拉图卡家里,一直住到回彼得格勒。

9月17日和23日(9月30日和10月6日)之间

写《论进行伪造的英雄和布尔什维克的错误》一文。

9月20日和28日(10月3日和11日)之间

阅读尼·亚·谢马什柯关于齐美尔瓦尔德第三次国际社会党代表会议的报告,在报告上作批注和划线。在撰写《我党在国际中的任务(评齐美尔瓦尔德第三次代表会议)》一文时使用了报告的材料。

9月22日—24日(10月5日—7日)

写《政论家札记(我们党的错误)》一文。

9 月 23 日(10 月 6 日)

俄国社会民主工党(布)中央委员会确定布尔什维克参加立宪会议的代表候选人名单,在 25 名正式候选人名单上列宁排在第一位。

9 月 24 日(10 月 7 日)

《论进行伪造的英雄和布尔什维克的错误》一文以《论进行伪造的英雄》为题,在《工人之路报》第 19 号上发表,作了删节。

9 月 26 日和 27 日(10 月 9 日和 10 日)

《革命的任务》一文在《工人之路报》第 20 号和第 21 号上发表。

9 月 27 日(10 月 10 日)

列宁写信给芬兰陆军、海军和工人区域委员会主席伊·捷·斯米尔加。

写信给赫尔辛福斯的古·谢·罗维奥,请他把附上的信亲自转交伊·捷·斯米尔加,并请把报纸和列宁名下的信件交来人带回;询问托转的信件是否已经交给了瑞典朋友。

9 月 27 日(10 月 10 日)以后

写信给古·谢·罗维奥,问是否收到内附给伊·捷·斯米尔加的信的那封信,给瑞典的信件和报纸是否已经寄出,另请带给一套《波涛报》和最近十来天的《社会革命党人报》。

9 月 28 日(10 月 11 日)

撰写《社会民主党在 1905—1907 年俄国第一次革命中的土地纲领》一书结尾部分的最后几页和跋(书印好后于 1908 年被沙皇政府查获销毁。只保存下来一本,末尾还缺了几页)。本书与跋一起第一次于 1917 年出版。

9 月 28 日(10 月 11 日)以后

写《我党在国际中的任务(评齐美尔瓦尔德第三次代表会议)》一文。

9 月 29 日(10 月 12 日)

写《危机成熟了》一文。

俄国社会民主工党(布)中央委员会推荐列宁为彼得格勒、彼得格勒省、乌法、波罗的海舰队和北方面军五个选区的立宪会议代表候选人。

9 月 29 日和 10 月 3 日(10 月 12 日和 16 日)之间

同俄国社会民主工党(布)中央委员会联络员亚·瓦·绍特曼见面,要求立即返回彼得格勒。绍特曼说服列宁等党中央决定后再行定夺。

9月29日和10月4日(10月12日和17日)之间

写《在彼得堡组织代表会议10月8日会议上的报告以及决议草案和给党代表大会代表的委托书的提纲》。

9月30日(10月13日)以后

写《告工人、农民、士兵书》,号召推翻克伦斯基政府,把全部政权交给工兵代表苏维埃。

9月底

玛·伊·乌里扬诺娃和弗·德·邦契-布鲁耶维奇准备以弗·弗·伊万诺夫斯基这一笔名出版列宁的《国家与革命》一书。

9月底—10月1日(14日)

列宁写《布尔什维克能保持国家政权吗?》一文和后记。文章发表在1917年10月《启蒙》杂志第1—2期,并于同年出版单行本。

9月底—10月初

写便条给彼得格勒的埃·拉希亚,请他前来维堡,为返回彼得格勒作安排。

10月1日(14日)

写信给中央委员会、莫斯科委员会、彼得堡委员会以及彼得格勒、莫斯科苏维埃布尔什维克委员,号召立刻举行起义。

10月3日(16日)

俄国社会民主工党(布)莫斯科全市代表会议提名列宁为立宪会议代表候选人。

俄国社会民主工党(布)中央委员会通过决定:“建议伊里奇返回彼得格勒,以便能保持经常和密切的联系。”

10月3日和7日(16日和20日)之间

列宁同彼得格勒来的埃·拉希亚谈话,指出近期即将爆发革命,要准备起义,否则就要失败,损失将比七月事件时还大。

赞同拉希亚提出的返回彼得格勒的计划并准备启程。

10月5日(18日)

中央委员会成立以列宁为首的党纲草案起草委员会。

10月6日—8日(19日—21日)

列宁写《论修改党纲》一文。文章发表在1917年10月《启蒙》杂志第1—2期。

10月7日(20日)

列宁从维堡秘密回到彼得格勒,住在玛·瓦·福法诺娃家,一直住到10月24日(11月6日)晚上。

写信给彼得格勒市代表会议。

俄国社会民主工党(布)彼得格勒第三次全市代表会议开幕,列宁被选为名誉主席。这次代表会议对于准备十月武装起义具有重大意义。

《危机成熟了》一文的一至三节和五节在《工人之路报》第30号上发表。

10月8日(21日)

写《局外人的意见》一文和《给参加北方区域苏维埃区域代表大会的布尔什维克同志的信》。

10月9日(22日)

俄国社会民主工党(布)彼得格勒第三次全市代表会议提名列宁为彼得格勒市的立宪会议代表候选人。

10月10日(23日)

列宁处于地下状态三个月以后第一次参加俄国社会民主工党(布)中央委员会的会议;作关于目前形势的报告;提出关于武装起义的决议案,由中央委员会通过。在这次会议上,成立了以列宁为首的由七人组成的中央政治局,对起义进行政治领导。

散会后,列宁在护送他参加这次会议的埃·拉希亚家过夜,清晨返回玛·瓦·福法诺娃家。

10月10日和16日(23日和29日)之间

在米·伊·加里宁住所会见中央委员们,讨论准备武装起义问题。

10月12日和15日(25日和28日)之间

在秘密住所(地址不详)多次会见俄国社会民主工党(布)莫斯科委员会的代表奥·阿·皮亚特尼茨基,交谈莫斯科准备武装起义问题;书面声明同意做莫斯科的立宪会议代表候选人。

10 月 14 日(27 日)

列宁在芬兰铁路司机胡·埃·雅拉瓦家里会见党中央及其军事组织的领导工作人员弗·亚·安东诺夫-奥弗申柯、费·埃·捷尔任斯基、米·谢·克德罗夫、弗·伊·涅夫斯基、尼·伊·波德沃伊斯基等,讨论准备武装起义问题。

10 月 15 日(28 日)

在同意做波罗的海舰队的立宪会议代表候选人的声明上签名。

10 月 15 日(28 日)以后

在同意做北方面军的立宪会议代表候选人的声明上签名。

10 月 16 日(29 日)

出席俄国社会民主工党(布)中央委员会扩大会议;就中央委员会 10 月 10 日会议通过的关于武装起义的决议作报告;在讨论时三次发言,坚持党所采取的立即准备武装起义的方针,批驳了季诺维也夫和加米涅夫反对立即举行起义的理由。

10 月 17 日(30 日)

写《给同志们的信》,再次批驳季诺维也夫和加米涅夫反对立即举行起义的理由。

晚上阅读《新生活报》,从弗·巴扎罗夫的文章得知市内流传着季诺维也夫和加米涅夫反对立即举行起义的信,即在刚写好的《给同志们的信》后添写《后记》,号召党员进行拥护起义的宣传鼓动工作。

10 月 18 日(31 日)

写《给布尔什维克党党员的信》,要求把季诺维也夫和加米涅夫作为工贼开除出党,因为他们泄露了中央关于武装起义的决议。

10 月 18 日和 20 日(10 月 31 日和 11 月 2 日)之间

阅读临时政府农业部长谢·列·马斯洛夫提出的刊登在《人民事业报》上的社会革命党的土地法案,在《社会革命党对农民的又一次欺骗》一文中对这一法案作了分析批判。

不晚于 10 月 19 日(11 月 1 日)

阅读格·叶·季诺维也夫企图为自己反对立即举行起义行为辩护而写给《工人之路报》编辑部的信,认为这是一种欺骗行为。

10 月 19 日(11 月 1 日)

写《给俄国社会民主工党(布)中央委员会的信》,继续要求把季诺维也夫和加米涅夫作为工贼开除出党。

10 月 19 日、20 日和 21 日(11 月 1 日、2 日和 3 日)

《给同志们的信》在《工人之路报》第 40、41、42 号上发表。

10 月 19 日和 25 日(11 月 1 日和 7 日)之间

列宁十分关心全俄工兵代表苏维埃第二次代表大会代表的成分问题,要求根据资格审查委员会的材料每天向他报告两次,精确统计属于布尔什维克及其拥护者的代表有多少,其他党派的代表有多少,根据这些材料估计代表大会上可能出现的力量对比情况。

10 月 20 日(11 月 2 日)

党中央委员会会议讨论列宁《给俄国社会民主工党(布)中央委员会的信》。

列宁写《社会革命党对农民的又一次欺骗》一文。

写《关于传单附录的设想》。

10 月 20 日(11 月 2 日)夜

在工人 Д.А.巴甫洛夫家里会见俄国社会民主工党(布)中央委员会军事组织领导人尼·伊·波德沃伊斯基、弗·亚·安东诺夫-奥弗申柯和弗·伊·涅夫斯基,听取他们关于彼得格勒武装起义准备工作进程的报告。波德沃伊斯基报告说,军事组织决定派代表到各地军队中去了解一下,军队能给予起义多大支持,因此要延期举行起义。列宁坚决反对延期举行起义,要求加速起义的准备工作,并就其他有关事宜作了一系列极为重要的指示。

10 月 20 日(11 月 2 日)以后

写《"地主同立宪民主党人串通一气了"》一文,批评社会革命党对待农民的政策。

10 月 21 日(11 月 3 日)

俄国社会民主工党(布)中央委员会确定列宁在即将举行的全俄工兵代表苏维埃第二次代表大会上作关于土地、战争和政权问题的报告。

10 月 22 日或 23 日(11 月 4 日或 5 日)

列宁就党中央委员会关于季诺维也夫和加米涅夫的决议给雅·米·斯

维尔德洛夫写信，要求立即举行起义。

10月24日(11月6日)

早晨，党中央举行紧急会议，要求所有中央委员留在斯莫尔尼宫。会议听取了军事革命委员会关于最近情况的报告，要求各中央委员分工负责领导起义的各个重要岗位。列宁未能出席会议，写便条一再请求中央准许他去斯莫尔尼宫。

晚上，写信给中央委员会，认为拖延发动等于自取灭亡，坚决谴责托洛茨基把政权问题拖延到苏维埃代表大会召开时再解决的主张，建议逮捕临时政府成员，把政权转交给无产阶级。

《社会革命党对农民的又一次欺骗》一文在《工人之路报》第44号上发表。《“地主同立宪民主党人串通一气了”》一文在《农村贫民报》第11号上发表。

列宁由埃·拉希亚护送前往斯莫尔尼宫。

10时，一队士官生查封《工人之路报》，并在报纸编辑的住所搜查列宁。

深夜，列宁终于进入起义领导中心斯莫尔尼宫，直接领导彼得格勒的工人、士兵和水兵的武装起义。

《列宁全集》第二版第 32 卷编译人员

译文校订： 张　正　陆肇明　袁振武　王文卿　张　勉　程留怡　程家钧　姚景虞　刘　博　李永全

资料编写： 盛　同　张瑞亭　王丽华　冯如馥　刘彦章　周秀凤

编　　辑： 杨祝华　江显藩　李桂兰　钱文干

译文审订： 岑鼎山

《列宁全集》第二版增订版编辑人员

李京洲　高晓惠　翟民刚　张海滨　赵国顺　任建华　刘燕明　孙凌齐　门三姗　韩　英　侯静娜　彭晓宇　李宏梅　付　哲　戢炳惠　李晓萌

审　　定： 韦建桦　顾锦屏　柴方国

本卷增订工作负责人： 任建华　孙凌齐

项目统筹：崔继新
责任编辑：崔继新
装帧设计：石笑梦
版式设计：周方亚
责任校对：吕　勇

图书在版编目(CIP)数据

列宁全集.第32卷/(苏)列宁著；中共中央马克思恩格斯列宁斯大林著作编译局编译.
—2版(增订版)-北京：人民出版社，2017.3(2024.7重印)
ISBN 978-7-01-017120-3
Ⅰ.①列…　Ⅱ.①列…②中…　Ⅲ.①列宁著作-全集　Ⅳ.①A2
中国版本图书馆CIP数据核字(2016)第316441号

书　　名　列宁全集
LIENING QUANJI
第三十二卷
编 译 者　中共中央马克思恩格斯列宁斯大林著作编译局
出版发行　人民出版社
(北京市东城区隆福寺街99号　邮编 100706)
邮购电话　(010)65250042　65289539
经　　销　新华书店
印　　刷　北京新华印刷有限公司
版　　次　2017年3月第2版增订版　2024年7月北京第2次印刷
开　　本　880毫米×1230毫米 1/32
印　　张　18.875
插　　页　4
字　　数　491千字
印　　数　3,001—6,000册
书　　号　ISBN 978-7-01-017120-3
定　　价　47.00元